21世纪汉语言专业规划教材
专业方向基础教材系列

YUYAN LEIXINGXUE JIAOCHENG 第二版

语言类型学教程

金立鑫　陆丙甫　主编

图书在版编目（CIP）数据

语言类型学教程 / 金立鑫，陆丙甫主编 . —2 版 . —北京：北京大学出版社，2024.6
21 世纪汉语言专业规划教材·专业方向基础教材系列
ISBN 978–7–301–33870–4

Ⅰ . ①语… Ⅱ . ①金… ②陆… Ⅲ . ①类型学（语言学）– 高等学校 – 教材
Ⅳ . ① H003

中国国家版本馆 CIP 数据核字 (2023) 第 053969 号

书　　　名	语言类型学教程（第二版）
	YUYAN LEIXINGXUE JIAOCHENG（DI-ER BAN）
著作责任者	金立鑫　陆丙甫　主编
责任编辑	宋思佳
标准书号	ISBN 978–7–301–33870–4
出版发行	北京大学出版社
地　　　址	北京市海淀区成府路 205 号　100871
网　　　址	http://www.pup.cn　　新浪微博：@ 北京大学出版社
电子邮箱	zpup@ pup.cn
电　　　话	邮购部 010–62752015　发行部 010–62750672
	编辑部 010–62753027
印　刷　者	北京虎彩文化传播有限公司
经　销　者	新华书店
	650 毫米 ×980 毫米　16 开本　29.75 印张　387 千字
	2015 年 8 月第 1 版
	2024 年 6 月第 2 版　2024 年 6 月第 1 次印刷
定　　　价	88.00 元

未经许可，不得以任何方式复制或抄袭本书之部分或全部内容。
版权所有，侵权必究
举报电话：010–62752024　电子邮箱：fd@pup.cn
图书如有印装质量问题，请与出版部联系，电话：010–62756370

目 录

第二版修订说明 ………………………………………………… 1
前　言 …………………………………………………………… 3
术语表 …………………………………………………………… 7

第一章　绪　论 ……………………………………………… 1
1.1　语言类型学：属性、发展、目标和任务 ………………… 1
1.2　传统的形态语言类型学 ………………………………… 12
1.3　语言类型学的研究程序 ………………………………… 20
1.4　小结 ……………………………………………………… 25
参考文献 ……………………………………………………… 26

第二章　语音和音系类型 …………………………………… 28
2.1　音段音位及其共性 ……………………………………… 28
2.2　超音段音位：音调高低和强弱重轻 …………………… 33
2.3　韵律类型学 ……………………………………………… 40
2.4　小结 ……………………………………………………… 53
参考文献 ……………………………………………………… 54

第三章　词汇类型学 ………………………………………… 57
3.1　"词汇类型学"的定义 …………………………………… 57
3.2　词汇类型学的发展与现状 ……………………………… 58

3.2.1　"自然语义元语言"理论 …………………… 59
　　3.2.2　心理语言学与词汇类型学相结合的研究 … 61
　　3.2.3　基于"框架"的跨语言比较 ………………… 64
　　3.2.4　语义关联模式的数据库开发 ……………… 65
3.3　词汇类型学的研究方法 ……………………………… 68
　　3.3.1　方法论基础 ………………………………… 68
　　3.3.2　语言样本的择取 …………………………… 69
　　3.3.3　研究对象的确定 …………………………… 71
　　3.3.4　工作程序介绍 ……………………………… 72
3.4　案例介绍：水中运动动词 …………………………… 74
　　3.4.1　水中运动动词的基础义 …………………… 75
　　3.4.2　水中运动动词的引申义 …………………… 79
3.5　对汉语词汇研究的启示 ……………………………… 85
　　3.5.1　词汇类型学为语义特征分析提供新的依据
　　　　　 …………………………………………… 85
　　3.5.2　词汇类型学有助于揭示语义演变的规律 …… 87
　　3.5.3　词汇类型学为词汇历史演变研究提供新手段
　　　　　 …………………………………………… 88
3.6　小结 …………………………………………………… 89
参考文献 ……………………………………………………… 90

第四章　词类类型 …………………………………………… 98

4.1　开放性词类 …………………………………………… 98
4.2　封闭性词类 …………………………………………… 110
　　4.2.1　代词 ………………………………………… 110
　　4.2.2　与名词相关的功能词 ……………………… 114
　　4.2.3　与动词相关的功能词 ……………………… 117
　　4.2.4　连词及其他 ………………………………… 119

4.3 小结 …………………………………………… 122
参考文献 …………………………………………… 123

第五章　基本论元配置类型 ……………………… 127
5.1 基本论元的形态标志类型 …………………… 127
5.2 与动词相关的名词性成分的形态蕴含共性 …… 133
5.3 句法主宾格和句法施通格 …………………… 137
5.4 小结 …………………………………………… 141
参考文献 …………………………………………… 142

第六章　语序类型 ………………………………… 144
6.1 与语序相关的基本概念 ……………………… 144
    6.1.1 语序与语序单位 ……………………… 144
    6.1.2 语序与形态 …………………………… 145
    6.1.3 基本语序 ……………………………… 146
6.2 名词短语语序 ………………………………… 147
    6.2.1 名词短语内部语序总体基本情况 …… 147
    6.2.2 指示词和名词 ………………………… 149
    6.2.3 数词和名词 …………………………… 151
    6.2.4 形容词和名词 ………………………… 153
    6.2.5 领有成分与名词 ……………………… 155
    6.2.6 关系小句和名词 ……………………… 156
    6.2.7 复数词和名词 ………………………… 158
6.3 动词短语语序 ………………………………… 159
    6.3.1 小句语序 ……………………………… 159
    6.3.2 否定小词和动词 ……………………… 161
    6.3.3 动词与旁置词短语 …………………… 162
    6.3.4 主要动词和助动词 …………………… 163

6.3.5 系动词和述谓词 ………………………………… 163
6.4 从句语序 ……………………………………………… 164
　　6.4.1 标句符和从句 …………………………………… 164
　　6.4.2 状语从句和主句 ………………………………… 164
6.5 语序共性的解释 ……………………………………… 165
　　6.5.1 优势与和谐 ……………………………………… 165
　　6.5.2 语义靠近和可别度领先 ………………………… 168
6.6 小结 …………………………………………………… 170
参考文献 …………………………………………………… 171

第七章　与名词短语相关的数、性、人称范畴 …… 173
7.1 数范畴 ………………………………………………… 173
7.2 性范畴 ………………………………………………… 183
7.3 人称范畴 ……………………………………………… 186
7.4 小结 …………………………………………………… 192
参考文献 …………………………………………………… 193

第八章　领属结构与致使结构 …………………………… 196
8.1 领属结构 ……………………………………………… 196
　　8.1.1 名词性领属结构编码类型 ……………………… 196
　　8.1.2 编码形式跟领有者生命度的相关性 …………… 199
　　8.1.3 编码形式跟领属关系次范畴的相关性 ………… 199
8.2 致使结构 ……………………………………………… 203
　　8.2.1 致使结构的编码方式 …………………………… 204
　　8.2.2 影响编码选择的其他主要功能因素 …………… 209
8.3 小结 …………………………………………………… 212
参考文献 …………………………………………………… 213

第九章 形态类型 …… 216

- 9.1 形态类型学的演进 …… 216
- 9.2 格标记 …… 218
  - 9.2.1 格标记的区别作用 …… 218
  - 9.2.2 格标记模式 …… 219
- 9.3 一致关系 …… 223
  - 9.3.1 从名词、代词到动词 …… 223
  - 9.3.2 "一致"类型 …… 223
- 9.4 标记位置 …… 226
  - 9.4.1 从"附核/附从标记"到"标记位置" …… 227
  - 9.4.2 小句结构的标记位置 …… 228
  - 9.4.3 领属结构的标记位置 …… 230
  - 9.4.4 标记位置的整体类型 …… 232
- 9.5 其他形态类型 …… 233
  - 9.5.1 附缀 …… 233
  - 9.5.2 重叠 …… 234
- 9.6 小结 …… 236
- 参考文献 …… 236

第十章 "时-体-情态"类型 …… 241

- 10.1 时范畴类型 …… 242
- 10.2 体范畴类型 …… 250
  - 10.2.1 空间视点体 …… 250
  - 10.2.2 时间视点体 …… 253
- 10.3 行为类型、情状类型与句子体之间的关系 …… 256
- 10.4 情态范畴及其编码类型 …… 260
  - 10.4.1 语气与情态的关系 …… 260
  - 10.4.2 情态的分类 …… 262

  10.4.3 情态的编码方式 ·················· 267
  10.4.4 时—体—情态的跨语言共性 ········ 270
 10.5 小结 ································· 272
 参考文献 ·································· 274

第十一章 历时类型学 ························· 277
 11.1 历史语言学、语言历时研究和历时类型学 ···· 277
 11.2 历时类型学与历史语言学 ············ 279
 11.3 历时类型学与语法化 ··············· 287
 11.4 类型学共时研究与历时研究的交汇 ······ 293
 11.5 小结 ································· 299
 参考文献 ·································· 300

第十二章 区域类型学 ························· 302
 12.1 语言空间分异研究 ··················· 302
  12.1.1 历史比较语言学的地理转向——波浪扩散模型 ···················· 303
  12.1.2 方言语法学派对地理分异的关注——地理语言学 ··············· 304
  12.1.3 新语言学派主张的区域视角——区域语言学 ···················· 307
  12.1.4 布拉格学派的贡献——"语言区域联盟" ························ 308
  12.1.5 放眼世界的探索——广义的区域语言学 ························· 311
  12.1.6 解锁地理分布非均质性的钥匙——地理类型学 ··················· 312

12.1.7　语言类型学对地理因素的注视——区域
　　　　　　类型学 ………………………………………… 314
　　　12.1.8　各研究方向的异同点 ……………………… 318
12.2　语言区域 ……………………………………………… 319
　　　12.2.1　代表性的语言区域 ………………………… 321
　　　12.2.2　区域规模 …………………………………… 323
　　　12.2.3　区域边界的模糊性 ………………………… 324
　　　12.2.4　方言/语言地理连续体与特征扩散 ……… 324
　　　12.2.5　空间的连续性问题 ………………………… 326
　　　12.2.6　中心—边缘模型 …………………………… 327
12.3　重要类型参项的区域特征 …………………………… 327
　　　12.3.1　音系类型的区域特征 ……………………… 328
　　　12.3.2　词类的区域特征 …………………………… 328
　　　12.3.3　形态的区域特征 …………………………… 329
　　　12.3.4　语序类型的区域特征 ……………………… 329
　　　12.3.5　论元配置类型的区域特征 ………………… 330
　　　12.3.6　时体标志的区域特征 ……………………… 331
　　　12.3.7　语法化的区域特征 ………………………… 331
12.4　语言空间分异的主要形成机制——语言接触 …… 332
　　　12.4.1　语言接触的微观结果——"特征变异—型变"
　　　　　　连续统 ………………………………………… 333
　　　12.4.2　语言接触的中观结果——"扩散区—留存区"
　　　　　　连续统 ………………………………………… 336
12.5　区域类型格局——同源裂变和地理聚变的纵横交错
　　　……………………………………………………………… 337
　　　12.5.1　地理因素——中国地理分界线"秦岭—淮河"
　　　　　　一线 …………………………………………… 339
　　　12.5.2　文化因素——来自文化中心的压力 …… 340

  12.5.3　人口因素——移民 ································· 340
 12.6　结语 ··· 341
  12.6.1　小结 ··· 341
  12.6.2　遗留问题 ··· 342
  12.6.3　展望 ··· 344
 参考文献 ·· 345

第十三章　语义图 ··· 354
 13.1　语义图基本概念 ··· 355
 13.2　类表格语义图 ··· 357
 13.3　多点连接语义图 ··· 360
 13.4　小结 ··· 374
 参考文献 ·· 375

第十四章　田野调查和描写 ··· 377
 14.1　调查计划和清单 ··· 377
  14.1.1　调查计划 ··· 377
  14.1.2　调查清单 ··· 381
 14.2　语言取样 ·· 390
 14.3　语言转写与标注 ··· 393
  14.3.1　语言标注的来源与发展 ························ 395
  14.3.2　莱比锡标注系统及其框架下的
     　标注体系 ··· 398
  14.3.3　语法范畴标签 ·· 409
  14.3.4　以汉语作为元语言的标注 ···················· 411
 14.4　小结 ··· 414
 参考文献 ·· 416

第十五章　理论解释 …………………………………………… 419
　15.1　蕴含共性描写和类型学的功能解释 …………………… 419
　　　15.1.1　蕴含共性和"四缺一"真值表 ………………… 419
　　　15.1.2　解释之一:可能性等级 ………………………… 421
　　　15.1.3　解释之二:两因素互动 ………………………… 426
　15.2　语言的经济性和像似性 ………………………………… 430
　　　15.2.1　语言经济性 ……………………………………… 430
　　　15.2.2　语言像似性 ……………………………………… 432
　15.3　六大像似性 ……………………………………………… 434
　　　15.3.1　声音像似性 ……………………………………… 434
　　　15.3.2　复杂度像似性 …………………………………… 435
　　　15.3.3　事理顺序像似性 ………………………………… 437
　　　15.3.4　语义距离像似性 ………………………………… 438
　　　15.3.5　可别度领先像似性 ……………………………… 440
　　　15.3.6　功能-形式共变律 ……………………………… 441
　15.4　小结 ……………………………………………………… 442
参考文献 …………………………………………………………… 443

第二版修订说明

《语言类型学教程》第一版自2015年出版发行以来受到学界的广泛关注。使用本教材的很多老师与我们取得了联系,为我们提供了详细的修订建议,也反馈了教材使用中的问题。为此我们深表感谢!

在这本教材发行九年后,我们对教材作了两方面的修订,一是修改了原有教材中的某些表述,包括一些行文(如第二章)和印刷中的问题;二是增加了"词汇类型学""历时类型学"以及"区域类型学"三个章节。其中"词汇类型学"由莫斯科国立人文大学李亮(Kholkina Liliya, Russian State University for the Humanities)老师和湖州师范学院墙斯老师执笔,"历时类型学"由华中师范大学吴桐老师执笔,"区域类型学"由常熟理工学院柳俊老师与王健老师执笔。

此外,为方便教材编写工作的组织与联络,本教材的主编顺序做了调整,由原来的"陆丙甫、金立鑫主编"调整为"金立鑫、陆丙甫主编"。特此说明。

感谢所有使用本教材并给予我们诸多反馈和帮助的老师、同学!

前　言

　　人类对语言类型的研究历史已经跨越了两个多世纪,但作为科学意义上的当代语言类型学兴起至今才半个多世纪。由于某些历史原因,语言类型学研究的学术影响力还无法与形式学派和功能认知学派比肩,但它的跨语言比较和大规模语言数据分析这种以语言事实为前提的研究方法,以发掘各种表面语言现象背后所隐藏的蕴含共性来解释人类语言的研究范式,得到越来越多的语言学家的认同。它对语言事实的概括和抽象、所提出的具有高度可操作性和可验证性的蕴含共性,得到众多形式学派学者和功能学派学者的认可。其学术影响力日益增长,已经成为当代语言学中的一门显学。

　　国内语言类型学的研究起步于 20 世纪 80 年代,先后有陆丙甫、陆致极、沈家煊等学者翻译介绍了一些重要文献。陆丙甫、刘丹青等学者于 20 世纪 80 年代中期开始从类型学视角研究汉语中的一些问题,但由于研究规模不大,学术影响相对有限。20 世纪末,语言类型学研究在国内迅速发展起来,据期刊网 CNKI 截至 2015 年 3 月的统计,国内各高校语言学专业硕博士论文选择类型学研究方法的有 700 篇左右,单篇学术论文 1100 多篇,令人欣喜。各高校语言学课,尤其是语言学概论课上,已经有不少教师开始介绍语言类型学的研究方法和成果,不少高校的语言学研究生课程中也已经有了语言类型学课程,甚至有些还设立了类型学专业方向。但不同于形式语言学和系统功能语言学,这两大学派都有相对成熟的专业教科书,尤其是形式语言学,有大量的教科书可选。而语言类型学教科书,在国内尚未见到。无论是教师还是学生,都希望能有一本较为系统地介绍语言类型学研究方法的教材,能够通过教材的介绍较为系统地接受类型学的训练,并根据教材所提供的参考书目扩展阅读,扩大视野。

感谢王飙先生,他以敏锐的学术眼光捕捉到了学界的需求,几次来信邀请我们编写一本类型学教材。为了不辜负出版社的好意,我们邀请了国内类型学研究领域的一些优秀学者,合作编写国内首部类型学教材,集思广益、博采众长,为推进我国的类型学研究略奉绵薄。现在展现在读者面前的这本教材就是以下学者通力合作的结果:

第一章:金立鑫、陆丙甫

第二章:金立鑫、应学凤

第三章:墙斯、李亮(Kholkina Liliya)

第四章:金立鑫、王芳

第五章:金立鑫

第六章:李占炳

第七章:吴建明

第八章:刘小川

第九章:罗天华

第十章:于秀金、金立鑫

第十一章:吴桐

第十二章:柳俊、王健

第十三章:金立鑫、王芳

第十四章:陈玉洁、王健、金立鑫

第十五章:陆丙甫

全书内容章节安排由陆丙甫、金立鑫、吴建明和王芳讨论商定,最后统稿由陆丙甫和金立鑫负责,吴建明、王芳和罗天华协助做了大量统稿工作。

根据目前国内各高校的课时安排,以每周 2 课时计算,15 个章节预计 30 课时完成教学任务。

关于例句的标注需要作一说明。本书的很多例句来自各种文献。为了交流方便,我们尽量采用文献中的原文和国际通行的莱比锡标注方式。语料若来自民族语言或方言文献,也遵循忠实于原作者记录的原则。语料标注体例:

第一行:原语料。

第二行:标注行。实词五号小写字,语法功能项采用莱比锡标注缩略语(见本书附录),六号大写字母。偶尔用到引自原文的英文形式,随文作必要的说明。

第三行:翻译行。

为方便读者阅读理解,本书在书首列出"术语表",包括常用的类型学术语以及莱比锡标注缩写形式和中文翻译,供读者参考。但有些并不常用的标注术语未收入在该表中,如"PREVERB"(动词前附语素或动词的功能性前缀)等。

为便于读者查阅参考书目,本书各章节所涉及的文献都列在该章节之后。

读者有任何问题都欢迎与本书的任何一位编写者联系。联系方式:

陈玉洁(浙江大学):chenyujie0410@zju.edu.cn

金立鑫(江苏师范大学):jinlixin@hotmail.com

李亮(Kholkina Liliya)(Russian State University for the Humanities):kholkina.liliya@yandex.ru

柳俊(常熟理工学院):stephen-liu@163.com

李占炳(南昌大学):lizhanbing861225@sina.com

刘小川(南昌大学):aresliuxch@126.com

陆丙甫(北京语言大学):lubingfu@yahoo.com

罗天华(浙江大学):tianhualuo@zju.edu.cn

墙斯(湖州师范学院):chanceqq@126.com
王芳(上海外国语大学):wangfang@shisu.edu.cn
王健(常熟理工学院):wkg18@163.com
吴建明(上海外国语大学):wu.jianming2011@gmail.com
吴桐(华中师范大学):wutonglinguistics@hotmail.com
应学凤(上海师范大学):yingxf@shnu.edu.cn
于秀金(山东财经大学):yuxiujin888@163.com

欢迎批评指正。

金立鑫　陆丙甫
2024年3月于上海

术语表

序号	英文术语	标注缩写	中文
1	ablative	ABL	夺格
2	absolutive	ABS	通格
3	accusative	ACC	受格
4	adjective	ADJ	形容词
5	adposition	ADP	旁置词/附置词
6	adverbial	ADV	状语
7	affix		词缀
8	agent	A	施事
9	agreement	AGR	一致
10	allative	ALL	向格
11	animacy	ANIM	生命度
12	antipassive	ANTIP	逆被动
13	aorist	AOR	不定过去完整体
14	applicative	APPL	施用
15	article	ART	冠词
16	aspect	ASP	体貌
17	asymmetry		不对称性
18	auxiliary	AUX	助动词
19	basic order		基本语序
20	benefactive	BEN	受益格
21	cardinal	CARD	基数词
22	causative	CAUS	致使

续表

序号	英文术语	标注缩写	中文
23	causer	CAUSR	致事
24	chunk		块
25	chunking		组块
26	classifier	CLF	类词
27	clitic		语缀
28	combination		组合
29	comitative	COM	伴随格
30	complementizer	COMP	标句符
31	completive	COMPL	完结
32	conditional	COND	条件
33	contrastive focus		对比焦点
34	converb	CONV	蒙古语、土耳其语等语言中的副动词
35	copula	COP	系词
36	cross-category harmony		跨范畴和谐
37	cross-category identifiability hierarchy		跨范畴指别度等级
38	dative	DAT	与格
39	declarative	DECL	陈述
40	definite	DEF	定指
41	delimitative	DLM	短时体
42	demonstrative	DEM	指示词
43	dependent		从属语
44	dependent-marking		附从标志
45	determiner	DET	限定词
46	determiner, deictic	D	指别词
47	deviated order		偏离语序
48	direct constituent		直属成分

续表

序号	英文术语	标注缩写	中文
49	direct object	DO	直接宾语
50	direct-related constituent		直系成分
51	distal	DIST	远端/末端/末尾
52	distance-marking correspondence motivation		距离—标志对应动因
53	distinctiveness		指别性
54	distributive	DISTR	分配/分布
55	dominant, dominance		优势
56	dual	DU	双数
57	durative	DUR	持续体
58	economy		经济性
59	ergative	ERG	施格
60	exclusive	EXCL	排除式
61	experiencer	EXP	历事
62	feminine	F	阴性
63	first person	1	第一人称
64	flagging		标杆
65	focus	FOC	焦点
66	four-without-one		四缺一
67	future	FUT	将来时
68	garden path		花园路径
69	genitive	GEN	领格
70	Glottic Theory		声门音理论
71	grammaticalization		语法化
72	habitual	HAB	惯常体
73	hardness-marking correspondence		难度—标志对应律
74	harmony		和谐
75	head		核心

续表

序号	英文术语	标注缩写	中文
76	head-final		核心居尾
77	head-initial		核心居首
78	head-marking		附核标志
79	heaviness		重度
80	heaviness last		重块置末
81	heaviness preposing		重度前置
82	heaviness serialization principle	HSP	重度顺序原则
83	heaviness-marking correspondence motivation		重度—标志对应动因
84	host		宿主
85	iconicity		像似性
86	identifiability precedence motivation		可别度领先动因
87	identifiability		可别度
88	imperative	IMP	祈使
89	imperfective	IPFV	非完整体
90	implican		蕴含项
91	implicational universal		蕴含共性
92	implicatum		被蕴含项
93	inclusive	INCL	包括式
94	indefinite	INDF	不定指
95	indexation		标引
96	indicative	IND	直陈式
97	indirect object	IO	间接宾语
98	infinitive	INF	不定式
99	information flow motivation		信息流动因
100	informational focus		信息焦点
101	instrumental	INS	工具

续表

序号	英文术语	标注缩写	中文
102	intransitive	INTR	不及物
103	irrealis	IRR	非现实
104	kind-denoting reference		类指
105	left-less and right-more		左少右多
106	left-more and right-less		左多右少
107	locative	LOC	处所
108	macro-families		超级语系
109	major branch constituent		主干成分
110	marker, marking	MARK	标志
111	masculine	M	阳性
112	medial	MED	中间的
113	metathesis		换位
114	middle-interference reduction		减少中间干扰
115	minimal pair		最小对立对
116	modality		情态/模态
117	mora		莫拉
118	negation, negative	NEG	否定
119	neuter	N	中性
120	nominalizer/nominalization	NMLZ	名物化标志
121	nominative	NOM	主格
122	non-	N-	非
123	non-zero coding		非零编码
124	numeral	NUM	数词
125	object	OBJ	宾语
126	objective	OBJV	宾格
127	oblique	OBL	旁格/斜格
128	obviative		远指

续表

序号	英文术语	标注缩写	中文
129	orbital layer		轨层
130	ordinal	ORD	序数词
131	overt coding		显性编码
132	participle	PTCP	分词
133	partitive		部分指
134	passive	PASS	被动
135	passive function		消极功能
136	past	PST	过去时
137	patient	P	受事
138	paucal		少数
139	perfect	PRF	完成体
140	perfective	PFV	完整体
141	permutation		排列
142	plural	PL	复数
143	possessive	POSS	领有(性)的
144	postposition	POST	后置词
145	pragmatic		语用
146	predicative	PRED	述谓
147	Preferred Argument Structure Hierarchy		最佳论元结构等级
148	preposition	PRE	前置词
149	prepositional phrase	PP	前置词短语
150	present	PRS	现在时
151	principle of temporal sequence		时间顺序原则
152	progressive	PROG	进行体
153	prohibitive	PROH	禁止(道义)
154	prominence motivation		凸显动因

续表

序号	英文术语	标注缩写	中文
155	prominence-initial motivation		凸显居首动因
156	proximal/proximate	PROX	邻近/近指
157	purposive	PURP	目的
158	question particle/marker	Q	疑问小词/疑问标志
159	quotative	QUOT	引语
160	recessive, recession		劣势
161	recipient	R	接事
162	reciprocal	RECP	相互
163	reduplicative	RDP	重叠式
164	referentiality		指称性
165	reflexive	REFL	反身形式
166	relative	REL	关系(小句)
167	relativizer	RELR	关系词
168	recent	REC	新近(时)
169	resultative	RES	结果
170	ritualization		礼仪化
171	second person	2	第二人称
172	semantic		语义
173	semantic proximity motivation		语义靠近动因
174	single argument of canonical intransitive verb	S	不及物动词的主语
175	singular	SG	单数
176	Sonority Hierarchy		响度等级
177	specific		特指
178	subject	SBJ	主语
179	subjunctive	SBJV	虚拟
180	symmetry		对称性
181	tense	T	时态

续表

序号	英文术语	标注缩写	中文
182	tetrachoric table		四分表
183	the branching direction theory		分支方向理论
184	theme	THEM	客事
185	third person	3	第三人称
186	time location		时位
187	time quantity		时量
188	topic	TOP	话题语
189	transitive	TR	及物
190	trial		三数
191	triggering		启动性
192	verb	V	动词
193	verbal phrase	VP	动词短语
194	vocative	VOC	呼格
195	word order unit		语序单位
196	word order variant		语序变体
197	word order variation asymmetry		语序变化左右不对称
198	zero coding		零编码

第一章 绪 论

1.1 语言类型学:属性、发展、目标和任务

语言学作为一门科学,其终极目标是对"语言世界"的解释,即:语言世界为何如此?其运作的动因、机制和原理是什么?从语音、词汇和语法层面上看,到底是哪些成分构成各个具体层面的?构成这些不同层面的物质是如何组配的(例如语音单位之间的组配、词汇内部各成分之间的以及语法单位之间的组配)?它们之间是否存在规则或规律?这些规则或规律是什么?从历时上看,语言世界的演化是否有自己的规律?这些规律是怎样的?

对以上终极目标的追求,由于不同学者的视角和方法论的差异,形成了不同的理论流派。目前最重要的是形式语言学、功能语言学和语言类型学。

"形式语言学"这个概念有两个含义:一、主要研究语言的形式,或曰较典型的"形式之学";二、其研究方法是形式化的。

所谓语言科学是一种"形式之学"的意思是,语言现象和物理现象都是客观的研究对象,其构成原理基本一致。从科学的角度来看物质世界的构成,构成这个世界的物质是有限的,元素周期表涵盖了构成我们这个世界的所有元素。这个世界之所以如此丰富多彩,都是由这些有限的元素通过不同的排列、组合规则的无穷使用(或曰递归)形成的。那么研究这个世界的主要任务就是研究这些元素的排列、组合规则,因为排列、组合不同,物体就不同。犹如

钻石和石墨，其构成成分都一样，唯一不同的是构成它们的元素的排列组合方式。而元素的不同排列组合方式是形式问题而不是元素的属性（内容）问题。语言世界同样如此。汉语中"张三爱李四"和"李四爱张三"这两个句子，组成它们的元素都是一样的，但由于它们的排列形式不同，所以构成了完全不同的两个句子。形式学派就是从这个意义上的"形式"出发来研究语言的。

形式学派认为人类语言的这种"形式"规则是有限的，并且这些形式规则是人类天性就具备的，或者说是语言系统本身就具备的、自足的、不依赖于其他因素而存在的。形式语言学家通过寻求这些有限的形式规则来逼近语言学的终极目标，这是形式学派的主要特点之一。

形式学派"形式"的第二个含义是其研究方法是形式化的，是通过一系列根据特定的规则（公理性的、逻辑的、根据语言普遍原则制定的规则）进行的程序性操作，研究过程就是程序操作的过程。研究不是通过内省法进行"意会"来完成的。因此，所有的分析或操作都是可以形式化地得到表达的，同时也是可以通过自建的规则系统进行逻辑推导和验证（证伪）的。

功能学派同样追寻对人类语言作出统一解释的终极目标。但是在语言观上，功能语言学认为语言是人类社会交际符号系统中的一个子系统，语言中的规则不都是语言系统内建的，也不完全取决于人类的先天遗传。相反，这些语言规则的建立依赖于人类对世界的认知和交际等社会因素，绝大部分规则都是由于语言外部因素的推动而形成的（例如言语社会交际的需要）。因此，对语言规则的认识和解释更多地要通过语言系统外部的其他因素（主要是语言的社会功能）来进行。由于人类语言主要是用来进行社会交际的，人与人之间的交际主要用来表达说话人的思想，而说话人思想的形成又取决于其对世界的认知，因此语言本质上是说话人对世界的认知方式和结果进行编码的语音表现。另一方面，人与人之间的交际必须服从社会规则,必须照顾到交际环境以及言语交际的目的等等因素。为了达到交际目的,完成一个圆满的交际任务,在编码过程中,语言形式必须考虑到所有这些因素,将它们编码到语言形式中去。因此,本质上,语言形式编码了人的认知、社会交际功能等各种因素,语言学家在对语言形式之所以这样而不是那样进行解释时,不能不考虑到这些因素,因为正是这些因素导致了不同语言形式的产生。

在研究方法上,形式语言学和功能语言学都或多或少地继承了其父辈"结构主义语言学"的衣钵,尤其是在分布分析方面。但形式语言学在结构主义语言学的基础上形成了一套较为完整的操作系统,而当代功能主义语言学在具体操作程序的研究方法方面并无多少标志性、突破性的进展。在功能语言学界,被功能学者引用最多的几位最著名的功能语言学家如 Langacker 和 Talmy 等,他们对语言现象进行研究的方法主要是基于内省的认知阐释。当然在功能语言学派内也不乏某些研究方法上的形式化的表达,但这些形式化表达背后的理论核心是语言的功能驱动。

功能语言学对不少语言现象的解释(或理论假设)也得到不少语言学家的认同,甚至某些形式学派的语言学家也认同某些从语言功能出发对某些语言现象的理论解释。例如由功能语言学家提出的"经济原则""像似性原则"以及这些原则之下的"时间顺序原则""语义靠近原则"等。当然,这些原则在何种条件下发挥作用,如何判断某一结构是否符合这些原则的条件(即,如何给出一个结构的形式特征以满足这些原则起作用的条件)等方面,功能语言学家还需努力。

再看语言类型学。语言类型学源远流长,最早的有关语言类型的研究可追溯到 18—19 世纪的德国学者施莱格尔(Schlegel)兄弟,是他们最早发现世界上各种不同的语言有很多共同点,某些语言内部存在某些共同的特点,它们和另一些语言之间有着某种一致性。他们最早注意到的是语言中比词更小的单位语素的形态各有不同。他们根据不同语言中词形的变化特征将语言分为三种类型:屈折语、黏着语和孤立语。18—19世纪期间,德国学者施莱格尔兄弟(哥哥 August Wilhelm von Schlegel 和弟弟 Karl Wilhelm Friedrich Schlegel)的研究为语言类型学贡献了重要的理论基础。他们在不同语言间发现了共同点,并注意到了语素在各种语言中的不同形态。弟弟弗里德里希·施莱格尔提出了屈折语的概念,他还提到了黏着语,当时称之为附加语(affixal language)。随后的语言学家,包括奥古斯特·施莱希尔(August Schleicher)等,进一步发展了这些分类体系,并形成了现代语言类型学中诸如孤立语、黏着语和屈折语等术语。尽管施莱格尔兄弟并非唯一对这些术语做出定义的学者,但他们的工作无疑对语言学分类的发展产生了深远的影响。

施莱希尔认为语言是从孤立阶段发展到黏着阶段,再发展到屈折阶段的,印欧语是屈折语,所以印欧语是最高阶段的语言。他的理论迎合了某些印欧人的种族偏见,在欧洲曾经风靡一时。但也有相反的观点,同时代的德国学者加贝伦茨(Hans Conon von der Gabelentz,1807—1874)就不认同这种观点,他拒绝在优劣价值上对语言作任何评价,他的体系也没有形态语言和非形态语言之分。他认为一种语言如果只用句法手段表达语法关系,并不意味着该语言形态弱。这一观点得到不少语言事实的支持。现在我们也能看到古汉语中虽然没有外部形态屈折,但存在通过声调变化表达不同语法意义的方法(可以看作一种内部屈折)。此外,现代汉语中的重叠形态(例如语素重叠,动词语素、名词语素和形容词语素都有重叠形态)表达主观性、形象性。汉语中的这些形态常常造成句法功能的改变,也不能说语法上没有作用。加贝伦茨甚至认为汉语形态并不弱于印欧语。加贝伦茨抛弃了民族心理类型学的优劣论,认为不同语言对"语言思想"有不同程度的实现。此外,他还认同不同语言类型有着不同的民族心理基础,语言结构和思维结构有关联。这一观点至今依旧有一定生命力。

传统类型学中除了孤立语、黏着语和屈折语这些基本类型外,还有一种类型。德国语言学家洪堡特(Wilhelm von Humboldt, 1767—1835)曾经指出过有一种语言是混合形式的,他称之为插编语(incorporating language,后来学者们主要用 polysynthetic language 这个术语)。插编语的词根上可以黏附多个语素来表示各种语法意义,如北美的一些语言,如因纽特语,这些语言能把动词和它的宾语整合成一个词汇形式。一个动词词根上面可以附有表示"时""体""态""式""人称""数"等各种语法意义的语素,构成一个结构很复杂的"词"。同样,名词的词形也有类似的语素组合形式,具有"数""格"等语法功能的语素与名词词根整合为一个词汇形式。

在传统语言类型学中有最早的四种语言类型:屈折语、黏着语、孤立语和插编语,插编语后来被译为多式综合语,也有汉语学者称为多式插编语。这四种语言类型是从语言中最基本的单位"词"的外形角度作出的划分,也可称为"形态类型学"。我们将在下面1.2节中稍作介绍(更详细具体的介绍见本书第九章)。

传统语言类型学(或古典语言类型学)主要是分类学意义上的,与现代科学意义上的当代语言类型学相差甚远。当代语言类型学的建立当以美国学者格林伯格(Joseph Harold Greenberg, 1915—2001)的研究为起点。格林伯格是语言类型学发展史上划时代的人物。格林伯格之前的语言类型学对寻求人类语言的普遍共性、对抽象语言规则,尤其是在寻求不同语言现象之间的相关性方面研究不多。尽管在此之前雅各布逊(Roman Jakobson,1896—1982)已经提出过人类语言之间可能存在三种关系:(1)语言中的某 A 现象与某 B 现象之间互为条件;(2)语言中的某 A 现象是某 B 现象存在的条件;(3)语言中的某 A 现象与语言中的某 B 现象之间无关。格林伯格强调了其中第二种关系并发展成"蕴含关系"（implicational relation），奠定了当代语言类型学的基本描写方法。

本书后面各个章节所有有关语言类型学的介绍和讨论都是在继格林伯格之后的"当代语言类型学"意义上展开的。

语言类型学并不像形式语言学和功能语言学有着比较明确的语言观，但是语言类型学家在进行语言类型研究之前基本认定，虽然语言和语言之间存在差别，但是差别背后又有着共性。随着语言类型学研究的不断深化和发展，语言类型学家们越来越感觉到，语言之间的差别和共性，受制于不同的因素或条件。其中有语言系统本身的因素，也有语言系统之外的因素。

语言系统本身的因素主要指语言受制于人类的心理机制。诚如乔姆斯基（Chomsky 2006:58）所言，语言是一种心理现象。离开了人类心理机制，语言符号将毫无意义。语言系统之外的因素主要是语言区域、地理气候和社团因素，以及由地理气候及社团因素引发的其他相关因素。

首先，人类语言系统不得不受制于人类处理语言符号的心理操作机制。由于人类大脑的特殊运作机制以及先天的条件限制，例如"在线处理"语言符号时所需要的记忆容量的限制，人类语言的句法结构不可能无限复杂，只能控制在一定的范围内。即，任何一种语言的句子，其复杂度都不可能超越人类在线信息处理能力的限制。

其次，人类处理语言符号的过程本质上是一种消耗脑力的过程，出于所有生物"以最小代价获取最大回报"的生物本能（具有这一基因的生物更容易在生物竞争中胜出并生存下来），人类在语言解码和语言编码过程中同样会遵循这一铁律。这一铁律决定了人类语言句子结构的诸多特性或表现形式。例如多数语言都回避句法上的"中心嵌套"（center-embedding）①结构，同一种语言中，附加

---

① 将一个短语嵌入到另一个相同类型的短语中。

成分倾向于在核心成分的同一边,语义上关系紧密的成分靠在一起,语义上有关系但句法上存在较大距离的必须使用标志加以标示,等等。此外,人类看待世界的价值观取向也会反映在语言中,例如对有生命对象及无生命对象的重视和敏感程度不同(对有生命的对象更重视并且更敏感)。这种程度上的差别也会体现在语言形式上。再有,既然语言是用来传递信息的,那么信息的焦点和非焦点差别、信息的新旧差别、某类信息的需要度(需求等级)等因素也都会体现在语言形式中。人类语言中诸如此类的基本属性,在当代语言类型学解释某些语言共性之所以如此的过程中,越来越明显地表现出来。

多数学科内不同理论流派的差别不仅体现在对研究对象的认识论上,还更多地体现在研究方法上。这一点在语言学的形式学派和功能学派的差别上也能看到。语言类型学与形式学派和功能学派的差别也主要体现在研究方法或研究范式上。

语言类型学在语言观和研究方法上都不同于形式学派和功能学派。形式学派认为语言共性是心理语法的一部分,是人类基因的表达,有生物学意义,这些语言共性是绝对的、无例外的,并且可以从生物遗传学和语言习得上找到证据。语言类型学对于人脑语言机制并无统一看法,但现有的所有研究都倾向于认为,人类语言是多共性并存的,具有统计或概率上的蕴含共性特征。当然这一点并不与形式学派形成严格对立(形式学派对类型学的以上看法有足够的解释)。在研究方法上语言类型学也不像形式学派采用演绎法或一套程序化的操作方法,它更多地倾向于采用科学归纳法(注意,不是简单归纳法,科学归纳法需要在归纳所得到的结论性命题的前项和后项之间寻求出内在的必然相关性,只有得到该内在必然相关性,该归纳才得以成立)。这是当代语言类型学研究中的重要方法。

如果说形式学派在研究方法上更强调关注语言的形式特征

(可以是单一语言)并通过建立规则进行形式化的逻辑演绎和推导,功能语言学更多地通过对某些具体语言现象(也可以是单一语言)的观察进行抽象,将所抽象出来的规则通过使用者的体感和认知、交际需求以及交际环境等因素进行解释,那么,语言类型学则更强调、更突出跨语言的比较,试图在尽可能多的跨语言的比较中寻求人类语言的一般共性或某些语言的个性。所谓"类型",其本身已经隐含了"个性"的意义,因为只有个性和差异才可能形成不同的类型。并且,不同类型之间同样存在"个性"。然而要判断该语言或某些语言的某些表现确实属于个性,却又必须建立在对人类语言共性充分了解的基础上,否则很容易将某些人类语言中并不罕见的共性误作某些语言的个性。因此,对语言类型学而言,共性研究和个性研究是相辅相成的,发现共性为发现个性提供前提和解释。

因此,从某种角度来说,语言类型学就是寻求不同层级上的相对共性。

语言类型学研究在建立语言共性方面一个比较突出的理论意识是,"哪些语言形式是人类语言可能有的,哪些语言形式是人类语言不可能有的"(更多情况下,这些所谓的"不可能"并非绝对,而是一种明显的倾向性,或强烈的、压倒性的倾向性)。关注语言中"哪些表面不同的现象之间存在蕴含关系"(不同参项之间的相关性),即某类现象的存在决定了另一类现象的存在或不存在,或某一类现象的存在以另一类现象的存在或不存在为必要条件或充分条件。

在对人类语言共性的描述和解释上,语言类型学并不像形式语言学或功能语言学那样主要通过对有限语料的描写之后建立或描述某种与之对应的理论假设的方法来完成。语言类型学主要是先进行大样本(或较大样本)的跨语言现象的对比和描写,从中发现并抽象蕴含共性,然后再对该共性进行理论解释。理论解释可能是形式的,也可能是功能的,但功能的更为基本或直接(陆丙甫、金立鑫 2010)。当然,这一原则并不排斥在极其有限的语言样本的基础上提出某些蕴含假设、再通过更多语言样本进行证实或证伪的"假设—验证"的研究方法。这或许已经成为语言类型学研究的一个特点。这一研究传统主要是由当代语言类型学之父格林伯格倡导的。

如果说语言类型学仅仅是为了追求共性,那它与形式语言学在追求目标上差别不大。实际上,语言类型学并不满足于此,语言类型学在理论上的追求目标是解释语言"为何如此"。一种语言,无论是在语音上,还是在词汇系统上,或者在语法形式上,为何呈现出这样的形式而不是那样的形式,其背后的机制到底是什么?语言类型学解释这些机制的视角与形式语言学或功能语言学不太一样。语言类型学首先考虑从语言内部的"一系列蕴含规则"的推导中来解释某一语言之所以如此。例如,已知某一语言为动词居前的语言,或者属于前置词语言,或者小句定语前置的语言,那么就一定存在(或强烈倾向于存在)与之对应的一系列相关的句法现象。这"一系列蕴含规则"如同生物学中的基因。我们知道,生物上不同种群之间的差异、个体与个体之间的差异(如人与人之间的不同)是由基因的不同决定的。语言与语言之间的差异也可以理解为是由某些"语言基因"(这是一个比喻的说法)造成的。某一语言如果具有某一形式上的"语言基因",那么它在某些方面就一定存在某一特定的形式而不是另一种形式。

例如,以动词为主要参照项的语言类型学家(如 Dryer)认为宾语(O)和动词(V)之间的位置关系是一组最重要、最基本的语言基因,它至少在 15 项句法配置上决定了一个语言采取什么样的句法策略(也有语言学家不认为应该以动词为核心视点,前置词还是后置词或许也是重要的参照视点,如 Hawkins)。如果一个语言的宾语在常规状态下处在动词的后面,那么这种语言就会表现出一系列整齐的倾向。

相反，如果一种语言的宾语在常规状态下处于动词之前，那么这15项句法配置就倾向于相反（Dryer 1992，2008；Haspelmath 2006）。如采用后置词（日语），系动词在形容词之后（日语），"想""要"之类的心理动词也在动词之后（日语），等等。

可见，一种语言的基本语序到底是VO型的还是OV型的非常重要，它至少在15个项目上决定了一个语言倾向采用什么样的句法配置。因此，我们就可以将VO和OV看作人类语言中最重要的、区别性最显著的两条基因。多数VO语言使用前置词，多数OV语言使用后置词，该命题的逆反命题也成立：前置词语言多使用VO语序，后置词语言多使用OV语序。那么，到底是VO或OV，还是前置词或后置词，哪一个才是决定性的真正的语言基因？

由于基因是"控制生物性状的基本遗传单位"，基因必须是触发体。那么是VO或OV为触发体，还是前置词或后置词是触发体？这一点我们只能从发生学角度来考察。在人类语言的词汇发生学上，首先出现的词类是动词和名词，再次是形容词，然后才出现副词。旁置词（即一般所说的"介词"，包括前置介词、后置介词、框式介词）则是在副词之后才产生的。从这一点上我们可以确定，是动词和名词之间的关系决定了一个语言采用前置词还是后置词，而不是相反。这不仅因为旁置词是在动词名词之后才产生的，还因为旁置词是为了适应动词和名词之间的关系来选择自己的句法位置的。我们知道，旁置词引导名词，旁置词所引导的名词实际上是动词的一个旁格论元，它的句法地位低于宾语，但本质上它与宾语属于同一类（都是动词的论元，但不是控制动词的论元）。那么根据结构经济原则（相近的句法成分采用相近的句法手段），旁置词引导的论元应该在宾语的同一边。旁置词作为将其论元介绍给动词的"中间人"，它的句法位置应该处在论元与动词之间才是最合理的。因此,VO 语言中,旁置词出现在名词之前(V+ADP+N)是最合理的,例如英语中的"put on the table",旁置词"on"在名词"table"前面。OV 语言中,旁置词出现在名词之后(N+ADP+V)是最合理的,例如日语中的"学校 で 勉強する",旁置词"で"在名词"学校"的后面。出现在名词之前的就是前置词,出现在名词之后的就是后置词。

因此,VO 和 OV 是人类语言中最重要的两条基因。它能够解释一种语言中含有 Dryer 所指出的 15 条句法配置中的任何句法配置(当然,并非每种语言都具有这 15 条句法配置)。但是,除了 VO 和 OV 以外,还有哪些句法配置是决定性的,具有类似基因那样的功能呢?这也是语言类型学家们正在追求的重要目标之一。

当某些语言现象无法从语言内部求得解释,语言类型学才转向寻求语言外部的功能解释。

语言类型的外部解释,如语言中某些结构或单位的演变,或某种特殊形式,其背后的动因可能来自语言接触,或者地理气候因素。如赤道附近的索马里语中名词有"时"的区分(参见 Song Jae Jung 主编的 *The Oxford Handbook of Tense and Aspect*,第 24 章 Nominal Tense),现存的所能考察到的施通格语言(ergative-absolutive language)所处的地理位置几乎全部在北纬 30—40 度之外,要么是寒冷海边地区,要么是气候炎热的热带丛林、海边或沙漠地区。这就与地理气候条件有关。

当某种语言中的类型基因被发现得足够多,我们对这种语言"为什么是这样的"的解释力也就足够强大。当某种语言中的类型基因被描写得足够充分,我们对这种语言的整体特征及局部特征的描写和解释也将足够强大;同时也有可能预测某些结构是可能被这种语言接受的(隐性基因),或者是不可能被接受的。

基因有两个特点:一是能忠实地复制自己,以保持生物的基本特征;二是基因能够"突变",突变使生物可以在自然选择中被选择出最适合自然环境的个体。同理,语言的基因也可能存在突变,某些外来语因素的进入可能造成基因的突变,引发这个语言系统的局部甚至整体改变。例如历史上英语的整体句法配置就发生了重大的改变,古英语原来是 OV 语言,但现代英语却演变为 VO 语言。当一种语言处于演变过程中时,也会出现某些似是而非的中间状态或模棱两可的混合类型状态。有意思的是,语言总是处在不断演变的过程中,没有静止不变的语言系统,这也给语言研究以及语言类型学研究带来不少困难或新的研究课题。

总而言之,语言类型学的主要研究目标在于寻求人类语言各种表现形式背后蕴藏的共性以及导致某种语言表现出某种特殊性背后的原因。这种共性类似于生物学上的基因,该基因表达式将人类语言与其他信息系统或其他动物的"语言"区别开来(凡人类语言都具有共同的基因),并能将每一具体语言与其他语言区别开来(每一具体语言都有其独特的基因)。语言类型学通过寻求隐藏在千变万化的表面现象背后的有限的基本基因来解释世界的语言。语言类型学研究中常见的蕴含共性表达是众多语言基因中的一种表达式。

1.2 传统的形态语言类型学

传统语言类型学主要根据词法形态对语言进行分类,因此也可以称为"形态类型学"。它通常把语言分成孤立语、黏着语、屈折语和插编语四种。但是,这只是分类的结果,而对我们来说,更重要的是分类的标准。上述分类的标准是形态(词法学):孤立语几乎没有形态,其他三类语言都有形态;黏着语以"黏着形态"为主,屈折语以"屈折形态"为主,插编语中的"屈折形态"特别丰富和复杂。下面对这些类型作一简单介绍。

孤立语(isolating languages)的特点是几乎没有屈折形态,语法手段就是语序和虚词，典型的例子有越南语。孤立语的另一个特征是几乎每个词都由一个语素构成，即绝大多数词都是"单语素词"。不过这条标准实际上似乎并不重要，汉语有大量的复合词，但仍被看作孤立语。

黏着语（agglutinating languages）和屈折语（inflectional languages）①都有形态，区别主要有两点：形态成分在形式上的独立程度和意义复杂性。

在形态成分的独立性方面，黏着形态的黏着性比屈折形态弱，或者说独立性比屈折形态强。这可分别以英语的领属标志"'s"和动词词尾"-s"为例。领属标志"'s"是一个黏着后缀，独立性比较强，因为它不仅可以附在一个词上，也可以附在整个短语上。如"the king of England's daughter 英王之女"，其中的"'s"虽然在书面上跟"England"写在一起，但实际上是附在整个"the king of England"上的；也就是说，结构层次是"[[the king of England]'s] daughter"。在"court martial's law"（军事法庭法律）中，"'s"实际上是跟整个"court martial"发生语义关系。汉语的助词"的"也是这种情况，不过由于"的"自成音节，感觉比英语领属标志"'s"更具独立性。

英语动词词尾"-s"则可看作一个屈折形态，独立性比黏着后缀"'s"差一些，表现之一是只能附在动词词根后，而不能附在短语后。不过，动词词尾"-s"的独立性还不算是最弱的。独立性更弱的形态是跟词根无法分开，即跟词根融合在一起的屈折形态。由于变化发生在词根内部，因此又称"内部屈折"。如英语的"men"，其中表示多数的"e"跟词根无法分开，已经"融合"在一起。

---

① "屈折"主要有两个意思：一是指"内部交替"的构词法，如英语"sing"是动词，"song"是名词，汉语"好"读上声是形容词，读去声是动词；二是专门指跟构词法相对的构形法，如英语"sing"是一般现在时，"sang"和"sung"分别是过去时和过去分词。第二个意思不限于"内部交替"，如英语用"-ed"表示完成体也算构形屈折。这里主要指第二个意思。第一个意思也可以看作"融合"的一种。

由于这个原因,屈折语又称"融合语"(fusional languages)。汉语普通话中表现出融合性质的语素有"儿化"。"儿化"这个语素可以进入所附音节的内部,可以跟所附语素融合成一个音节,如普通话"信儿"的发音为[ɕiər]。这说明"儿化"这个语素跟词根的结合极为紧密,融合成一体了。北京口语中"一个"可以用阳平的"一"来表示,"个"虽然本身的声、韵、调都消失了,但是其声调影响到了"一"的变调。这种情况也可以看作融合现象,是"个"的声调融合进了"一"的发音。类似现象在方言中不少,如"子"尾消失,山西和顺方言中,舒声字中用增加音长表示;山西晋城方言中,多数平声、上声字用变调[35]来表示(江蓝生 1999:202—203)。此外,一些改变意义和语法性质的声调变化,如去声的"好"表示动词"爱好"的意思,也可看作语素的融合,因为其中很难明确分化出一个使得形容词"好"实现"动词化"的独立形式。我国少数民族语言中用声调作为形态手段的有不少,如彝语凉山话用声调区别人称代词的格,主格是高升调[35],宾格是低降调[31],领属格是高平调[55](马学良 1991:5、24—29)。

　　在意义复杂性方面,黏着形态比屈折形态的意义简单。如作为黏着形态的领属标志"'s"只表示领属关系一个意义,而作为屈折形态的动词词尾"-s"同时表达了"第三人称单数"和"一般现在时"两个意义(若把"人称"和"数"分开,那就是表示三个意义了)。如果"融合"还表示一个以上的意义"融合"在一个形态形式中,那么,"融合"这个名称就足以概括屈折形态不同于黏着形态的两个特点了。比英语动词词尾"-s"更复杂的例子如西班牙语中"habló"(他/她说过),后缀"-ó"同时表示"第三人称"和"过去时"之外,还表示"完成体"[与未完成体"hablaba"(他当时正在说)相对]和"直陈式"[与虚拟过去时"hablara"(如果他说过)相对]。

　　下面表1.1和1.2是作为黏着语的土耳其语和作为屈折语的

俄语在名词变格方面的比较[①]。

表 1.1　土耳其语"男人"的变格

格	单数	多数
主格	adam	adam-lar
受格	adam-i	adam-lar-i
领格	adam-m	adam-lar-m
与格	adam-a	adam-lar-a
处所格	adam-da	adam-lar-da
离格	adam-dan	adam-lar-dan

表 1.2　俄语"桌子"(阳性名词)和"椴树"(阴性名词)的变格

格	(桌子)单数	多数	(椴树)单数	多数
主格	stol	stol-y	lip-a	lip-y
领格	stol-a	stol-ov	lip-y	lip
与格	stol-u	stol-am	lip-e	lip-am
受格	stol	stol-y	lip-u	lip-y
工具格	stol-om	stol-ami	lip-oj	lip-ami
前置格	stol-e	stol-ax	lip-e	lip-ax

在土耳其语中，表多数和格的黏着形态是截然分开的。但是在俄语中，性、数和格的形态无法分开。也就是说，这些形态都是一个形式表示性、数、格三个意义。主格阳性名词没有专门词尾，阴性名词在词根上加"-a"表阴性，有趣的是阴性名词的多数领属格是在主格的基础上去掉阴性单数主格标志，用一个零形式表示。这可以说是融合的特殊情况。

[①] 以下例子取自 Comrie(1989:44)。但是其中俄语六个格原文的顺序是"主格、宾格、领格、与格、工具格、前置格"，这里按照俄语语法习惯从"第一格"到"第六格"的顺序重新排列一下。实际上这六个格的名称，只是反映了这些格的主要功能，而不是全部功能。如俄语第三格虽然大致上相当于与格，主要表示间接宾语，但也有许多其他用法。如相当于汉语"我感到热""我三十岁"这样的"非自主性谓语句"中的主语，俄语就用第三格表示。

黏着语中有大量的黏着形态,屈折语中有大量的屈折形态。现代英语虽然两种形态都有,但是数量都很少,所以现代英语也类似孤立语。汉语也有黏着形态,如"-的、-们、-着"等,以及极少屈折形态[①],但基本上可看作孤立语。

事实上,从孤立到融合是一个程度的问题。如越南语用"chúng tôi"表示"我们",两个语素都是自由语素。表示多数的"chúng"也可以单独用,跟汉语的"众"同源;独用时表示贬义的"他们"[②](王力1991)。汉语的多数标志"们"由于不能单用,因此融合程度稍微高一些;也因此可看作黏着语素。英语的多数标志"-s"的融合程度又高了一点,因为没有语音上的独立性,不能自成音节。至于"man"的多数形式"men"中的"e",就可以算是融合形式了,已经不能跟词根分割。

插编语(polysynthetic languages)的特点是一个词可以包括许多语素。这个现象在汉语中也能找到。

(1) a. 瓜分国家财产犯
    b. 瓜分国家财产的罪犯
(2) a. 在这次会议上,"经济过热需要政府干预派"与"经济非过热是社会不平衡派"发生了激烈冲突。
    b. 在这次会议上,主张经济过热需要政府干预的学派与主张经济非过热是社会不平衡的学派发生了激烈冲突。

(1a)中的"瓜分国家财产犯"和(2a)中的"经济过热需要政府干预派""经济非过热是社会不平衡派"理论上都应该看作复合词。粗看之下,它们之所以成为复合词,是因为其中的核心"犯"(作为名词性语素而不是动词性语素)和"派"都是黏着语素。但是同样是复合词的"瓜分国家财产罪"中的核心"罪",虽然可以是自由语素,

---

① 如重叠和改变声调的内部屈折。
② 王力原文是"你们",但我的一位越南博士生阮玉碧告诉我,这里的"chúng"独用应该是带贬义的"他们"。(金立鑫注)

整个结构体仍然应该看作复合词。又如,"白云、大车"中的构词语素都可以是自由的,但是我们仍然把这两个组合看作复合词。可见,能否看作复合词还取决于其他一些结构因素。如果把例(1a)和(2a)的那些复合词分别改为(1b)和(2b)中的形式,虽然意义基本相同,但就不再是复合词了。

　　类似于上述汉语由很多语素构成复合词的例子有英语的"antidisestablishmentarianisms"(各种反对废除国教制度主义),其中有"anti-dis-establish-ment-arian-ism-s"七个语素。还包括"a look-at-me air"(一种"瞧我的"神气)中"look-at-me"这种所谓临时造的"一次性"词或"短语派生词"(derivational compounding)。这样长的词在汉语、英语中是少见的,并且都是名词性的或定语性的。但是在插编语中却非常普遍,而且主要是动词性的、述谓性的,作用更像是句子;因此有插编语中"一个词相当于一个句子"的说法。下面是两个例子(Comrie 1989:45)。注意原文下面的语素对译中,"1SG(1 单)、3SG(3 单)"分别表示第一人称单数、第三人称单数。

(3) Yupik 语(一种西伯利亚因纽特语)
　　angya-ghlla-ng-yug-tuq
　　boat-AUGMENTATIVE-ACQUIRE-DESIDERATIVE-3SG①
　　'He wants to acquire a big boat.'

其中的词尾"-tuq"表示主语是第三人称单数,类似于英语的动词词尾"-s"提示了句子的主语是第三人称单数。

(4) Chukchi 语(一种西伯利亚东北部语言)
　　tə-meyŋə-levtə-pəɣt-ərkən
　　1SG-BIG-head-ache-IPFV
　　'I have a fierce head-ache.'

---

① 注释行内容为"船−巨称−获取−愿望−3 单"。

其中最前面的"tə-"标志出"头痛"的主体是第一人称单数,不过,"tə-"是个前缀而不是后缀。正像英语动词词尾"-s"虽然已经提示了主体的人称和数,但是具体的主体仍然可以出现一样,在插编语中,也是如此,下面是一个因纽特语的例子(Baker 1988:125):

(5) neqi　　　　　neri-vara
　　 meat-ASB　　 eat-1SS/3SO
　　 'I ate the meat.'

其中后缀"-vara"表示:动词带第三人称单数宾语、第一人称单数施事。形态的意义可以很复杂,这是插编语的另一个特点。

　　插编语复合词所收编的信息,除了有关主语、宾语的之外,还可以包括有关状语的信息等,好比英语动词词尾"-s"表示这个动词所在句子只能带表示现在的时位状语。在插编语中,一个动词可以有多个屈折形态,它们指示了句子内容的种种信息。由于一个词中"收编"了许多类似于句子成分的信息,因此插编语又称为"收编语"①。

　　关于收编现象,其实在人类语言中是普遍存在的。汉语的许多复合词,如"因此"中收编了本来是指别词的"此"。不过在插编语中,这类收编现象能产性高、特别丰富发达而已。

　　但并不是说插编语中就只有词而没有句子。如例(5)就应该看作两个词构成的句子,其中的词尾"-vara",仅仅告诉是单数第三人称的名词,并没有告诉我们其他具体内容;宾语的具体内容还是需要由宾语"neqi"来表示。又如汉语"炮打"作为一个复合词,就收编了工具"炮"这个论元,但在句子中仍然可以补充出工具论元更具体的内容,如"我军[用喀秋莎]炮打敌军阵地"。被动词所收编的名词性成分,通常都是类指的。

---

①　从某种角度可以说,插编语是"附核标志"(head-marking,参见本书9.4.1节)高度发展的表现,即核心跟从属语的关系主要通过附在核心上的形态成分表达。

四种类型中,孤立语和黏着语的特点比较容易理解,另外两种情况比较复杂,这从它们各有两个名称这一点也能看出。名称的不同直接反映了它们各自都有两个特点,而两个特点虽然密切相关,但本质上是不同的。"屈折"如果仅指有形态变化,那么黏着语也有形态变化,这就不能反映两者的区别。从这一角度来说,也许"融合语"的名称比"屈折语"更明确;特别是"融合"也包括一个形态成分融合进多个意义的情况。

上述的分类不是绝对的:一种语言可以具有不同类型的表现。有些语言在归类上难以确定,处于某种中间状态。因此有人采取一种连续统的处理方法,把没有形态的语言看作典型的"分析型"语言,把形态极其丰富的语言看作"综合型"语言,多数语言都处在这个连续统中的某个位置。不过,这两个极端的地位是不对称的,有典型的分析语,但是没有典型的综合语。因此,Comrie(1989:47)认为不妨把综合现象看作对典型分析型孤立语的逐渐偏离。起点可以明确,而偏离的终点很难明确。用孤立语为坐标原点或起点,去描写分析程度,这符合科学研究从简单到复杂的推导程序。

形态分类的一个前提是明确什么是"词",例如,词缀和虚词的区别就在于是否独立成词。但是"词"在语言学中至今没有明确的定义。这就导致形态分类的麻烦。也许可以用"语素边界的明确性"来看待分析型语言和综合型语言这两极的关系。在分析型语言中,确定语素最容易,综合型语言中,很多语素的形式不明确。像英语中表示多数的融合形式,"men"中的"-e-"(发[e])和"feet"中的"-ee-"(发[iː]),跟词根交融在一起,本身发音也不明确,比起单数形式来,只是增加了词根元音的高度和靠前程度。

从上述简介中,我们不难看出传统语言类型学的分类标准,"孤立、黏着、融合、多综",作为形态现象,在汉语和英语中都存在。其实,其他语言也是如此,不过各种语言中这些现象存在的比例不同而已。因此,这种根据某些标准给语言进行的整体分类,在当代语言类型学中不再强调。

1.3　语言类型学的研究程序

第一小节我们指出,语言类型学有意识地要求研究者主动进行多语种跨语种的比较和研究,在跨语种的比较研究过程中发现语言的个性和共性。语言类型学的研究过程大致上可以分为五个步骤:

i. 根据某些引起研究者兴趣的语言现象、参照已有的研究文献确定研究目标(目的)、预计研究结果;
ii. 确定研究思路:从范畴出发,还是从形式出发;
iii. 搜集样本:根据研究目标和语言共性建立鉴别样本的标准、确定样本范围,跨语言搜集样本;
iv. 整理和描写样本,用语义图、数据矩阵或蕴含命题表达描写结果,该结果呈现人类语言存在某种共性或特殊性,对假设的共性进行验证或论证;
v. 寻求共性或特殊性(现象)的动因。

下面逐一简要说明。

科学研究的原动力是好奇心或研究兴趣。不同的语言学家对不同的语言现象有兴趣,有些关注语音,有些关注词汇,还有些人关注句法,个人兴趣都不太相同,但他们对语言的好奇心大都集中在"这些现象为什么是这样的"这类基本问题上。语言类型学家可能多了一层兴趣:这种现象是偶然的吗?这种现象属于何种语义范畴或功能范畴?这种语义范畴或功能范畴在其他语言中是如何表现的?它们之间有共性吗?如果它是偶然的,这种偶然现象背后的动因是什么?这种现象与其他哪些现象之间有相关性?诸如此类的问题,其他语言学流派的学者或许并不特别关注,而这些恰恰是语言类型学所特别关注的。这些所谓的"问题"就是前一小节所阐述的"研究目标"。语言类型学家首先发现某些引起他研究兴趣的语言现象,这些现象或许是他凭经验感觉其他语言中少有的,或者很可能是所有语言都有的,这种所谓的特异性或共性的可能存在已经足够吸引他对这类现象作深入观察。他或许就将这种现象作为研究对象,试图通过或透过这些现象去发现隐藏在现象背后的或与其他语言相关甚至与人类语言相关的问题或规律。

例如,假如有一位语言学家发现有的语言中人类名词、动物名词和无生命名词在充当句子的宾语时,有的用不同的标志加以区别,有的不用标志。比如越南语、汉语等语言中这三类名词都没有标志区别,但是也有匈牙利语等语言中这三类名词都用不同的标志来表示。如果他对这个问题有兴趣,就会继续考察其他语言,看看这三种名词在其他的语言中到底有哪些不同的标志形式。这就是研究的**第一步**:从现象出发确定研究内容以及初步的研究目标。

这位语言类型学家首先发现的是形式上的问题,即名词和某些标志之间的关系,到底哪些名词在哪些语言中需要标志,而又在哪些语言中不需要标志,如此等等。这些都属于形式上的问题,因此他就可以从形式出发作进一步的考察和研究。

但也可能某些问题并不是由形式触动引发的,而是由语义范畴或功能范畴引发的。例如某些学者可能通过文献发现绝大多数语言都有表达"致使"或"被动"等这类语义范畴的需求。他或许先审视自己的母语,看母语中的"致使"或"被动"等是如何表达的:是通过词汇手段、形态手段还是分析手段,或者既有词汇手段也有形态手段或分析手段?如果大致弄清楚了母语中表达致使或被动范畴的形式,作为语言类型学的研究,这位学者还会继续考察其他语言中致使范畴或被动范畴是如何表达的,是否也有词汇、形态或分析手段等等,这些不同语言在表达致使范畴或被动范畴的手段上都有哪些共性或个性,这些手段与语言中的其他形式或范畴之间是否有相关性或有什么样的相关性等等。这种研究方式就是从范畴出发的。

无论是从范畴出发还是从形式出发,其研究目标都是一致的:在不同语言之间寻求共性或个性,并试图寻找它们与其他因素之间的相关性,最后对其作出尽可能普遍的统一解释(第五步,详下)。这是上面说的研究步骤的**第二步**:确定从形式出发还是从范畴出发。

第三步是搜集和处理样本。我们拿之前的那个例子来打比方,如果那位语言类型学家发现有的语言中人类名词、动物名词和无生命名词在充当宾语时有的用标志表示,有的不用标志表示,这个问题引起了他的兴趣,那么他就可以通过语种库,例如"世界语言结构地图集"(World Atlas of Language Structures,简称WALS[①]),或者文献资料等搜集相关语料,或者对不同语言中的不同类型的名词进行调查。调查之前他先要确定哪些属于人类名词、动物名词或无生命名词,好在这些特征在语义范畴上都比较容易确定。接下来他就可以着手进行调查了。通过对不同语言的调查,他可能发现西班牙语中只有人类名词用特定的标志,而其他两类名词都没有标志;再后来又发现俄语中人类名词和动物名词都用标志,无生命的名词不用标志。

第四步就是根据上面所调查的结果进行整理和描写。通过排列这四种语言在这三类名词充当宾语时使用还是不使用标志的方式,他得到了一个是否使用标志的连续分布图(Haspelmath 2008):

语言	人类名词	动物名词	无生命名词
越南语	无	无	无
西班牙语	有	无	无
俄语	有	有	无
匈牙利语	有	有	有

[①] 有互联网在线版本,地址:http://wals.info,访问时间 2024—01—02。

有意思的是,这位语言类型学家可能同时发现竟然没有任何一种语言是:无生命的名词作宾语有标志,有生命的名词无标志,或者动物名词作宾语有标志而人类名词没有标志。于是,他据此可能提出一个理论假设,这个理论假设可以用连续蕴含命题的方式提出,即:

  如果一种语言无生命名词作宾语有标志,则动物名词有标志;如果动物名词作宾语有标志,则人类名词有标志。

他将这个连续蕴含命题用形式化的方法来表达就得到:

  无生命名词标志 ⊃ 动物名词标志 ⊃ 人类名词标志

"蕴含"是一个逻辑学术语,它通常用来表达两个命题或概念之间的充分条件关系。如果说"X 蕴含 Y",那就等于说"X 是 Y 的充分条件"。凡有 X 必有 Y,但"有 X 而无 Y"的命题不成立。逻辑学中充分条件的逻辑真值表如下:

X	Y	X 蕴含 Y 的逻辑真值
真	真	真
真	假	假
假	真	真
假	假	真

  所有充分条件的逻辑真值表都是"三真一假",唯有前件为真,后件为假时,"X 蕴含 Y"的命题为假,其他三种条件下,该命题都为真。拿上面的"充当宾语时,无生命名词有标志蕴含动物名词有标志"这个蕴含共性来说,逻辑上同样有四种可能,也是三真一假。唯有"无生命名词有标志,动物名词无标志"这种情况不存在。其他三种情况都存在:无生命名词有标志,动物名词也有标志,如匈牙利语;无生命名词无标志,动物名词有标志,如俄语;无生命名词无标志,动物名词无标志,如越南语。语言类型学对语言现象的抽

象多数表达为这样的蕴含共性(命题)。或者说,这就是当代语言类型学所追求的人类语言中的蕴含共性。这种蕴含共性的理论魅力在于它能将语言中看来似乎不相关的两种现象(或许其中一种现象是语言之外的——通常是蕴含共性的前件)联系起来,对它们何以如此作出解释。本书后面几乎每个章节都要应用到这一逻辑蕴含关系。

再举一个例子。语言中主语(subject)、直接宾语(direct object)、间接宾语(indirect object)、其他论元成分在一致关系和格标志上有一般共性。如果有学者突然发现,有的语言在主语和动词之间有一致关系,可是主语没有格标志,而另一些语言在其他论元成分上有标志,主语也没有标志,经过对很多语言的观察,他发现其中存在一种有意思的对应关系。Whaley(1997/2009:154)的总结是:

在一致关系上存在一个等级链条:

主语 > 直接宾语 > 间接宾语 > 其他

该等级链上右边的成分蕴含左边的成分,即如果一种语言,该等级上任意一个成分有与动词的一致关系,那么该成分左边的成分也与动词有一致关系。而格标志等级则正好相反:

其他 > 间接宾语 > 直接宾语 > 主语

意思是,任何语言,如果该等级上某一成分有格标志,那么该成分左边的所有成分都有格标志。通过对更多语言的考察,如果没有发现反例,那么这一理论假设或蕴含共性就能成立。

以上是第四步:整理、描写和呈现(将所调查和观察得到的现象进行整理,描写出其背后蕴藏的规则)。用语义图的方法来呈现描写结果的原理和过程,本书将在第十三章专门介绍。

第五步就是要对第四步中提出的规则或蕴含共性进行解释。例如,为什么充当宾语时人类名词最需要标志而无生命的名词最不需要标志?为什么在一致关系上首先是主语然后是直接宾语等其他成分,在格标志上却正好相反？这种解释如果在系统内部无法求得,那就可能要从语言外部来寻求答案。研究者可以从各个角度来假设,从中选择相对合理、符合逻辑、具有必然相关性的解释。当然研究者可能像形式语言学那样采用在结构内部进行解释的方法,也可能采用功能语言学通过结构外的其他功能因素来解释的方法。在解释的方法上,语言类型学似乎并没有强烈的一致的理论诉求。有些类型学家更偏爱形式解释,而有些类型学家更偏爱功能解释。

根据以上描述,我们可以说语言类型学研究是基于多语种调查或跨语言对比进行的。没有多语种调查或跨语言对比,或没有已有的语言类型学研究成果作为理论基础(或参照),就无法进行类型学的研究。

1.4 小结

现代语言学意义上的语言类型学在研究动机和目标上与形式语言学和功能语言学基本一致,都是寻求人类语言的普遍共性或对人类语言作统一性解释,正如当代物理学对世界的统一性解释一样。语言类型学不仅要解释人类语言总体上为什么会呈现如此样态,还要解释某一特定的语言为什么会呈现某种特定的样态；人类语言总体上为什么会遵循某些特定的基本原则,某一特定语言在遵循这些基本原则时又有哪些变通或变异,或在一系列基本原则之间采取什么样的策略。科学研究的假设是,正是因为存在这些基本策略,才导致这一语言呈现出某种特定的样态,这些基本策略犹如生物基因,决定了该语言在各个层面上的特定形式。

在研究方法上,语言类型学主要是在尽可能多的大规模语言样本的采集、描写和比较的基础上进行抽象或概括,提出可能的理论假设,这些假设大都通过蕴含共性或语义图等形式来表达。与传统语言学的各个分支学科相似,语言类型学在这些分支领域内有着自己的追求,它本着追求相对共性和特异性的宗旨,最后形成的是语音类型学、词汇语义类型学、语法类型学,甚至历时类型学等理论假设。由于语言类型学在方法上表现出大团队合作、大数据共享的特点,其研究成果具有更大的普适性,它已经成为语言学研究最重要的研究范式之一。

参考文献

Baker, M. C. 1988. *Incorporation: A Theory of Grammatical Function Changing*. Chicago: University of Chicago Press.

Chomsky, N. 2006. *Language and Mind* (Third Edition). Cambridge: Cambridge University Press.

Comrie, B. 1989. *Language Universals and Linguistic Typology* (Second Edition). Chicago: University of Chicago Press.

Dryer, M. S. 1992. The greenbergian word order correlations, *Language* 68 (1), pp. 81—138.

Dryer, M. S. 2008. The Branching Direction Theory of Word Order Correlations Revisited. http://linguistics.buffalo.edu/people/faculty/dryer/dryer/DryerBDTrevisited.pdf, accessed on 2011—03—15.

Haspelmath, M. 2006. Universals of Word Order. http://email.eva.mpg.de/~haspelmt/6.Word Order.pdf, accessed on 2011—03—18.

Haspelmath, M. 2008. Object Marking, Definiteness and Animacy. *Leipzig Spring School on Linguistic Diversity*.

Whaley L. J. 1997/2009. *Introduction to Typology: The Unity and Diversity of Language*. California: Sage Publications.

江蓝生(1999)语法化程度的语音表现,《中国语言学的新拓展——庆祝王士元教授六十五岁华诞》(石锋、潘悟云编),香港:香港城市大学出版社。

陆丙甫、金立鑫(2010)论蕴含关系的两种解释模式——描写和解释对应关系的个案分析,《中国语文》,第 4 期。

马学良(1991)《汉藏语概论》,北京:北京大学出版社。

王　力(1991)汉越语研究,《王力文集》第 18 卷,济南:山东教育出版社,460—587 页。

(编写者:金立鑫、陆丙甫)

第二章 语音和音系类型

语音是人类语言的第一要素。人类对语音要素的研究历史悠久。传统语言学对语音或音系的研究大都是描写性的,即关注的是某一语言中语音的属性,并对其进行细致的刻画。这种细致的刻画区分出了人类语音的音段音位和超音段音位。语音学家在音段音位中区分出了元音系统和辅音系统。他们刻画语音属性的方法主要是观察元音舌位的高低前后及圆唇与否,辅音的发音部位和发音方法。而对超音段音位的刻画则主要是音调的高低取值以及重度等。基于语言系统的语音学研究,即音系学研究关注的是某一特定语言的语音系统,在该系统内音义之间的对应关系以及某些语音使用的条件和种种变异条件。毋庸讳言,传统语音学以及音系学在人类语音研究方面取得了高度成就。如果没有以往的这些基础研究,语音的类型学研究无从谈起。

语音类型学是建立在传统语音学和音系学研究之上的,它旨在研究各种语言语音系统的共性与个性,通过对某一语音要素或者对两个或两个以上语音要素的交互影响进行研究,寻求某些语音要素与另一些语音要素之间的蕴含关系,由此建立人类语音系统的蕴含共性,进而建立人类语音上的蕴含层级系统。

2.1 音段音位及其共性

虽然人类语言中音位的数量是不确定的,可多可少,但绝大多数语言的音位都在一定的数量范围内。在语言学家所统计的566

种语言中,辅音音位的平均值是 22 个(22±3)。

在元音系统上,据调查,人类语言基本元音最少的由 2 个元音组成(如伊马斯语),最大的基本元音库由 14 个元音组成(德语)。最普通的元音是/i/、/e/、/a/、/o/、/u/(如西班牙语)。人类语言的元音数量,平均值为 6 个。有 51% 的语言其元音数量非常接近平均值,31% 的语言大于平均值,16% 的语言小于平均值。

从所有我们能观察到的语言的语音系统上来看,元音系统内部存在蕴含共性。

(1) 如果一个语言有 3 个基本元音,则它最有可能是:1 个低元音[a],1 个前高元音[i]和 1 个后高元音[u],或者是 1 个前中元音[e]和 1 个后中元音[o]。

(2) 如果一个语言有 5 个基本元音,则它最有可能是:1 个低元音[a],2 个高元音(一前一后)和 2 个中元音(一前一后)。

(3) 如果一个语言有 7 个元音,则它最有可能是:1 个低元音,2 个高元音,2 个中高元音和 2 个中低元音。

由上可知,低元音[a]最容易发音,而前后的区别在高元音中比较容易,在低元音中相对不容易。圆唇则是在高元音被选之后才可能选择的项目。

因此我们可以从中建立一些语音系统上的普遍共性。绝对共性:低元音[a]在任何语言中都是普遍存在的必选项(这就是为什么[mama]和[papa]中的[a]是很多语言中都有的元音)。

关于人类语言中的元音系统,我们还可以提出下面的蕴含共性:

(4) 若一个语言存在中元音,则其必然存在高元音;若一个语言中有高元音,则其必然有低元音。

(5) 若一个语言有前圆唇元音,则其也一定有后圆唇元音。

(6) 若一个语言中的低元音区分前后,则其中元音和高元音也区分前后。

在基本元音的数量上,人类语言表现出一种数量趋势,大部分语言的基础元音都在6个左右,比如日语有5个元音,汉语普通话有6个元音,英语有7个元音,阿拉伯语有8个元音。

大多数语言有后元音,一个有意思的趋势是,后元音蕴含圆唇元音。在基本元音[i、e、a、o、u]中,前元音和央元音是非圆唇元音,后元音是圆唇元音。根据蕴含规则,一个语言如果有后元音就不可能没有圆唇元音。

有些语言的元音附带其他特征,如鼻音化(nasalization)和咽音化(pharyngealization)。如果一个语言带鼻音化或咽音化的元音构成音位对立,则一定有不带鼻音化或咽音化的元音,即前者蕴含后者。

以上所说的语音蕴含关系,都可以从难度规则中推导出来:构成"最小对比对"(minimal pair)的一对音(相差一个特征的两个音)中,较难发的那个音的存在蕴含着较容易发的那个音的存在。如一种语言有[y]就必然有[i],但是反过来则不一定成立。

元音与人类表达概念之间存在某些像似性。例如通常形体外观较小的对象用高元音,尤其是前高元音来表达,形体外观较大的对象则倾向于用低元音来表达,形体上趋于圆形的对象则多用圆唇元音来表达。相反的情况或许有,但并不占优势。

有不少语言存在元音和谐(vowel harmony)现象。元音和谐是某些元音在一个词内部或其他单位中元音之间的组合限制条件。阿尔泰语系和乌拉尔语系中不少语言都有元音和谐现象。如芬兰语、匈牙利语、蒙古语和土耳其语,高丽语中也有元音和谐现象。芬兰语的元音和谐是根据元音发音部位的前后来进行的,词缀中的元音一定要与词根中起支配作用的元音保持发音部位上的一致。土耳其语词根元音必须是前元音或后元音,附加词缀要改变它们的元音来实现元音和谐。而且如果非词根是圆唇元音,它后面的元音也必须是圆唇元音。一般情况下,音高在元音和谐中不起作用,基于圆唇性和后位性的元音和谐在其他语言中也有，但是不存在不同音高部位的元音和谐。跨语言元音和谐的频率高于辅音和谐。如果一种语言有唇音和谐，则一定有其他某种和谐。

在这些语言中，元音可以分为两类，每一类包含有不同音高的元音。不同音高的元音相互排斥。比如在 Yoruba 语中，中高元音组[e、o]和中低元音组[ɛ、ɔ]属于不同的元音和谐，它们不会同时出现。其余的元音[i、a、u]可以出现在任何一组当中。人类语言中，高低元音和谐的频率高于腭音和谐的频率。有些语言如 Akan、Igbo、Ndut，以及 Dholuo 语，它们的元音和谐组取决于口腔后部咽腔的大小。在世界大多数语言中，咽腔的大小不具有区别性分布特征。

元音和谐具有方向性。某些元音要求别的元音与其具有共同的特征。比如土耳其语从词根到词缀都要求元音和谐。

在辅音方面，大部分语言的辅音在 20—30 个范围内，极端低于或高于这一范围的，比较少见。人类语言中较为典型的辅音主要是[p、b、t、d、k、g、ʔ、tʃ、m、n、ŋ、f、s、ʃ、l、r、w、j、h]等。最常见的辅音是双唇音，如[p]和[m]。从发音部位上看，除了最常见的双唇音外，还有舌前软腭音。从发音方法上看，大多数语言都有爆破音（也称塞音），爆破音有不带声的（清辅音）和带声的（浊辅音）两类。多数语言还有腭龈塞擦音、唇齿擦音和腭龈擦音。

辅音中还有两种较为典型的流音：带声的边音[l]和颤音[r]。许多语言有两种喉音：声门破裂音和不带声的[h]。

与元音相比较而言，辅音特征相对多一些。不同类型的辅音可以在很多维度上对立。

例如清浊对立，塞擦对立。有意思的是，一般情况下，语言音节中塞音倾向于蕴含擦音。在塞音中，浊塞音倾向于蕴含清塞音，例如若有 b 则一定有 p，有 d 则一定有 t。擦音也是，浊擦音蕴含清擦音，如若有 v，则一定有 f，有 z 则一定有 s。

此外,在发音部位之间也可能存在蕴含关系,例如[l]和[n], [k]与[t]构成蕴含关系。儿童语言中常用[n]代替[l],用[t]代替[k]。由此可以推测:语言中的边音往往蕴涵鼻音(如 l 蕴含 n)[①]。

送气和不送气也构成蕴含关系,一般情况下送气音蕴含不送气音。如[p^h、t^h、k^h]蕴含[p、t、k]。

一般情况下,辅音的发音总是从里向外的呼气动作,但相反的情况也存在,那就是所谓的吸气音。瑞典语中用圆唇舌面吸气擦音表示"yes"的意思,赣语不少地区也有用双圆唇吸气塞音表示否定、用舌尖前(前硬腭)吸气音表示肯定的现象。

辅音之间的蕴含关系还有:如果一个语言中有浊擦音,就一定会有相应部位的清擦音。

如果一个语言中有清鼻辅音,就一定会有浊鼻辅音。这是因为不带声的清鼻辅音发音动作要比带声的浊鼻辅音困难。

如果一个语言有浊擦音,那么这个语言就倾向有浊塞音。语言学家通过对 637 种语言的调查,结果得到下面的统计数据(Song 2011:536):

(7)

浊擦音	浊塞音	数据
+	+	177
+	−	44
−	+	218
−	−	198

这个统计数据表明一种明显的倾向性。有浊擦音而无浊塞音的语言是极少数,但有浊塞音而没有浊擦音的语言却有很多。

很明显,这种蕴含关系完全可以从发音难度等级上推导出来:如果一个语言中针对某一特定发音部位有发音较难的音,则一定有相

[①] 汉语南方方言里,有的方言声母 n 一律读作 l,有的方言反之,声母 l 一律读作 n。

同部位发音较容易的音。这可以看作经济(省力)原则的作用。

不仅元音有单元音和复合元音,辅音也有单辅音和复辅音。几乎有超过三分之二的语言至少有一个或多个复辅音。

人类语音的演变也存在某种"自然音变"规律(郑伟 2015)。例如两个元音之间的清塞音容易浊化、浊塞音在词末位置容易清化、塞辅音在后接前高元音的影响下容易腭化等。这也可以看作一种"音变优势"倾向。这类音变会在不同语言(方言)或是不同时代的文献材料反复出现,也能用实验语音学的方法重现,同时可以用生理、声学、感知等语音学动因来解释。常见的链式音变有两种方式。西方历史语言学经常援引的例子是英语元音的大转移:[a]>[ɛ]>[e]>[i]>[ai];[ɔ]>[o]>[u]>[au]。Labov(1994:31)总结了元音演变的三条共性:(1)长元音高化,(2)短元音低化,(3)后元音前化。其中第一条在汉语普通话及方言、藏缅语、苗瑶语等中都能见到。

朱晓农(2004)指出汉语舌尖化次序是"[i] > [ɿ]",它们按声母不同次序连续蕴含:P⊃T⊃∅/Ç⊃S。意思是,如果唇音声母 P 后的[i]舌尖化了,那么齿塞音 T 后的[i]也舌尖化,喉音∅、龈腭音声母 Ç 后的[i]更早舌尖化,并且齿擦音 S 也舌尖化。反过来说,"s-/z-"之类的声母后的[i]最容易发生舌尖化,而"p-/b-"之类的唇音后的[i]最不容易变成[ɿ]。形成此种蕴含特征的语音学动因可能是[Si]最容易发成[Sɿ],因为辅音 S 和元音[ɿ]的调音部位最邻近,由于协同发音(co-articulation)的作用,[i]在 S 之后就变作[ɿ]了。作为另一端的辅音 P,其调音部位在口腔边缘而不是口腔内,所以比较难与[ɿ]共存。(郑伟 2015)

2.2 超音段音位:音调高低和强弱重轻

人类除了利用元音和辅音的不同组合表达意义的区别,还利用语音的高低变化来表达意义的差别。如所有语言几乎都在句子或短语层面上通过语音的升降变化表达不同的主观情态意义。这种语音变化是跨越在音段之上的,一般称为超音段音位(或跨音段音位)。超音段音位不仅可以用来表达主观情态意义,也可以用来表达词汇意义,在相同的元辅音组合结构上,通过音调的轻重或高低变化表达不同的意义。

严格说来,音调可以跨越在各个层面,从音节到词,到短语,到句子。这里面有两类不同的音调功能,音节和词之上的音调变化通常用来表达词汇意义的变化,而短语和句子之上的音调变化用来表达说话人不同的主观情态。我们根据是否表达词汇意义变化这一点,可将语言分为两类:声调语言与非声调语言。

有学者(Yip 2002:1)认为世界上大约 60%—70% 的语言是声调语言,其中包括非洲次撒哈拉地区、东亚、东南亚和中美洲的大部分语言,北美、南美和太平洋地区的许多语言,还有西欧的瑞典语和某些荷兰方言。但是据 Ian Maddieson 所提供的数据[①],在 527 种语言中,有 307 种语言是无声调的,有 132 种是简单声调的,只有 88 种语言是复杂声调的语言。一般认为,具有简单声调的语言不是严格意义上的声调语言(Duanmu 2000)。这 88 种语言不是零散地分布于全世界各地,它们具有聚集性,基本上都分布在赤道附近、热带和亚热带。

鉴于 527 种语言中 88 种有复杂声调的语言基本分布在热带、亚热带的非洲中部和非洲南部的事实,朱晓农(朱晓农 2009,2010;朱晓农、关英伟 2010)提出了一个声调和湿热气候相关性的猜想:湿热的天气连动物都张嘴喘气,这时声带稍微一振动,就发出了气声。寒冷的地方说话都捂嘴,操纵舌头进行调音活动,显然比操纵喉头进行发声活动来得容易。

---

① http://wals.info/chapter/13,访问时间 2024—01—02

2015年的一项研究进一步证实了湿润气候和声调语言的相关性(Caleb et al. 2015)。该研究调查分析了来自不同语系的3750种语言发现,气候干燥地区声调语言很少见。在气候相对干燥的欧洲中部,没有发现属于热带、亚热带气候的亚洲和非洲中部那样的声调语言。有声调的语言多见于气候湿润地区,因为潮湿气候使得声带更富有弹性,这样,声带就能充分振动从而发出正确的声调。

声调语言根据声调的高低以及是否有变化,大致可分为四类:平调语言、斜调语言、折调(或称曲折调)语言和混合调语言。

平调语言中可以有多种形式,至少可以分为三类:低平调、中平调、高平调。约鲁巴语的每个音节都可以有高调、中调和低调三个调。非洲大部分语言,除 Semitic 和 Berber 语族之外都是声调语言。这些语言中,一个音节跟其他音节相比较具有不变的水平音高,即高平或是低平。

斜调只有两种,上升和下降。但是不同语言在上升或下降的起点的高低、前重(音)还是后重(音)、上升的长度或下降的长度等方面有不同表现,这些不同的表现形式区分意义如下(以下素材取自 Pike 1948:9):

低降、高降、高升的语言:

低升中、高降中、中高平的语言:

低降、中降、高降的语言:

短高降、中高降、长高降的语言(这种语言声调下降的时间长度不一样):

重轻升、轻重升的语言:

有的斜调语言末尾区分有没有喉塞音,下面两种都是升调,末尾区分是否有喉塞音:

折调在音节范围内表现为音高走向发生变化,主要有降升调和升降调。

混合调是指某种语言中既有平调,也有斜调,也有折调。下面这种语言有六个声调:

标准泰语既有高平、中平、低平,又有升调、降调。汉语普通话以及不少方言都是混合调语言。普通话中的阴平是高平调,阳平是升调,去声是降调。上声单字调是曲折调,在语流中常常表现为低平调。

声调语言根据声调所跨越的语言单位,可以分为音节或语素声调语言(对汉语来说,可称为"字调语言")和词调语言。日语是典型的词调语言。日语以曲折调为主,主要是:升、降、升-平、降-平、升-降-平、升-平-降、升-平-降-平等。

表 2.1 调型的区别特征(引自朱晓农 2014)

调型	亚型	长			中短/短			语音变体
		高域	中域	低域	高域	中域	低域	中域长调
纯低			/22/	/11/				{32,323,23}
平	高平	/66/	/55/		/66/	/55/		{45,55⁴,54}
	中平		/44/	/33/		/44/		{44³,43}
	低平		/33/	/22/		/33,33/		{33²,32}
升	高升	/46/	/35/	/24/	/46/			{25}
	低升	/35/	/24/	/13/			/13/	{243}
	微升		/34/	/23/				{45}
	后凸升		/354/					{353,243}
凹	前凹		/324/	/213/				{325}
	低凹	/404/	/323/	/202/				{303,223,324}
	后凹		/523/					{423}
	两折		/4242/					{5232,3242}
降	高降	/63/	/52/	/40/	/64/	/52/		{53}
	低降		/42/	/31/		/42/		{43}
	高微降		/54/					{43}
	低微降		/43/					
	高弯降		/552/	/341/		.		{553,452}
	低弯降		/342/	/231/				{442,332}
合计	45	5	18	12	3	6	1	

各种调型似乎非常复杂,但如果从普遍共性角度来抽象,则所有这些调型都全部可以抽象为"低、平、升、凹、降"五种调型,见表 2.1(朱晓农 2014)。当然,在"平、升、凹、降"内部各有不同的子类。例如平调内部可以有高平、中平和低平,升调内部可以有高升、低升、微升和后凸升,凹调内部有前凹、后凹、低凹和两折,降调内部有高降、低降、高微降、低微降、高弯降和低弯降。

还有一个很有意思的现象,上面说过,声调系统类型与地域密切相关。折调语言大都分布于东南亚和 Meso-America 地区,而在北美和南美却很少见。

声调与重音是两个不同的概念。声调主要体现在音频的变化上,而重音则主要体现在音强上。理论上,音频的高低和音强的轻重之间没有矛盾,但有意思的是,约有三分之二的声调语言没有明显的重音,或重音与否没有意义上的价值。

有些语言的词汇声调系统并不排斥音节的重读和非重读。许多声调语言的词汇有重读,有的词汇重读可以预测到。汉语普通话虽然有字调或音节调,但双音节词或多音节词还是有轻重特征。

普通话双音节词有没有重读和非重读模式?我们先看下面两组由两个四声字组成的复合词:

(1) 睡觉、再见、照相、半夜、办事、住院、贵姓、大概、电话、电视、放假

这一组两个四声字的复合词,后一个四声字重读,传统称为"重—重"模式。下面我们来看另一组:

(2) 质量、状况、兴趣、事物、事业、秘密、故事、态度、部分、错误、动物、干部、技术

在自然语流中,例(2)的这一组复合词是一个"重—轻"模式,第二个音节的去声字调域大大缩短,调值为2—1左右。实际上,后一个去声字是连接着前一个去声字的下降趋势继续下滑的,已经失去了它本来的调域和调值,受控于前面的去声字。一个词中的若干语素共享一个调域,这种现象在日语这样的词调语中很常见,[①]普通话中的这种现象我们不妨看作词调化发展的一种趋势和途径。

同样是两个去声字构成的复合词,为什么例(1)中的第二个去声字没有被词调化,而例(2)中的第二个去声字都丧失了原有调值似乎词调化了?这里面有何规律?

王士元的词汇扩散理论认为,"语音的变化是突变的,但一种新的音变在词汇上则是逐渐完成的;某一音变的实现是通过媒介体——'词汇'的逐步扩散来进行的。换言之,在相同语音条件下,词汇上的变化有先有后,一种音变逐渐在词汇里散播,首先在一部分词汇里发生变化,然后再影响到另外一部分词,先后受影响而变化发生时间不同的两批词原来也许同音,但其音变的结果可能是:1.还未影响到全部符合演变条件的词,这种音变就已衰退,或在竞

---

① 一般认为,日语是一种词调语言,汉语是一种字调语言(实际上是音节调语言)。

争过程中被另一个音变淘汰,这就是例外产生的原因;2.一种音变经过很长一段时间影响到所有符合演变条件的词,音变因此而完成,这就是传统历史语言学中所说的'绝无例外的音变'"(张洪明、陈渊泉 1995)。

那么,这些复合词中哪些先发生音变,哪些后发生音变呢?这或许可以用句法形态扩散理论(张洪明、陈渊泉 1995)来解释。仔细看例(1),两个去去相连的复合词大都是动词,或者是偏正式复合结构,例(2)中两个去去相连的复合词大都是名词,而且大都是并列式的结构。或许是并列式的名词性复合词先发生音变,而动词或偏正式、动宾式的复合词后发生音变。我们看下面几个比较典型的例子:

(3) 赠票、密切、教训、配备

这四个复合词都是去去相连的,它们都有两个词性,一个是名词或形容词(密切),一个是动词。但凡是作名词或形容词用的,倾向于"重—轻"模式,凡是作动词用的倾向于"重—重"模式。换句话说,作名词用的更容易词调化,而作动词用的词调化进程更晚。由于这个问题与韵律有关,我们在本章 2.3 节中继续讨论。

一种语言的声调能作为区别意义的重要手段,其中一个重要的原因可能与它的基本音节量以及音节组配的限制有关。中国南方方言语素独立性较强(文言色彩较重),同时元辅音的组配方式有限,因此字调复杂,否则区别意义就成为问题了。比如粤语中的两个音节[ham(-p)]和[fu]:

[ham(-p)]:堪[ham^{55}]、砍[ham^{35}]、勘[ham^{33}]、含[ham^{21}]、颔[ham^{13}]、憾[ham^{22}]

[fu]:夫[fu^{55}]、苦[fu^{35}]、富[fu^{33}]、扶[fu^{21}]、妇[fu^{13}]、父[fu^{22}]

它们通过不同的声调变化区别出六种意义。

句子层面上,人类语言中常见句类的语调模式(句调),主要有三种:降调、升调、曲折调。

多数语言用降调表达陈述句功能,用升调表达疑问句或祈使句。某些语言用曲折调表达特定的语气,如强调等。

这里有两个问题需要注意。一个是,疑问句中的 LH 序列(从低到高)与折调中的升调、简单的低调和高调组合功能上是不一样的。后者是词或语素的语义特征,而句调中的折调并不落在某个特定的词汇或语法形式上。

另一个需要注意的是,某些语言疑问句并不采用升调形式,可能采用句子末尾加低调,或者加长句尾元音,或者添加非词汇性低元音等形式表达疑问。Rialland(2007)报道非洲 78 种语言中有 36 种语言的疑问句在句末用低调。例如下面的 Ncam 语言中,疑问句要在句尾倒数第一个元音上加长,并且用下降调(Rialland 2009:930—931):

(4) [tī nyátī]   'nights'   [tī nyátāːà]   'nights?'
    [ù kóò]   'S/he enters' [ù kóːò]   'Does s/he enter?'
    [ù kɔ́]   'S/he entered' [ù kɔ́ːɔ̀]   'Did s/he enter?'
    [kū nyéːū]   'a night'   [kū nyéːwāːà] 'a night?'
    [kī wāːī]   'small'   [kī wāːyāːà]   'small?'
    [ū yūmbū]   'a slave'   [ū yūmbɔ̄ːɔ̀]   'slaves?'

根据张洪明(2019)的研究,人类语言在超音段特征类型上的演化呈现为下列循环顺序:无调语言→音节调语言→词调语言→音调语言→重音语言→无调语言。

2.3 韵律类型学[①]

传统的语音学以及音位学所关注的主要是音素中区别意义的单位(音段音位)和超音段的语音单位(超音段音位)。但是这种研

[①] 感谢朱佳蕾老师为本节提出的修改意见。

究并不能充分揭示语言和语言之间在语音上的所有特征及其差别,也无法解释一句话或一组短语的语音特征。因此,语言学家认为有必要建立一种"多系统语音学"(Polysystemic Phonology),将音节、词、句子中的语音特征和语法学联系起来,用以解释为什么某些语音特征只能出现在某些语言的某些音节或某些结构的特定位置,某些特定属性的句法结构在语音上为何呈现出某些特定的形式或特征。

人类语言的韵律结构可以用"韵律层级结构树"来表示,见图2.1。(Selkirk 1984;Nespor and Vogel 1986,2007)

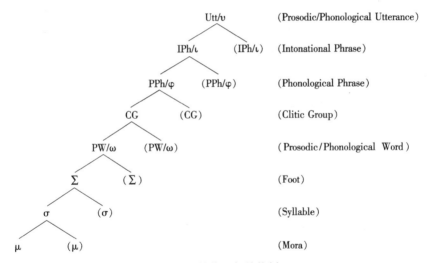

图 2.1 韵律层级结构树

理论上所有语言的语音结构都可以在结构树中得到体现。在这棵树上,自底逐级向上分别为:韵素(mora)—音节(syllable)—音步(foot)—韵律词(prosodic/phonological word)—黏附组(clitic group)—音系短语(phonological phrase)—语调短语(intonational phrase)—韵律/音系话语(prosodic/phonological utterance)。下一级单位是上一级单位的组成部分,或者上一级单位由下一级的一个或几个单位组成。莫拉(mora)是韵律学中的最小计量单位,可称其为"韵素"。一般文献中用希腊字母"μ"来表示。"其主要作用是在某些重量敏感型的语言中确定音节的重量。其定义是：韵素是构成音节里'韵'(rime)的元素，并用来确定音节重量。重音节由两个韵素构成，轻音节由一个韵素构成。"(张洪明 2014)一个短元音相当于一个莫拉，一个长元音以及一个复合元音为两个莫拉。某些成音节辅音也可以是一个莫拉，甚至两个莫拉(如果是长辅音的话)。例如斯洛伐克语中就有长短两种辅音构成的音节核，分别有两个莫拉和一个莫拉。但是所有音节头上的辅音都不构成独立的莫拉单位(因为音节开头的辅音无法切分出来，它与后面的元音合在一起)，但是重读音节中的后一个辅音是一个莫拉，例如英语"sit"中的"t"，"pig"中的"g"。因此，"sit"和"pig"都有两个莫拉。

日语是典型的以莫拉为基本单位编码的语言，日语中最常见的 CV 音节结构都是一个莫拉。由于日语是莫拉单位敏感的语言(或者说莫拉在日语音系是较为显赫的基本单位)，因此日语词"日本"可以有不同的莫拉组合。一种是"Nihon(にほん)"，是三个莫拉(ni-ho-n)，还有一种是"Nippon(にっぽん)"，是四个莫拉(ni-p-po-n)，其中所谓的"促音"(这里的っ= p)也是一个莫拉。日语韵尾的促音和鼻音"n"都是一个莫拉。除了促音和拨音，日语音节上以 CV 型的开音节为主体，对音节末的辅音不敏感，不像英语那样的重音节拍语言，音节末的辅音可以独立构成一个莫拉。日语在翻译英语中的"card""bed"这样的词时，很容易只将前面的"car"处理为一个开音节，将后面的"d"处理为一个莫拉，就需要将音节末尾的"d"变成另一个音节的首辅音(onset)，在它后面加上一个元音变成"do"，"bed"中的"d"也要变成"do"，这样才符合日语莫拉的编码习惯。

有些语言重读音节中的韵尾辅音是一个莫拉，但是有的语言韵尾的辅音不一定是一个莫拉，例如爱尔兰语的韵尾辅音。英语中的重读音节的韵尾辅音是一个莫拉，例如"cat"是两个莫拉(ca-t)，但是在非重读音节中,某些韵尾辅音就不一定是一个莫拉单位,例如"rabbit"中的"t"。

有些语言不是以莫拉为基本音节的,单独一个莫拉很难编码为一个独立的音节,例如粤语中的长元音(两个莫拉)可以独立构成一个音节,但是一个短元音(只有一个莫拉)就很难构成一个音节,因此粤语中的短元音后面通常跟一个辅音,这样就有两个莫拉单位,可以构成一个音节。这一点粤语和英语有点相似。早期英语也有同样的情况,现代英语中凡是短元音[i、ɛ、æ、u]也不能独立构成音节,后面也必须跟一个辅音(如"up""it"等)。英语中即使一个音节的开头有辅音,加上一个短元音,也还是只有一个莫拉,无法构成一个音节单位,仍然需要在这些短元音后面增加一个莫拉单位,才可以构成一个基本音节单位,如"sit""lid"。

一般情况下,英语一个词要求至少有两个莫拉单位。两个莫拉可以构成一个音节,也可以构成一个词。例如单独的一个长元音可以构成一个音节,或一个短元音加一个辅音也可以构成一个音节。但某些语言要求其词汇单位包含至少两个以上的音节,如班图语族中的尼日尔—刚果语要求一个词必须有两个以上的音节。

韵律特征包括节奏(rhythm)、重音(stress)和声调(tone)。语言根据基本单位的时间属性可以分为以下类型:

  i. 莫拉节拍语言(mora-timed languages),如日语和东部班图语。
  ii. 重音节拍语言(stress-timed languages),如英语和德语。
  iii. 音节节拍语言(syllable-timed languages),如汉语、法语和西班牙语。

重音节拍语言每个音节的时长可能是不同的,但是在连贯的多个重读音节之间的间隔时长是相对稳定的。英语是较典型的重音节拍语言,一个词至少有一个重音音节。若干个音节构成一个词在重度上构成等级。例如英语单词"indivisibility",共有 7 个音节,其重读顺序为:

indivisibility
2 5 3 6 1 7 4

响度从1—7递减。2、3、1、4之间呈现有规律的重轻间隔模式。两个最重的音节所间隔的距离到下一个重读音节的时间大致相等。重音节拍语言的一个特征就是多个重音音节大致以相同的间隔出现,即从一个重读音节到下一个重读音节。这就是有名的"等时现象"。这一点在语调上也体现出来,小句内部各短语或词之间的间隔同样如此。例如下面这个例子:

pronunci**a**tion is im**por**tant
· · · ● · · · ● ·

第一个语调重音落在第一个词的"a"上,从"a"到下一个语调重音"por"之间的距离与到下一个重音之间的距离大致相等,也就是每隔一个特定的时间段,重音就会出现。重读音节之间可以出现任意数量的非重读音节,但所用的时间基本相等,这也叫作音步等时性(isochrony)。为了使重读音节更凸显,英语中的重读音节通常被读得既重又长,非常完整;而非重读音节通常有约简,元音常常较短,有时甚至缺损(absent)、弱化(reduction)。

　　节奏也是韵律中的重要问题。在重音节拍语言中(如英语),节奏是根据重读音节点(beats)来确认的;在音节节拍语言中(如汉语普通话),节奏是根据一定时间内的音节总数来确定的。但北京话中双音节成为基本节奏,即使是一个三音节词,但在语流中也会处理为一个类双音节,总体时长上三音节词与二音节词基本相当(如"西红柿"在口语中听起来与"凶事"几乎没有区别)。

　　音节节拍语言的一个重要特征是每一个音节具有大致相等的时长(如同机关枪的节奏),当然绝对时长要取决于韵律。普通话作为音节节拍语言,节奏上同样呈现出相等的时长特征。普通话具有双音节节奏组的特征。即使是一个三音节短语组合,也很容易处理为"1＋2 组合"和"2＋1 组合"。请注意,这里的 1 在节奏上实际占据了与 2 几乎相等的时长和发音能量。如果用音乐乐谱中的节奏符号来记录普通话中的"1＋2 组合"和"2＋1 组合",实际情况是:

1＋2＝X　X̲X̲
2＋1＝X̲X̲　X

这两个节奏组都是一个 2 拍组,"1＋2 节奏组"中,1 占一拍,2 占一拍。同样,在"2＋1 节奏组"中,2 也只占一拍,1 占一拍。这就是它们的节奏真相。有意思的是,在"动名"或"名动"的三音节中,名词性的用"2＋1 结构"(名＋动),而动词性的用"1＋2 结构"(动＋名),都是以前一个节拍为代表。前一个节拍为动词,整体结构为动词性的;前一个节拍为名词,则整体结构为名词性的。这是一个倾向性规律。因为"2＋1 结构"也可能是动词性的,如动宾短语的"热爱党、心疼钱、酷爱狗、尊重人",主谓短语的"领导好、智商低、天气坏"。"1＋2 结构"也可能是名词性复合词或短语,如"纸老虎、老百姓、糖葫芦、热处理、牛脾气、核试验、小雨伞、多民族、高智商、胖师傅"。

　　对这种倾向的解释可以从语音像似性角度,结合音节的轻重对比上进行。我们可以假设"1＋2"在音节上是轻重型的,而"2＋1"是重轻型的。轻重型结构象似客观世界中的"过程"(由动词表达),而重轻型结构则象似客观世界中的"对象"(由名词表达)。音乐几乎是超越所有语言的人类共同语。在几乎所有音乐表达中,旋律由轻而重(即使一个不变的音符渐响或渐强)表达一个过程,让人联想到的是时间的延续。如果一个音符由重而轻,最后停止,让人感觉到的是一个整体。音乐的感受直接来自我们对自然世界的感知体验,是超语言的。这种最本质的体验表现在语言中也对应为轻重表达过程,重轻表达实体对象。这些在英语同音词由重音位置引发的名词和动词的区别中充分表现出来。在剑桥 *English Pronouncing Dictionary* 中，表 2.2 中的这些同音词具有名词和动词两个属性，1992 年这些词的重音位置和名词动词之间还没有完全清晰标注，但是在 2003 年，凡是名词性的，重音都在前，而凡是动词性的，重音都在后：

表 2.2　两本词典中英语同源动词、名词的重读标注模式

词条	1992 年不区分动词、名词的注音	2003 年对作名词的注音	2003 年对作动词的注音
refill	′re′fill	′refill	re′fill
refit	′re′fit	′refit	re′fit
reprint	′re′print	′reprint	re′print
rebound	′re′bound	′rebound	re′bound
remake	′re′make	′remake	re′make
overhang	′over′hang	′overhang	over′hang
overshoot	′over′shoot	′overshoot	over′shoot
overstrain	′over′strain	′overstrain	over′strain
overwork	′over′work	′overwork	over′work

此外，英语有大量由动词加一个小词构成的"短语动词"（phrasal verb），也是"轻－重"节律模式，如"fall OUT"（散落/沉降），但是一旦当名词用，就转为"重－轻"模式，如"FALL-out"（散落/降落物）。此时由于结合紧密，一般中间需要加一短横线。有些短语动词转成名词时，语序需颠倒，但仍然分别采取"轻－重"（动词模式）和"重－轻"模式（名词模式），如"spill OVER"（溢出）和"OVERspill"（溢出物、溢出量），"put THROUGH"（通过）和"THROUGHput"（通过量、生产力）。同样成对的例子还有"break up、break-up；break away、break-away；break down、break-down；break in、break-in；fall back、fall-back；build up、build-up；hold up、hold-up"以及"lay out、out-lay；break out、outbreak；flow over、 overflow;rush on、onrush;put in、input"等等,不胜枚举。

这不应该是偶然的。类似的情况在汉语普通话中也开始出现,本章2.2节讨论过的双音节词"质量、状况、兴趣、事物、事业、秘密、故事、态度、部分、错误、动物、干部、技术",全部是"重—轻"模式,后一个音节开始弱化,这些词都是名词性的。相反,"睡觉、再见、照相、办事、住院、贵姓、放假"就很难用"重—轻"模式来处理,后一个音节的强度非常凸显,至少不低于前一个音节,这些词都是动词性的。这些现象也都体现了名词的整体性和动词的过程性在语音上有着像似性的表达(陆丙甫 2010)。它们同样遵循了语言的像似性原则。

汉语中的另一个比较典型的例子是同音不同类的词,在读音上显示它们的词性。例如名词的"爱人"和动宾短语的"爱人",名词的"干事"和动宾短语的"干事",这类词凡名词的前重后轻,且后一音节音程较短,而动宾结构的都是后一音节重且音程较长。歧义结构"进口电视""组装电脑",也以同样的原则分化。黄彩玉(2012)通过实验语音学的测量发现,上述歧义结构,理解为定中结构的名词短语时,前面的"进口""组装"在时长、最高基频、调域上都长于、高于、大于述宾结构的"进口""组装"。相反,理解为述宾结构时,后一部分的"电视""电脑"在时长、最高基频、调域上都长于、高于、大于定中结构的"电视""电脑"。或者说,这类歧义结构作定中结构时,倾向"重—轻"节律模式,而作述宾结构时,倾向"轻—重"节律模式。此外,前后两个双音节之间的停顿大小也不同:作述宾较松散,作定中时更紧凑。两方面的差别其实是密切相关的。其他一切条件相同的情况下,总是"重—轻"结构比"轻—重"结构更紧凑,整体性更强(柯航 2012)。前置词短语比后置词短语更松散,也是因为前后置词相对轻读造成的。

据此我们可以假设这样一条语言共性:一种语言中如果兼有动词性和名词性的同源歧义词在形式上是靠重音来区分的话,则必然是"重—轻"节律表示名词,而"轻—重"节律表示动词。

这种一致性绝非偶然。从概念上说,名词通常表示占有一定空间的实体,具有较大的整体性,而动词通常表示过程,具有较大的离散性。因此整体性较强的名词倾向于编码为用整体性较强"重—轻"节律模式。Langacker 也认为:大脑中处理名词是"综合扫描"(summary scanning),而处理动词是"次第扫描"(sequential scanning)。这也表明名词在大脑意象中的整体性比动词更强(Langacker 1991:21)。除了名词和动词外,双音节拟声词也有类似的特征。双音节拟声词多用来描摹响度有异的、较长的声音,双音节拟声词的韵律模式是"轻—重",如汉语的"叮咚、噼啪、乒乓、呢喃"等。拟声词的这种"轻—重"节奏具有跨语言的共性,如英语的"tick-tack、pitter-patter、cling-clang、tittle-tattle、clip-clop",法语的"clic-clac、flic flac、flip-flop、pin-pon",葡萄牙语的"blim-blém、blin-blong、din-don、tic-tac",俄语的"тик-так、пиф-паф、тук-ток、чик-чирик",西班牙语的"chischás、tris tras、chuplús、frufrú、chinchín"等,都是典型的后重格局。(应学凤 2022:154—180)

但并不是所有同形异构的"述宾""定中"歧义结构都可以通过轻重读区分开来,有些"1+2"或"2+1"结构是有歧义的,既可以是述宾短语,也可以是偏正式复合词,但语音上却不能区分。如"1+2"结构的"炒米粉、烤白薯、蒸鸡蛋","2+1"结构的"出口烟、进口酒、领导人、出租车"。

普通话中双音节[动—名]排列如果是"述宾短语",名词必然重读;如果是"定中结构",则名词既可以继续保持原来述宾式中的重读(如"炒饭")[①],也可以轻读(如"劈柴"),这就形成了一种"四缺一":

---

① 这方面各方言中情况不同。有些方言,如上海话、四川话中,[动—名]排列若理解为[定—中]结构,则名词都轻读。

(1)　　　　　　　述宾结构　　　定中结构

沈家煊把"四缺一"现象描写为形义间的"扭曲关系":

(2)

他还列举了大量牵涉轻读的形义不对称现象,都是重读时有两个意义,轻读时只有一个比较虚的意义,并且认为都可以用"形变滞后"来解释。(沈家煊1999:315—335)

但历史演变过程终究不是一种功能解释。我们可以追问这种历史演变背后的功能动因是什么?朱晓农(2008:90)指出,语言学发展有一条线索就是从历时到共时再到"泛时",而泛时的动因具有更大普遍性,是更根本的。其实,泛时动因也就是功能动因。那么,在沈家煊指出的历时原因背后,必然还有泛时的功能解释。这泛时的功能解释就是前面所说的"重-轻"模式的整体性跟名词概念的整体性之间的一致性。这属于比较抽象的声音象征这一像似性。

一般认为,韵律对词长有制约。举个例子,山名有两个字的,也有一个字的。两个字的可以不带"山",一个字的必须带上通名"山",如:"峨眉""普陀"不带"山"字也可以说,但"泰山""华山"就必须得带"山"字。国名也是这样。"英国""法国"单说非带"国"字不可,"印度""哥伦比亚"难得听见带"国"字。酒名也是如此。"茅台""五粮液"可以不带"酒"字,而"劲酒"必须得带"酒"字。另外,作为学科的名称,"物理学""生物学"可以说成"物理""生物",而"数学""化学"显然不能省去"学"字(吕叔湘1963)。其原因至少有两个:一是韵律上单音节缺乏稳定性;二是汉语中双音节是消除歧义的基本单位。

当然,韵律发生作用还需要其他的条件。比如,"人事处处长"和"人事处长"都可以说;但只能说"文学院院长",却不能说"文学院长"。同样的例子还有:"上海市长"和"上海市市长"没问题;然而"展览馆长"不能说,只能是"展览馆馆长"。这很可能跟使用频率有关,使用率高,就更需要满足韵律的优化。

英语中一些例子并不服从韵律规律,干扰因素尚不明确。如:

(3) Flying planes can be dangerous.

"flying planes"可以分析成两个结构,分别是述宾(驾驶飞机)和偏正(正在飞的飞机)。但无论采用何种读法,都无法分辨这两种不同的意义。同样的例子还有"drinking water":

(4) a. This is drinking water.
　　b. I am drinking water.

"drinking water"在(4a)和(4b)中的结构不同,一为偏正,一为述宾,它们无法用读音分辨。诸如此类的例子还包括"burning bush" "growing pain" "running water"等。

例(3)—(4)告诉我们,韵律的作用并不是无所不能的,但绝不能因此否定韵律的作用。韵律在汉语中的作用尤为明显。黄正德等(Huang et al. 2014:489)在 The Handbook of Chinese Linguistics(《汉语语言学手册》)中"Prosody and Syntax"(韵律与句法)一文里,不仅关注到当代汉语"以双音节韵律词为条件的句法构式",而且还特别强调"韵律词在历史上如何通过音步性质的改变而引起句法的创新";认为"将来的韵律句法的研究,无论共时的跨汉语方言的不同变异还是历时的(可能)演变,都将是汉语语言学里的一个丰富而广博的研究领域,同时也是汉语可以给人类语言的普通语言学理论做出重要贡献的领域"。

有关词的边界也是一个有趣的问题。语言学家们发现,多数语言的核心词,首尾部比词中部音素序列类型丰富。这意味着词的中间部分倾向简单,而首尾则可以相对复杂。如英语的词尾可以出现辅音丛,但在词的中间不能出现,如"sixth""lengths"和"tasks"。

辅音丛不能出现在词的中间,不但在操作上是最经济的,也是符合音节响度顺序原则(Sonority Sequencing Principle,简称 SSP)的。人类语言的音节结构虽然各不相同,但都遵循音节的响度顺序原则:一个音节的响度以韵腹为中心,韵腹的响度最大,向两端减弱。辅音比元音弱,两端是它们容易出现的位置,因此两端位置可以容纳较多的辅音而形成辅音丛。

响度的声学根据还有待进一步的研究,但从听觉而言,人们都基本同意音素的响度大致可以分为如下的等级:元音>介音>边音>鼻音>阻塞音。其中,元音>辅音;开口度大的元音>开口度小的元音;非前高元音>前高元音;边音>鼻音>擦音>塞擦音>塞音;送气的>不送气的。

由于汉语没有辅音丛,汉语的音节完全符合响度顺序原则。汉语最完整的音节结构为:声母+韵头+韵腹+韵尾。韵腹是整个音节中开口度最大,响度最高的,其次是韵头和元音韵尾,再次就是由辅音充当的声母和辅音韵尾。

这一原则在不少语言中都遇到了挑战,有例外。如英语的"sticks"的两端都不符合响度顺序原则,该词各个音段的响度比是:s>t<i>ck<s(">"表示大于,"<"表示小于)。但进一步研究发现,不符合响度顺序的都是一些组合能力不强的辅音丛,如英语中,鼻音[m、n]、清塞音[p、t、k]等不能出现在[p、t、k、d、g、f]等后面组成辅音丛,即"*pm""*dn" "*tp" "*bt" "*dk" "*gp"等是不合法的辅音丛,只能出现在[s]后面,构成"sm""sn""sp""st""sk"等辅音丛,由这些辅音丛构成的音节,一般称之为边际音节(marginal syllable)。边际音节是相对核心音节(core syllable)而言的,核心音节

的组合能力很强,比如滑音[j、r、l]大多能出现在[p、t、k、d、g、f、s]等后面组成辅音丛,由这样的辅音丛构成的音节是核心音节。凡是核心音节都是符合响度顺序原则的,不仅英语如此,其他语言也如此,目前没有发现例外。

有些辅音丛在音节头和音节尾以镜像序列呈现。例如塞音和擦音组合,总是倾向于塞音在外层,擦音在内层,例如 ks-和-sk;边音和鼻音同样如此,总是倾向于鼻音在外层,边音在内层,例如 nl-和-ln。但有些辅音丛只能在音节末尾,而不能在音节开头,例如-nt,没有相反的镜像序列 tn-(不在音节开头)。

此外,核心音节和边际音节的区分还与在词音形(词的语音形式)中组合方向的分布是否自由有关。核心音节在词音形中分布自由,既可以出现在词首或词尾,也可以出现在词中,而边际音节只能出现在词首或词尾,不能出现在词中。词中音节都是符合响度顺序的,词首或词尾才可能不符合响度顺序。波兰语根词的辅音丛很多,有许多不符合响度顺序,但不符合顺序的都只出现在词首或词尾。

词中音节都符合响度顺序,但在构词时,根词插入一个辅音中缀,理论上可能会造成词中音节不符合响度顺序原则,但实际却没有,因为语言会用构词语音规则进行调整。正是由于词中音节响度限制严格,所以,多音节语需要许多构词音变规则来调节词音形。

但也有些语言有例外,例如澳大利亚 Kayardild 语,词头不出现辅音丛,词尾必须是元音,词干却可以有辅音丛(Evans 1995),如[pulmpa](蚂蚱),中间有三个辅音相连。澳大利亚诸语言中,词中的音素序列类型比词首尾要丰富得多。根据前面所说的,大部分语言词中趋向简单,但为何澳大利亚这些语言例外?而且词中音节似乎不符合响度顺序原则。这是很有趣的问题。

2.4 小结

当代语言类型学在语音类型方面的研究还有待进一步探索，很多研究还有待大规模语言样本的语音数据统计分类，从中找出有重要价值的类型参项，发现语音上的更多的蕴含共性，从而对各种语言中所谓的语音例外现象进行普遍共性规则角度的解释。

本章讨论了三个问题：

一、音段音位与音系类型。讨论中我们可以看到，无论是元音还是辅音都遵循人类语言中的两大基本原则：像似性原则和经济性原则。像似性原则推动人类尽可能用更多的语音符号表达不同的概念，但由于元音舌位前后高低的差别不那么容易辨别，而辅音唇、舌的变化以及声带的振动状态等，可以组合出更多具有显著区别性的声音，因此数量上，任何一种语言的辅音都远远多于元音。阿拉伯语在书面上甚至可以省略元音。显然区分辅音要比区分元音更为经济。人类语言中元音的高、低、圆唇与否和所表达的概念之间有相关性。从经济性原则上看，几乎所有语言都遵循了发音难度蕴含规则，即若存在相同部位发音动作更多更难的音素，则一定存在该部位发音动作相对少且更简单的音素。至于语言中元音和辅音的数量以及它们之间的异同是否存在类型，这些类型是否与其他因素相关，二者之间是否存在必然相关性，还需要进一步的研究。

二、超音段音位中的音调的高低和强弱轻重。超音段的音调变化可以被用来区别意义，人类语言由此发展出了不同的音调类型。声调通常被用来指称跨音节上的音调变化。其间有字调型语言（音节调，如汉语和藏语）和词调型语言（如日语）。音调的变化主要有两大类型：一个是平调，通过在不同水平上的高、低来表达不同的意义；一个是斜调，通过从高到低或从低到高的变化对比来表达不同的意义。"平、升、凹、降"大致上能够涵盖人类语言所有音调的变化。音调变化内部是否存在蕴含关系,音调的类型是否与其他因素相关等问题还有待进一步研究。有观点认为,音调复杂的语言与其所处的地理气候环境有关。与音调变化相对的是通过音节上的强弱轻重对比来表达不同的意义,印欧语中的大多数语言都属于这一类。目前已经发现,不少语言音调的重轻模式与词的句法功能相关:"重—轻"模式与名词性单位相关,"轻—重"模式与动词性单位相关。这符合像似性原则。

三、韵律类型。人类语言的韵律结构可以用韵律层级结构树来表达。从韵素到话语总是由下一级的若干单位构成上一级单位。不同语言的韵律基本单位在这个层级树上有不同的定位。例如日语的基本单位定位在最低层级莫拉上,而汉语则定位在音节上。节拍属于韵律范畴。在基本节拍上,语言分为莫拉节拍、重音节拍和音节节拍。不同类型的语言在这些不同节拍上都有不同的特征。韵律类型中还有很多问题值得探究,例如不同节拍的语言在语言的其他层面上有何反映,或者这种节拍特征会触发或导致哪些相关现象或规则。我们弄清某一语言的韵律系统的重要目的之一就是要寻求韵律系统与其他系统之间的相关性。

参考文献

Caleb Everett, Damián E. Blasi, and Seán G. Roberts 2015. Climate, Vocal Folds, and Tonal Languages: Connecting the Physiological and Geographic Dots, *PNAS* 112(5), pp. 1322—1327.

Duanmu, S. 2000. Tone: An overview. In *The First Glot International State-of-the-Article Book : The Latest in Linguistics*, edited by Lisa Lai-Shen Cheng and Rint Sybesma. Studies in Generative Grammar 48. Berlin: Mouton de Gruyter, pp. 251—286.

Evans, E. W. 1995. Interactions among Grasshoppers (Orthoptera, Acrididae) in Intermountain Grassland of Western North America.

OIKOS. 73(1), pp. 73—78.

Huang James C.-T., Li Audrey Y.-H. and Simpson, A. 2014. *The Handbook of Chinese Linguistics*. Oxford: Wiley-Blackwell.

Labov, W. 1994. *Principles of Linguistic Change: Internal Factors*, Cambridge: Blackwell Publishing Ltd.

Langacker, R. W. 1991. *Foundations of Cognitive Grammar*. Stanford: Stanford University Press.

Nespor, M. and I. Vogel. 1986. *Prosodic Phonology*. Dordrecht: Foris.

Nespor, M. and I. Vogel. 2007. *Prosodic Phonology: With a New Foreword*. Berlin: Mouton de Gruyter.

Pike, K. L. 1948. *Tone Languages*. Ann Arbor: University of Michigan Publications in Linguistics 3.

Rialland, A. 2007. Question prosody: An African perspective. In Gussenhoven, C. and Riad, T. (eds.) *Tones and Tunes: Studies in Word and Sentence Prosody*. Berlin: Mouton de Gruyter.

Rialland, A. 2009. The African lax question prosody: Its realisation and geographical distribution. *Lingua* 119.

Selkirk, E. O. 1984. *Phonology and Syntax: The Relation between Sound and Structure*. Cambridge: MIT Press.

Song, J. J. (ed.) 2011. *The Oxford Handbook of Linguistic Typology*. Oxford: Oxford University Press.

Yip, M. 2002. *Tone*. Cambridge: Cambridge University Press.

冯胜利(2005)《汉语韵律语法研究》,北京:北京大学出版社。

冯胜利(2009)《汉语的韵律、词法与句法》(第二版),北京:北京大学出版社。

黄彩玉(2012)"V双+N双"歧义结构的实验语音学分析,《语言教学与研究》,第3期。

柯　航(2012)《现代汉语单双音节搭配研究》,北京:商务印书馆。

陆丙甫(2010)汉、英主要事件名词语义特征,《当代语言学》,第1期。

吕叔湘(1963)现代汉语单双音节问题初探,《中国语文》,第1期。

沈家煊(1999)《不对称和标记论》,南昌:江西教育出版社。

王洪君(2008)《汉语的非线性音系学》,北京:北京大学出版社。

应学凤(2022)《从语音象似到韵律象似》,北京:社会科学文献出版社。

张洪明(2014)韵律音系学与汉语韵律研究中的若干问题,《当代语言学》,第3期。

张洪明(2019)Features of Prosodic Patterns and Units of Prosodic Hierarchy, delivered as a keynote speech at the 27th International Conference on Chinese Linguistics, Kobe, May 2019.

张洪明、陈渊泉(1995)形态句法扩散理论:来自吴语的论证,《吴语研究》,69—89页,香港:香港中文大学出版社。

郑　伟(2015)汉语方言语音史研究的若干理论与方法,《语言科学》,第1期。

朱晓农(2004)汉语元音的高顶出位,《中国语文》,第5期。

朱晓农(2008)《方法:语言学的灵魂》,北京:北京大学出版社。

朱晓农(2009)声调起因于发声——兼论汉语四声的发明,《语言研究集刊》,第6期。

朱晓农(2010)重塑语音学,《中国语言学集刊》第4卷第1期,北京:中华书局。

朱晓农(2014)声调类型学大要——对调型的研究,《方言》,第3期。

朱晓农、关英伟(2010)桂北全州文桥土话音节的四分发声活动——兼论自发内爆音,《方言》,第4期。

(编写者:金立鑫、应学凤)

第三章 词汇类型学

语言是一个复杂的系统。在语言三要素中,词汇的系统性较之语音、语法更难以把握。过去很长一段时间里,词汇曾被视为"一盘散沙",没有系统性可言。随着结构主义语义学的兴起,词汇具有系统性的观念逐渐为人接受,但究竟如何认识词汇的系统性,词汇的系统性又表现在哪些方面,这些问题始终是词汇语义研究的难点和重点。

近年来发展迅速的词汇类型学旨在揭示词汇层面的内在规律与系统性。其基本假设是,尽管不同语言的词汇从表面上看杂乱无章,没有规律,但通过系统的比较可以发现,词汇的多样性在一定程度上是可以解释和预测的(Rakhilina and Kholkina 2019),这是词汇类型学的研究信念。

3.1 "词汇类型学"的定义

"词汇类型学"(lexical typology)即词汇的跨语言比较研究。关于其定义有多种说法[①],比较通行的是 Lehrer(1992:249)的定义。即,词汇类型学关注的是语言"把语义材料包装进词语的独特方式",它是语义类型学(semantic typology)的一个分支。词汇既

[①] 词汇类型学的定义有多种观点。有的侧重词汇—语法互动的视角,如 Lehmann(1990):"词汇语法结构中与类型相关的特征。"Behrens and Sasse(1997):"与类型相关或特定语言相关的词汇语法互动模式。"也有的侧重语义表达的方式,如 Evans(2010):"语言如何通过符号表达意义的跨语言系统性研究。"

是语言中相对独立的单元，又是连接语音、语义与语法规则的纽带，这就使得"词汇类型学"的研究内涵往往超出词汇本身。除词汇语义之外，一些与词汇交叉的语音、语法现象有时也被纳入词汇类型学的研究范围。可以说，广义的词汇类型学覆盖与词汇现象相关的语音、形态、句法、词汇—句法的跨语言模式等，被视为语言学的交叉学科；而狭义的词汇类型学主要指语义导向（semantically oriented）的类型学研究，主要包括两方面内容：

（1）定名词汇类型学（onomasiological lexical typology），又叫"义域范畴化词汇类型学"（domain-categorization lexical typology）——关注概念切分的问题，即语言如何利用词汇手段来划分概念域。

（2）符意词汇类型学（semasiological lexical typology）——关注一个词可以表示哪些不同的意义，即语义衍生与语义关联等问题。

本章重点介绍狭义概念的词汇类型学，即语义导向的类型学研究。

3.2 词汇类型学的发展与现状

传统的类型学研究没有词汇的地位，语言类型学主要是语法、语音类型学。词汇类型学始于对亲属称谓词、颜色词、身体部位词等名词的跨语言调查，早期研究在一定程度上揭示了词汇层面的规律。（参看 Koptjevskaja 2008）但这些名词在词汇系统中比较特殊——内部系统性强、成员封闭，未能全面反映丰富而复杂的词汇系统的属性。早期词汇类型学的方法与思路，对词汇系统中的大多数概念域都不适用。

最近二十多年，词汇类型学取得了突破性进展。这些进展受益于信息处理技术与认知语言学的长足进步。大型语料库解决了词汇复现频率低、标记性差等现实问题。认知语言学的勃兴则促使研究者关注语义概念与人类思维模式的联系。在此背景下，词汇类型学的考察对象大为拓展,数据收集技术与分析方法实现了质的飞跃;而语言现象的普遍性与特殊性问题(单种语言、区域语言以及与发生学相关的语言特殊性)逐渐成为当代词汇类型学研究的核心。

关于词汇类型学近年发展的详细综述,可参看 Koch 2001, Rakhilina and Plungian 2007, Koptjevskaja 2008、2016, Koptjevskaja and Martine 2012, Evans 2010, Rakhilina and Kholkina 2019 等。下面概括讨论词汇类型学的研究视角、方法与研究现状,并介绍几个有影响力且有鲜明特色的研究团队,以便于读者有重点地把握该领域的方法与前沿进展。

3.2.1 "自然语义元语言"理论

"自然语义元语言"(Natural Semantic Metalanguage,简称 NSM)理论由波兰语言学家 Anna Wierzbicka 于 1972 年提出,对词汇类型学的发展起到了重要的推动作用。该理论的代表性成果可举 Goddard and Wierzbicka 1994, Goddard (1998/2011), Goddard 2008, Gladkova 2010 等。

NSM 理论基于这样一种假设,即每种语言都存在一组具有普遍意义的语义基元(semantic primitives),以此作为人类理解、交际和翻译的基石。语义基元是一种严格受限、无法被定义,且表达灵活的"微型语言"(mini-language),其与自然语言具有同等表达力(expressive power),被形象地称为"人类思维的字母表"(alphabet of human thoughts)。

每种语言中存在多少个语义基元?理论提出之初,学者归纳出 14 个。经过半世纪的发展,在 Wierzbicka 团队的最新研究中,语义基元的数量被固定为 65 个(Wierzbicka and Goddard 2018, Gladkova and Larina 2018,详见下表 3.1)。每个语义基元的确立均需以大量的跨语言调查实证为前提。

表 3.1 NSM 语义基元列表①

类别	语义基元
实体	I, YOU, SOMEONE, PEOPLE, SOMETHING/THING, BODY
活动	WANT, DON'T WANT, THINK, KNOW, SAY, FEEL, SEE, HEAR, DO, HAPPEN, MOVE, LIVE, DIE
关系	BE(SOMEWHERE), THERE IS, BE(SOMEONE/SOMETHING), (IS)MINE, KINDS, WORDS, PARTS
时间	WHEN/TIME, NOW, BEFORE, AFTER, A LONG TIME, A SHORT TIME, FOR SOME TIME, MOMENT
限定	THIS, THE SAME, OTHER/ELSE
空间	WHERE/PLACE, HERE, ABOVE, BELOW, FAR, NEAR, SIDE, INSIDE, TOUCH
评价	GOOD, BAD, BIG, SMALL, VERY, TRUE
数量	ONE, TWO, MUCH/MANY, SOME, ALL, MORE, LITTLE/FEW
逻辑	NOT, MAYBE, CAN, BECAUSE, IF, LIKE

NSM 理论支持者认为,借助语义基元和"简约释义"(reductive para-phrase)的语义描写模式,可以解释语言中的任意一个词。以英语"Schadenfreude"(幸灾乐祸)一词的释义为例,见表 3.2:

表 3.2 Schadenfreude 释义举例②

X felt Schadenfreude=	X 感到幸灾乐祸=
X thought like this about someone else:	X 是像这样考虑别人的:
Some good things happened to this person before	以前某些好事发生在此人身上
This person felt something good because of this	为此,此人感觉很好
This person thought: this is good	此人当时感到:这太好了

---

① 数据引自 Wierzbicka and Goddard(2018)。
② 例证引自 Peeters(2006:4)。

续表

Now something bad happened to this person	现在某些不好的事情发生在此人身上
This person feels something bad because of this	为此,此人感觉不好
I think:this is good	我认为:这太好了
When X thought like this X felt something good because of this	当X也这样想时,X也因此感觉很好

NSM 理论对于词汇类型学的贡献主要有两点:

首先,该理论以语义基元为基本的研究对象,大大拓展了词汇类型学的考察范围,使其不再局限于身体部位、亲属称谓等封闭的名称概念,而进一步扩充到动作、感知、空间关系、物理属性、心理活动等概念域,有助于深化对词汇语义系统的认识。

其次,该理论在论证语义基元的过程中,特别重视设立统一的比较标准。NSM 理论借助一套通用的释义工具来表征语义概念,从而为词汇的跨语言调查提供一个统一的、边界清晰的比较对象。这就提高了研究的科学性和可操作性。

3.2.2 心理语言学与词汇类型学相结合的研究

Berlin 和 Kay 的颜色词项目被视为词汇类型学中结合心理语言学考察分析的经典案例(Berlin and Kay 1969)。研究者借助孟塞尔色卡(Munsell color chips)对母语者的视觉刺激来绘制不同语言基本颜色词的参考范围。近年在这一方向上最为活跃的是荷兰奈梅亨"马普"心理语言学研究所(Max-Plank Institute for Psycholinguistics)的语言与认知系(Language and Cognition Department)[①]。该团队在研究方法上继承并发展了 Berlin 和 Kay 的"刺激反应论",通过让母语者观看视频或图片、闻气味、尝味道

---

① 网站:https://www.mpi.nl/,访问时间 2024-01-02。

等感官刺激,收集母语者的语言反应,并对语料建模分析。该团队在多个项目上取得成果,包括:空间概念(Bowerman 1992)、身体部位(Majid et al. 2006)、"切割与破坏"事件(Majid and Bowerman 2007)、空间位置描述(Ameka and Levinson 2007)、地形景观名称(Burenhult et al. 2008)、放置与拿取(Kopecka and Narasimhan 2012)、嗅觉概念(Majid and Burenhult 2014,San Roque et al. 2015,Wnuk et al. 2020)等。下面介绍"切割与破坏"事件和嗅觉概念两个项目的实验。

3.2.2.1 "切割与破坏"事件

"切割与破坏"事件涉及"物质材料完整性的分离"(separation in the material integrity of objects),该项目的类型学考察目标在于发现人类语言对"切割与破坏"概念的编码策略。研究者依靠对母语者的视觉刺激展开跨语言调查。具体操作为:

研究者提前设计与"切割与破坏"事件相关的各种情景,如用双手撕布料、用手折断树枝、用斧子砍树、用刀切胡萝卜、用剪刀把绳子剪成几段等;然后将设计好的情景制成短视频,每部视频描述一种"切割与破坏"的情景,总共设计61种相关情景;最后让被试者观看短视频,并从母语中选用恰当的动词来描述视频内容。

不同语言对语义要素的词化模式(lexicalization)有所不同。有的语言(如 Yelî Dnye 语)用一个动词编码切割动作和结果状态;汉语则需用连动式(V-V)分别表示切割动作和结果状态,如"掰断、剪开、撕裂";而像英语、德语等卫星框架型(satellite-framed)语言,动词通常伴有前缀、小品词或补语,如英语 *cut off*、*smash to bits*。

研究者对收集的数据采用多元统计技术,揭示哪些情景可用一个词表示,哪些需要用不同的词表示。通过对28种语言的调查,发现区分"切割与破坏"动词的重要语义特征在于破坏物分裂点的可预测性(predictability)。分裂点的可预测性分为高预测性(如用刀切胡萝卜)、中等预测性(如用斧子砍树枝,斧子接触到树枝的点比用刀时更难预测)和低预测性(如盘子摔碎到地上)三级。基本结论为：位于该等级序列两端的情景不能用一个词表示,而相邻情景则可能用一个词表示。

3.2.2.2 嗅觉概念的表达

嗅觉一直被认为是最低级、最动物性的感觉,人类及其他灵长类动物的视觉优于嗅觉。这一生理特征反映到语言层面,则表现为人类语言普遍缺乏气味词汇。生物学家、心理学家曾将其归因于人脑神经结构的差异,认为"嗅觉是无声的感觉,无法用语言来形容"。(Gilad et al. 2004；Olofsson and Gottfried 2015)奈梅亨团队近年来通过对十余种土著语言的调查,发现事实并非如此。例如马来半岛的Jahai人具有超凡的辨别气味的能力,能够像命名颜色一样使用不同的词区分多种气味。

研究者依靠嗅觉刺激实验来收集数据,具体步骤如下：

分别找若干名Jahai语和英语母语者对比测试；准备若干张气味卡和颜色卡；让被试者从母语中选取恰当的词描述闻到的气味和看到的颜色。最后对比分析两组被试者对气味和颜色描述的差异。

实验发现,Jahai母语者不仅能用相同的词描述同一张色卡,也能用相同的词描述同一张气味卡；英语母语者能够用相同的词描述同一张色卡,但对同一张气味卡的描述则五花八门。Jahai人的语言反应说明,Jahai语中存在专门的气味词表示某种气味。相反,英语母语者无法用一个恰当的词描述所闻到的气味,意味着英语中没有相对应的气味词。这项研究表明,英语等语言中气味词数量贫乏,并非人脑神经结构的差异,而在于人类生活习性和环境的差异。这一发现在其他亚洲、非洲、美洲土著语言中也得到验证,且新近研究表明气味词并不罕见,不仅存在于人口规模小的土著语言,还见于人口数千万的泰语中。(Wnuk et al. 2020)不难看出,奈梅亨团队研究的特点在于利用刺激实验收集数据,侧重于发掘文化、民族、环境、生活习性等语言外部因素对语言编码所产生的影响。

3.2.3 基于"框架"的跨语言比较

词汇类型学研究的另一重镇在俄罗斯莫斯科。由 Ekaterina Rakhilina 带领的"莫斯科词汇类型学小组"（Moscow Lexical Typology Group，简称 MLexT）[①]近二十年里展开多个概念域的跨语言考察，代表成果包括：旋转运动（Rakhilina and Prokofieva 2004；Kruglyakova 2010）、摇摆运动（Shapiro 2015）、水中运动（Maisak and Rakhilina 2007；Koptjevskaja et al. 2010）、坠落运动（Rakhilina et al. 2020）、物理属性（Rakhilina et al. 2022）、声音词的隐喻（Reznikova et al. 2015；Rakhilina et al. 2017）、疼痛词的隐喻（Britsyn et al. 2009；Reznikova et al. 2012）等。相较于其他团队，MLexT 关注"词的使用"，其基本思路是将莫斯科语义学派（Moscow Semantic School）的近义词分析法与类型学的调查相结合，系统考察不同语言中近义词之间的细微差别，并找出词汇层面的跨语言共性（参见本章 3.3 节）。

MLexT 提出的"框架研究法"（Frame-based approach）可用于对抽象概念域（如疼痛）的考察，也可以进行跨语言的近义词辨析。"框架研究法"还适用于语义转移的跨语言调查，这成为 MLexT 区别于其他团队的重要特征。

MLexT 的"框架研究法"与传统的"框架"（参见 Fillmore 1976、1982）有所不同，词汇类型学的"框架"关注语义类型而非句法角色。所谓"框架"，是指一个由语义参数（parameter）组合形成的典型情景，其在不同语言中往往会用专门的词来表示。（Rakhilina and Reznikova 2016）以旋转运动为例，"鸟在空中回旋地飞"是该语义场的一个框架（即旋转运动的一个典型情境），在很多语言中都有专门的词语来表示，如英语"wheel"，俄语"krujit'"，汉语"盘旋"

[①] "莫斯科词汇类型学小组"网站：http://lextyp.org/en/，访问时间 2024－01－03。

等。该框架由参数[外轴线旋转]和[参照物不在一个平面]组合形成。参数组合不是随意的,而是根据运动主体与情景特征归纳出来的。盘旋运动的主体多为鸟类或飞机等,可归纳出:主体围绕参照物做外轴线旋转,且主体在参照物的上空。可见,一个对象的语义类型往往会决定其他参数乃至整个情景的特征。概言之,"框架研究法"指的是,依靠语义场中的典型情景代入,考察其在不同语言中的表达策略。

MLexT 的"框架研究法"的经典案例很多,本章 3.4 介绍其对水中运动动词的研究,供读者参考。

3.2.4 语义关联模式的数据库开发

语义关联数据库的开发也是当前词汇类型学研究的重要领域,旨在揭示跨语言重复出现的语义关联模式。这里介绍两个较有影响的数据库:

一是"世界语言同词化在线数据库"(Database of Cross-Linguistic Colexifications,简称 CLICS[①]),目前已覆盖 200 个语系 3156 种语言中的 2919 个概念在共时层面上的同词化信息(List et al. 2014)。所谓"同词化"(colexification),是指两个或两个以上的意义被编码为同一个词。(François 2008:180)该项目的数据来源主要基于词典释义。

下图为同词化数据库网站首页展示的"WING 翅膀"义语义图,有关联的语义代表其在跨语言中能够被编码为一个词。两个意义间的连线越粗,说明这种关联越凸显。按照下图 3.1 提供的信息,手臂义与手义在很多语言中都用同一个词来表示。

[①] 网址:https://clics.clld.org,访问时间 2024-01-03。

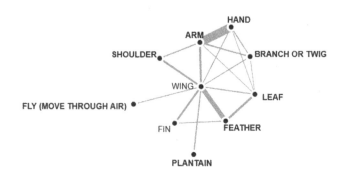

图 3.1　CLICS 数据库翅膀义语义关联图

二是俄罗斯科学院语言学院 Anna Zalizniak 主持建设的"语义转移数据库"(Database of Semantic Shifts in languages of the world,简称"DSS"①)。所谓"语义转移",是指两个意义之间的认知共性,共性体现为一词多义现象(包括引申义)、语义的历史演变、语法化现象,以及构词过程中产生的语义变化等(Zalizniak 2008, Zalizniak et al. 2012)。该数据库目前覆盖 319 种语言中的 3000 余个语义,为词汇类型学研究提供了丰富的资源。下面仍然以"WING 翅膀"义为例,介绍其在 DSS 数据库中的语义关联信息,以此展现该数据库的特征。DSS 数据库中"翅膀"义共有 15 个关联语义,用表格形式呈现语义转移方向、转移结果、认可度,具有该语义关联的样本数量等信息:

表 3.3　DSS 数据库翅膀义语义转移数据表

ID	Meaning 1	Direction	Meaning 2	Status	Realization number
1343	wing	→	fin	Accepted	20
1184	wing	→	flank (military)	Accepted	10
3135	wing	—	feather	Accepted*	5

---

① 网址:https://datsemshift.ru/,访问时间 2024—01—03。

续表

ID	Meaning 1	Direction	Meaning 2	Status	Realization number
5553	wing	→	leaf (of door, window)	Accepted	4
4960	wing	→	outbuilding	New	3
0899	wing	→	sail (n.)	New	2
1829	wing	→	side (n.)	Accepted*	2
3018	wing	—	armpit	New	2
0714	wing	→	spoke of wheel	New	1
1774	wing	—	border	Single*	1
1830	wing	→	to defend	Single	1
3137	wing	→	oar	Single*	1
5660	wing	→	eagle	New	1
5747	wing	—	arrow fletching	New	1
5748	wing	—	ray	New	1

从数据体量来看，DSS 数据库规模小于 CLICS 数据库。但从上例可以看出 DSS 数据库也有其不可替代的优势，其对每个语义转移的方向、来源词、目标词的语义类和语法特征都进行标注，并附有适量的注解信息。

除以上几类研究外，还有一些词汇类型学研究的知名项目值得一提，如知觉动词（Viberg 1983；Vanhove 2008）；记忆动词（Amberber 2007）；温度形容词（Koptjevskaja 2015），以及 Urban（2009、2010、2012）对一系列跨语言重复出现的语义关联模式进行的规模化调查等。应该说，近年词汇类型学考察的项目是非常丰富的。有些以"词汇类型学"为主题的研究实际上更接近语法类型学的研究范围。如加拿大学者 Newman 组织的给予类动词（Newman 1998），姿势动词坐、站、躺（Newman 2002），吃喝类动词

(Newman 2009)都可以归入此类。这些研究虽然也包括对动词本义的分析及其引申模型的描述,但重点放在语法特征的比较上(如词的时态标记、及物性、语法化路径等)。

3.3 词汇类型学的研究方法

随着词汇类型学的发展,规范、兼容的操作程序在研究中的重要性越发凸显。唯有基于相同的理论框架,遵循一套统一、程式化的工作程序,个案研究才具有可参照性,不同学者的研究成果才能兼容。莫斯科词汇类型学小组(MLexT)的贡献之一就在于研究方法上的探索,下面即以 MLexT 为例介绍词汇类型学的研究方法。

3.3.1 方法论基础

MLexT 理论框架的构建源于对两大资源的整合,即将莫斯科语义学派的词义分析传统与语法类型学的研究范式结合,据此设立基本原则与研究目标。

早在 20 世纪 60 年代,莫斯科语义学派就蜚声国际语言学界。其基本理论假设是,语言中不存在语义完全等值的同义词,通过分析词的语境结构与搭配,可以发现近义词之间的细微区别。(Apresjan 2000)莫斯科语义学派旨在对单个词进行尽可能详细的描写,本身并未涉及类型学研究。但若将不同语言的词汇也纳入考察范围,新问题便出现了。比如,双语词典将一个词对译成其他语言中的词,被译词与对译词本质上为近义关系。MLexT 由此获得启发,将莫斯科语义学派的搭配研究法运用到词汇的跨语言比较上,从被译词与对译词的语义差别中提取具有类型学意义的语义特征。例如英语"thick"对译汉语普通话"粗"和"厚"两个词,据此推测"物体形状"是该语义场具有类型学意义的语义特征。

语法类型学研究是 MLexT 理论框架的另一重要来源。语法类型学发展至今,在样本选取、数据收集等工作上已形成一套相对成熟的研究范式,尤其是对语法范畴的研究。研究者在样本语言中收集与语法范畴相关的句法环境,并以此鉴别和调查新样本。当某种句法环境在新样本中对该范畴有效,就可能被纳入语法范畴的普遍清单(Bybee and Dahl 1989)。考察跨语言中哪些句法环境能够用同一个语法标记来表示,也就相当于从语法类型学的角度分析这种语言。借鉴此思路,MLexT 把概念域的典型情景(即本章3.2.3所述"框架")找出来,考察其在不同语言中的编码策略。

语法类型学研究主要有两个目标:a.描写出一套普遍存在的语法意义或语法范畴;b.确定语言在合成意义时使用的编码策略。相应地,MLexT 为词汇类型学设定的研究目标为:a.构建一套具有普遍意义的词汇语义系统;b.发现词汇语义编码成词的策略。

将莫斯科语义学派与语法类型学结合,从某种意义上讲是自然而然的结果,因为两种理论关于人类语言的基本假设本就有诸多共通之处。在跨语言研究实践中,二者亦可互相补充。这使MLexT 理论具备了坚实的方法论基础。

3.3.2 语言样本的择取

词汇类型学与语法类型学对语言样本的选取原则不尽相同,主要表现在两方面:一是语言样本的数量问题;二是对语言样本亲缘关系的处理。

3.3.2.1 语言样本的数量

语法、语音系统相对封闭,语法、语音标记的出现频率较高,在跨语言调查中收集数据的途径多、效率高,如依靠词典、论著、文学作品等二手材料就可完成调查。因此,对语言样本的选取可以实现大规模、分谱系地调查。语法类型学的样本通常覆盖200－400种,且对语言的亲缘关系和地域性平衡均有较严格的要求,例如在发生学上关系密切的语言不宜作为语言样本,以避免它们的相似性扭曲了概貌。①

词汇类型学研究往往需要调查者手动收集数据,调查周期较长,因而很难效仿语法类型学覆盖几百种语言。此外,语言样本的择取还受一些现实因素的制约,如样本资源的可用性等(Reznikova et al. 2012)。MLexT 指出,对词汇类型学而言,好的研究方法比样本的数量更为重要。如果研究方法是类型学的(即适用于不同的语言),即使语言样本数量有限,也应该视为类型学研究。为保证项目的可行性,研究者通常把样本控制在30—50种。MLexT 已完成的项目中,样本数量最多的是水中运动,覆盖近50种语言,物理属性"锋利"和"钝"覆盖30种,疼痛概念覆盖22种,旋转运动覆盖17种。MLexT 认为,即使只有15种语言的样本,同样能发现有价值的、具有普遍意义的规律。Haspelmath(2003)亦指出,由十几种语言组成的样本足以展现一个语法范畴的基本面貌。可见,在样本数量问题上语法类型学与词汇类型学研究有一定的共通性。

3.3.2.2 语言样本的亲缘关系

在选取语言样本时,语法类型学尽可能避免选择有亲缘关系的语言。而 MLexT 认为,亲属语言同样适用于词汇类型学研究(Rakhilina and Prokofieva 2004)。原因在于,语法结构的演变通常需要几个世纪,而词汇的稳定性要差很多。说话者可以在两代人中观察到一个词的产生、淘汰及词汇语义的显著变化。因此,对某个语义场而言,发生学上关系很近的语言(如俄语和波兰语)也并不一定存在很多同源词。即使存在同源关系的词,也可能发展出差别迥异的用法。另外,亲属语言甚至是关系较远的方言,同样会产生具有类型学意义的词义引申现象。

不同于语法、语音类型研究,词汇类型学对语言样本的亲属关

---

① 也有学者认为具有亲属关系的语言同样适用于语法类型学的研究,如 Kibrik(1992、1998)。

系没有特别限制。已有研究成果显示，生活环境和文化因素对词化策略的影响往往比语言的亲缘关系更直接。

3.3.3 研究对象的确定

语言类型研究需要建立在跨语言比较的基础上。词汇类型学的比较对象是具体的概念域。Greenberg(1957)早已提出，用比较概念的方式进行词义类型学研究是很有价值的。关于研究对象的确立，MLexT 主要有两方面考量：其一，语义场表示的概念应当具有较高的凸显度，确保所调查的概念在大多数语言中都有专门的词来表示，不受社会文化因素的制约；其二，用严格的标准将考察对象与相邻语义场区分开，以保证比较对象的同一性。

下面以锋利属性与旋转运动为例，介绍 MLexT 选取它们为考察对象的理由。

物理属性形容词是人类语言的核心词。斯瓦迪士二百核心词表(Swadesh List)中包括 28 个物理属性形容词，锋利属性词(SHARP)位列其中。这种凸显度高的概念，在跨语言中通常都有专门的词来表达，即采用词汇手段来编码该语义概念。锋利属性有跨语言的丰富表达，非常适合作为研究对象。另外，从现实因素考量，相比评价或描述等主观色彩较浓的形容词，如"难—易""美—丑"而言，锋利属性形容词的语义相对客观，有利于跨语言比较工作的展开。

MLexT 对旋转运动的定义较广，不仅包括运动轨迹为圆周($\geqslant 360°$)的情况，还包括轨迹为弧形($< 360°$)的旋转。考察旋转运动主要有两方面原因：一是旋转运动属于客观世界中最基本的运动类型之一，凸显度高；二是相对于其他运动事件，旋转运动具有一定的特殊性，它包括有位移(公转)和没有位移(自转)两种情景。公转时运动轨迹为圆周形，一般没有位移的起点和终点，与普通运动有明显的差别。另外，旋转运动通常包含两个参与者——运动主体

和参照物,如"月亮绕着地球转"。动词的论元结构更复杂,相应地,控制旋转概念的语义参数和框架也会更多。将旋转这类特殊运动事件作为考察对象,本身也是对 MLexT 研究方法适用性的考验。

3.3.4 工作程序介绍

确定研究对象后,MLexT 的跨语言调查工作通常分四步展开:

第一步,从研究者的母语语料出发,筛选出符合要求的语义场成员。研究者利用母语语感提出各种可能的假设,尝试找出语义场中的基本框架与控制框架的语义参数。以锋利属性为例,俄语母语者首先找到锋利义形容词"ostriyi",并收集该词在俄语中的典型搭配,如"ostryi nozh"(刀)、"ostraya igla"(针)、"ostryi podborodok"(下巴)。

第二步,利用双语词典、同义词词典等工具书,初步调查该语义场在其他语言中的对译词。一个词在翻译成其他语言时通常存在一对多或多对一的情况。比如俄语锋利义形容词"ostriyi"对译英语"sharp",日语"surudoi"和"togatta",德语"scharf"和"spitz",汉语普通话"锋利""快""尖",依靠对译词的语境结构与搭配特征,找出语义场的框架(典型情景)和语义参数,从而确立跨语言比较的基础。

需要注意的是,对词汇语义研究而言,词典提供的数据往往是不完备、不连贯的,且不同类型的词典不具备兼容性[①]。仅依靠词典收集数据,无法对词汇进行精细的比较研究。如果样本语言中有合适的语料库,则可利用语料库考察词的搭配情况,找出更多的框架和参数。当然,语料库无可避免存在一些问题,比如,语料库的部分数据已经过时,或者出现很特殊、不规范的用法,还可能存在一

---

① 由于语言自身特点、词典编纂背景及编纂目的等多方面因素影响,词典编纂往往存在收词数量、义项多寡、释义丰简、是否标注语法特征等差异。因此,词典所提供的数据往往不具备兼容性。

些技术层面的漏洞等,因此需要把收集的数据交给母语者确认。

第三步,利用收集到的框架与参数来设计问卷,并邀请母语者填写。问卷内容基于框架所代表的典型情景,呈现给母语者的是符合该语言句法语义规则的搭配或句子。参数主要起参考作用,不直接反映在问卷中。问卷内容确保填写的词能够反映真实语境。假若某个搭配有不同意义,则应当分为不同的框架。例如有些语言中"鼻子"与"尖"搭配时,既可形容鼻子形状尖,也可表示嗅觉灵敏。为保证调查的全面性,尽可能细分框架。当然,在后期调查中,如果逻辑上可细分的情况在自然语言中不作区分,可将框架合并。

问卷内容在实践调查中需不断补充和完善,留意可替换现象、不可能搭配和被遗漏的可能搭配。补充问卷时,需要确认新增框架在已调查的样本语言中如何表达,确保比较对象的同一性。通过一定规模的调查,就能基本确定语义场存在哪些框架和参数,从而为新样本,尤其为那些缺乏语料库资源的语言提供参考。

第四步,构建语义图(semantic map)并对词汇系统进行分级。语义图是类型学研究常用的工具。词汇类型学的语义图同样由节点和连线构成,节点代表该语义场的框架。在跨语言调查中,如果某种语言用一个词表示两个框架,在语义图上就用连线将这两个相关的节点关联起来。语义图不仅展示框架之间的关联信息,还具有一定的预测能力,通过观察两个框架之间是否有关联,就能知道哪些框架可能用同一个词来表示。在此基础上,MLexT再开展另一项重要工作,即根据不同语言中语义场成员数量的多少,为语言的词汇系统分级。词汇系统分级的作用在于展示最普遍的词汇化策略(如3.4.1图3.6"水中运动动词框架等级序列")。

除上述工作外,MLexT同样注重引申义的跨语言调查。认知语言学将词义引申分为隐喻和转喻两类,然而传统分类在实际运用中的可操作性不高。MLexT区分基础义和引申义有明确的标准,在一个组合结构中,只要词的语义特征发生了变化,即将其视为引申义。例如,汉语"吼"的基础义常跟动物名搭配(如"狮子吼"),而"暴风怒吼"中,主体的语义类型发生变化,即变为自然现象,这就要判断为发生了词义引申。当然,语义特征的变化不是鉴别引申义的唯一标准,基础义与引申义之别也会体现在组合搭配的差异上。"吼"用于基础义时,跟动物名的搭配比较自由;用于引申义时则比较受限,例如"吼"一般只出现在"狂风怒吼"或"北风狂吼"等固定表达中。有些时候,引申义用法在组合上受到的限制甚至会引发论元结构的改变。如"鸣"的基础义表示鸟兽昆虫叫,它是一价动词(如"鸟鸣"),而"鸣"表示引申义——使物体发声——则为二价动词(如"鸣笛")。

由于引申机制较为复杂,并且各人语感有所差异,在跨语言调查中,确定引申义的产生并不是很容易的事情。因此,引申义的调查方法与基础义有所不同,一般具体操作如下:

(1)收集词典中列出的引申义,并与母语者确认其合理程度;

(2)考察语料库中的搭配,并与母语者确认其合理程度;

(3)在其他语言中考察是否有类似的引申,列出引申义的清单。

MLexT团队在词汇类型学的研究方法方面做出了很多有价值的探索:首先,利用问卷手动收集数据,弥补了传统词汇类型学仅靠工具书等"二手资料"收集数据的不足,提高了数据的可靠性;其次,通过语料库找出词的搭配、语境限制等,这对词义的比较分析及对译词的辨析都有帮助;最后,在分析手段方面,增加构建语义图、划分词汇等级序列等观察视角,有助于深入、细致地揭示词汇层面的内在规律与系统性。

3.4 案例介绍:水中运动动词

水中运动动词(auqa-motion verbs)是MLexT的经典项目(Maisak and Rakhilina 2007; Lander et al. 2012),下面详细介绍

该项目的研究细节,从而加深对词汇类型学研究方法的了解。

3.4.1 水中运动动词的基础义

3.4.1.1 研究对象的确立

运动动词是词汇系统中的核心词,历来为学界重视。以往对运动动词的考察,焦点多在路径(path)的表达上,而对方式(manner)及其类别的关注较少。水中运动动词包含丰富的方式成分,以此作为研究对象有助于深化对方式要素的认识。

水中运动动词,即物体在水中运动或静止存在、不接触水底的一价动词,如英语"swim, sail, drift, float",或汉语普通话"游泳、漂浮"等动词[①]。该项目重点考察表示水平位移的动词,而非上下位移的动词(如"沉没""潜水")。当然,如果一个词同时表示上下位移和水平位移(如汉语普通话"浮"),需列为考察对象。同理,有的语言用一个词表示主体在水中的位移和水本身的位移,如瑞典语"flyta"、印地语"bah-",这类词也在考察范围内。

3.4.1.2 框架与参数

MLexT考察了近50种语言,发现能够用来区别该语义场的参数有:

1. 主体的性质。有生/无生,如人、鸟、鱼 VS. 船、原木、油;水中运动的方式,如主体没入水中的部分等。

2. 主动位移与被动位移,如人游泳 VS. 原木从上游漂下来。

3. 定向位移与不定向位移,如俄语"plyt'"(定向游泳)VS. "plavat"(不定向游泳)。

4. 位移与静态漂浮,如英语"drift"(依靠水流位移)VS. "float"

---

① 为限定研究范围、提高跨语言的可比性,该项目没有将"蹚过河""洗澡""玩水"等词组纳入考察范围,这类表达式虽与水中运动相关,但只是以水为工具或客体,并不是物体在水中运动或保持静止状态。

（静态漂浮）。

这些参数区分水中运动的四个基本框架,即:
1. 游泳 SWIMMING(有生命的主体主动地在水里移动)
2. 航行 SAILING(船只和船上的人可控地位移)
3. 漂移(动态)DRIFTING(无生命的主体依靠水流位移)
4. 漂浮(静止)FLOATING(无生命的主体存在于容器中)

下面用图表呈现参数与框架之间的对应关系:

表 3.4　水中运动语义场的参数与语义框架

框架	有生	主动	定向	位移
SWIMMING	+	+	+	+
SAILING	0	+	0	+
DRIFTING	−	−	0	+
FLOATING	−	−	−	−

注:"0"表示其对应水中运动方式对该项参数不敏感,既可为"+",亦可为"−"。

最后,根据框架在不同语言中的词化策略构建语义图:

图 3.2　水中运动动词语义图

语义图上有关联的框架可以合并,如芬兰语"uida"覆盖游泳、漂浮和漂移三个框架;在航行框架里,"uida"只能表示船只本身的位移,人在船上进行位移用"purjehtia"["purje"(帆)]或"seilata"(跟英语"to sail"相关)表示。又如格鲁吉亚语"curva"覆盖游泳、漂移和航行三个表示移动的框架,而静止的漂浮则用"t'ivt'ivi"表示。

参看下图：

图 3.3　芬兰语水中运动动词语义图　　图 3.4　格鲁吉亚语水中运动动词语义图

语义图中没有关联的框架不能用一个词表示。比如语言中找不到一个词只覆盖"漂浮 FLOATING"和"航行 SAILING"框架，而不表示"游泳 SWIMMING"或"漂移 DRIFTING"框架的情况；也不会出现一个词只覆盖"游泳 SWIMMING"和"漂移 DRIFTING"框架，却不表示"漂浮 FLOATING"或"航行 SAILING"框架的情况。见下图：

图 3.5　水中运动动词语义图不允许的框架组合

最后，根据不同语言对水中运动的词化策略，按照语义场成员的数量可大致分出三种词汇系统：

1. 丰富词汇系统（≥4 动词）：在基本框架里进一步细分，能够区别更多子框架并用不同的编码（即不同的词语）来指称。比如英语、日语。

2. 中等词汇系统（3 动词）：将 FLOATING 与 DRIFTING 框架合并，区分三个基本框架。比如波斯语、印地语、汉语普通话。

3. 贫乏词汇系统（≤2 动词）：不区分基本对立，基本框架用一个动词表示。比如：保加利亚语、格鲁吉亚语。

由于 FLOATING 和 DRIFTING 两个框架经常用一个词表示,是中等词汇系统的特点之一,因此在框架等级序列里这两个框架合并。下面用 FLOATING 表示这一合并框架,照此标准划分出来的三个框架分别是:

图 3.6 水中运动动词框架等级序列

语义等级序列的作用在于,通过动词的数量预测哪些框架能用专门的词表示。图表上方一列是水中运动的三个凸显框架,代表中等词汇系统的词化模式。表格下方是基本框架内部的细分框架,体现丰富词汇系统的词化模式。游泳框架内部,有的语言可用不同的词区分人和其他运动主体,如科米语"warɔ̈-"与"uj-/ujal-"的对立;还有一些语言用不同的词表示鸟和其他运动主体的区别,如希伯来语"sxh"与"šwt"的对立。

航行框架内部,有的语言根据船的类型(帆、桨、马达等)或水域特征(大海、河流、湖泊等)进一步细分。如葡萄牙语在航行框架里有"navegar"(无标记)、"velejar"["vela"(帆)]、"singrar"(用帆,借词,罕见)与"marear"[在大海里,"mar"(海),罕见]的区别。

漂浮框架内部,很多语言要区分跟着水流位移和静止漂浮在水面这两种情况,如法语"flotter"与"surnager"的对立,英语"float"与"drift"的对立。

尽管不同语言表达水中运动的方式有别,但纷繁的表象背后蕴含词汇层面的跨语言共性。可见,词汇的多样性一定程度上是可以解释和预测的。

3.4.1.3 汉语普通话的水中运动动词

汉语普通话的水中运动动词包括:"游""游泳""漂""浮""漂浮"等。凸显的框架为:游泳(SWIMMING)、漂浮(FLOATING)和漂移(DRIFTING)。航行框架(SAILING)没有专门的词来表示,而用一般位移动词表示。如:"坐船去上海/船开走了。"这种情况并不罕见,很多语言把"依靠船只进行位移"归入"一般位移"或"依靠交通工具位移"中。

"浮"只能表示静止的漂浮,而"漂"既表示没有位移的静止漂浮,如"汤里漂着几个煮熟的饺子";又表示有位移的漂移,如"河上的原木漂走了"。因此,汉语普通话中漂浮和漂移两个框架可以合并。

汉语普通话"水中运动"语义场的语义图为:

图 3.7　汉语普通话水中运动动词语义图

3.4.2　水中运动动词的引申义

水中运动动词的引申义同样具有类型学研究价值。MLexT发现,水中运动动词的引申义与动词来源于哪个基础义框架有关。下面按照基础义框架的不同,分别介绍水中运动动词具有普遍意义的引申义。①

3.4.2.1　SWIMMING 框架的引申义

1. 处于大量的物质中(包括心理状态)

游泳的环境(水)相对于人的其他运动而言,有一定的特殊性,所以环境要素凸显出来。游泳的主体往往是有生命的,能够对这

---

① SAILING(航行)框架的引申义规律不明显,可能与其在人脑中未形成清晰明确的意象图式(image schema)有关,且不同类型的船发展出的引申义也有差异。因此这里不作介绍。

种量多、密度高的特殊环境作出评价。

这类引申用法如：

(1)"游泳在汗水、血里"(流出了汗或血)；
(2)"脸游泳在眼泪里"(泪流满面,哭得很厉害)；
(3)"人在某物或某种环境中游泳"(沉迷、沉溺于某物或某种环境)。

直接引申义中,游泳的环境仍为液体,只是其数量不足以在里面游泳(1)(2),是一种夸张的说法,而间接引申义的环境可以是非液态物或抽象物(3)。

这类引申用法在跨语言中很常见,英语"swim"、保加利亚语"pluvam"、格鲁吉亚语"curva"、葡萄牙语"adar"、芬兰语"uida"、阿拉伯语语"sabaħa"等水中运动动词均发展出该引申义。

2. 克服环境中的阻碍而前进

游泳这种行为本就意味着需要克服水的阻力前进。当论元的语义特征发生变化,即"水"由别的物质来代替,游泳义动词则引申出"克服环境中的阻力而前进"的用法,如"人在雪地/泥泞/拥挤的人群中艰难前行"等。跨语言中,楚瓦什语"ish"、科米语"uyavny"、日语"oyogu"均有这类引申义。

3. 对某种信息或技巧有把握(游刃有余)

游泳被视为一种技能,会游泳的人掌握该技能,能够把控环境、不会沉没。以此为基础,有些语言的游泳义动词发展出"对某种信息或技巧有把握"的引申义。如保加利亚语"pluvam"、阿拉伯语"sabaħa"、希伯来语"sxh"、印地语"tairnaa"均有这类引申义。

以上与SWIMMING框架相关的词义引申路径,用语义关联示意图可表示为：

图 3.8　SWIMMING 框架引申义

3.4.2.2　DRIFTING 框架的引申义

DRIFTING 框架主要引申依据是"没有障碍"和"不可控",下面 1—4 四种引申用法主要与"没有障碍"有关,而 5、6 主要以"不可控"为引申依据。

1. 物体紧贴地面无障碍地位移、滑行

这种引申用法里位移的主体保留基础义用法的语义特征——与水面接触,并沿此平面无障碍地位移。引申用法中支撑面则由液体变为固体,如:

(1)"车在高速路上漂移"(车在高速路上飞驰);

(2)"交谊舞的双方漂移"(交谊舞双方滑步移动)。

英语"drift"、立陶宛语"plaukti"、科米语"kyltny"、保加利亚语"pluvam"有这类引申义。

2. 空中位移（aero-motion）

空中位移是水中运动动词常见的引申义。这类引申用法比较丰富,如:

(1)鸟的飞行:主动,方向确定;

(2)球被投出去或抛掷物在空中的位移;

(3)蜜蜂:主动,方向不确定;

(4)云彩、雾、烟、味道:悬浮在空中,没有明显位移。

与空中位移相关的引申义可以从不同的基础义框架发展出

来,尤其以DRIFTING框架居多。其中第(4)种用法十分普遍,在已调查的语言中,几乎所有语言都有这类用法,如汉语"碧空中<u>漂</u><u>浮</u>着朵朵白云"。

3.无障碍地进入某个容器

与DRIFTING框架密切相关的引申义还有"无障碍地进入某个容器",这类用法的论元结构发生变化,增加一个表示处所(位移终点)的论元。比较典型的例子是"人漂进(走进)房间""刀漂入(刺入)人的身体"等。

印地语"bahnaa"、波兰语"płynąć"均有这样的引申用法。值得一提的是,来源于其他基础义框架的词也可能发展出这类引申义,如芬兰语的"purjehtia"(来自航行框架)和"uida"(覆盖游泳、漂浮和漂移三个框架)。

4.失去原来的形状

DRIFTING框架的引申义还有"失去原来的形状",这类用法里物体的一部分以另一部分为参照物而无障碍地位移。比如:"蜡烛漂了(融化了)""水洗后的画漂了(变得不清晰)""由于头晕眼前的风景漂起来了(看不清了)"等等。

跨语言中这类引申义很常见,如波斯语"šenāvar budan"、葡萄牙语"flutuar"、韩语"heyyem chita"、孟加拉语"bhasa"、保加利亚语"pluvam"、拉丁语"nare/natare"、德语"schwimmen"、俄语"plyt'"等。

5.失控后发生位移(具体和抽象)

"失控后发生位移"也是DRIFTING框架的常见引申义,这类用法凸显DRIFTING框架"不可控"的语义特征,比如:"路上很滑,车漂起来了(失去控制)""讨论的话题漂了(不可控地改变)""国家离民主越漂越远(进入不可控的发展阶段)"等等。

德语"driften"和"schwimmen"、日语"nagareru"、印地语"bahnaa"、芬兰语"lipua"均发展出这类引申义。

6.丢失、失踪

丢失某物是物体失控后自然引发的结果。因此,这类引申用法当为"5.失控后发生位移"的进一步引申。这类用法如:"手表、金钱漂了(不见了)""某人漂了(失踪了)"等。

跨语言中,韩语"ttuta"、旁遮普语"vah-"、科米语"kylavny"、日语"nagareru"均有这类引申义。

以上与DRIFTING框架相关的词义引申路径,用语义关联示意图可表示为:

图 3.9　DRIFTING 框架引申义

3.4.2.3　FLOATING 框架的引申义

FLOATING框架的情景特征为物体被动且相对静止地停留在液体表面。FLOATING框架的引申义,其主要引申依据是"不稳定""处于物体表面""显现于物体表面"。

1.不稳定(具体和抽象)

漂浮在水面的物体往往会晃动,给人不稳定的感觉。因此,FLOATING框架常常引申出"不稳定"的用法,例如:

"汇率浮动"(汇率不稳定)

"经济浮动"(经济不稳定)

"两国关系浮动"(关系不稳定)

英语"float"、葡萄牙语"flutuar"、波斯语"šenāvar budan"、芬兰语"uida"、拉丁语"fluctuare"、韩语"phyolyu hata"、汉语普通话"浮"都有这类引申义。

2. 某种精神显现在脸上或在眼里

这类引申用法的典型例句如：

"脸上浮着微笑"

"她的脸上泛着天真的表情"

"快乐、痛苦浮在眼里（时有时无）"

这里脸或眼睛被想象为里面包含液体的容器，将精神状态比作液体。液体表面不太平静跟来源框架"不稳定"的特点相关。

跨语言中，日语"ukabu"、印地语"tairnaa"，以及汉语普通话"浮""泛"均有类似的引申义。

3. 运动不规律、没有明确目标的位移

"运动不规律、没有明确目标的位移"，这类用法的引申依据为动词的基础义具有"在水中不定向位移（主动或被动皆可）"的语义特征，如："漂泊""漂荡""漂洋过海"等。

跨语言中，英语"drift"、印地语"bahnaa"、孟加拉语"bhasa"、日语"tadayou"和"nagareru"、芬兰语"ajelehtia"均有这类引申义。

以上与FLOATING框架相关的词义引申路径，用语义关联示意图可表示为：

图3.10 FLOATING框架引申义

此外，还有一种引申义跟物体在水中上下浮动相关，即"浮起来＞进入观察者的视线"。这类引申用法的典型例句如：

"从雾中或从黑暗中浮现的物体"
"被假象掩盖起来的矛盾逐渐浮出水面"
"脑海中浮现出的记忆"

孟加拉语"bhasa"、印地语"utraa-"、阿拉伯语"tafa"、格鲁吉亚语"a-mo-t'ivt'ivi"、汉语普通话"浮"等均有这类引申义。

传统上对词的引申义有这样一种共识，即词的引申义比基础义更加个性化，难以产生跨语言层面的系统性对应。水中运动动词引申义的跨语言研究，能在一定程度上改变这种认识。

水中运动动词的个案研究显示，词的引申义始终保留与基础义的关联，在引申过程中会保留基础义框架凸显的语义特征。正因如此，有些时候也可以通过引申用法来推测基础义框架可能存在的语义特征。

3.5 对汉语词汇研究的启示

汉语词汇研究旨在发掘汉语词汇自身的特点，以往主要在汉语语言学背景下展开。汉语词汇确有区别于其他语言词汇面貌的地方，但在范畴化、词化模式等抽象层面上，汉语又有符合语言共性之处。借鉴类型学视角考察汉语词汇，以丰富的跨语言数据为参照，有助于揭示汉语词汇的共相与殊相。下面举例介绍词汇类型学对汉语词汇研究的几点启示。

3.5.1 词汇类型学为语义特征分析提供新的依据

语义特征的分析是词汇语义学研究的基础。同义词辨析、词源探求、语义演变等词汇语义研究的经典问题，都离不开语义特征的分析。语义被包裹在语音的外壳内，具有不透明性。因此，语义特征的分析往往伴随一定的主观性。尽管研究者早已意识到问题所在,但如何摆脱语义分析的主观因素,迄今未能得到很好的解决。词汇类型学的考察基于跨语言的调查,一些规律性认识从语言事实中归纳出来,具有普遍共性并可彼此互证,可为语义特征分析提供一些比较客观的依据和具有参考意义的方法。

例如,汉语形容词中存在大量近义词,以往辨析语义相近的形容词主要以音节相同的词为对象,如"尖—细""尖利—锐利";对于单双音节近义词的区别("尖—尖利"),关注就很少。词汇类型学考察不同语言表达同一概念域的词汇手段,因此其视野不会局限于词的外在形式,"尖—细""尖利—锐利""尖—尖利"均在研究之列。由于词汇类型学尤其是 MLexT 在区分基础义和引申义方面有成熟的经验(参见本章3.4.2节),以它为视角观察汉语单双音节近义词的对立,能得到一些新的认识:一是基础义的义域广狭有别,单音节词通常比双音节词义域宽,搭配更丰富。双音节词的搭配比较专门,如"粗糙"(ROUGH)语义场的"毛糙"主要描述人造物,较少描述自然物,"坚硬"(HARD)语义场的"坚硬"与"硬"相比,搭配范围较窄。二是基础义与引申义用法分工有别。如"沉重"(HEAVY)语义场,单音节词"沉"基础义搭配丰富,可描述实际物体的重量,而"沉重"多用于引申义,主要描述抽象事物的重量。(李亮 2019:258)

再如,古汉语中表示跌倒义的词较为丰富,如"踣、仆、偃、僵、偾、毙、颠、蹶、蹎、跌"等。关于这组同义词的辨析,以往观点不一。有的认为差别在于跌倒时的方向,如"仆"是向前倒下,"偃"则向后倒下;有的又认为差别在于主体的性状,"仆"多表示大物、硬物,"偃"多用于小物、柔物;有的还从跌倒的原因和结果来分析,如"毙"强调倒地的原因,表示受伤害而倒下。"蹶、蹎"是摔跟头的动作,"跌、颠"是摔跟头的结果;还有观点认为落差的大小也是跌倒义词汇的区别特征,如"颠"表示人自高向低倒,强调落差大。

同义词辨析需要有丰富的语料支撑,没有充足的文献用例,词的语义特征和语法功能很难清晰地呈现。古汉语词汇语义研究常常受材料本身的限制。而文献资料,尤其是反映上古汉语的文献数量十分有限,所要考察的词在文献中常常只有寥寥数例,很难通过搭配及语境信息来提取词的语义特征。有些学者引用故训作为证据,但训释材料比较笼统、零散,又有一定的随意性。如《尔雅·释言》:"偾,僵也。"陆德明《经典释文》:"偾,仆也。"这些客观困难使得同义词辨析往往难以取得共识。

MLexT 的"坠落运动"项目,也包含对跌倒义词汇的考察。其研究成果表明,区别跌倒义动词的语义参数主要有主体的类型和跌倒的方向,如"人与非人的对立",当主体是非人的物体时,主体多为竖状物体,如旗杆、树、瓶子;当主体是人时,语义参数"方向"则发生作用,有的语言用不同的词区别人向前倒、向后倒和向侧倒的情况。以具有普遍意义的语义参数为参考,能够更为客观、准确地描写近义词"踣、仆、偃、僵、偾、毙、颠、毚、踬、跌"的对立。

3.5.2 词汇类型学有助于揭示语义演变的规律

语义演变既包含词的词汇语义的演变,也包括语法意义的语义演变。以往多将前者视为词义引申的研究,后者则纳入语法化的研究范围。举例来说,"掉"从"掉落"义发展出"减少"义,被视为词义的引申;当"掉"用在动词后,成为一个动作完成的标记时,则属于语法化的问题。如果从一个词自身的语义发展来看,这两个部分并非截然分明,语义演变是一个连续统。无论是词义引申还是语法化,它们都是语义演变过程中的一环。

语义演变是任意的还是有规律的?越来越多的研究表明语义演变是有规律的,跨语言(或跨时期)中存在反复出现的语义演变模式。不过这种认识多基于语法化成果而言,在词汇语义范围内,语义演变的规律性认识相对偏少。

类型学视角有助于揭示语义演变的规律。词汇类型学不仅侧重共时层面的跨语言比较,同时也关注历时层面的语义演变。词汇类型学研究通过大规模的跨语言调查,发现人类语言中存在许多反复出现的语义演变模式(参见本章 3.2.4 节)。需要注意的是,词汇类型学不将词汇语义演变和语法化现象人为地分开,而是从词自身的语义演变特点出发,完整呈现语义演变的路径。如 Viberg(2016)从打击义动词的跨语言比较中发现打击义动词多来源于手部动作词,而在跨语言中打击义动词常常发生语义泛化,进而演变为功能词或语法标记,如瑞典语"slå"、汉语"打"。

近年来国内学者也开始利用类型学的方法来表征词汇语义的演变路径,如张定(2016,2017),赵果、刘玉杰(2019),吴瑞东(2020)等,这些研究不同程度地揭示了词汇语义演变的规律。

3.5.3　词汇类型学为词汇历史演变研究提供新手段

汉语词汇演变的专门研究起步较晚,直至 20 世纪 80 年代才普遍展开。近年来,汉语词汇演变研究逐渐从微观走向宏观,以探索词汇演变的系统性为宗旨。

如何揭示词汇演变的系统性?蒋绍愚提出两条思路:一是以词为出发点;二是以概念域为出发点。对于词汇的历史演变研究来说,后者可能更为合适。过去对概念域的分析,主要靠经验式的归纳,研究中不好操作,主观性较强,难免言人人殊,"概念要素如何确定,有没有一套可行的、客观的操作方法?这是一个尚未解决的难题。"(蒋绍愚 2015:400)

词汇类型学的"定名学"研究即从义域范畴化的角度探寻词汇层面的内在规律与系统性,这一研究思路与当前汉语词汇史的研究趋势具有较高的一致性。词汇类型学对概念域的观察与认识,以客观语言事实为基础,通过样本丰富的跨语言调查得出。类型学研究能够比较有效地避免经验式自省带来的主观性。不仅如此,词汇类型学在语言样本的选择、数据的收集、归纳与分析等方面,逐步建立起一套比较成熟的研究范式,这也为汉语词汇的历史演变研究在方法和具体操作上提供良好的借鉴。

历史词汇研究的困难之一是语料受到较多限制。相比于词汇的历史演变研究,词汇类型学在材料和研究方法上占有优势。从理论上说,词汇类型学的语言样本和数据都是开放的。基于丰富数据的类型学认识,可在一定程度上弥补历史词汇研究在语料上的不足。

近年涌现了多篇借鉴词汇类型学视角考察汉语词汇演变的成果,如墙斯(2017、2019),贾燕子、吴福祥(2017),贾燕子(2019),高银美(2021)等。这些研究均选取国外词汇类型学已经取得成果的项目和类型学的理论框架为汉语词汇演变研究提供新的观察视角。例如墙斯的研究认为词汇系统大致包含三种类型的演变:一是概念域中语义框架词化策略的变化,二是概念域中主要成员在概念空间上覆盖范围的变化,三是概念域成员的替换变化。三类变化中,前两种直接影响到概念域结构的差异,属于"质"的变化。而概念域成员的增减替换,对概念域结构组织的格局面貌没有直接影响,实际上属于"量"的变化。因此,三类变化在词汇系统中的性质和地位不能等同。

这些探索性的研究初步证明,将词汇的跨语言比较与词汇的历史演变研究结合起来的研究思路是可行的;词汇类型学的视角和方法有助于将词汇历史演变描写、解释得更细致、深入,有助于发掘更多的演变规律。

3.6 小结

词汇类型学关注语言"把语义材料包装进词语的独特方式",是揭示词汇系统性、深入挖掘语言规律的重要学科分支。近二十多年来,词汇类型学研究取得显著进展。本章介绍了当前活跃于国外词汇类型学前沿的研究团队及其代表性成果,展现词汇类型学多样化的研究视角;重点评介了"莫斯科词汇类型学小组"(MLexT)的研究方法,通过该团队的经典项目"水中运动动词的跨语言调查",具体而深入地展示词汇类型学的理论框架与研究思路。词汇类型学方兴未艾,对于当前的汉语词汇研究,亦是启示良多,这些方面的研究仍然大有可为。

参考文献

Amberber, Mengistu (ed.) 2007. *The Language of Memory in a Crosslinguistic Perspective*. Amsterdam: John Benjamins.

Ameka, Felix K. and Stephen C. Levinson (eds.) 2007. The typology and semantics of locative predication: Posturals, positionals and other beasts. [Special Issue]. *Linguistics* 45(5).

Apresjan, Jurij D. 2000. *Systematic Lexicography*. Translated by Kevin Windle. Oxford: Oxford University Press.

Behrens, Leila and Sasse, H.-J. 1997. *Lexical typology: a programmatic sketch*. Arbeitspapier Nr. 30 (Neue Folge). Inst. für Sprachwissenschaft der Universität zu Köln.

Berlin, Brent and Paul Kay. 1969. *Basic Color Terms: Their Universality and Evolution*. Berkeley: University of California Press.

Brown C. 1976. General Principles of Human Anatomical Partonomy and Speculations on the Growth of Partonomic Nomenclature. *American Ethnologist* 3, pp. 400—424.

Bowerman, M. 1992. Topological relations pictures. Field Manual, 1, *Language and Cognition*.

Burenhult, N., Levinson, S. C. 2008. Language and landscape: A cross-linguistic perspective. *Language Sciences* 30(2/3), pp. 135—150.

Britsyn, Viktor M., Ekaterina V. Rakhilina, Tatiana I. Reznikova, and Galina M. Yavorska (eds.) 2009. *Koncept Boli v Tipologičeskom*

Osveščenii [The concept of PAIN in typological context]. Kiev: Dmitri Burago's Publishing House.

Bybee, J. L., and Dahl, Ö. 1989. The creation of tense and aspect systems in the languages of the world. *Studies in Language* 13, pp. 51—103.

Evans, Nicholas. 2010. Semantic typology. In Jae Jung Song (ed.) *The Oxford Handbook of Linguistic Typology*. Oxford, New York: Oxford University Press, pp. 504—533.

Fillmore, Charles J. 1976. Frame semantics and the nature of language. *Annals of the New York Academy of Sciences: Conference on the Origin and Development of Language and Speech* 280, pp. 20—32.

Fillmore, Charles J. 1982. Frame semantics. In *Linguistics in the Morning Calm* [The Linguistic Society of Korea]. Seoul: Hanshin Publishing Co, pp. 111—137.

François, Alexandre. 2008. Semantic maps and the typology of colexification: intertwining polysemous networks across languages. In Martine Vanhove (ed.) *From Polysemy to Semantic Change*, Amsterdam and Philadelphia: John Benjamins, pp. 163—215.

Gilad, Yoav, Victor Wiebe, Molly Przeworski, Doron Lancet, and Svante Paabo. 2004. Loss of olfactory receptor genes coincides with the acquisition of full trichromatic vision in Primates. *PLOS Biology* 2(1).

Gladkova, Anna N. 2010. *Russkaja Kul'turnaja Semantika: Ėmocii, Cennosti, Žiznennye Ustanovki*. [Russian Cultural Semantics: Emotions, Values, and Attitudes]. Moscow: Jazyki Slavjanskix Kul'tur.

Gladkova, Anna and Tatiana Larina. 2018. Anna wierzbicka, words and the world. *Russian Journal of Linguistics* 22 (3), pp. 499—520.

Goddard, Cliff and Anna Wierzbicka (eds.) 1994. *Semantic and Lexical Universals — Theory and Empirical Findings*. Amsterdam: John Benjamins.

Goddard, Cliff. 1998/2011. *Semantic Analysis: A Practical Introduction* (Second Edition). Oxford: Oxford University Press.

Goddard, Cliff (ed.) 2008. *Cross-Linguistic Semantics*. Amsterdam and Philadelphia: John Benjamins.

Greenberg, Joseph H. 1957. The nature and uses of linguistic typologies. *International Journal of American Linguistics* 23, pp. 68—77.

Haspelmath, M. 2003. The geometry of grammatical meaning: semantic maps and cross-linguistic comparison. In Tomasello M. (ed.) *The New Psychology of Language*, Vol. 2. Mahwah, NJ., pp. 211—242.

Kibrik, Alexandr E. 1992. Tipologija rodstvennyx jazykov: sinxronija i èvoljucija [Typology of genetically related languages: synchrony and evolution]. In Tatiana N. Mološnaja, Tatiana M. Nikolaeva, Lev N. Smirnov, and Anna F. Litvina (eds.) *Tipologičeskoe i sopostavitel'noe izučenie slavjanskix i balkanskix jazykov*. Moscow: ISB RAN.

Kibrik, Alexandr E. 1998. Does intragenetic typology make sense? In Winfried Boeder, Christoph Schroeder, Karl H. Wagner, and Wolfgang Wildgen (eds.) *Sprache in Raum und Zeit: In memoriam Johannes Bechert*, Bd. 2: Beiträge zur empirischen Sprachwissenschaft. Tübingen: Narr, pp. 61—68.

Kroeber A. 1952. Classificatory systems of relationship, *The Nature of Culture*. Chicago: University of Chicago Press.

Koch, Peter. 2001. Lexical typology from a cognitive and linguistic point of view. In Martin Haspelmath, Ekkehard König, Wulf Oesterreicher, and Wolfgang Raible (eds.) *Language Typology and Language Universals*, Vol. 2. Berlin and New York: Walter de Gruyter, pp. 1142—1178.

Kopecka, A., Narasimhan, B. (eds). 2012. *Events of Putting and Taking: A Crosslinguistic Perspective*. Amsterdam: Benjamins.

Koptjevskaja-Tamm, Maria. 2008. Approaching lexical typology. In Martine Vanhove (ed.) *From Polysemy to Semantic Change: Towards a Typology of Lexical Semantic Associations*. Amsterdam and Philadelphia: John Benjamins, pp. 3—52.

Koptjevskaja-Tamm, Maria, Dagmar Divjak, and Ekaterina V. Rakhilina. 2010. Aquamotion verbs in Slavic and Germanic: A case study in lexical typology. In Victoria Driagina-Hasko, and Renee Perelmutter (eds.) *New Approaches to Slavic Verbs of Motion*. Amsterdam and Philadelphia:

John Benjamins, pp. 315—341.

Koptjevskaja-Tamm, Maria, and Martine Vanhove (eds.) 2012. New directions in lexical typology. [Special Issue] *Linguistics* 50(3).

Koptjevskaja-Tamm, Maria. (ed.) 2015. *The Linguistics of Temperature*. Amsterdam and Philadelphia: John Benjamins.

Koptjevskaja-Tamm, Maria. 2016. "The lexical typology of semantic shifts": An introduction. In Päivi Juvonen and Maria Koptjevskaja-Tamm (eds.) *The Lexical Typology of Semantic Shifts*. Germany: De Gruyter, pp. 1—20.

Kruglyakova. V. A. 2010. *Semantika Glagolov Vrashcheniya v Tipologicheskoy Perspektive. Diss Kand. Fi Lol. Nauk* [*Semantics of rotation verbs in a typological perspective. PhD dissertation in phil. science*]. Moscow: Russian State University for Humanities.

Lander Y., Maisak T., Rakhilina E. 2012. *Verbs of Aqua-motion: Semantic Domains and Lexical Systems, Motion Encoding in Language and Space*. New York: Oxford University Press, pp. 67—83.

Lehrer, Adrienne. 1992. A theory of vocabulary structure: Retrospectives and prospectives. In Pütz, Manfred (ed.) *Thirty Years of Linguistic Evolution. Studies in Honour of René Dirvén on the Occasion of His Sixtieth Birthday*. Amsterdam: Benjamins, pp. 243—256.

Lehmann, Christian. 1990. Towards lexical typology. In William Croft, Keith Denning, and Suzanne Kemmer (eds.) *Studies in Typology and Diachrony: Papers Presented to Joseph H. Greenberg on his 75th Birthday*. Amsterdam: Benjamins, pp. 161—185.

List, Johann-Mattis, Thomas Mayer, Anselm Terhalle, and Matthias Urban. 2014. *CLICS: Database of Cross-linguistic Colexifications*. Marburg: Forschungszentrum Deutscher Sprachatlas (Version 1.0, online available at http://CLICS.lingpy.org, accessed on 2014—12—29).

Maisak, T. and Rakhilina, E. (eds.) 2007. *Glagoly Dviženija v Vode: Leksičeskaja Tipologija*[*Verbs of AQUA-Motion: a lexical typology*]. Moscow: Indrik.

Majid, Asifa, Nicholas J. Enfield, and Miriam van Staden (eds.) 2006. Parts of the body: Cross-linguistic categorization. [Special Issue]. *Language Sciences*, 28(2/3).

Majid, Asifa, and Melissa Bowerman (eds.) 2007. Cutting and breaking events: A crosslinguistic perspective. [Special Issue] *Cognitive Linguistics* 18(2).

Majid, Asifa, and Burenhult Niclas. 2014. Odors are expressible in language, as long as you speak the right language. *Cognition* 130(2), pp. 266—70.

Newman, John. (ed.) 1998. *The linguistics of giving. Studies in Typological Linguistics* 36. Amsterdam and Philadelphia: John Benjamins.

Newman, John. (ed.) 2002. *The linguistics of sitting, standing, and lying. Studies in Typological Linguistics* 51. Amsterdam and Philadelphia: John Benjamins.

Newman, John. (ed.) 2009. *The linguistics of eating and drinking. Studies in Typological Linguistics* 84. Amsterdam and Philadelphia: John Benjamins.

Olofsson, Jonas K. and Jay A. Gottfried. 2015. The muted sense: Neurocognitive limitations of olfactory language. *Trends in Cognitive Science* 19(6), pp. 314—321.

Peeters, Bert (eds.) 2006. *Semantic Primes and Universal Grammar: Empirical Evidence from the Romance Languages*. Amsterdam: John Benjamins.

Rakhilina, E. V. and Irina A. Prokofieva. 2004. Rodstvennye Jazyki Kak Ob'ekt Leksičeskoj Tipologii: Russkie i Pol'skie Glagoly Vraščenija [Genetically related languages in linguistic typology: Russian and Polish verbs of rotation]. *Voprosy jazykoznanija* 1, pp. 60—78.

Rakhilina, E. V. and Vladimir Plungian. 2007. O leksiko-semantičeskoj tipologii [On lexico-semantic typology]. In Timur Maisak and Ekaterina Rakhilina (eds.) *Glagoly Dviženija v Vode: Leksičeskaja Tipologija*.

[*Verbs of motion and location in water: Lexical typology.*] Moscow: Indrik, pp. 9—26.

Rakhilina, E. V., Reznikova T. I., Ryzhova D. A., Dmitrenko S. Yu. 2020. The typology of the verbs of falling. *Acta Linguistica Petropolitana*. Volume XVI.

Rakhilina Ekaterina, Tatiana Reznikova, and Daria Ryzhova(eds.) 2022. *The Typology of Physical Qualities*. Amsterdam: John Benjamins Publishing Company.

Rakhilina Ekaterina V., and Liliya Kholkina. 2019. 莫斯科词汇类型学研究介绍. 语言学论丛(第 59 辑),北京:商务印书馆.

Rakhilina Ekaterina and Reznikova Tatiana. 2016. A Frame-based methodology for lexicaltypology. In Päivi Juvonen and Maria Koptjevskaja-Tamm (eds.) *The Lexical Typology of Semantic Shifts*. Germany: De Gruyter, pp. 95—129.

Rakhilina E. V., J. Merle, and I. Kor Chahine. (eds.) 2017. *Verba Sonandi: Représentation Linguistique des Cris D'animaux*. Presses Universitaires de Provence.

Reznikova, T., Rakhilina, E. and Bonch-Osmolovskaya, A. 2012. Towards a typology of pain predicates. *Linguistics*. Volume 50, Issue 3, pp. 421—465.

Reznikova, T. I., A. S. Vyrenkova, B. V. Orekhov, and D. A. Ryzhova (eds.) 2015, E. V. Rakhilina (comp.). *Glagoly Zvukov Zhivotnykh: Tipologiya Metafor* [*Verbs of animal sounds: a typology of metaphors*]. Moscow: Yazyki slavyanskoy kultury.

Reznikova, Tatiana I., Ekaterina V. Rakhilina, and Anastasia A. Bonch-Osmolovskaya. 2012. Towards a typology of pain predicates. *Linguistics* 50 (3), pp. 421—465.

San Roque, Lila, Kobin H. Kendrick, Elisabeth Norcliffe, Penelope Brown, Rebecca Defina, Mark Dingemanse, Tyko Dirksmeyer, N. J. Enfield, Simeon Floyd, Jeremy Hammond, Giovanni Rossi, Sylvia Tufvesson, Saskia van Putten, and Asifa Majid. 2015. Vision verbs dominate in conversation across cultures, but the ranking of non-Visual verbs varies.

Cognitive Linguistics 26(1), pp. 31—60.

Shapiro M. M. 2015. Glagoly Kolebatelnogo Dvizheniya v Uralskikh Yazykakh (Na Materiale Fi Nskogo, Nenetskogo i Komi-zyryanskogo Yazykov): Semantika i Tipologiya [Verbs of oscillation in Uralic languages (data from Finnish, Nenets and Komi): semantics and typology]. *Uralo-altayskie issledovaniya*. No. 1 (16), pp. 29—52.

Urban, Matthias. 2009. 'Sun' and 'moon' in the Circum-Pacific language area. *Anthropological Linguistics* 51 (3/4), pp. 328—346.

Urban, Matthias. 2010. 'Sun' = 'Eye of the day': A linguistic pattern of Southeast Asia and Oceania. *Oceanic Linguistics* 49 (2), pp. 568—579.

Urban, Matthias. 2012. Analyzibility and semantic associations in referring expressions. *A Study in Comparative Lexicology*. Leiden: Leiden University PhD dissertation.

Vanhove, Martine. 2008. Semantic associations between sensory modalities, prehension and mental perceptions: A crosslinguistic perspective. In Martine Vanhove (ed.) *From Polysemy to Semantic Change: Towards a Typology of Lexical Semantic Associations*, Amsterdam and Philadelphia: John Benjamins, pp. 342—370.

Viberg, Åke. 1983. Verbs of perception: A typological study. *Linguistics* 21, pp. 123—162.

Viberg, Åke. 2016. Polysemy in action: The Swedish verb *slå* 'hit, strike, beat' in a crosslinguistic perspective. In Päivi Juvonen and Maria Koptjevskaja-Tamm (eds.) *The Lexical Typology of Semantic Shifts*, Germany: De Gruyter, pp. 177—222.

Wierzbicka, Anna. 1972. *Semantic Primitives*. Frankfurt (M): Athenäum.

Wierzbicka, Anna and Cliff Goddard. 2018. Talking about our bodies and their parts in Warlpiri. *Australian Journal of Linguistics* 38 (1), pp. 31—62.

Wnuk Ewelina, Rujiwan Laophairoj and Asifa Majid. 2020. Smell terms are not rara: A semantic investigation of odor vocabulary in Thai, *Linguistics* 58(4), pp. 937—966.

Zalizniak, Anna. 2008. A catalogue of semantic shifts: towards a typology of semantic derivation. In Martine Vanhove（ed.）*From Polysemy to Semantic Change*. *Amsterdam and Philadelphia*：John Benjamins，*pp*. 217－238.

Zalizniak，Anna，Maria Bulakh，Dmitry Ganenkov，Ilya Gruntov，Timur Maisak，and Maxim Russo. 2012. The catalogue of semantic shifts as a database for lexical semantic typology. In Maria Koptjevskaja-Tamm and Martine Vanhove（eds.）New directions in lexical typology.［Special issue］. *Linguistics* 50（3），pp. 633－669.

高银美(2021)词汇类型学视角下的汉语姿势类动词研究,博士学位论文,北京:北京大学。

贾燕子(2019)词汇类型学视域下汉语"硬"语义场的历史演变,《语文研究》,第4期。

贾燕子、吴福祥(2017)词汇类型学视角的汉语"吃""喝"类动词研究,《世界汉语教学》,第3期。

蒋绍愚(2007)打击义动词的词义分析,《中国语文》,第5期。

蒋绍愚(2015)《汉语历史词汇学概要》,北京:商务印书馆。

李　亮(Liliya Kholkina)(2019)《词汇类型学视角的汉语物理属性形容词研究》,上海:中西书局。

李炯英(2012)自然语义元语言理论的类型学研究取向,《南京邮电大学学报》(社会科学版),第4期。

墙　斯(2017)词汇类型学视角下汉语运动动词的历史演变研究——以三组运动动词为例,博士学位论文,北京:北京大学。

墙　斯(2019)词汇类型学视角下汉语水中运动动词的历史演变,《语言学论丛》(第59辑),北京:商务印书馆。

吴瑞东(2020)"躺卧"动词语义图研究,《语言研究》,第4期。

张　定(2016)"追逐"动词语义图,《当代语言学》,第1期。

张　定(2017)"穿戴"动词语义图,《当代语言学》,第4期。

赵　果、刘玉杰(2019)类型学视野下身体部件字转义的语义和语法考察,《语言学论丛》(第59辑),北京:商务印书馆。

（编写者:墙斯、李亮）

第四章 词类类型

本章主要介绍与词类有关的两个主要问题:(1)开放性词类类型学问题;(2)封闭性词类类型学问题。对这些问题的介绍主要依据 Schachter and Shopen(2007:1—60),本章中未注明出处的其他语种的例句也取自该文。

4.1 开放性词类

语言学中,尤其在语法学中,词类(part of speech)是指词在语法方面的类别。但是各种语言的语言学教科书对词类的划分总有些不同,甚至很难取得一致的意见。我们不妨先将语言的词类分为两大类:一类是先贤们说的开放类词,即在一定时间内数量不稳定的词,主要是通常所说的实词;另一类是所谓的封闭类词,即在一定时间内数量相对稳定的词,主要是功能性的词[①]。本节先讨论开放类词的类型学问题。

类型学中讨论词类系统主要有以下几个问题:

人类语言在词类系统上是否有普遍共性?或者说,哪些词类是所有语言都普遍存在的?每种语言在词类方面的差异主要在哪些方面?或者最容易在哪些方面表现出来?哪些词类是属于某些具体语言的?如果某些语言缺少某个词类,它是用什么方式来表达相同的语义的?词类系统和语言中的其他类型特征有什么

---

① 封闭类词不一定都是功能词,某些实词也是封闭的,典型的如代词,甚至有些语言的动词也是封闭的,如澳大利亚和巴布亚新几内亚境内的某些语言。

关系?

语言最重要的功能是交际,交际最重要的功能又是指称和陈述。从交际的必要性上来看,陈述是第一位的,指称是第二位的。可以假设,人类语言的产生是为了满足生产(最原始的是狩猎和采摘,而后才有农耕与畜牧)和生活的相互合作(传递有用信息——猎物和果实的方位,分配食物等)。因此,陈述成为第一需求。

我们还可以假设,人类语言系统的发展是从最简单的单音节(甚至只有一个元音,或者一个辅音和一个元音)开始的。所有的多音节和形态标志都是后来演化形成的。假定在最原始的状态,用一个单音节(如黑猩猩或大猩猩的发声行为)来表达一个最简单的陈述,那么这个单音节必然是陈述和指称的混合体,即,某物如何。至今在我们的生活中还有类似的单音节句,如普通话中的"狼!""车!"。这些独词句的功能并不单纯地用来指称对象,而是用来表达一个事件的。这一阶段其实仍然停留在动物交际的阶段。它们都是指称与陈述的混合体。可以说,早期人类语言并没有明确的词类,词类是后来才逐渐明确起来的。

随着人类语言的产生、丰富和发展,所用的词越来越多,慢慢有了分工,或者说,某些功能从原来的独词句中分离出来。但无论如何,人类语言陈述和指称这两大基本功能是最为重要的。那么,分离出来的到底是什么词类呢?是名词先分离出来,还是动词先分离出来?理论上有两种不同的假设。

第一种假设是,名词先分离出来,然后是动词。或者说,先有名词,后有动词。第二种假设是,动词先分离出来,然后是名词。也就是先有动词,后有名词。如果仅仅从理论上来推导,或许没有结论,因为各有道理。如果语言的历时过程已经无法考证,那么在共时平面上,就现有的语言来看,能否通过各种不同语言的词类格局来构拟人类语言的词类系统,包括词的发展历史概貌?

Hengeveld(1992)通过较大规模的语言调查发现,有的语言实词只有一个类，或者就是实词类，这种实词类通常也是混合类，大致包括了名词、动词和修饰词，例如 Tongan 语。还有一种情况，就是这种语言所有的实词都是动词，没有名词、形容词和方式副词（下简称"副词"），例如 Tuscarora 语。

如果一种语言的实词有两个词类的话，可能有两种情况：一种情况是动词和另一类混合词类（名词和修饰词），如 Quechua 语；另一种情况是动词和名词，实词内再无其他词类，如!Xù语。

如果一种语言的实词有三种词类，也有两种情况：一种是动词、名词和修饰词，如荷兰语；另一种是动词、名词和形容词（没有副词），如 Wambon 语。

如果一种语言的实词有四个词类，那么一定是动词、名词、形容词和副词，如英语。

Hengeveld(1992:69)将上面的语言分为三大类，像英语这样的四个词类都很清楚的作为一类，另外两类都是在分类上不足四个类别的，一类是较为柔性分类的，如 Quechua 语、荷兰语，另一类是较为刚性分类的，如 Tuscarora 语和 Wambon 语，见表 4.1 所示：

表 4.1 Hengeveld(1992)的语言分类

较柔性分类的语言	一个词类	名/动/形/副			Tongan 语
	两个词类	动	名/形/副		Quechua 语
	三个词类	动	名	形/副	荷兰语
较清晰分类的语言	四个词类	动	名	形	副	英语
较刚性分类的语言	三个词类	动	名	形	—	Wambon 语
	两个词类	动	名	—	—	!Xù语
	一个词类	动	—	—	—	Tuscarora 语

如果 Hengeveld 的调查和语料没有问题，那么可以据此推测到，人类语言最先产生出来的词，或者说最先明确作为一个词类的词，应该是动词，其次是名词，再次是形容词，最后是副词。由此，

它们之间构成了一个等级(Hengeveld 1992:68):

(1) 词类发生顺序:动词＞名词＞形容词＞副词

随着研究的进一步深入,Hengeveld and van Lier(2010)发现一些语言中的表现不严格符合上述预测,如匈牙利语中有一个可以无标记用于指称短语核心和指称短语修饰语的柔性词类,Kayardild语中有一个可无标记用于陈述短语核心和陈述短语修饰语的柔性词类,Garo语存在大量由动词词干重叠派生而来的方式副词,但却没有形容词词类等。Hengeveld and van Lier(2010:138)进一步修正了其原有的词类蕴含共性,将其调整为如下(2)—(4)的二维蕴含共性:

(2) 陈述 ⊂ 指称

解读为:

a. 如果一种语言有一个专门的词类用于指称短语的核心,那么一定也有一个专门的词类用于陈述短语的核心。即如果一种语言有名词,则必定有动词。b. 如果一种语言有一个柔性的词类用于指称短语的核心,那么一定也有一个柔性的或者专门的词类用于陈述短语的核心。即如果一种语言有名物词(nominal)或非动词(non-verb),则必定有动词或谓词。

(3) 核心 ⊂ 修饰语

解读为:

a. 如果一种语言有一个专门词类用于短语内的修饰语,那么一定也有一个专门词类用于这个短语的核心。即如果一种语言有副词,则必定有动词;有形容词,则必定有名词。b. 如果一种语言有一个柔性词类用于短语内的修饰语,那么,一定也有一个专门或柔性的词类用于这个短语的核心。也就是说,如果一种语言有修饰词或非动词,则必定有动词;有修饰词,则必定有名词。

(4) ((陈述/指称)⊂(核心/修饰语))

解读为:

如果一种语言有不同的词类(专门的或柔性的)分别用于任何短语中的核心和修饰语,则必定有不同的词类(专门的或柔性的)分别用于陈述短语和指称短语的核心。

柔性(flexible)系统的语言,词项的句法功能比较灵活,词项没有专门化。比如土耳其语的名词、形容词和副词实际上基本不加区分。例如下列土耳其语中的 güzel 分别作名词、形容词和副词(Hengeveld and Valstar 2010:5):

(5) güzel-im   (güzel 作名词)
    beauty-1POSS
    'my beauty'

(6) güzel   bir   köpek   (güzel 作形容词)
    beauty   ART   dog
    'a beautiful dog'

(7) Güzel   konuş-tu-ø.   (güzel 作副词)
    beauty   speak-PST.3SG
    'S/he spoke well.'

刚性(rigid)系统的语言词类都已经专门化,有固定的句法功能。比如 Garo 语有动词和名词,但是没有形容词和副词。其他语言中修饰词的功能,在 Garo 语中用其他形式表达。例如下面的例子(Hengeveld 2007:34):

(8) a. da'-r-an-gen.
       big-ITIVE[①]-FUT
       'It will get big.'
    b. da'-gipa man.de

[①] 该缩略符号表示反复体。

big-REL man

'the big man'

"da'r"在Garo语中表示"大",但这是一个动词,这一点可以从(8a)中看出来,"da'r"上带有典型的动词形态(反复体标志和将来时标志),但(8b)中需要修饰名词"男人",而Garo语中没有相应的形容词,因此只能在表示动词"da'r"的后面带上关系小句标志"-gipa",用这个小句来修饰"man",由此表示这个"man"是大的。

有人或许要问,没有名词只有动词的语言如何表达对象?例如怎么表达行为者(主语或施事)?在这样的语言中,通常在动词上加标志,如加人类标志来表达。例如Tuscarora语,如果动词上带"ka-"这样的非人类标志,那就相当于普通话中的"它";如果带"ra-"这样的标志,那就是指人。例如下面的例子:

(9) **ka**-teskr-ahs

NHUM[①]-stink-ASP[②]

'goat' ('It stinks.')

(10) **ra**-kwatihs

HUM-young

'boy' ('He is young.')

(11) **ra**-kwatihs   wa-hr-atkahto-ʔ   **ka**-teskr-ahs

HUM-young   PST-M-look.at-ASP   NHUM-stink-ASP

'The boy looked at the goat.'

('He is young, he looked at it, it stinks.')

(Mithun 1976:35、30,转引自 Hengeveld et al. 2004:536)

随着语料的不断扩大,2013年Hengeveld将以前构拟的词类系统进一步发展为下面的系统:

---

① NHUM表示非人类标志,HUM表示人类标志。

② 该缩略字符表示体标志。

表 4.2　根据词类分化方式的语言分类(Hengeveld 2013:37)

		陈述短语核心	指称短语核心	指称短语修饰语	陈述短语修饰语
较柔性分类的语言	1	实词			
	1/2	实词	非动词		
	2	动词	非动词		
	2/3	动词	非动词	修饰词	
	3	动词	名词	修饰词	
	3/4	动词	名词	修饰词	方式副词
较清晰分类的语言	4	动词	名词	形容词	方式副词
较刚性分类的语言	4/5	动词	名词	形容词	(方式副词)
	5	动词	名词	形容词	
	5/6	动词	名词	(形容词)	
	6	动词	名词		
	6/7	动词	(名词)		
	7	动词			

其实,在语言学史上,对名词和动词这样最基础的词类的认识,在语言学家眼里也并不是那么简单。学者间有不同的看法。Fries(1952)认为名词是人、物、地点的名。Lyons(1968:317—319)认为,虽然"名词是人、物、地点的名",但这个定义不能用来划分词类。另有学者如 Wierzbicka(2000)则采用一种所谓的"普遍范例"(universal exemplar)来划分词类,这个普遍范例就是所谓的"基本词汇",可以推测,这些词汇在所有语言中都有,例如在任何语言中都有"人"(person)和"事情"(thing)这样的名词,都有"做"(do)和"发生"(happen)这样的动词,因此,类似"人"和"事"的就叫名词,

类似"做"和"发生"的就叫动词。此外，Lyons(1977)、Croft(1984)、Givón(1984)、Hopper and Thompson(1984)、Dixon(1995)等都对词类的划分问题提出过不同的意见。

另有一种理论认为，所有的语言都有开放类的词和封闭类的词(Robins 1964:230)，开放类的成员原则上是无限的，随着时间和说话人的变化而变化，如名词、动词等。封闭类的成员数量少而且固定，对于某语言所有的说话人来说都是一致的，如代词、连词等。开放类和封闭类在不同语言中可能不完全相同。对英语来说，名词、动词、形容词和副词是开放类，但是对汉语这样的语言，副词的开放度就很有限。

无论如何，多数语言学家认同，名词更容易用来指称，充当句子的论元或论元的核心，如主语或宾语。名词也可以作谓语，作谓语时有些语言需要使用系动词，如英语、豪萨语等，而有些语言则不需要系动词，如汉语、他加禄语等。

名词可能的形态句法范畴有：格（主格、宾格等）、数（单数、复数、双数等）、类（形状、大小、颜色、动静、生命度、状况）或性（阴性、阳性、中性等）、有定性等。有关"格""数""性"的介绍详参本书第七章。这里对有定性略作说明，有定指的是听说双方均可确定其所指的对象，无定是说话者认为听话者不能确定其所指的对象。不少语言可通过特定的形态或功能词来表达该指称属性，如英语的有定性和无定性分别用"the"和"a/an"表达，希伯来语无定用零形式，有定用前置标志，分别如"ish"(a man)和"ha-ish"(the man)。

典型的动词一般用来陈述动作、过程或状态，典型功能是作谓语，充当小句的核心成分，但有些语言的动词也作论元，如他加禄语和汉语普通话。

与动词相关的语法范畴主要有时、体、式、情态、语态和极性

(包括肯定否定)等①。时指的是说话的时间与动作发生的参照时间的关系(参见本书 10.1 节)。体有两类,一类表示在参照时间点上事件的不同状态,另一类表示事件是否有边界(有界性和无界性)。式指的是说话者对情景或话语的态度(speaker's attitude),如现实(realis)与非现实(irrealis),直陈(indicative)与虚拟(subjunctive)等(详参本书第十章的介绍)。语态主要表达主语在行为中的角色,最常见的是主动和被动。除上述形态范畴之外,一些语言中动词还具有一致关系标志,如拉丁语的动词需与主语保持一致关系,Swahili 语的动词同时与主语和宾语保持一致关系,后者例子如:

(12) **wa**-ta-**ni**-uliza

they-future-I-ask

'they will ask me.'

(13) **ni**-ta-**wa**-uliza

I-future-they-ask

'I will ask them.'

系词是动词中较特殊的小类,在跨语言存在与否上具有差异。一些语言有系动词,如豪萨语,但也有些语言没有系动词,如他加禄语。

根据不同的标准,动词可以分为不同子类,如根据动词的及物性特征可将其分为及物动词、不及物动词和双及物动词等;根据所表动作是否动态进行可将其分为动态动词和静态动词;根据动词的自主性与否分为自主动词和非自主动词以及自动词和使动词;有的语言还可以根据动词本身所含的体意义分为完整体动词和非完整体动词等。

---

① 这当然并不绝对。一些语言,如 Mwotlap 语中,时、体、情态的形态标志也可以选择性出现在名词上,不过该语言中,动词需强制出现时体情态标志(详参 Velupillai 2012:125—126)。

虽然绝大多数语言都有名词和动词,但是并不是所有的语言都有形容词。语义上形容词是表示性质或特性意义的词,其典型功能是修饰名词。此外,形容词还可以作谓语。作谓语时,有的语言需用系动词(如英语),有的语言则不用(如 Ilocano 语和汉语普通话)。

依据修饰名词时功能的不同,形容词可以分为两类:限定性形容词(limiting adjective,如英语的"some"等)和描述性形容词(descriptive adjective)。一般而言,限定性形容词不是一个开放性词类。

与形容词相关的语法范畴是程度(degree),从传统区分上来看就是普通级-比较级-最高级。但该语义范畴在不同语言中的编码手段可能有别,有些语言可以通过形态表达,如英语,而有些语言则用词汇表达,如汉语("比他更聪明")。此外,有些语言中的形容词还需与其修饰的名词保持一致关系,若形容词作谓语则需与其主语名词保持一致关系。如拉丁语中形容词需与其所修饰的名词保持格、性和数的一致关系,如"Feminae **procerae** homines **proceros** amant ('lit. women tall men tall like' 'Tall women like tall men')",这里的"procerae"和"proceros"分别为形容词的阴性复数主格形式和阳性复数宾格形式。

不同语言中,是否具有独立的形容词词类以及形容词词类的规模大小可能具有较大的差异。一些语言中形容词是开放词类,如英语;有些语言形容词是封闭的,如 Igbo 语只有 8 个形容词,Swahili 语有 50 个形容词;还有些语言则完全没有形容词,如豪萨语。据 Velupillai(2012:127-128)对 200 种语言样本的研究,初步发现形容词词类的规模大小呈现出一定的谱系和区域差异,如其样本语言中印欧语系语言的形容词多是开放类,而尼日尔-刚果语系的语言形容词则多为封闭类。

类型学家 Dixon 通过跨语言研究,列出形容词七类普遍性的语义类别,也就是典型形容词:1. dimension(维度):big, small, long, tall, short, wide, deep;2. age(年龄):new, young, old;3. value(价值):good, bad, lovely, atrocious, perfect, proper;4. color(颜色):black, white, red;5. physical(物理属性):hard, soft, heavy, wet, rough, strong;6. speed(速度):fast, quick, slow;7. human propensity(人类倾向性,如情感心理等):jealous, happy, kind, clever, generous, cruel, proud。在这最常见的 7 类中,前 4 类最常见,后 3 类稍次之。Dixon 还发现,对于具有封闭形容词类的语言而言,在用名词还是用动词来编码特定的形容词语义范围时,同样存在一些倾向共性,如物理属性常常用动词表达,而人类习性常常用名词表达。但这仅仅是一种倾向,跨语言中不乏相反的情况,如豪萨语倾向于用名词而不是用动词来表达所有形容词词义,而 Bemba 语却倾向于用动词表达所有的形容词词义。换句话说,有些语言没有形容词,形容词的词义用动词表达,或者形容词与动词属于一个类别。相反,有些语言没有形容词,形容词的词义用名词表达,或者形容词与名词属于一个类别。

此外,在具有独立形容词词类的语言中,形容词的词类属性也常常呈现出近名或近动的特征。前者如英语,形容词可以无需任何标志直接修饰名词,但充当谓语时需添加系词;后者如汉语、日语等,形容词可以无需系词直接充当谓语,但在修饰名词时,需添加一定的定语标志。

作为一个词类,副词内部具有较大的异质性,功能也较为广泛,可以修饰名词以外的其他成分(如动词、形容词、副词、旁置词,甚至整个句子)。其中,修饰句子的副词通常表达说话人对整件事情的态度(如英语的"frankly"等);修饰动词或动词词组的副词通常表达时间(如普通话的"已经")、地点(如英语的"here")、方式(如英语的"quickly")、方向(如英语的"downwards")等;修饰形容词的副词通常表达程度(如普通话的"非常"等)。也有一些研究根据语义辖域的不同，将副词分为事件副词（event adverb）、命题副词（propositional adverb）和言语行为副词（speech-act oriented adverb）等（详参 Bisang 2011:300）。

许多语言的方式副词可通过能产的形态手段从形容词派生而来，如英语的"happily, nationally"等，再如法语中的方式副词、句副词和程度副词可以通过在形容词阴性单数形式上加"-ment"得到：

(14) lente**ment** 'slowly'（lente 'slow. 阴性单数'）

(15) malheureuse**ment** 'unfortunately'（malheureuse 'unfortunate. 阴性单数'）

(16) active**ment** 'actively'（active 'active. 阴性单数'）

跨语言看，副词词类的规模大小同样存有较大差异。有些语言的副词是个封闭词类，大部分副词意义需使用名词或形容词结构来表达。如阿拉伯语中副词是封闭词类，需通过名词或形容词的宾格形式表达大多数的副词意义：

(17) yoman (day. 宾格) 'daily'（yom 'day'）

(18) sariεan (swift. 宾格) 'swiftly'（sariε 'swift'）

再如他加禄语中不存在方式副词的子类，该语言中方式副词的语义常通过在形容词前加"nang"来表达：

(19) **nang** mabilis（nang 'quick'）'quickly'

(20) **nang** malakas（nang 'loud'）'loudly'

还有些语言的形容词可以直接修饰动词，表达方式副词的语义。如 Trique 语，该语言中形容词既可以修饰动词也可以修饰名词，汉语也基本如此。也有一些语言既没有独立的形容词词类，也没有独立的副词词类，而是使用状态动词来表达相应的功能，如日本的 Ainu 语（Velupillai 2012:131）。

在许多综合语中，副词的意义可以由动词的词缀表达。例如因纽特语中，许多表达副词意义的词缀可以放在动词词根和屈折词缀之间,如"-kasik"(不幸地)等。

4.2 封闭性词类

并非每一种语言都有开放类和封闭类的分别,有些语言的研究者声称其母语中没有封闭词类。不过,总体而言,叹词可能是最具普遍性的封闭类词。

一些学者认为封闭类词与语言形态类型间可能存在一定的关联,认为分析语中的封闭类词要比综合语中的封闭类词多。这是因为在综合语中许多用形态所表达的语法意义,在分析语中可能更多地依赖封闭类词(即我们常说的虚词)来表达。这或许是有道理的。形态上越复杂的语言,越少会出现封闭词类。如汉语这样的孤立语、分析语,由于屈折形态较少,所以相应地封闭类功能词就较为丰富。

封闭词类主要有以下几类:代词或代词形式,与名词相关的功能词(如冠词、量化词、类词),与动词相关的功能词(如助动词、动词小品词),连词,以及其他一些词(如语气词和叹词等)。

4.2.1 代词

代词主要包括以下几小类:

- 人称(personal)代词
- 反身(reflexive)代词
- 相互(reciprocal)代词
- 指示(demonstrative)代词
- 不定(indefinite)代词
- 关系(relative)代词
- 疑问(interrogative)代词

人称代词用来指称言谈中的角色,如说话人、听话人、语境中的其他人或物（汉语的"他、她、它"，英语的"he、him、she、her、it"等）。

虽然在许多语言中代词和名词的分布基本一致，但是有时它们也各有特点。比如英语中，人称代词直接作宾语必须紧跟在动词后面，而名词却不必如此，如"put it on——*put on it"和"put the hat on——put on the hat"。又比如法语，人称代词不论是直接宾语还是间接宾语都必须在动词前，但是普通名词作宾语主要在动词后。再比如他加禄语，人称代词充当的施事和话题成分常放在句子第一个成分之后，而其他名词充当的施事和话题则常在动词之后。这都体现了本书中常讨论到的"代词前置倾向"。

一些语言中，主语代词和宾语代词也可以用动词词缀来代替，如 Swahili 语和 Quechua 语。下面是 Quechua 语的例子：

(1) Maqa-**ma-nki**

　　 hit-**me-you**

　　 'You hit me.'

但有时候人称代词也会与动词中这些表示人称的词缀同时出现，这时候就表示强调，如：

(2) **Qam**　　　 **noqata**　　　 Maqa**manki**

　　 You　　　　 **me**　　　　 hit. me. you

　　 'You hit me.'

与例(1)中单用动词词缀形式相比，例(2)表示强调。

反身代词是主要用于句内回指的代词，如汉语的"张三喜欢（他）自己"中的"自己"。一些语言中的反身代词也表示强调，如汉语（"我自己做"）和英语（"He **himself** does it"），即反身代词与强调代词同形。但在很多语言中，反身代词与强调代词并不同形，如德语中反身代词是"sich"，强调代词是"selbst"。据 König and Siemund(2013)的考察，168 种样本语言中有 94 种（约占 56%）的反身代词和强调代词同形。

有些语言中,第一、第二人称代词可以直接当反身代词使用,而第三人称则必须区分反身和非反身形式。这也是类型学中常说的蕴含共性之一,即若一种语言的第一、二人称代词有反身形式,则它必有第三人称反身形式。但是,有第三人称反身形式,不一定必有第一、二人称的反身形式。

相互代词也表示同指关系,但这种关系表达相互动作。如英语中的"each other""one another"。因为相互与反身内在的语义相关性,相互代词和反身代词的关系也比较紧密,有些语言就用反身代词的重复表达相互意义,如 Akan 语:

(3) Wohuu　　**wɔn**　　**ho**　　**wɔn**　　**ho**
　　They. saw　**their**　**body**　**their**　**body**
　　'They saw each other.'

上面例子中的"wɔn ho"相当于一个反身代词"自己",如:

(4) Wohuu　　**wɔn**　　**ho**
　　They. saw　**their**　**body**
　　'They saw themselves.'

前一个例子中通过重复"wɔn ho"来表达相互义,也有一些语言中的反身代词可以直接表达相互义,如德语的"sich"。

指示代词是能够替代名词的具有指示功能的词,如英语中的"this""that",汉语中的"这""那"等。依据语义的不同,可以分为方所、个体、时间、方式、程度等小类。依据指示词内部的距离区分等级,可以有一分(即不区分距离远近)、二分、三分甚至四分的指示系统,其中以二分和三分系统最为常见。此外,有些语言中的指示代词和第三人称代词相同。

不定代词,如汉语中的"有的""某人""某些",英语中的"someone""anything"等。不少语言和汉语英语一样,不定代词由

两个或两个以上的语素组成,其中一个表达不定,一个表达"人""物""时间"等本体名词,如法语:

(5) quelq'un [quelqu' (some) + un (one)] 'someone'
(6) quelque chose [quelque (some) + chose (thing)] 'something'

其实,更为常见的是通过不定标志与疑问代词组合来构成不定代词,如俄语的"ktoto'某人'"即为疑问词"kto'谁'"与不定标志"to"的组合。Haspelmath(2013)的 326 种样本语言中,194 种语言(约占 59.5%)是基于疑问代词构成的,85 种(约占 26.1%)是基于泛指的本体名词构成的,只有 22 种语言(约占 6.7%)采用特殊独立的不定代词形式。

有些语言会有一个特定的形式表达不定主语,称为不定主语代词,如法语中的"on"、豪萨语中的"a"等。

关系代词指充当从句标志词、同时又在从句中充当一定角色的代词,如"the bike which he bought yesterday"中的"which"。跨语言看,核心名词在关系从句中的编码策略各有不同[如空位(gap)、关系代词、人称代词保留等]。据 Comrie and Kuteva(2013),主语关系化时,关系代词反而是跨语言不太常见的(166 种语言中只有 12 种,约占 7.2%),更多的语言是使用空位策略(125 种语言,占 75.3%)。

此外,疑问代词也是代词中的重要小类,是在特指疑问句中代替疑问对象的词语,如汉语的"什么、谁"等,文献中也常称为 wh-词。

代词本质上是一个功能词,它不仅可以代名词(pro-noun),还可以代动词(pro-verb)、代形容词(pro-adjective)、代副词(pro-adverb),甚至可以代句子(pro-sentence)、代小句(pro-clause),如指示代词中的"这儿"是代名词,"这么"则是代副词。在多数所见到的文献和语料样本中,代词是一个较为普遍的词类。它的内部功能及其分类,各种语言中代词的形式和功能的对应关系等均值得进一步研究。

4.2.2 与名词相关的功能词

与名词相关的功能词主要是角色标志词(role marker)、量化词(quantifier)、类词(classifier)、冠词(article)。

名词的角色标志词主要包括格标志词(case marker)、话语标志词(discourse marker),以及其他旁置词(adposition)。

格标志词表达名词词组的句法或语义功能,如日语中的主格标志"ga",他加禄语中标记施事的"ni"等。话语标志词表达名词词组的话语角色,例如话题标志(如日语的"wa")等。

如果语义角色标志词放在名词前面,就是前置词,例如汉语中的"把""用""在""从""向"。如果角色标志词放在名词后面,就是后置词,如汉语中的"中""里""下""上""一样""似的"等。此外,还有跨语言较为少见的中置词。据 Dryer(2013a)对旁置词与其名词短语位置关系的考察,1183 种样本语言中,576 种语言(约占48.7%)使用前置词,511 种语言(约占 43.2%)使用后置词,8 种语言(约占 0.7%)使用中置词,58 种语言(约占 4.9%)使用不止一种的旁置词。此外,还有 30 种语言(约占 2.5%)没有旁置词。

类型学家发现人类语言的基本语序与其选择前置词还是后置词有关。Greenberg(1963:62)发现,动词居前的语言常选择前置词,但动词居后的语言常使用后置词。而动词居中语言的选择就不那么清晰,大多数动词居中的语言会选择前置词,而也有相当一部分语言选择后置词。也有既有前置词又有后置词的情况,如汉语普通话。

功能上,除了表达格角色和话语角色之外,旁置词还可以表达位置关系,如英语中的"on""under""beside"等。

一些语言中也可能不具有角色标志词,而是通过语序或者词缀来实现相应的功能。如英语和汉语使用语序来区分主语和宾语,而拉丁语和 Warlpiri 语用格标志来区分二者。还有一些语言可以通过构式或语调等表达相应的名词角色功能,如一些语言中的焦点标志(如索马里语中的"baa"等),在其他语言中可能需要通过分裂结构、重音等(如英语)来表达。

　　类型学中很少有绝对的句法现象。一般认为,名词与动词的语义角色关系都会由名词所带的标志来表达。不过这也并非绝对,表达名词角色关系的标志也可能加在动词上。例如 Swahili 语的词缀"-i-",表达受益者(相当于 for):

(7) Ni-li-m-p-**i**-a　　　　　chakula　　mwanamke
　　I-PST-her-give-for-ø　　food　　　woman
　　'I gave food for the woman.'

动词上后附了一个标志"-i-",表示让对方受益。对比如下动词上没有"-i-"标志的结构,受益的意思就不凸显:

(8) Ni-li-m-p-a　　　　　　chakula　　mwanamke
　　I-PST-her-give-ø　　　food　　　woman
　　'I gave the woman food.'

　　量化词是许多语言名词所具有的功能词,主要表达名词的数量或范围。从语义角度,量化词可以分为全称量化词(universal quantifier)和部分量化词(existential quantifier),前者如汉语普通话和英语中的"所有、每、all、each"等,后者如汉语普通话和英语中的"一些、some、few"等。不同语言中量化词对其出现的句法语义环境要求不同,如一些语言如果名词是复数形式就需要有量化词组合,他加禄语就是如此。还有一些语言的量化词会随着名词语义特征的变化而变化,如 Akan 语的 Akuapem 方言,其量化词根据名词是否是人而分为两套:

(9) nnipa baanu (people two) 'two people'
(10) mmoa abien (animals two) 'two animals'

类词,在传统汉语语法中常常称为"量词",这很容易与我们上面讨论过的量化词相混。汉语中的"个""只""张""条"具有分类的性质,是类词。在不少语言中(如汉语),当一个名词被数词修饰的时候,句法上要求类词出现。

不同语言中类词的数量有所不同,一些语言的类词数量较大,比如泰语有60多种类词,但只有当数词表示少数确定的量的时候才加类词。有类词词类的语言要求所有的名词,至少是绝大多数名词在一定条件下需加类词。汉语是类词语言,英语不是类词语言。

有意思的是,在有些语言中一个名词可以接受几个不同类词的修饰,分别表达不同意义,如泰语:

(11) a. kluay sii **kreua**（banana four classifier）[①]

　　b. kluay sii **wii**（banana four classifier）

　　c. kluay sii **bai**（banana four classifier）

"kreua"表示"串"(一串上可以有若干束/把),"wii"表示"把"(一把上有若干根),"bai"相当于汉语的"根"或"只"。

名词前用什么类词通常是依据名词的特征,但是哪类名词使用哪类类词,界限和理据并不十分清晰。同一个名词或许有两种甚至更多的类词,如汉语中的"床单"可以用"条"也可以用"根"(吴方言)或"床"。各地方言的影响也是一个因素。类词的这种不确定现象似乎和某些印欧语系名词的性系统非常相似,如某些名词在某一语言中标记阴性而在另一个语言中标记为阳性(详参本书7.2节)。

冠词用于标示名词短语在有定、无定等方面的指称属性,如英语的有定冠词"the"和不定冠词"a/an"。此外,指示性形容词或修饰词通常与冠词具有句法语义上的一致性。句法上,二者常常形

---

① 该例为笔者调查。

成基本的互补分布,如英语的"*this the girl",但也有例外,希伯来语的定冠词和指示词可以共现,如"ha-ish ha-ze(the-man the-this)'this man'";语义上,指示性形容词或修饰词均用于指称指示。据Dryer(2013b)的统计,620种样本语言中,69种语言(约占11.1%)用指示词来表达定指。此外,从历时上看,指示词也是有定冠词的常见来源之一,如英语的"the"就来自指示词"that"。

有些语言的冠词和名词有一致关系,如德语的有定冠词要跟名词保持性、数、格的一致关系:

(12) der Mann (the/that-nominative-singular-masculine man)
    'the/that man'
(13) die Frau (the/that-nominative-singular-feminine woman)
    'the/that woman'
(14) das Buch (the/that-nominative-singular-neuter book)
    'the/that book'

有些语言没有冠词,而是用形态手段表达冠词的功能,如Yuma语:

(15) a. ʔa·ve-**va**-c(snake-**this**-nominative) 'this snake'
    b. ʔa·ve-**nʸ**-c(snake-**that**-nominative) 'that snake'
    c. ʔa·ve-**sa**-c (snake-**that**(distant)-nominative)
      'that (distant) snake'

有些语言还可以用语调表达名词的确定性与否,例如Bambara语中有定性的名词最后用低调结尾。

4.2.3 与动词相关的功能词

与动词相关的功能词主要有两类:助动词(auxiliarie)和动词小品词(verb particle)。先来看助动词。从跨语言角度看,助动词基本上是由动词发展来的,共时上仍有一部分语言(如汉语、英语等)

中的助动词可以分析为动词的小类。助动词出现的句子通常包含另一个词汇性的主要动词（main verb），以负载结构的语义内容，助动词则主要表达动词的时、体、情态、语态或极性等语法信息，如"**要放假了**""I **have** known""他**会**回来的""it **was** done""he **won't** go"等。在某些语言中，可以允许两个或两个以上的助动词并列出现，但是它们之间的顺序基本固定，如英语"He **must have been working**"。

Greenberg(1963)注意到，有屈折变化的助动词与动词之间的位置和其语言中其他语序之间有关系：助动词与动词的位置关系和动词及其宾语之间的位置关系倾向一致。这条规则可以简单表述为：凡 VO 语言，屈折变化的助动词倾向于在主要动词之前；凡 OV 语言，屈折变化的助动词倾向于在主要动词之后。

在表达某具体范畴时，有些语言可能既使用助动词也使用词缀或屈折形态。例如英语的时范畴中，用助动词"will"表达将来，用助动词的屈折形态 was、had 表达过去。

再来看动词小品词。这是没有屈折变化的一个封闭类，且需与某些动词共现，如英语中的"turn off"等。一般情况下，小品词有较为明确的意义，如指示方位或方向等；也有些小品词的意义是随动词变化而变化的，没有独立的意义，如"hurry **up**, break **down**"等。

汉语中与动词同现的小品词，传统语法称其为趋向动词的一部分，如"过**上**好日子""看**上**一个姑娘""拿**下**了对手""对**上**了眼""干**成**""**看来**"等。这些词的意义已经虚化，但结构上需要它们，否则结构或者意义都会发生很大的变化，甚至关系到结构的合格性。

不少语言的部分小品词也同时是旁置词，即所谓的"多功能词"，如汉语中的"上""下"。但也有一些语言中动词的小品词和旁置词完全不同。

从位置上看，小品词和动词并非必须紧紧相连，有时也可以分开。如英语：

(16) a. John looked two words **up**.
　　 b. John looked **up** two words.

4.2.4　连词及其他

大部分语言有连词,连词主要用来连接词、词组或小句,主要分为两大类:并列连词(coordinating conjunction)和从属连词(subordinating conjunction)。并列连词连接的两个成分句法等级相同(如"和,而,并,并且,或者,and,or,but"等)。从属连词连接的两个成分等级不同(如"虽然,但是,不但,而且,whether,that,although"等),其中一个成分处于从属地位。

虽然并列连词连接的两个成分地位相同,并列连词的句法位置在两个并列项之间也最合理,但是有许多证据表明,并列连词和某个成分的联系要比其与另一个成分的联系更紧密。例如在节律上,有的语言可以在连词前停顿,有的语言可以在连词后停顿。英语(如"and")和汉语(如"和")可以在连词之前停顿,因此可以看作前附的,而日语则在连词之后停顿,因此可以看作后附的。这种前附性或后附性与该语言使用前置词还是后置词的倾向是一致的。当然也与这种语言动词在宾语之前还是宾语之后的句法配置倾向保持一致。

有些语言的并列连词可以连接名词(词组)、动词(词组)、形容词(词组)、副词、介词、小句等,而有些语言的并列连词只能连接名词和名词词组,如日语和豪萨语。还有一些语言,连接句法性质不同的成分时,所用的并列连词也不同。基于跨语言的考察,Payne(1985:5)提出如下的连续统:小句—动词短语—形容词短语—介词短语—名词短语,即具体语言的某一并列连词形式通常用于该序列的某一连续区域。

此外,并列项之间逻辑关系如果不同,也可能会选择不同的并列连词,主要有合取并列词和析取并列词,前者如汉语的"和"、英语的"and"等,后者如汉语的"或者"、英语的"or"等。

英语中"and"和"with"分别表达两种不同的连接意义,在另一些语言中可能用同一个词表达,例如汉语的"跟",既可以是"with"的意思,也可以是"and"的意思。

只能用来连接名词性成分的并列连词大都是从前置词或后置词发展来的,如汉语的"跟"就是来源于前置词。

从属连词也有前置倾向或后置倾向。他加禄语中的从属连词有前置倾向,例如:

(17) Itinanong   ko   **kung**   nasaan   sila
     asked   I   COMP   where   they
     'I asked where they were.'

乌兹别克语中的从属连词则有后置倾向:

(18) Ula   Hasan   gayergæ   ketkæn   **dep**   suradɨ
     they   Hasan   where   went   COMP   asked
     'They asked where Hasan had gone.'

这同样与这种语言的基本语序为 VO 还是 OV,是用前置词还是用后置词相关。

从属连词的句法功能主要是标示补足语(即标句符,complementizer)、标示关系从句,或者标示状语从句。标句符如下句中的"that":

(19) I am afraid **that** I must leave.

从属连词标示关系从句与关系代词有所不同,关系代词在小句中充当成分,而从属连词则纯粹是一种连接词,连接两个小句,如豪萨语:

(20) Na   ga   mutumin   ***da***   ya   yi   aikin
　　 I.PFV   see   the man   REL   he.PFV   do   the work
　　 'I saw the man who did the work.'

这个例子中的"da"纯粹是一个关系连词，它不充当后面小句的任何成分。

有些语言没有关系连词，这些语言可能会使用特定的关系代词或关系动词来表达这种小句之间的关系。

从属关系连词介引的小句可能具有副词的功能，表达动词的时间、目的、结果等。一些语言中，状语从属句中的连词可以与主句中的另一个连词搭配使用，如普通话的"因为……所以……"，也有一些语言状语从属句中的连词须强制与主句中的连词搭配使用。此外，状语从属连词的位置跨语言也呈现一定的倾向，据Dryer(2013c)的统计，659种样本语言中，398种语言（约占60.4%）中的状语从属连词前置于小句，96种语言（约占14.6%）的后置于小句，还有8种语言（占1.2%）的状语从属连词位于从属句的内部。

叹词是跨语言普遍性最强的封闭词类，其典型功能是用于表达说话人的情感。作为一个完整的言语表达，一般情况下，它不与其他词发生句法组合关系，也不带任何形态标志。此外，其语音形式经常超越具体语言的音系组配规则，如英语的"psst!"(Velupillai 2012：149)，包括更常见的表示欢呼的"yay"和表示惊讶的"wow"等。

除上述词类外，封闭类词还包括系动词、强调标志（如汉语中的"是"作为系动词，同时还可以作为强调标志）、表示存在的动词（如汉语中的"在""有"等）、情态词（情态有多种小类，每个小类可能有相应的词，但不同的语言对情态的分类并不相同）、否定词（有针对动词否定的，有针对名词否定的，有针对不同时间否定的，不同语言有不同的类型）、礼貌标志（有些语言礼貌标志非常丰富而且复杂,有的语言则相对简单;有的语言有专门的词汇形式或形态句法手段,有的语言则只有迂回形式或复杂短语形式)[①]。

4.3 小结

词类是从语法功能角度分出的类,但语法功能的本质还是语义范畴。例如主语的本质是一个表述的对象或一个命题的主项,这个对象最自然的单位是名词。谓语则是对主语的表述,最自然的表述是动词或形容词。定语是对名词在属性方面的表述。人类语言最重要的功能是信息交流或表述。因此绝大部分语言都有动词,然后有名词,再然后有形容词和副词。这些词根据其发生的先后顺序形成等级序列,也自然形成由后向前的蕴含关系:有充当指称短语核心的词类,必定有充当陈述短语核心的词类;有充当短语修饰语的词类,就必定有充当短语核心的词类;有不同的词类分别充当任何短语的核心和修饰语,则必有不同的词类分别用于陈述短语和指称短语的核心。

名词、动词、形容词、副词在绝大部分语言中都是开放的,其成员的数量随时代的变更而增减。语言学中有"实词"和"虚词"(或功能词)的区分。开放类词和实词之间并无严格的对应关系。一般认为代词和数词是实词,但代词和数词在绝大多数语言中是封闭的类。因此,"实词—功能词"或许是更好的分类系统。

功能词是指在句法结构中表达特定语法功能的词。典型的如量化词、类词、冠词、格标志词、话语标志词、旁置词(旁置词又分为前置词和后置词,还有框式旁置词等)、助动词和连词等。

类型学的词类研究要追求的是,某类词的存在必然与系统内的哪些现象或对象相关,某类词的存在又必然与系统外的哪些现

[①] 此处的一些类别是从功能语义角度区分的,与之前介绍的词类可能有交叉,如不少语言中的情态词就是由助动词充当的。

象或对象相关。前者是对系统本身的解释,后者是对系统整体的解释。例如,前置词或后置词的存在必然与 VO 或 OV 语序相关,助动词前置于动词还是后置于动词与 VO 和 OV 语序相关。类似的还有很多有待深入研究的课题,例如量化词和类词的存在与哪些语法现象相关,冠词的前置和后置与哪些现象相关等等。

在某些功能词内部也还有很多问题值得研究,例如各种语言的介词、副词、连词都有精细程度不等的下位分类。这些小类之间应该存在等级蕴含关系,下一等级的小类的存在蕴含上一等级小类的存在。语言和语言之间的差别也体现在这些小类成员的数量和等级的深度上(包括名词、动词和形容词)。小类的多寡与等级的深度体现一种语言群体对世界的认知。揭示这种差别,将其与外部世界联系起来就能更好地解释为什么一种语言会呈现出某一特定的样态而不是另一种样态。此类相关的问题本书第三章已有介绍和讨论。所有这些问题的研究都有待学者们的进一步努力。

参考文献

Bisang, W. 2011. Word Classes. In J. J. Song (eds.) *The Oxford Handbook of Linguistic Typology*. Oxford: Oxford University Press.

Comrie, B. and Kuteva, T. 2013. Relativization on subjects. In M. S. Dryer and M. Haspelmath (eds.) *The World Atlas of Language Structures Online*. Leipzig: Max Planck Institute for Evolutionary Anthropology. (Available online at http://wals.info/chapter/122, accessed on 2024–01–02)

Croft, W. 1984. Semantic and pragmatic correlates to syntactic categories. In David Testen, Veena Mishra, and Joseph Drago (eds.) *Papers from the Parasession on Lexical Semantics*. Chicago: Chicago Linguistics Society, pp. 53–70.

Dixon, R. M. W. 1977. Where have all the adjectives gone? *Studies in*

Language 1, pp. 19—80.

Dixon, R. M. W. 1995. Complement clauses and complement strategies. In Frank R. Palmer (ed.) *Grammar and Meaning: Essays in Honour of Sir John Lyons*. Cambridge: Cambridge University Press, pp. 175—220.

Dryer, M. S. 2013a. Order of adposition and noun phrase. In M. S. Dryer and M. Haspelmath (eds.) *The World Atlas of Language Structures Online*. Leipzig: Max Planck Institute for Evolutionary Anthropology. (Available online at http://wals.info/chapter/85, accessed 2024—01—02.)

Dryer, M. S. 2013b. Definite articles. In M. S. Dryer and M. Haspelmath (eds.) *The World Atlas of Language Structures Online*. Leipzig: Max Planck Institute for Evolutionary Anthropology. (Available online at http://wals.info/chapter/37, accessed 2024—01—02.)

Dryer, M. S. 2013c. Order of adverbial subordinator and clause. In M. S. Dryer and M. Haspelmath (eds.) *The World Atlas of Language Structures Online*. Leipzig: Max Planck Institute for Evolutionary Anthropology. (Available online at http://wals.info/chapter/94, accessed 2024—01—02.)

Fries, C. 1952. *The Structure of English*. New York: Harcourt Brace.

Givón, T. 1984. *Syntax: A Functional-typological Introduction*. Vol. I. Amsterdam: John Benjamins.

Greenberg, J. H. 1963. Some universals of grammar with particular reference to the order of meaningful elements. In Greenberg, J. H. (ed.) *Universals of Language*. Cambridge: MIT Press, pp. 73—113.

Haspelmath, M. 2013. Indefinite pronouns. In M. S. Dryer and M. Haspelmath (eds.) *The World Atlas of Language Structures Online*. Leipzig: Max Planck Institute for Evolutionary Anthropology. (Available online at http://wals.info/chapter/46, accessed 2024—01—02.)

Hengeveld, K. 1992. *Parts of Speech. Layered Structure and Reference in a Functional Perspective*, pp. 29—55.

Hengeveld, K. 2007. Parts-of-speech systems and morphological types. *ACLC Working Papers* 2(1), pp. 31—48.

Hengeveld, K. 2013. Parts-of-speech systems as a basic typological determinant. In J. Rijkhoff and E. van Lier (eds.) *Flexible Word Classes: Typological Studies of Underspecified Parts of Speech*. Oxford: Oxford University Press, pp. 31—55.

Hengeveld, K., Rijkhoff, J. and Siewierska, A. 2004. Parts-of-speech systems and word order. *Linguistics* 40, pp. 527—570.

Hengeveld, K. and van Lier, Eva 2010. The implicational map of parts-of-speech. *Linguistic Discovery* 8(1), pp. 129—156.

Hengeveld, K. and Valstar, M. 2010. Parts-of-speech systems and lexical subclasses. *Linguistics in Amsterdam* 3—1, pp. 1—20.

Hopper, P. J. and Thompson, S. A. 1984. The discourse basis for lexical categories in universal grammar. *Language* 60, pp. 703—752.

König, E. and Siemund, P. 2013. Intensifiers and reflexive pronouns. In M. S. Dryer and M. Haspelmath (eds.) *The World Atlas of Language Structures Online*. Leipzig: Max Planck Institute for Evolutionary Anthropology. (Available online at http://wals.info/chapter/47, accessed on 2024—01—02.)

Koptjevskaja-Tamm, M., Vanhove, M. and Koch, P. 2007. Typological approaches to lexical semantics. *Linguistic Typology* 11 (1), pp. 159—186.

Koptjevskaja-Tamm, M. 2012. New directions in lexical typology. *Linguistics* 50(3), pp. 373—394.

Lyons, J. 1968. *Introduction to Theoretical Linguistics*. Cambridge: Cambridge University Press.

Lyons, J. 1977. *Semantics*. Cambridge: Cambridge University Press.

Mithun, M. 1976. *A Grammar of Tuscarora*. New York: Garland.

Payne, J. R. 1985. Complex phrases and complex sentences. In T. Shopen (ed.) *Language Typology and Syntactic Description*, Vol. II. Cambridge: Cambridge University Press.

Robins, R. H. 1964. *General Linguistics: An Introductory Survey*. London: Longmans Green and Co.

Schachter, P. and Shopen, T. 2007. Parts-of-speech systems. In Timothy Shopen (ed.) *Language Typology and Syntactic Description*, Vol. I (Second Edition). Cambridge: Cambridge University Press, pp. 1—60.

Velupillai, V. 2012. *An Introduction to Linguistic Typology*. Amsterdam: John Benjamins.

Wierzbicka, A. 2000. Lexical prototypes as a universal basis for cross-linguistic identification of parts of speech. In P. M. Vogel and B. Comrie (eds.) *Approaches to the Typology of Word Classes*. Berlin: Mouton de Gruyter, pp. 285—317.

（编写者：金立鑫、王芳）

第五章 基本论元配置类型[①]

语言的一个主要功能是表达事件,事件通常由事件运动的核心动词及事件的参与者名词/代词共同表达。对任何语言而言,一般的行为句都是由特定的动词加上与该动词相关的名词/代词论元构成的。在语序类型学中,以动词为参照点,观察与其关系最为密切的两个名词之间的关系,即通常所说的主语(S)、动词(V)、宾语(O),语序上有6种逻辑可能。实际上,用主语、宾语来概括所有语言中动词的论元,这种做法并不准确。人类语言句法结构中的基本论元与动词的组配关系并非用主语和宾语与动词之间的关系就能完全涵盖并准确解释。本章讨论动词与其基本论元之间的配置类型问题。这里以最常见的动词与其两个直接论元之间的关系为例进行分析。三个以上论元关系本质上可以简化为两论元问题。

5.1 基本论元的形态标志类型

一般地,动词无论从语义还是从句法角度,都可以大致上分出基本对应的两大类:及物的和不及物的。及物动词总有一个动作者,动作总要涉及另一个对象,因此及物动词一般总要跟两个名词发生语义和句法关系。不及物动词因为不涉及其他对象,因此语义和句法上也通常只跟一个名词发生句法关系。

[①] 罗天华先生为本章修改提出了很好的建议,特此致谢。

既然一个动词要分别与两个语义关系并不相同的名词发生语义和句法关系,根据语言的像似性原则,这两个与动词语义关系不同的名词就需要区别开来。尤其是当这两个名词都处在动词的同一边时,这种语义区别的需要更为明显。

可能正是出于这种像似性动因的驱动,大多数语言,尤其是名词处在动词同一边的语言,发展出了一套标志系统,用来标志与动词相关的这两个名词的语义角色。

我们前面说明过,动词有两种:一种是及物动词,需要与两个名词发生语义和句法关系,一个名词是行为者(一般为"施事"),另一个名词是动作涉及的对象(一般为"受事");一种是不及物动词,只需要与一个名词(一般为"当事")发生句法语义关系。这样,两种动词总共需要与施事、受事、当事这三种名词发生句法和语义关系。如果用特定的标志来区别这三种名词与动词的句法和语义关系,逻辑上的可能是:

i. 三标志方式:及物动词的两个名词分别用两种标志,不及物动词的名词用一种标志,施事、当事、受事分别用三种不同的标志;

ii. 两标志方式 1:及物动词的施事和不及物动词的当事合用同一种标志,及物动词的受事采用另一种标志;

iii. 两标志方式 2:及物动词的施事用一种标志,及物动词的受事和不及物动词的当事合用同一种标志;

iv. 两标志方式 3:及物动词的施事和及物动词的受事用同一种标志,不及物动词的当事用另一种标志;

v. 一标志方式:三种名词采用同一种标志。实际上就是不作区分。一标志方式本质上跟所有名词都不用标志是一样的。

我们可以用图形的方式将这五种标志方式展示出来:

(1) 施事、当事、受事三成分的格配置

第一种,三标志方式,全部区分：

第二种,两标志方式1：

第三种,两标志方式2：

第四种,两标志方式3：

第五种,三种名词用同一种标志,或者说全部不作区分：

逻辑上存在的现实中不一定存在,相反现实存在可能超出某种特定逻辑推导的结果。例如某些语言存在一种"活动模式"或"分裂模式",不及物动词的当事根据行为的主动性强弱分别归入施格和通格中(参见本书9.2.2节)。

在上面五种标志方式中,第四种标志方式尚无实证语言。第一种标志方式的语言比较少见,据 Dixon(1994:41),只有一些澳大利亚语言(如 Wangkumara、Galali)存在类似的现象。第五种标志方式只存在于某些语序严格的、无特定语法形态标志的名词短语。在某些语言中仅存在于某些特定的结构中,例如汉语处在主语位置上的名词是施事、受事还是当事,都没有形态标志。但如果我们将句法位置也看作一种形态或标志(尤其是 SVO 语言中动词前的位置和动词后的位置),将动词与名词的一致关系也看作一种标志,那么三种名词的不同功能毫无差别的语言也几乎不存在。"世界语言地图集"(WALS)第 98 章 A 统计了 190 种语言,认为其中有 98 种是这类无标记的中性语言,汉语就是其中一种。这完全是从狭义的形态标记角度来区分的。如果三种句法语义角色完全采用同一形式,这种句子必然无法解读。例如汉语(可以推广到其他97 种语言)则是通过广义形态(包括句法位置分布)来区分三种不同句法语义角色的。因此,真正意义上的中性语言是不存在的。

大量存在的标志方式是上面的第二种和第三种。

第二种标志方式的语言比较多,我们可以称其为"主宾格语言"。例如英语里的主语与动词之间还保留了一部分数和人称的一致关系,人称代词作及物动词和不及物动词的主语或者作及物动词的宾语都有相应的代词主宾格形式,不能用错。日语中的主格标志"ga"也同时标志及物动词的施事和不及物动词的主语,宾格标志"o"标志的是及物动词的宾语,因此日语也属于这种标志方式。

第三种标志方式对比较熟悉主宾格语言句法格局的人来说,有点费解。这种语言被称为施格语言(ergative languages),原因是它的施事成分有专门的形式标志,并与另两个句法成分〔及物动词的受事和不及物动词的当事——一般称之为"通格"(absolutive),本书将其称为"通语"〕形成对立。采用这种句法标志模式的语言有 Chukchi 语、Dyirbal 语、Basque 语以及藏语和因纽特语等至少三十几种语言(有关施格语言形态的详细介绍参看本书第9章9.2—9.3)。

整体上看,论元与动词之间的标志模式常见的有两种类型,一种是主宾格模式,一种是施通格模式。主宾格语言的主格(成分)抽象了及物动词的施事和不及物动词的主语,宾格则对应及物动词的受事宾语。施通格语言的通格(即本书下面所说的"通语")抽象了不及物动词的当事和及物动词的受事,施格(即"施语")对应的是及物动词的施事。

我们根据Dixon(1979:61)将主宾格和施通格语言的句法配置修改为下面的图表,或许更接近这两种语言的真相:

(2) 主宾格系统和施通格系统

主宾格语言系统　　　施通格语言系统

在主宾格语言中,主语通常有话题性质,多数情况下,主语就是话题语。有主语没有宾语的情况很常见。或者说,一个句子有主语不必有宾语,但如果有宾语一定有主语(包括主语省略或主语用零形式)。也就是说,S+V(主语+谓语)是常见结构。一个句子的施事或不及物动词的主语作句子的主语,属于常态结构配置。如果动词的受事作了句子的主语,那就是非常态结构配置,通常要将其处理为"被动句"或"话题句"。换句话说,被动句或话题句是将原来的受事宾语提升为句子的主语。

但是在施通格语言中,通语通常有话题性质,多数情况下通语和动词就构成一个常见的句法结构。如果一个及物动词的受事与这个动词构成一个"通语+动词"的句子,也不会被认为是"被动句"。因为在施通格语言中,这是一种最常见的句法配置。

但是,在施通格语言中有一种所谓的"逆被动"(antipassive)句法操作现象。先看下面的 Chukchi 语例子(Kozinsky et al. 1988:652):

(3) ʔaaček-a   kimitʔ-ən   ne-nlʔetet-ən
    youth-ERG   load-ABS   3PL. SUBJ-carry-AOR. 3SG. OBJ
    'The young men carried away the/a load.'(trans)

这个句子第一个成分是施事(带施格标志"-a"),第二个成分是通语(带通格标志"-ən"),第三个成分是动词,动词上标志了施语是个复数名词(PL)、动词本身是不定过去时(AOR),以及通语是个第三人称单数形式。如果对这个句子进行逆被动操作,就可以得到:

(4) ʔaaček-ət   ine-nlʔetet-gʔe-t   kimitʔ-e
    youth-ABS   ANTIP-carry-AOR. 3SG. SUBJ-PL   load-INSTRU
    'The young men carried away the/a load.'(anti)

句子的命题意义没有改变,但是"语态"和论元位置改变了。第一个成分"ʔaaček"本来带的是施格标志"-a",现在变成通格标志"-ət";原句中第二个成分是通语"kimitʔ",现在第二个成分是动词"ine-nlʔetet-gʔe-t",动词上有逆被动标志"ine";第三个成分是"kimitʔ",原句中带通格标志"-ət",现在却带上了工具标志"-e"。

也就是说,逆被动操作将原来句子中的施事变成了通语(或者说降低了施语的地位),降低了它的施事性,而原来的通语再降格为旁语①。

可以这么说,主宾格语言的被动句是将原来句子的宾语"升格"为句子的主语,将原来句子的主语"降格"为旁格的句法操作,而施通格语言中的逆被动是把原来句子中的施语"降格"为通语,再将原来的通语"降格"为旁格的句法操作。如果我们把被动理解

---

① 这里的"降格"也有学者称为"升格"。看问题的角度不同。旁语是主语和宾语之外的其他名词性成分,通常是动词的对象、受益者等语义角色。如果句子的施事或受事由于其他句法操作不担任句子中的主语或宾语,通常情况下都变为旁格成分。

为宾语的升格行为,那么逆被动就是将施语降格的行为。被动和逆被动操作都是降低施事的行为性:主宾格语言将原来的施事变成旁格,施通格语言将原来的施事变成通格。

5.2　与动词相关的名词性成分的形态蕴含共性

与动词相关的名词性成分主要是主语、宾语、旁语等句法成分。这些成分在句子中表示不同的句法角色,根据像似性原则,它们的身份最好都能通过一定的形式表达出来。最直接的方法便是给它们添加不同的形式标志,以示区别。这种区别无论是在主宾格语言中还是在施通格语言中都是需要的。本节讨论这些名词性成分在使用和不使用直接的形态标志这个问题上,是否存在蕴含共性。

在名词是否使用形态标志来标志自己的语义角色时,主宾格语言中存在下面四种现象:

i. 主语、宾语、旁语[①]都用标志
ii. 主语不用标志,宾语和旁语使用标志
iii. 主语和宾语不使用标志,旁语使用标志
iv. 主语、宾语、旁语都不使用标志

主语、宾语、旁语都使用形态标志的,例如拉脱维亚语中"秋天"有三种形态标志:

(1)　ruden-**s**　　　ruden-**i**　　　ruden-**im**（秋天）
　　　主语标志　　　宾语标志　　　旁语标志

主语不使用标志,但宾语和旁语使用形态标志的,如匈牙利语中的"人/男人"有两种形态标志:

---

① 本书这里用"旁语"表示旁格成分。

(2) ember-ø   ember-**t**   ember-**nek**（人/男人）
　　 主语无标 　　　宾语标志 　　　旁语标志

主语和宾语不使用形态标志，旁语使用标志的，如大南巴斯语（Big Nambas）的"人"：

(3) ødui   ødui   **a**dui（人）
　　 主语无标 　　宾语无标 　　旁语标志

英语和汉语普通话，句子的主语和宾语都没有形态标志，但旁语成分多数都要用介词来标引。

三种成分都不使用标志的情况或许只是某种语言中的一些个别现象。例如汉语普通话的例子：

(4) 张三毛笔写字，钢笔画画。

主语"张三"，宾语"字"和旁语"毛笔"都没有标志。

从上面的四种现象中很容易抽象出一条蕴含共性：

(5) 如果一个语言的主语有标志，则它的宾语也有标志；如果宾语有标志，那么旁语也有标志。

将这条蕴含共性进一步形式化就可以得到一个连续蕴含式：

(6) 主语有标志⊃宾语有标志⊃旁语有标志

我们知道，有些动词是所谓的"双宾语动词"，带有"直接宾语"和"间接宾语"。在形态标志的需要度上，间接宾语比直接宾语更需要标志。现在将直接宾语和间接宾语加入上面的连续蕴含式中就能得到：

(7) 主语⊃直接宾语 ⊃间接宾语⊃旁语

这就是主宾格语言与动词相关的名词性成分在形态标志使用上的蕴含共性。如果根据形态标志的需求度的高低来排列，上面的蕴含等级就要颠倒过来，即，越左边的成分越需要标志，越右边的成分越不需要标志：

(8) 旁语＞间接宾语＞直接宾语＞主语

这是形态标志需求度等级。

上面是主宾格语言中与动词相关的名词性成分在使用形态标志上的类型学共性。下面讨论施通格语言中名词性成分在使用形态标志上的问题。

语言学家们通过调查同样发现一个很有意思的现象，在施通格语言中，也存在类似的名词使用形态标志的现象。

i. 通语、施语都使用标志
ii. 通语不使用标志，施语使用标志
iii. 旁语使用标志，通语不使用标志

施语和通语都使用标志的语言，如 Basque 语：

(9) gizon-**ak** mutil-**a** ikusi du
　　 man-ERG boy-ABS saw
　　 'The man saw the boy.'

通语不使用标志，施语用标志的语言，如高加索 Avar 语 (Anderson 1976:4)：

(10) vas　v-eker-ula
　　　 boy　M-run-PRES
　　　 'The boy runs.'

这个例子中的通语成分"vas"（男孩）上没有任何标志，但是动词"eker"（跑）前面有一个阳性标志"v-"，表示与通语的一致关系。再看下面例子：

(11) vas-**as**:　　 sisa　　 b-ek-ana
　　　 boy-ERG　 bottle　 N-break-PAST
　　　 'The boy broke the bottle.'

例(10)中的"vas"(男孩)是通语,没有标志,但是在例(11)中"vas"(男孩)是施语,所以后面有个施格标志"-asː",但是这个句子中的通语"sisa"(瓶子)上没有任何标志。再看下面的例子(Van and Robert 1981):

(12) buwa-**mu**　　　b-**ez**　　dit'a-b-**u**　　x̥ₒalli-ø　　a-b-u
　　 mother-ERG-3SG　1SG.DAT　early-3SG　bread-3-ABS　bake-IIISG-PAST
　　 'Mother baked me the bread early'.

这个例句中"buwa"(妈妈)带施格标志"-mu",但是"x̥ₒalli"(面包)通格没有标志,而"我"带了旁格(与格)标志。也就是通格没有标志,施格和旁格有标志。

根据上面这些现象,语言学家推测,旁格在施通格语言中应该比施格更需要标志。因此也会存在与主宾格语言类似的蕴含共性,即:

(13) 通语⊃施语⊃旁语

如果通语有标志,则施语一定有标志;如果施语有标志,则旁语也一定有标志。如果从标志的需要度上来排列,则这个顺序颠倒过来就可以。

以上介绍的是主宾格语言和施通格语言在名词性成分上的形态标记共性。

名词的论元成分与动词之间还有另一种标志方式,那就是一致关系。语言学家发现,在一致关系上,总是先满足主语,其次是直接宾语,然后是间接宾语,最后才是旁语。也就是存在下面一个名词与动词之间的一致关系的需要强度等级:

(14) 主语＞直接宾语＞间接宾语＞旁语

将这个一致关系需要强度等级转变为一致关系蕴含共性,那就颠倒过来:

(15) 旁语⊃间接宾语⊃直接宾语⊃主语

名词的格标志和与动词的一致关系正好相反,这是一个很有意思的现象。这个现象也许可以这样解释:首先看主语、动词和宾语,其中主语(所指的施事)影响到动作,而动作影响到宾语。受到影响的一方就相应地在编码形式上有所变化,因此导致动词跟主语的一致,宾语的形态变化采取宾格形式,也是受影响的成分被编码。这属于一种像似性。其次,这也是经济性原则的作用:既然主语跟动词的关系已经落实在动词一致上了,主语就不必再有形式变化(采取零编码);动词跟宾语的关系也如此,既然关系标志已经落实为宾语上的宾格编码,动词就不必再带跟宾语的一致的形式标志了。还可以从另一个角度看经济性,既然主语和通语的出现率高于宾语和施事,主语和通语更容易采取零编码。宾语和施语跟旁语虽然都有形态标志,但是标志度(编码形式的复杂度、凸显度)是不同的。旁语的标志度通常高于宾语和施语,也是因为宾语的出现有一定强制性,而旁语不是。

5.3 句法主宾格和句法施通格

前面两个小节我们讨论的是通过语法形态标志来标志两种不同论元结构配置的语言:一种是主宾格语言,主语和宾语对立,宾语倾向于用标志,主语倾向不用标志;一种是施通格语言,施语和通语对立,施语倾向于用标志,通语倾向不用标志。

从范畴论角度看,人类语言的某些范畴是普遍存在的,例如在一个事件中,行为的控制者或行为者、行为的主体、行为涉及的对象,这些范畴在人类的概念系统中普遍存在。这些范畴在语言中的表现形式可以多样。形态标志是表达这些范畴小类的手段,但是除了形态标志之外,人类语言同样可以通过句法分布或句法位置来表现这类范畴。

语法形态的丰富性与语序或句法位置的强制性成反比关系，也就是说，形态越丰富的语言，语序或句法位置的强制性越弱，句法位置越自由；形态越少的语言，句法位置的强制性越高。这其实也说明，句法位置与语法形态之间是一种互补关系。句法位置具有表达范畴的功能，因此句法位置也是一种形态，或称广义形态。

用广义形态的眼光来看人类语言，主宾格句法配置和施通格句法配置就不仅仅是形态上的分类，而是更一般的句法论元与动词之间的配置关系。

在前面所讨论的主宾格语言中，"主语"主要涵盖的是及物动词的施事和不及物动词的当事，"宾语"主要指的是及物动词涉及的受事。在施通格语言中，"通语"主要涵盖的是及物动词的受事和不及物动词的当事。"施语"就是及物动词的施事。它们在形态丰富的语言中都有特定的形态标志。那么，在形态匮乏的语言中，是否也有着类似的句法配置？

在典型的分析语中，如英语和汉语，几乎所有人都公认有主语和宾语的区分，尽管这两种语言并不存在形态上的主格和宾格标志。它们是通过典型的句法位置来区别或标志主语和宾语的。例如：

(1) 张三打了李四。　　李四打了张三。
(2) John hit Mary.　　Mary hit John.

上面的例子中，两个"李四"两个"Mary"并没有附带任何形态标志，但是它们各自的句法位置让所有母语者明确理解它们是完全不同的句法角色，前一个是受事宾语，后一个是施事主语。因此，句法位置与形态标志是互补的两种语法手段。它们有相同的句法功能。从句法功能角度看综合语和分析语，形态手段和语序手段本质上是一致的。

类似英语和汉语这样的不用形态而是用句法分布来表达主宾格句法配置的，我们称其为句法主宾格配置，它们本质上与形态主宾格一致，如上面例(1)和例(2)。

下面讨论句法施通格配置。

从5.1节中介绍的形态施通格中我们看到,通语主要涵盖的是及物动词的受事和不及物动词的当事。这两种成分如果用形态来标记,用的是相同的形态标志。换句话说,主宾格语言中的及物动词的宾语和不及物动词的主语是同一类句法成分,二者没有句法区别,有相同的句法功能。那么,这种现象是否可以通过句法分布的形式来表达呢?请看下面的例子:

(3) a. 北京队打败了上海队。
　　 b. 上海队打败了。

例(3)中的"上海队"在(3a)中作动词的受事宾语,在(3b)中作不及物动词的当事。同一个成分既可以作同一个动词的受事,又可以作这个动词的当事,如果在形态施通格语言中,这两个"上海队"应该用通格形态来标记。但是在句法位置作为一种形态手段的语言来说,句法位置就是功能标志:

$$\frac{X}{V} \quad \frac{V}{Y}$$

如果上面的 X 和 Y,是同一个句法角色,并且 X 是不及物动词当事,Y 是及物动词受事,二者的句法位置可以互换,也就是它们采用相同的编码方式。那么这里的"当事=受事"。这在形态施通格语言中,它们就都是通格成分。

同样的例子还有:

(4) a. 小张做好了作业。
　　 b. 作业做好了。

例(4)中的"作业"也是通语成分。用主宾格的眼光看它,它既可以是及物动词的宾语(4a),也可以是不及物动词的主语(4b)。

所以,类似例(3)(4)这样的句子,它的论元句法配置并不是一般的主宾格格局,而是通格的格局。"上海队""作业"在上面的例子中不是动词的宾语,而是通语。这一点在把例(3)和(4)中的"上海队"和"作业"统一起来解释时很有效,因为它们的句法角色并没有发生改变。

用句法施通格配置能解决许多以往传统语法解释不了的老大难问题,例如:

(5) a. 王冕死了父亲。

b. 王冕父亲死了。

(6) a. 台上坐着主席团。

b. 主席团坐在台上。

例(5)中的"父亲"、例(6)中的"主席团"都是通语。以往传统语法争论它们到底是主语还是宾语,结果陷入两难境地。而实际上判定它们是主语还是宾语这个问题本身就是个无解的伪问题。

以往之所以在这些问题上无法给出令人满意的解释,原因在于我们的眼界还不够宽,还不了解人类语言在论元配置上有多种格局,而且这些不同的格局可能存在于同一种语言中,因此只用一种格局的眼光来评判一种语言,难免陷入歧途。

实际上,不仅汉语普通话中存在主宾格和施通格两种论元句法配置并存的现象,很多语言都或多或少地存在这两种句法配置共存的现象。例如英语也有类似的施通格句法配置:

(7) a. John moved the rock.

b. The rock moved.

(8) a. John shattered the mirror.

b. The mirror shattered.

例(7)中的两个"rock"、例(8)中的两个"mirror"句法角色没有发生任何改变,它们如果在形态施通格语言中一定用同样的通格形态。但是在英语中,它们是通过两个不同的句法位置来表现的。因此,这里的"rock"和"mirror"并不是典型的宾语,而是通语。如果坚持它们是宾语,那么在解释 b 类例子的时候就会碰到理论系统上的麻烦。除非使主语和宾语这样的概念变成一种没有解释力的纯粹标签,比如将例(6a)中的"主席团"叫作宾语,(6b)中的"主席团"叫作主语。这样的主宾语就是没有任何解释力的标签。

我们再看汉语中更为典型的一个经典例句:

(9)鸡不吃了。

这里的"鸡"既可以理解为不及物动词的当事(行为者),也可以理解为及物动词的受事。也就是"受事和当事采用完全相同的句法编码"。这也是典型的通语具有的特征。类似的例子还有"老张可以批评"。这个例子中的"老张"也是通语,因为它既可以是当事,也可以是受事。

5.4 小结

基本论元指的是句法结构中与动词直接相关的直接论元,句法上如主语和宾语是动词的直接论元,也是句法结构中的基本论元。人类语言的基本论元与动词之间形成的不同组配模式是语言类型学中的重要参项。本章讨论了两种最常见的模式——主宾格模式和施通格模式。在主宾格模式中,语法中的主语主要包括及物动词的施事和不及物动词的当事(较为典型的主语),语法中的宾语则主要是及物动词的受事(典型的宾语)。而在施通格模式中,通格成分(可称其为"通语")包括不及物动词的当事和及物动词的受事,施格成分(可称其为"施语")仅对应于及物动词的施事。这是两种不同的论元配置模式。

与动词相关的这些论元成分在不同的语言中有不同的形态标志模式(参见本书 9.2.2 节),这些标志的使用存在蕴含共性,如果加进旁格成分(旁语),在主宾格语言中,其蕴含共性是:

主语⊃直接宾语⊃间接宾语⊃旁语

在上面的蕴含序列中,任何成分如果有形态标志,则它右边的成分倾向于有形态标志,反过来不一定。

这一蕴含序列也存在于施通格语言中:

通语⊃施语⊃旁语

从形态标注的需要度等级上看,右边的成分需要度等级高于其左边的成分。

上面的蕴含序列也可以用在一致关系上,但需要将"蕴含"序列改为"一致关系等级序列",如在主宾格语言中,一致关系需要度等级依次为:

主语＞直接宾语＞间接宾语＞旁语

语序实际上是一种形态手段。因此存在以语序为形态手段表达的句法主宾格和句法施通格。汉语普通话中同时并存主宾格句法模式和施通格句法模式,这主要与动词类型有关。区分句法主宾格和句法施通格可以较好地解决以往汉语语法研究中存在的一系列老大难问题(金立鑫、王红卫 2014,金立鑫 2017,金立鑫 2019,金立鑫 2020)。

参考文献

Anderson, S. R. 1976. On the notion of subject in ergative languages. In C. N. Li (ed.) *Subject and Topic*. New York: Academic Press, pp. 1—23.

Dixon, R. M. W. 1979. Ergativity. *Language* 55, pp. 59—138.

Dixon, R. M. W. 1994. *Ergativity*. Cambridge: Cambridge University Press.

Kozinsky Isaac, Nedjalkov Vladimir and Polinskaja Maria 1988. Antipassive in Chukchee. In Shibatani, Masayoshi (ed.) *Passive and Voice*. Amsterdam: John Benjamins, pp. 651—706.

Van Valin, R. D. and Robert, D. 1981. Grammatical relations in ergative languages. *Studies in Language* 5(3), pp. 361—394.

金立鑫(2017)汉语语法中的老大难问题与论元配置模式,邵敬敏等编著《语言学研究的多元视野:庆祝史有为教授八十华诞文集》,北京:商务印书馆。

金立鑫(2019)广义语法形态理论的解释力——对普通话语序类型与论元配置类型的描写与解释,《华东师范大学学报》(哲学社会科学版),第2期。

金立鑫(2020)施通格论元组配类型的逻辑分析,《北京第二外国语学院学报》,第6期。

金立鑫、王红卫(2014)动词类型和施格、通格及施语、通语,《外语教学与研究》,第1期。

(编写者:金立鑫)

第六章 语序类型

传统语言类型学注重形态分类,而当代语言类型学的奠基之作——*Some Universals of Grammar with Particular Reference to the Order of Meaningful Elements*(Greenberg 1963)讨论的是语序问题。可以说,语序研究始终占据着当代语言类型学的中心。

本章分为三大部分:第一部分(6.1)介绍有关语序的基本概念,第二部分(6.2—6.4)介绍名词短语、动词短语、从句等具体语序,第三部分(6.5)介绍语序现象的认知功能解释。

6.1 与语序相关的基本概念

6.1.1 语序与语序单位

类型学中的英文术语"word order",直译成汉语是词序,这一翻译并不准确。因为当代语言类型学并不仅仅关注词与词之间的语序,还关注短语与短语、小句与小句,以及词内成分之间的语序。Greenberg(1963)把语序单位称为"意义要素的顺序"(the order of meaningful elements),这个说法跟"成分顺序"(constituent order)一样,虽然概括性强,可以涵盖语素、词、短语、小句,但仍然算不上是操作性的定义,不够明确。

确定语序单位能够为语序研究提供极大的方便,是明确描写语序现象的前提。陆丙甫(1993,2006)、Lu(2001)把"语序单位"定义为"核心跟其所有从属语"。具体地说,动词短语中的语序单位是核心动词及其所有从属语(论元及状语,但排除了根据核心名词定位的"定语");名词短语中的语序单位是核心名词加上其所有定语;词内部的语序单位是词根及其各种词缀。这一定义符合语序研究中的实际情况,也符合人类信息处理的基本特征——语序单位数量受到人脑短时记忆的限度"7±2"的制约。因为按照这个语序单位的定义,组成任何一个语言结构体的语序单位都不会超过7个左右,这可以说是人类语言最基本的共性之一——人类语言结构受到人类在线信息处理限度的限制。陆丙甫把这种语序单位称为"块序"(chunk order)。

一个核心词加上若干跟它在语义上直接相关的从属成分,可以根据这些从属语跟核心词的语义距离远近差别构成一个以核心为原点的轨层结构。这样的轨层结构反映了一个语义空间。

6.1.2 语序与形态

语序与形态是人类语言中重要的语法形式,传统语言类型学向当代语言类型学的转变,很重要的一点就是从强调形态到强调语序。这种转换是有深刻原因的。

首先,并不是所有的语言都有形态变化,比如孤立语基本上没有形态变化,但语序是人类语言不可缺少的。这包括两个方面:一是在形态丰富的语言中,表示同一命题内容的句子的语序相当自由,但仍然有基本语序(或优势语序),即语序仍然起着很重要的作用;二是在形态不丰富的语言中,语序是极其重要的语法手段,譬如汉语。

其次,语序是语言历史演变中最稳定的性质。双语接触中的"借贷"(borrowing)现象可根据接触程度分为五个等级(Thomason and Kaufman 1988:74—76)。第一级是最浅的,只有非基本词汇被借。第二级中,旁置词(adposition)之外的一些语法虚词开始借入,语音、语法也有不同程度的借入。第三级中,旁置词开始被借入。第四级,语序借入,但本族语的语序类型仍然占优势。第五级,语法大量借入外来语序和句型,但是因为固有结构及表达结构的词还在,语言的整个系统没有彻底改变类型(转引自陆丙甫、罗彬彬2018)。由此可见,语序是语言转型的历史过程中最稳定、最基本的因素。描写和分析的理想程序是以稳定的基本因素为起点和参照标准,然后考察不稳定的非基本因素跟起点因素的相关性。

最后,语序是人类语言中最普遍的形式。根据从简单、普遍推导到复杂、特殊的程序,显然应该从语序去推导形态。另外,由语序出发可以将更多的形式特点联系起来。

6.1.3 基本语序

基本语序中的"基本"指两个方面。一方面,指小句基本成分S、V、O这三者的语序,区别于其他成分间的语序(PrN/NPr、AN/NA、GN/NG、RelN/NRel等);另一方面,当几个语序成分在一种语言中有多种排列的可能时,这一术语指其中最重要、最有代表性的语序,通常也是作为观察其他结构的参照语序,以区别该结构的其他可选语序,即"派生语序"。譬如在某种语言中,形容词既可以前置于名词(AN),也可以后置于名词(NA),但如果AN更自然、使用频率更高、受限更少,那么该语序相对于NA来说是基本语序。在英语中,我们发现存在OSV、VSO语序的句子,但这些句子都略显"特别",例如:

(1) Beans, I hate.
(2) Believe you me.
(3) Seymour sliced the salami.

直觉会告诉我们例(3)是基本语序。例(1)中存在语音停顿,并且出现在特定的话语情景中,譬如把"beans"与其他东西作对比时(I like peas, but beans I hate.)。假如没有任何特定的情景,例(2)听起来会觉得很突兀。因此,SVO是英语的基本语序。当可选语序不止一种,并且各种语序完全自由,语言表现基本上没有区别,例如英语中领属成分可以前置于核心名词(GN),也可以后置于名词(NG),没有充分的理由来判定哪一种更为基本。因此,我们可以认为英语的领属结构没有基本语序。

若一种语义结构有不同语序,且这些语序在该语言中有不同的表现和重要性,那么我们就面临如何判定基本语序的问题。一般而言,测试参项主要有三个:频率(frequency)、标记性(markedness)、语用中性(pragmatically neutral contexts)。这三个标准通常是一致的,出现频率最高的语序,一般就是无标记、语用最中性的语序。可以总结为:

频率标准:最高频出现的优先看作基本语序;
标记性标准:标记度最低的优先看作基本语序;
语用中性标准:没有特定语用功能、最可以脱离语境的语序优先看作基本语序。

但是也有相互冲突的情况,在 Yagua 语中,从形态标记性来说,它的基本语序是 VSO,而从频率以及语用中立的标准来说,它的基本语序是 SVO(Whaley 1997:103－104)。不过,面对复杂多变的语言材料,即使只从一个角度鉴别,工作量也可能不轻,如判断语用上何者更中性,就颇费思量。

6.2 名词短语语序

6.2.1 名词短语内部语序总体基本情况

名词短语相关语序大致包括:指示词与名词、数词与名词、形容词与名词、领有成分与名词、关系小句与名词、复数词与名词等。这些成分之间绝大部分只有两种语序可以选择,一是位于名词前,一是位于名词后。当然,有些语言会同时允许两种语序存在。譬如,在英语中,既存在领有成分前置于名词的领属结构,也存在后置于名词的领属结构。据目前的研究,有些从属语与名词之间的相对语序可以通过O、V之间的相对语序推测出来,即它们与OV/VO具有相关性。需要指出的是,这种相关性只是强弱之分,不存在绝对的相关。

名词短语中,从属语前置和后置的松紧度不一样。比如英语领属语可以前置也可以后置,但后置时一定要有标志,前置时则可有可无(rooms of students 和 student rooms)。再比如,形容词定语前置时,它跟核心名词之间不能插入程度副词等修饰语,而后置时可以(陆丙甫、应学凤2013):

(1) a. the clearly dominant candidates
  b. * the dominant clearly candidates
  c. the candidates clearly dominant
  d. the candidates dominant clearly(明显占优势的候选人)

据此,陆丙甫、应学凤(2013)将该现象抽象为:{名—定}组合中,以核心名词为静止坐标原点,定语的情况是节律上"前紧后松"而形态上"前少后多"。事实上,结合松紧可以看作距离远近的一个方面,结合越松散,可以说距离越远,因此就越需要带标示两者之间关系的标志。究其原因,陆、应文作了如下解释(以形容词与名词之间的相对语序为例):首先,在AN语序中,因可别度较低而有较大后置倾向的A前置于因可别度较高而有较大前置倾向的N,两股力就把AN压缩得很紧。NA语序则没有这个压力,结合就比较松散。其次,形容词后置时(NA),比前置时(AN),更具有谓语性质,而主谓结构是所有结构中最松散的。

在实际语料中,名词常有不止一个修饰语,譬如我们会说"大型自动电力洗衣机",但不会说"电力自动大型洗衣机"。这说明,多项定语之间的排序不是随机的,需要遵循一定的规则。我们以名词短语内部最基本的定语指示词、数词和形容词为例来阐述。

Hawkins(1983:120)发现:任何情况下,都不可能出现形容词前置于核心名词而指示词或数词却后置于名词的现象。换言之,指示词和数词都比形容词更应该前置于核心名词。如果指示词和形容词在名词的同一侧,在前在后的排列顺序并不相同。名词在后,基本语序就总是[DemAN];名词在前,那么[NDemA]和[NADem]都可能成为基本语序。可见,修饰成分在名词的左侧,那么它们之间的语序比较稳定,一般只有一种语序;修饰成分在名词的右侧,那么稳定性变弱,会出现多种语序。其实,这可以用6.5.2提到的"语义靠近原则"和"可别度领先原则"来解释。在名词的左侧,两条原则和谐共处,语序稳定。在名词的右侧,两条原则互相竞争,语序不够稳定。

6.2.2 指示词和名词

需要说明的是,指示词并不一定只是独立的词,也可能是附缀,如 Gude 语中(Hoskison 1983:45):

(2) a. zəmə-na　　　b. zəmə-ta
　　　food-this　　　 food-that.far
　　　'this food'　　　'that food (far)'

人类语言中,指示词与名词之间的语序类型大致有以下 6 种(数据来源于 WALS):

指示词前置于名词(DemN)	494
指示词后置于名词(NDem)	481
指示前缀	9
指示后缀	28
指示词同现于名词前后(DemNDem)	15
没有优势语序	59
总计	1086

前两种(DemN 和 NDem)比较常见。其实,后缀可以归入为 NDem 型,前缀归入 DemN 型。再看第 5 种类型,指示词(附缀)同时出现在名词前后,如 Milang(Tayeng 1976)、Nishi(Hamilton 1900) 和 Lai(Hay-Neave 1953)等语言中(转引自 Dryer 1992):

(3) yo   miu   yo
    this   boy   this
    'this boy'

(4) sa   mindui   sî
    here   buffalo   this
    'this buffalo'

(5) a. mah   lam   hi
       DEM   road   this
       'this road'
    b. mah   mipa   khi
       DEM   man   that
       'that man'

这三个例子有细微的差别:例(3)中,名词前后各有一个相同的独立的指示词;例(4)中,名词前后各有一个不同的指示词;例(5)中,名词前的指示词不变,后一个指示词根据距离的远近使用不同的指示词(近指或远指)。

在汉语中,近指"这"和远指"那"都前置于核心名词(这书、那山),英语中"this""that"也都前置于核心名词。但在有些语言中,近指和远指位置有别,比如在 Tigré 语中,近指前置于名词,远指后置于核心名词。

(6) a. ʔəllan   ʔamʕəlāt
       this. F. PL   days
       'these days'

b. ʔəb　　　　　laʔawkād　　　lahay
　　at　　　　　　time　　　　　that. M

'at that time'

NDem 与 DemN 在 OV 和 VO 语言中都比较普遍,换言之,NDem/DemN 与 VO/OV 之间的关联性不强。不过从已有的统计来看,不管是在 OV 语言中还是在 VO 语言中,DemN 都略微要普遍些,这是因为指示词的可别度高于名词。

6.2.3 数词和名词

我们知道,数词可分为基数词和序数词。在英语和汉语中,基数词和序数词都前置于名词,如:

　　four chairs　　　　四把椅子
　　the fourth chair　　第四把椅子

但在有些语言中,这两种不同类型的数词与名词的语序并不一样。比如在 Gude 语中,基数词后置于名词,而序数词前置于名词(Hoskison 1983)。

(7) a. Mbusə　　　　pu'
　　　pumpkin　　　ten
　　　N　　　　　　NUM

'ten pumpkins'

b. tufə-nə　　　　nga　　　tihinə
　　five-ORD　　　of　　　　horse
　　ORD　　　　　　　　　　　N

'the fifth horse'

蒋仁萍(2007)调查我国 112 种语言中序数词和基数词的分布,得到了如下一条蕴含共性:

一种语言中,如果序数词前置于名词,则基数词也前置于名词。

她的调查结果可以总结如表 6.1(由于有些语言的数词可前可后,统计时计为两种语序,因此语序总数超过 112 种):

表 6.1 我国 112 种语言中序数词和基数词的语序关系

序数词位置	基数词位置	
	基数词—名词	名词—基数词
名词—序数词	17	53
序数词—名词	62	0

绝大多数语言中,基数词和序数词的位置相对于名词来说,是一致的,或者都前置(62 种语言),或者都后置(53 种语言)。如果两者位置不一致的话,则一般是基数词前置而序数词后置(17 种语言)。当然,这也只是倾向共性,而非绝对共性,例(7)就是一个反例。

在人类语言中,数词(如不作特别说明,均指基数词)前置与后置于名词都比较普遍,但后置于名词略占优势(数据来源于 WALS)。另外,与动宾(V 与 O)语序没什么强关联,根据动宾之间的语序并不能准确推测出数词与名词之间的语序。

数词前置于名词(NumN)   430
数词后置于名词(NNum)   515
两种语序共存,没有优势语序   55

有些语言中两种语序都存在,但是它们意义上有区别。比如在 Nias 语中,数词前置于名词时,该名词被理解为不定的,数词后置于名词时,名词为定指,即[数词—名词]结构是不定的,[名词—数词]是有定的(Dryer 1992)。

(8) a. öfa   geu   m-baβi   s=afusi
       four   CLF   abs-pig   REL=white
       'four white pigs'
    b. baβi-ra   s=afusi   si=öfa   geu
       pig-3PL.POSS   REL=white   REL=four   CLF

'their four white pigs'

在一些语言中,数词内部也有区分,一些前置于名词,一些后置于名词,比如在埃及阿拉伯语中,数词1、2后置于名词,而大于2的数词前置于名词。

(9) a. binteen　　　ʔitneen
　　　girl.DU　　　two
　　　'two girls'
　　b. talat　　　　banaat
　　　three　　　　girl.PL
　　　'three girls'

在摩洛哥阿拉伯语中,只有数词1后置于名词,其余的数词前置于名词。

(10)　amra　　　　wehda
　　　woman　　　one.F
　　　'one woman'
　　　bžuž　　　　ktub
　　　two　　　　book
　　　'two books'

像这种情况,一般是1—n与n以上的数词分居名词的两侧,比如n等于4,那么1到4位于名词的一侧,大于4的数词位于名词的另外一侧。在Nivkh语中,n等于5;在Runga语中,n等于6。总体来说,大数前置,小数后置。

6.2.4　形容词和名词

需要说明的是,这里的名词和形容词之间的关系是修饰与被修饰的关系,而非主谓关系。这两种不同的结构语序在有些语言中并不一样。譬如Simeulue语,当形容词与名词是主谓关系,那么形容词前置于名词；当为修饰关系时，形容词后置于名词（Khler 1963:131，转引自 Dryer 1992）：

(11) a. mexiao luan ere
   clean   river this
  'This river is clean.'
  b. ŋaŋ Sa'a bəsaŋ sara ata Tu'a-tu'a
   already then come one person old-old
  'Then a very old man came.'

在汉语中，形容词和名词也可以构成主谓关系和修饰关系，并且这两种结构关系的语序也不一样。

  主谓关系：学生很勤奋
  修饰关系：很勤奋的学生

另外，需要区分的是，作修饰语的形容词并不包括指示词、数词等，而是专指对名词的属性进行描述的一类词，比如"大""小""好"等。在汉语中，形容词、数词、指示词都前置于名词（鲜红的旗子、这旗子、三面旗子），而在有些语言中，它们与名词之间的语序有区别。

有些语言形容词内部次类成员与名词之间的语序也并不完全一致，比如 Huasteca Nahuatl 语，"大"和"好"前置于名词，但是其他形容词常后置于名词。另外我们知道，形容词并非在所有语言中都是一个独立的词类，有的是名词的次类之一，有的是动词的次类之一。因此，描写和研究时需要考虑形容词的归属问题。

过去一种观点认为，在 VO 语言中，形容词倾向后置于名词；在 OV 语言中，形容词前置于名词，即 VO & NA，OV & AN。譬如 Greenberg(1963)认为在动词居首的语言中，倾向于 NA。但实际事实并非如此，随着语言样本的扩大，Dryer(1992)发现，不管在 OV 语言还是在 VO 语言中，NA 都比 AN 普遍。

形容词前置于名词（AN）   341

| 形容词后置于名词(NA) | 768 |
| AN 和 NA 共存,没有优势语序 | 101 |

可以说,NA/AN 与 VO/OV 并不相关,知道一种语言是 VO 还是 OV,并不能推测出该语言中形容词和名词之间的语序。从以上数据还可知,有些语言中 NA 和 AN 可以共存,并且没有哪一种语序是优势语序。

6.2.5 领有成分与名词

人类语言中,领有者和核心名词的语序主要有以下三种情况:

领有者前置于名词(GN)	606
领有者后置于名词(NG)	416
两种语序共存,没有优势语序	83

汉语属于第一种类型,领有成分前置于核心名词(张三的笔);英语属于第三种情况,即允许 GN 语序(the girl's cat),也允许 NG 语序(the building of the house),在实际语言中无法确定到底哪一种语序为优势语序。当然,在具体的运用过程中,选择 GN 还是 NG 涉及语义、句法等众多因素。

另外,"The girl's cat"和"张三的书"是典型的领属结构,但领属结构中领有者和核心名词还有其他的语义关系,譬如"John's death"类似于主谓关系,"The building of the house"为动宾关系。

领属结构可分为可让渡和不可让渡的两种类型,有些语言中这两种类型的语序相同,譬如汉语(我的笔、我爸爸)。但有些语言中这两种类型的语序相反,如 Maybrat 语中不可让渡的领属结构语序是 GN,而可让渡的领属结构的语序是 NG(Dol 1999:93、97,转引自 Dryer 1992)。

(12) a. Sely   m-me
   Sely   3SG. F. POSS-mother

'Sely's mother'
b. amah　　　　ro-Petrus
　 house　　　 GEN-Petrus
　'Petrus' house'

在汉语中,不管领有者是名词还是人称代词,领有成分都前置于名词(张三的笔、我的笔)。但有些语言中,领有成分是名词还是人称代词,会影响领属结构中的成分语序,比如在 Tauya 语中,名词性领有成分前置于核心名词,代词性领有成分后置于核心名词。

(13) a. ʔe　　　 fanu-na　　　wate
　　　 that　　 man-GEN　　house
　　'that man's house'
　　b. wate　　　ne-pi
　　　 house　　 3SG-GEN
　　'his/her house'

在 OV 语言中,领有成分明显地表现出前置倾向,而在 VO 语言中倾向不是很明显,只能说弱倾向于后置,即:

　　OV 语言:领有成分+名词
　　VO 语言:名词+领有成分(弱倾向)

6.2.6 关系小句和名词

关系从句的语序问题,也是类型学中语序研究较多的领域。核心名词与关系小句逻辑上有两种语序(NRel 和 RelN)。假如与动词和宾语的语序(VO/OV)关联起来,则有四种逻辑可能性:

　　第一种:VO & RelN
　　第二种:VO & NRel
　　第三种:OV & RelN
　　第四种:OV & NRel

在实际语言中,后三种都比较普遍,只有第一种 VO & RelN 不常见。据此,可以归纳出一条蕴含共性:

> 如果一种语言是 VO 型,那么关系小句位于名词之后(NRel)。或者说,如果在一种语言中,关系小句位于名词之前,那么宾语位于动词之前(OV)。

从已有的统计结果看,关系小句位于名词之后为优势语序,具体数值如下(Dryer 1992):

关系小句后置于名词(NRel)	506
关系小句前置于名词(RelN)	119
名词内置于关系小句	18

不管在 OV 还是在 VO 语言中,语序 NRel 都比 RelN 普遍:OV 语言中两者比例为 37∶26,VO 语言中两者的比例为 60∶1。可见,在 VO 语言中,关系小句更倾向后置。对此,金立鑫、于秀金(2012b)作出了解释,SVO 语言中,假如关系从句处在名词(主语和宾语)之前,那么可能的结构是"Rel+S+V+Rel+O",这样 O 和 V 之间嵌入一个复杂关系从句,并且 S 的领先地位被遮掩,违背可别度领先原则,也违背语义结构紧密原则,宾语远离了动词。相反,如果采取"S+Rel+V+O+Rel"的组配,在 S 和 V 之间虽然嵌入一个复杂关系从句,但 S 与 V 在结构上本来就较为松散(甚至允许在二者间有停顿),而且如果 S 的从句处于 S 之后,也使 S 得以凸显。关键是,在主语和宾语都与动词隔开两个不可避免的损失中,两害相权更理智的处理是宾语关系从句居后,这样宾语与动词的距离能最大限度地靠近。因此,可别度领先原则和语义结构紧密原则和谐合作驱动了 SVO 语言中关系从句后置于名词。在 SOV 语言中,若关系从句在名词之后,其结构是"S+Rel+O+Rel+V",该组配遵守了 S 高可别度领先原则,但违背了 O 和 V 语义紧密原则;若关系从句前置于名词,则结构是"Rel+S+Rel+O+V",该组

配遵守语义紧密原则,但违背 S 高可别度领先原则。因此在 SOV 语言中,高可别度领先和语义结构紧密相互竞争,在决定关系从句和名词顺序组配上不可调和,某种 SOV 语言究竟采用何种组配要看该语言将什么原则视为更高原则,这也是 SOV 语言中关系从句前置和后置于名词大致均等的主要原因。

需要指出的是,在有些语言中,核心名词可以内置于关系小句中,如例(14)中的"gaat"(cat)(Couro and Langdon 1975:187,186;转引自 Dryer 1992):

(14) ['ehatt   gaat   akewii]=ve=ch   chepam
　　 [dog   　cat   　chase]=DEF=SUBJ   get. away
　　 'The cat that the dog chased got away.'

这种现象一般出现在 OV 型语言中。

6.2.7 复数词和名词

标示名词复数的方式大部分是在名词上添加附缀,比如"books"中的"-s"。当然,也有些语言使用独立的词。在 VO 语言中,复数词前置于名词(PlurN)和后置于名词(NPlur)这两种语序都比较常见,如 Tetun 语(Van klinken 1999,转引自 Shopen 2007):

(15) a. te   mau   fare
　　　 the   PL   house
　　　 Plur   N
　　　 'the houses'
　　 b. hotu   kakehe   sia
　　　 all   fan   PL
　　　 N   Plur
　　　 'all the fans'

在 OV 语言中,复数词强烈倾向后置于名词,譬如 Siroi 语:

(16) kulim   kat   nuŋe
     sister   PL   his
     'his sisters'

VO/OV 与 NPlur/PlurN 所构成的四种逻辑组合,在实际语言中,只有第四种比较罕见。

第一种:VO & NPlur
第二种:VO & PlurN
第三种:OV & NPlur
第四种:* OV & PlurN

因此,我们可以根据这四缺一的格局归纳出一条蕴含共性:

如果在一种语言中,宾语前置于动词(OV),那么复数词后置于名词(NPlur)。

6.3　动词短语语序

6.3.1　小句语序

我们说一种语言的基本语序时,如不作特别说明,一般指 S、V、O 之间的相对语序。这三种成分之间的语序似乎比较容易确定,只要看该语言中典型的及物小句是如何安排这三者之间先后位置的即可。但事实上并非如此简单,譬如,在汉语中我们可以说"我吃了饭"(SVO),也可以说"饭我吃了"(OSV)。因此,学界有学者认为汉语是 OV 型语言,也有学者认为汉语是 VO 型语言,还有的学者认为汉语是 VO 和 OV 型混合的语言(金立鑫、于秀金 2012a)。

从逻辑上来说,S、V、O 有六种排列,分别是 SOV、SVO、VSO、VOS、OVS、OSV。这六种语序在人类语言中都存在,实例如下(转引自 WALS，Chapter 81，Dryer 1992）：

(1) a. Japanese

John	ga	tegami	o	yon-da.
John	SUBJ	letter	OBJ	read-PST
S		O		V

'John read the letter.'

b. Mandarin

Zhāngsān	shōudào-le	yì-fēng	xìn.
Zhangsan	receive-PERF	one-CLF	letter
S	V	O	

'Zhangsan received a letter.'

c. Irish

Léann	[na	sagairt]	[na	leabhair].
read.PRES	the.PL	priest.PL	the.PL	book.PL
V	S		O	

'The priests are reading the books.'

d. Nias

i-rino	vakhe	ina-gu
3SG.REALI-cook	ABS.rice	mother-1SG.POSS
V	O	S

'My mother cooked rice.'

e. Hixkaryana

toto	y-ahosɨ-ye	kamara
man	3:3-grab-distant.PST	jaguar
O	V	S

'The jaguar grabbed the man.'

f. Nadëb

awad	kalapéé	hapúh
jaguar	child	see.IND
O	S	V

'The child sees the jaguar.'

假如不受到任何因素的制约,这六种语序在人类语言中应该均衡分布,即没有哪种语序更为普遍,也没有哪种语序更为罕见。但实际上,它们的分布并不平衡,具体数据如下(来源于 WALS):

Subject-Object-Verb(SOV)	497
Subject-Verb-Object(SVO)	436
Verb-Subject-Object(VSO)	85
Verb-Object-Subject(VOS)	26
Object-Verb-Subject(OVS)	9
Object-Subject-Verb(OSV)	4

我们可以注意到,SOV 和 SVO 这两种语序都非常普遍,总共占整个样本语言的 88.3%,而 OVS 和 OSV 都比较罕见,仅占 1.2%。数量差异明显,可见 S、V、O 三者之间的相对语序必定受到某些因素的制约。简单地说,S 比起 O,通常代表较旧的或生命度较高的信息,总之是可别度比较高,因此具有强烈的前置于 O 的倾向。另外,在人类语言中,O 比 S 更倾向靠近 V,即 O 与 V 之间的语义距离比 S 与 V 之间的语义距离要小。SOV 和 SVO 中,S 领先于 O,而 O 也比 S 更靠近 V。因此这两者分布非常广泛。需要说明的是,在 SVO 中,从线性距离上来说,S 与 O 都紧邻 V,距离一样。但从语义距离上来说,O 与 V 更为紧密(后置论元比前置论元与 V 更紧密)。OVS 和 OSV 中,S 后置于 O,并且比 O 更靠近 V,明显违背了人类语言中的普遍规律,因此较为罕见。

6.3.2 否定小词和动词

否定小词(negative particle)并不是指附在动词上的否定附缀,也非否定助动词。VNeg 和 NegV 两种语序在 OV 和 VO 语言中都存在,但语序 NegV 略占优势。

一般而言,前置于动词的否定小词常直接紧邻动词,如 Slave

语(Ross and Paol 1978,转引自 Shopen 2007)：

(2) a. Ane　　　yu　　　me　　　nala　　　bage-sam
　　　1SG　　　water　　not　　　drink　　stay-PRES. 1SG
　　　　　　　　　　　　Neg　　　V

　　'I never drink water.'

而在 SVO 语言中,后置于动词的否定小词则一般位于句末,如 Bagirmi 语：

(3) deb-ge　　　tol　　　tobio　　　li
　　person-PL　　kill　　lion　　　not
　　　　　　　　V　　　　　　　　Neg

　　'The people did not kill the lion.'

否定小词前置于还是后置于动词,虽然与 V、O 之间的相对语序没有关联,但却与 S、V 之间的语序弱相关,VS 语序中否定小词倾向前置于动词,SV 语序中否定小词倾向后置于动词。

6.3.3　动词与旁置词短语

旁置词短语 PP 和 V 之间的语序,与 V 和 O 之间的语序相关。在 OV 语言中,PP 倾向前置于 V,如 Lezgian 语：

(4) [duxtur-r-in　　　patariw] fe-na
　　doctor-PL-GEN　　to　　　　go-AORIST
　　PP　　　　　　　　　　　　V

　　'She went to doctors.'

在 VO 语言中,PP 倾向后置于 V,如英语和 Fijian 语：

(5) a. Mary cut the fish　　[with the knife]
　　　　V　　　　　　　　　　PP
　　b. Au　na　talai　　Elia [i　'Orovou]
　　　　1SG　fut　send　　Elia to 'Orovou

```
         V                    PP
```
'I'll send Elia to 'Orovou.'

可以归纳如下:

  VO 语言:动词+旁置词短语
  OV 语言:旁置词短语+动词

6.3.4 主要动词和助动词

在 VO 语言中,助动词(auxiliary)前置于动词(AuxV),如在英语中:

(6) She   is   sleeping.
       Aux   V

在 OV 语言中,后置于主要动词(VAux),如 Siroi 语(Shopen 2007):

(7) Pasa   min-gen
   talk   be-1PL. PAST
   V   Aux
   'We were talking.'

Aux 与 O 处于相对的位置,假如 O 位于 V 的左侧,那么 Aux 位于 V 的右侧。相应地,假如 O 位于 V 的右侧,那么 Aux 位于 V 的左侧。

需要指出的是,这里的助动词不仅仅是时体助动词,还包括情态助动词。当然,有的语言中这些范畴并非由助动词表示,而是由一些相应的小词来承载,而这些小词与动词之间的语序,与 VO/OV 没有关联。

6.3.5 系动词和述谓词

在很多语言中,当谓词是一个非动词(non-verb)时,需要借助于一个系动词(copula verb)。系动词和述谓词之间的语序,与

OV/VO 语序相关。在 OV 语言中,系动词后置于述谓词,在 VO 语言中,系动词前置于述谓词,所以可以总结如下:

  VO 语言:系动词＋述谓词
  OV 语言:述谓词＋系动词

6.4 从句语序

6.4.1 标句符和从句

标句符(complementizer)标示一个从句的开始或者结束,而这个从句在另一个更高层级从句中充当动词的宾语或者主语。VO 语言中标句符一般位于从句句首,譬如英语中的"that":

  The teacher knows [that Billy ate the cookies].

OV 语言中标句符位于从句句尾,譬如 Slave 语中的"n":

(1) [ʔelá táhɫta n] kodeyishá yíle
  boat 3.land COMP 1SG. know not
  Clause   Comp
  'I didn't know that the boat came in.'

可以归纳为:

  VO 语言:标句符＋从句
  OV 语言:从句＋标句符

6.4.2 状语从句和主句

状语从句和主句之间的语序与 VO/OV 相关。在 OV 语言中,从句倾向前置于主句;在 VO 语言中,从句倾向后置于主语。

有些语言中,主句和从句的语序比较自由,没有优势语序,譬如英语:

(2) a. Because it was raining, the children came into the house.
   [从句—主句]
   b. The children came into the house, because it was raining.
   [主句—从句]

当然,从句的具体类型也会影响其与主句之间的相对语序,譬如 Greenberg(1963)的共性 14:在条件陈述句中,所有语言都以条件从句处于结论之前为正常语序。

6.5 语序共性的解释

6.5.1 优势与和谐

优势(dominance)与和谐(harmony)是 Greenberg(1963)提出来解释语序蕴含共性的两个概念。

所谓优势,是对某几种同类事物相比较后的结果。没有比较,则无法显现优势。某语言中,成分 A 与成分 B 有两种语序(AB 和 BA),如果语序 BA 压倒其交替语序 AB,那么 BA 是优势语序,相应地 AB 是劣势语序。优劣之别,一般会理解为频率上的高低之别,频率高的"优"于频率低的。当然,也可以把默认的、自然的、让母语者感觉最正常、最舒服的看作优势语序;还可以把限制少的无标记语序看作优势语序。但这些判断标准都不够明确,操作性不强。Greenberg 用"四缺一"格局来定义优势语序:

> 优势语序(dominant order)总是可以出现,而与其相反的劣势语序(recessive order),只有在与其相和谐的语序也出现的情况下才出现。

陆丙甫、罗彬彬(2018)根据该定义,区分出两种不同类型的优劣语序。一是成分相同时不同语序间的优劣;二是语序相同(核心成分在同一侧)时不同成分间的优劣。我们以 Greenberg 的共性 25 为例来说明。

> GU25：如果代词性宾语后置于动词，那么名词性宾语也后置。

这个共性是说，如果一种语言中，代词性宾语后置于动词，那么名词性宾语更倾向于后置。换言之，名词性宾语比代词性宾语更倾向后置。相应地，代词性宾语比名词性宾语更倾向前置，即在一种语言中，假如名词性宾语前置于动词，那么代词性宾语更倾向前置于动词。因此，代词性宾语后置（VPro）与代词性宾语前置（ProV）相比，代词性宾语前置（ProV）是优势语序，代词性宾语后置（VPro）是劣势语序。这是成分相同时不同语序间的优劣。代词性宾语后置（VPro）与名词性宾语后置（VN）相比，代词性宾语后置（VPro）是劣势语序，名词性宾语后置（VN）是优势语序。这是语序相同时不同成分间的优劣。同理还可推测出其他两对优劣关系：代词性宾语前置（ProV）优于名词性宾语前置（NV）；名词性宾语后置（VN）优于名词性宾语前置（NV）。具体如下：

i. [ProV]优于[NV]：语序相同条件下的不同成分之间的优劣差别

ii. [VN]优于[VPro]：语序相同条件下的不同成分之间的优劣差别

iii. [ProV]优于[VPro]：成分相同条件下的不同语序之间的优劣差别

iv. [VN]优于[NV]：成分相同条件下的不同语序之间的优劣差别

代词的可别度高于名词，因此，比名词更有前置倾向。再回到Greenberg用"四缺一"格局定义的优势语序，同样以GU25为例。我们知道，任何一条单向蕴含共性，都可以用"四缺一"的格局来描述，GU25也不例外：

i. 代词性宾语后置，名词性宾语后置

ii. ＊代词性宾语后置，名词性宾语前置

iii. 代词性宾语前置，名词性宾语前置

iv. 代词性宾语前置，名词性宾语后置

只有第二种尚未发现，其余三种在实际语言中都存在。另外，代词性宾语前置和名词性宾语后置是优势语序。所以，我们可以形式化为：

i. ［VPro］ ［VN］ （一劣一优）
ii. ［VPro］ ［NV］ （两劣）
iii. ［ProV］ ［NV］ （一优一劣）
iv. ［ProV］ ［VN］ （两优）

［VPro］是劣势语序，只有和与其相和谐的［VN］共现的情况下才出现，劣势语序［NV］只有和与其相和谐的［ProV］共现的情况下才出现。［ProV］与［VN］是优势语序，所以总是出现，即任何一个格局中，只要出现［ProV］或［VN］，那么这个格局在实际语言中就有分布。

语序和谐的概念从 Greenberg 1963 年提出后，很快就得到了广泛的重视和研究。主要成果有 Lehmann(1978)的"统辖语和被统辖语和谐"理论、Hawkins(1983)的"跨范畴和谐"(cross-category harmony)等等。所谓"跨范畴"就是指不同范畴的核心或者从属语。这些研究主要是扩展和引申了和谐的范围，大致上都跟"核心—从属语"这两个范畴有关。Dryer(1992:87)把和谐理论表达为"核心—从属语"理论(the Head-Dependent Theory)：

"核心—从属语"理论

动词类型是核心，而宾语类型是从属语，也就是说，一对成分 X 和 Y 中，当且仅当 X 是核心而 Y 是从属语时，它们采用 XY 顺序的可能性，在 VO 语言中会远超过在 OV 语言中。

譬如，在旁置词短语(in the classroom)中，旁置词(in)是核心，名词(classroom)是从属语。按照"核心—从属语"理论，在 VO 语言中，前置词短语远远超过后置词短语。在 OV 语言中，后置词短语远远超过前置词短语。VO 语序总与前置词共现，OV 语序总与后置词共现,因此 VO 语序与前置词相和谐,OV 语序与后置词相和谐。类似的和谐现象还有 AN 与 OV、NA 与 VO 等。

6.5.2 语义靠近和可别度领先

在类型学研究中,对语序的解释非常多,其中比较有影响力的是 Haiman(1985:237—238)提出的三条像似性动因:

一、观念上靠近的成分在结构上也靠近。

二、旧信息前置于新信息。

三、脑子里最凸显的先说出来。

陆丙甫(1998,2005)将像似性在语序方面的限制抽象概括为两条原理:语义靠近原理和可别度领先原理,以下详细介绍这两条原理。

语义靠近原理可以描述为:如果其他一切条件相同,语义上越靠近核心的成分位置也越靠近核心。从本质上来说,与 Haiman 的像似性动因一相同。但陆丙甫将这条原理与轨层结构结合了起来,操作性更强,更明确,也更具体化、形式化。如何判断多个成分中,哪个成分与核心的距离要近?我们以多项定语的名词短语为例(转引自金立鑫 2011):

大型—搪瓷—自动—电力—洗衣机

而这个短语在泰语中的语序正好相反,如下:

洗衣机—电力—自动—搪瓷—大型

汉语和泰语中的多项定语语序形成了一个镜像:

大型—搪瓷—自动—电力—洗衣机—电力—自动—搪瓷—大型
（汉语）　　　　　　　核心词　　　　　　（泰语）

我们知道,对于一台洗衣机来说,"大型"是外形,"搪瓷"是材料,属于外部特征;"自动"是功能,"电力"是基本属性,属于内部特征,越能反映"洗衣机"本质属性和内部特征的修饰语越靠近"洗衣机"。所以,越是能反映核心内在、稳定意义的修饰语越靠近核心。

语义上靠近核心的成分在结构上也靠近核心,相应地,语义上远离核心的成分在结构上也远离核心。当距离太远,无法反映其与核心的语义关系时,需要借助于显性标记来标示。这即为距离—标记对应律:其他一切条件相同的情况下,一个成分离开核心词越远,越需要带表示它跟核心语义关系的显性标记(陆丙甫 2004)。如:

(1) a. 他 在图书馆**认真**(地)看书。
　　b. 他**认真** * (地)在图书馆看书。

"认真"紧邻修饰动词,状语标记"地"可用可不用,当"认真"与动词被其他成分隔开时,状语标记"地"必须用。

可别度这个概念具有高度的概括性,包括指称性、生命度、数量、有界性等。可别度越高的对象越容易被识别,相应地,可别度越低的对象越不容易被识别。判断可别度高低的参项一般包括:

可别度等级:(">"表示"高于")

旧信息	>	新信息
话题	>	评论
高指别性	>	低指别性
指别性	>	描写性
高生命度	>	低生命度
背景	>	图像
框架	>	焦点
大单位	>	小单位
全部	>	部分
大数目	>	小数目
有界	>	无界

可别度对语序有直接、明显的影响,即可别度领先原理(陆丙甫 2004,2005),具体可以表述为:

a. 如果其他一切条件相同,可别度高的成分前置于低的成分。

b. 如果其他一切条件相同,可别度越高的成分前置倾向越大。

"全部"的可别度高于"部分",因此根据可别度领先原理,表"全部"的成分前置于表"部分"的成分,实际语言中确实如此,如(转引自陆丙甫 2004):

(2) a. I loaded the truck with the hay.

　　我把(整辆)卡车(都)装上了干草。

　　比较:我把卡车装上了(*所有的)干草。

b. I loaded the hay onto the truck.

　　我把(所有)干草(都)装上了卡车。

　　比较:我把干草装上了(*整辆)卡车。

不同词类间的可别度也不一样,陆丙甫(2005)假设了一个跨词类可别度等级:

名词 > 动词 > 形容词 > 虚词

利用这个等级,可以解释动词短语和名词短语中语序左右不对称的现象。我们知道,可别度高的成分在后,有一股向前移的力量,可别度低的成分在前,有一股向后移动的力量,因此[可别度低的成分—可别度高的成分]这一顺序比[可别度高的成分—可别度低的成分]这一顺序紧密,所以[VN]比[NV]更紧密,[AN]比[NA]更紧密(陆丙甫、应学凤 2013)。

6.6　小结

本章主要介绍了名词短语、动词短语以及小句的语序情况,并对语序单位、基本语序、和谐、优势等基本概念,以及可别度领先、语义靠近等原理进行了简要说明。重点是展现当代语言类型学是如何描写语序现象,以及怎样解释不同语序配对间的相关性。

语序作为人类语言中最普遍的语法手段之一，无论是在形态变化丰富的语言中，还是在基本没有形态变化的语言中，都发挥着重要的作用。因此，语序问题才一直占据着当代语言类型学的中心。自从 Greenberg 那篇关于语序的奠基之作以来，语序类型学家不仅注重语序的描写，更注重对语序现象的解释，不过主要以功能解释为主。当然，也有借鉴形式语法中的研究成果来解释的，比如跨类和谐就是借用 X 标杆理论来解释。

参考文献

Comrie, B. 1989. *Language Universals and Linguistic Typology* (Second Edition). Chicago: University of Chicago Press. 中译本《语言共性和语言类型》，沈家煊、罗天华译，陆丙甫校，2010，北京：北京大学出版社.

Croft, W. 2003. *Typology and Universals* (Second Edition). Cambridge: Cambridge University Press.

Dryer, M. S. 1992. The greenbergian word order correlations. *Language* 68 (1), pp. 81—138.

Greenberg, J. H. 1963. Some universals of grammar with particular reference to the order of meaningful elements. In Greenberg, J. H. (ed.) *Universals of Language*. Cambridge: MIT Press, pp. 73—113.

Haiman, J. 1985. *Natural Syntax*. Cambridge: Cambridge University Press.

Haspelmath, M., Dryer, M. S., Gil, D. and Comrie, B. (eds.) 2005. *The World Atlas of Language Structures*. Oxford: Oxford University Press.

Hawkins, J. A. 1983. *Word Order Universals*. SLC: Academic Press.

Hawkins, J. A. 1994. *A Performance Theory of Order and Constituency*. Cambridge: Cambridge University Press.

Hoskison, J. T. 1983. A Grammar and Dictionary of the Gube Language. PH. D. dissertation, Ohio State University.

Lehmann, W. P. (ed.) 1978. *Syntactic Typology*. Austin: University of Texas Press.

Lu, Bingfu 2001. What is the chunk in linguistic structure? *Proceedings of the Third International Conference on Cognitive Science*. Hefei: University of Science and Technology of China Press, pp. 452—457.

Shopen, T. (ed.) 2007. *Language Typology and Syntactic Description* (Vol.1). Cambridge: Cambridge University Press.

Siewierska, A. (ed.) 1998. *Constituent Order in the Languages of Europe*. Berlin and New York: Mouton de Gruyter.

Song, J. J. 2001. *Linguistic Typology: Morphology and Syntax*. Harlow: Pearson Education Ltd.

Thomason, S. G. and Kaufman, T. 1988. *Language Contact, Creolization and Genetic Linguistics*. California: University of California Press.

Whaley, L. J. 1997. *Introduction to Typology: The Unity and Diversity of Language*. London: Sage Publications.

蒋仁萍(2007)基数词与序数词的类型学研究,硕士学位论文,南昌:南昌大学。

金立鑫(2011)《什么是语言类型学》,上海:上海外语教育出版社。

金立鑫、于秀金(2012a)左右分枝结构配置的功能分析,《外语教学与研究》,第4期。

金立鑫、于秀金(2012b)从与OV-VO相关和不相关参项考察普通话的语序类型,《外国语》,第2期。

陆丙甫(1993)《核心推导语法》,上海:上海教育出版社。

陆丙甫(1998)从语义、语用看语法形式的实质,《中国语文》,第5期。

陆丙甫(2004)作为一条语言共性的"距离—标记对应律",《中国语文》,第1期。

陆丙甫(2005)语序优势的认知解释:论可别度对语序的普遍影响(上、下),《当代语言学》,第1期,第2期。

陆丙甫(2006)不同学派的"核心"概念之比较,《当代语言学》,第4期。

陆丙甫、罗彬彬(2018)形态与语序,《语文研究》,第2期。

陆丙甫、应学凤(2013)节律和形态里的前后不对称,《中国语文》,第5期。

(编写者:李占炳)

第七章　与名词短语相关的数、性、人称范畴

语言类型学研究中的一个重要范式是从功能范畴到形式,因为功能范畴是人类语言共有的,是语言交际中必须表达的,例如"数范畴""人称范畴""致使范畴""领属范畴"等;而某种形式则不必是所有语言都共有的,例如很多语言没有形态屈折形式,很多语言没有黏着成分,更不用说某一特定语言中的某些特定形式。语言类型学更为关注的是,某一特定功能范畴在不同语言中的编码形式,这些形式之间是否存在类型共性,形式的使用是否存在共同的限制条件,相近的形式及其蕴含的功能存在什么样的对应关系等等。从本章开始我们将陆续介绍语言类型学中常见的研究对象:数范畴、性范畴、人称范畴、领属范畴、致使范畴等。由于"数、性、人称"主要与名词短语相关,这些范畴的标志也主要表达与名词短语有关的语义范畴,而"领属"和"致使"则主要与结构相关,一般都要通过结构的形式来表达这些范畴。因此,本教材将与名词短语相关的范畴作为一章(本章)讨论,将领属范畴和致使范畴另作一章(第八章)讨论,而与动词相关的时范畴、体范畴、情态范畴则将在第九章中专门讨论。

7.1　数范畴

数范畴(number)是对语言中实体或事件进行量化编码的语法范畴,用于区分单个与多个实体、确立指称对象类别以及标记事物等。作为语法范畴,数范畴能在不借助数词或量词的条件

下,通过名词性成分的形态变化或句法上的一致关系(agreement)体现出来。本节将介绍数范畴在类型学上的分类、形式表达及相关制约因素。

跨语言上,数范畴既可以对实体,也可以对事件进行量化编码,因此有"名词数"(nominal number)和"动词数"(verbal number)的概念。

名词数是名词或名词性成分量化特征的体现,编码上不仅限于名词的形态变化,还可借助句法上的各种一致关系来实现对数范畴的编码。以英语为例,普通名词或人称代词可分别通过附加复数标记"-s"或"异根"(suppletion)等方式来实现单复数意义的区分;此外,在句子"those students were studying in the classroom"中,限定词"those"和谓语成分"were studying"都采用相应的复数形式与主语名词"students"保持数的一致。

动词数有两层含义:一方面,通过动词的形态变化来实现对事件次数的量化编码,如在 Rapanui 语中,动词"ruku"(跳水)可通过重叠,即"ruku ruku",表示不止一次的"跳水"事件;另一方面,动词数还可体现事件参与者(物)的数量,如在 Klamath 语中,谓语动词不仅要与宾语的形状、生命度相匹配(类似英语动词"eat"和"drink",虽都有"摄入"义,但对所摄入的食物类别有要求),还与宾语所表示的实体数量有关,如该语言中表达"给予几个物体"的意义时,须用专门的动词"sʔewanʔ"来表达(详见 Corbett 2004:243—248)。

动词数可表示事件和参与者的数量,这是动词内在词义的体现,与名词数的概念并不相同。如在英语句子"the people are coming"中,虽然主语"people"是单数形式,但通过谓语"are coming"的复数形式,即"数一致",来实现其复数意义。本质上,该句的复数谓语仍是名词数的一种编码,并不是动词数。

传统上,名词有可数和不可数之分,因此并不是所有名词都有基于数的形态变化。可数名词可通过形态、句法等手段来实现单复数意义的差别;不可数名词通常仅有单数或复数形式,缺乏基本的数形态变化,如英语的"air, information"或"noodles, thanks"等等。然而,可数和不可数的界限并不绝对,许多名词可以通过"再范畴化"(recategorization)实现从"可数"到"不可数",或者从"不可数"到"可数"的转化。这种转化不仅是词汇层面的意义变化,还可通过限定词、冠词、量化词(quantifier)等形式手段体现出来,是词义和句法环境共同作用的结果。比如,英语的不可数名词"beer"(啤酒)可再范畴化为"beers",如例句"how much beer?"和"how many beers?"。在这两个句子中,量化词"many"和"much"对判定"beer"的词义特征(可数 vs. 不可数)起了重要的作用。

除可数和不可数之分外,Corbett(2004)基于 Jackendoff(1991)的观点,认为语言中的名词还可根据"有界性"(boundedness)和"内部结构"(internal structure)这两个语义特征来区分类别,分为"个体"(individuals)"集体"(groups)"物质"(substances)和"聚类"(aggregates)四类,具体如下(详见 Corbett 2004:78—82):

(1) 根据"有界性"和"内部结构"的名词分类:
　　个体(＋有界,－内部结构):a book
　　集体(＋有界,＋内部结构):a committee
　　物质(－有界,－内部结构):water
　　聚类(－有界,＋内部结构):books

举例来说,个体名词"a book"之所以"有界",是因为若对其所指称的物体作进一步分割,它就不能成为"一本书";但若对物质名词"water"的指称物作进一步细分,结果依然是"water",因此"water"相对于"a book"是"无界"的。另一方面,虽然聚类名词"books"(光杆的复数名词)和物质名词"water"都是无界的,都可以进一步细分,但前者包含一本本相互可别的"书"个体,而后者则不然,因此前者具有"内部结构",而后者则没有,如例句"there are books all over the floor"和"there is water all over the floor"。

"有界"和"内部结构"不是纯粹物理学上的概念,但在更深层次反映了可数与不可数在跨语言上的认知差异,即某物在不同语言中究竟在多大程度上可视为"有界"或"有内部结构"。比如,英语"potato"和"pea"都是有界、无内部结构的个体名词,可区分"a potato/pea"和"potatoes/peas"两种数形式,但在俄语(斯拉夫语)中,许多水果和蔬菜类的名词,如"kartofel"(土豆)"gorox"(豌豆)等,并不能被视为个体名词,也没有可区分的单复数形式。再如,英语名词"tree"是个有界、无内部结构的个体名词,但在阿拉伯语中"shajar"(树)却是不可数的物质名词;若后者要表示单棵的"树",就需要在"shajar"上附加表示个体的词缀,即"shajar-a";此外,物质名词"shajar"和个体名词"shajar-a"都可以被复数化,分别表示为"ashjār"和"shajarāt",前者是不可数向可数转化的"再范畴化",意为"多种树",后者则表示多个实体的复数,意为"多棵树"(Cruse 1994:2858;Corbett 2004:78—82)。

跨语言上,数范畴的表达形式多样,最主要的有以下几种:

A. 专门的"数标记"(number markers):数标记可以是独立形式(independent forms),也可以是依附形式(dependent forms)。例如,在 Miskitu 语中,"nani"是个独立的数标记,可以规则地跟在名词或代词之后,表示复数意义,如:

(2) Miskitu 语(Corbett 2004:134)

    a. aras   nani
       horse   PL
      'horses'
    b. yang   nani   kauhw-ri
       1   PL   fall-1.PST.INDEF
      'We (exclusive) fell.'

在他加禄语中,"mga"是个附缀式的复数标记,可以前置于名

词或形容词前,用于表示复数个体或不可数名词的再范畴化,如:

(3) 他加禄语(Corbett 2004:134)

 a. mga bahay
  PL   house
  'houses'

 b. mga tubig
  PL   water
  'cups/units of water'

 c. mga ma-puti
  PL   STV-white
  'white ones'

B. 句法手段:用句法手段表达数范畴主要是指名词与指示词、动词间的一致关系表达,但跨语言上也可能涉及冠词、形容词、代词、复合名词短语、领属成分、副词、旁置词、标句符等等。例如,在英语句子"those pupils are studying in the classroom"中,数的一致关系既发生在名词短语"those pupils"内,也发生在该短语外的主谓之间,其中"pupils"是一致关系的"控制项"(controller),对应的"目标项"(target)分别是指示词"those"和谓语"are studying"。在西班牙语中,数的一致关系还发生在形容词与名词之间,即单、复数形容词分别对应单、复数名词,其中形容词的词尾形态与名词的词尾形态大致相近,如:

(4) 西班牙语

 a. libro rojo
  book.SG red.SG
  'red book'

 b. libros rojos
  book.PL red.PL
  'red books'

另外,在 Amele 语中,数范畴必须标记在谓语动词上,而主语名词的数标记却是可选的;如动词"ho"(来)可分别依附"-i""-si"和"-ig"三个语法标记,分别表示主语名词的单数、双数或复数意义,但这类完全基于谓语动词的数表达在语言中并不是很普遍,如:

(5) Amele 语(Corbett 2004:136—137)①

  a. Dana (uqa) ho-i-a
    man   3SG   come-3SG-TODAY'S. PST
   'The man came.'

  b. Dana (ale)   ho-si-a
    man   3DU   come-3DU-TODAY'S. PST
   'The two men came.'

  c. Dana (age)   ho-ig-a
    man   3PL   come-3PL-TODAY'S. PST
   'The men came.'

C. 形态手段:用形态手段表达数范畴在语言中十分普遍,但形式上的差异也较大。例如,俄语可利用词干与词尾的屈折变化表示单复数意义,如"komnata"(房间$_{\text{NOM. SG}}$)和"komnaty"(房间$_{\text{NOM. PL}}$)这两个词中,"komnat-"是词干,"-a"和"-y"分别是词尾表示单复数义(以及格范畴)的形态屈折;在 Shilluk 语中,名词的单复数意义可通过声调变化来区分,如"低—高"调的"kiǐy"和"高—低"调"kiîy",都意为"植物可食用的根部",但数的意义不同;在 Ilocano 语中,名词可通过词干重叠表示复数意义,如"púsa"(猫$_{\text{NOM. SG}}$)和"pus-púsa"(猫$_{\text{NOM. PL}}$)。此外,语言中还有"元音变化"(如英语"鹅"的表述"goose"和"geese")、"零表达"(zero expression,如英语"fish"

---

① 例句中构词成分"-a"用于表示今天之内的过去式。

和"sheep")、"多重标记"(multiple marking)①等方式实现对数范畴的表达(Corbett 2004:138—155)。

D. 词汇手段：在一些语言中，数的区分可以通过不同的词汇来实现。这里分两类情况：一类是通过非系统性、零星的词项对立来表达数区分，如在 Obolo 语中，指人的单复数名词有专门的词汇，如"ògwú"(人$_{\text{NOM.SG}}$)和"èbí"(人$_{\text{NOM.PL}}$)，"gwúñ"(孩子$_{\text{NOM.SG}}$)和"bón"(孩子$_{\text{NOM.PL}}$)；另外一类是用异根法，即在某一聚合关系中，基本的数区分要通过不规则的形式变化来表达，如英语人称代词的单复数对立，即"I"和"we"或"he/she"和"they"。异根法主要存在于个体语言较常用的词项中(参见 Corbett 2004:155—159)。

在上述各种数的形式表达中，基于名词或名词性成分内部的数表达，称为"内在"(inherent)的数，而在名词性成分之外，基于其他句法成分的表达，称为"关联"(contextual)的数(Corbett 2006:123—124)。一种语言的数范畴表达，常常是形态手段与句法手段的配合使用，或是形态手段与数标记的配合使用，甚至也采用多种手段共同表达，如在 Seri 语和 Chontal 语中，就有 11 种表达复数的手段；其中一些名词还可同时使用 4 种手段表达复数义(Turner 1976)。

就汉语而言，普通名词的单复数意义，不是通过形态手段，而是依靠相关的语境或某些句法手段来获得解读。如在"我买书"这个句子中，名词"书"既可以是单数义，也可以是复数义，只有借助指示词、数词、量词等形式手段，如"我买(这/两)本书"，才可以获得确切数表达。然而，与名词不同，汉语人称代词的复数表达形式多样，除了规则性的数标记，如"们""拉""家""侬"等外，还可借助

---

① 在 Breton 语中，小称复数(diminutive plurals)有两个复数标记，即"词干－PL－小称－PL"，如"bag"(船)的小称是"bagig"，复数是"bagoù"，小称复数是"bagoùigoù"；再如，中古英语复数单词"childre"(小孩)获得第二个复数标记，形成当前的复数形式"children"(Corbett 2004:153)。

合音、变调等形态、音系手段来表达,如陕西丹凤话[ŋuo²¹]"我_SG"和[ŋuo⁵¹]"我_PL",可见汉语人称代词比普通名词优先拥有数范畴的形式表达权。

除了上述讨论的数范畴表达外,语言中还有三类不太常见的涉数表达类型(参见 Corbett 2004:159－171)。一类是"反数"(inverse number),反数标记用于改变所附词干原有的数区分。如在 Kiowa 语中,有生名词的基本形式是单数或双数,加上反数标记"-gɔ̀"或"-dɔ̀"后,就可转变为复数意义;而无生名词的基本形式是双数或复数,加上反数标记"-gɔ̀"或"-dɔ̀"后,就可转变为单数,如:

(6) Kiowa 语 (Corbett 2004:159)

a. cê		a'. cê-gɔ̀	
horse.SG/DU		horse.PL	
'horse(s)'		'horses'	
b. á		b'. á-dɔ̀	
pole.DU/PL		pole.SG	
'poles'		'pole'	

另一类是"最小－增强系统"(minimal-augmented systems),其中的一些数标记没有绝对的数意义,其使用仅相对于其他数区分而言。如在 Rembarrnga 语中,第一人称双数是"yʉkkʉ"、第一人称三数(trial)是"ngakorr**bbarrah**"、第一人称复数式为"ngakorrʉ",由于三数比双数多一个人,因此须使用数标记"-bbarrah",其专门用于同类人称中"多一个实体"的情况,但第一人称复数式不仅仅多一个实体,故不能使用数标记"-bbarrah"。

此外,还有一类是"构数"(constructed number),其中不同句法成分所使用数标记可能存在相互间不匹配的现象,但可由此形成额外的数区分,如:

(7) Hopi 语(Corbett 2004:169)

    a. Pam   wari

that.SG　　run.PFV.SG

   'He/she ran.'

b. Puma　　yùutu

   that.PL　　run.PFV.PL

   "They (plural) ran."

在例(7a)和(7b)中,"Pam wari"(他/她跑)和"Puma yùutu"(他们跑),单数动词"wari"(跑)和复数动词"yùutu"(跑)分别匹配单数代词主语"pam"(他/她)和复数代词主语"puma"(他们);当复数代词主语和单数动词"错配",形成(7c)这样的句子时,主语"puma"便可产生双数义,意为"他们俩"。

c. Puma　　wari

   that.PL　　run.PFV.SG

   'They (two) ran.'　　(Corbett ibid.)

应该说,数范畴的形式表达与生命度等级序列(the Animacy Hierarchy)密切有关,即:

(8) 说者(第一人称代词)＞听者(第二人称代词)＞第三人称代词＞亲属称谓＞有生名词＞无生名词

许多语言仅把数区分局限在该等级序列左端的名词或代词性成分中,而像英语这类人称代词、有生名词、无生名词都可能有单复数的形式变化的语言,其实并不多见。基于数范畴与生命度等级序列的关系,Corbett(2004:56,67,70)作了如下的预测:

(9) 数范畴与生命度等级的关系

　　A. 一种语言的单复数形式区分必须触及生命度等级序列的最前端的部分。

　　B. 依据生命度等级序列,某词项的数标记可能不规则,但一致标记却是规则的,反之则不然。

　　C. 沿着生命度等级序列往右,数区分的可能性单调递减

(decrease monotonically)。

此外,Corbett(2004:78—87)还认为生命度等级序列解释了"再范畴化"的现象,即越是处于生命度等级序列底端的词项,越容易被"再范畴化"(因为基本的单复数区分已经不是常态)。英语无生名词"coffee"和"table"都可"再范畴化",如:

(10) a. I'd like **a coffee** please.

b. There's **not enough table** for everyone to sit at.(Corbett 2004:81—82)

跨语言上,数范畴通常有以下类型(Corbett 2004:19—38):

A. 单数(singular):表示名词或名词性成分的数量为单个,也可表示名词或名词性成分的单数形式特征,如"唯单数"(singularia tantum)名词(如"health"" * healths")。"通数"(general number)名词(如"committee"),即说者一般无需在该名词上标注数形式,但可根据需要在主谓一致关系上体现单复数意义,如在"the committee has/have decided"中,主语"committee"就被认为是单数形式的通数名词。

B. 复数(plural):表示名词或名词性成分的数量为多个,也可用于"唯复数"(pluralia tantum)名词,如英语"jeans"和"noodles"。

C. 较大复数(greater plural):是复数的进一步区分,表示实体或事件的过量存在。

D. 双数(dual):表示名词或名词性成分的数量为"二",也用于成对的自然事物。

E. 三数(trial):表示名词或名词性成分的数量为"三"。

F. 少数(paucal):表示名词或名词性成分的数量为相互可区别的少数个体。

G. 较大少数(greater paucal):是少数的进一步区分,表示名词或名词性成分的数量概念大于上述的少数。

H. 通数(general number):表示名词或名词性成分不一定进行数量的区分。它们通常用单数的形式,但可根据说者需要,决定其单数或复数意义,也有少量语言有专门的通数标记,如 Baiso 语。

在上述数范畴的值域中,单、复数二分的语言最常见的;二者之外,还可能有双数;而有了双数后,复数就只表示三个或三个以上的实体;在有双数、单数和复数的语言中,还可能有三数或专门的少数。

7.2 性范畴

性范畴(gender)与生命度、形状等一样,都用于表示所指称名词的分类特征。性范畴既可以表示特定语言名词的基本性属区分,也可以指各种与性范畴有关的形式表达,因此它既是名词的内在特性,也具有形态、句法上的关联特性。性范畴在印欧语、Dravidian(德拉威语,也称达罗毗荼语)中较为普遍,但在其他语言中则不多见。基于对 257 种语言的分析,Corbett(2013)发现其中的 144 种语言(过半数)没有性范畴,仅区分两种性的有 50 种、区分三种性的有 26 种、区分四种性的有 12 种;此外,还有 24 种语言存在五种或五种以上的性区分,但后者并不普遍。

性范畴的核心是其在具体语言中的认定与划分系统,即"性属划分"(gender assignment)。语言中主要有基于语义、基于形式以及基于语义和形式三种性属划分系统,分述如下(详见 Corbett 2001:6335—6340):

在严格基于语义的性属划分系统中,名词的性由其意义决定。如在 Karnataka 语中,指男人的名词都是阳性,指女人的名词都是阴性,而且神仙、鬼怪和天体也各自有自己的性区分,而剩余的名词,包括婴儿、动物等,则划归中性(neuter)(Sridhar 1990:198)。与之类似,在以语义为主导的性属划分系统中,语义规则可能由于历史文化传统及说者的观念等因素而产生例外;这类系统的分布较前者(即"严格基于语义的性属划分系统")分布得更为广泛。如在 Dyirbal 语中,名词虽然可分为男性与(非人)生命体、女性、非肉类食物、剩余物四个类别,但也存在许许多多例外。该语言中,月亮是阳性,而太阳却是阴性,这与该语言神话中月亮是太阳的丈夫有关(Dixon 1972)。

可见,语义因素和文化因素都是性属划分系统的重要因素。在严格以语义为基础的性属划分系统中,语义规则较为明显;在语义为主导的性属划分系统中,除了语义规则外,还要综合考虑个体语言特定的社会历史、文化环境等因素。一般来说,这两种性属划分系统都有可复现的语义模式可循,如基于"有生 vs. 无生""人 vs. 非人""男性 vs. 女性"等来划分性属,并可延及小称词、非肉类食物、昆虫等。在一些语言中,性属还可能与形状、大小有关,如在 Manambu 语中,当名词所指称的物体又长又大时,可划分为阳性;又小又圆时,可划分为阴性(Aikhenvald 2006:464)。不仅如此,语言中还一些名词可能有双重或多重的性属划分。例如,在 Lak 语中,"ɦakin"(医生)可以有三种性属,分别取决于医生是男人、老女人或年轻女性;在 Archi 语中,一些名词,如"lo"(小孩)和"misgin"(穷人),可以取得两种基于性别的性属划分;当性别不明确或不重要时,则采用其他性属(Corbett 1991:181)。当然,一种语言的性属划分标准往往不能适用于另外一种语言,这与具体语言特定的历史文化沿承有关。

除了通过名词的内在语义特征进行性属划分外,语言中还可通过音系、形态、句法等方式来进行性属划分。在后者的系统中,语义规则已不是主导因素。如在 Qafar 语中,名词的性属主要根据其音系特征划分,以重音元音结尾的名词划分为阴性,如"karmà"(秋天$_F$);以非重音元音结尾的名词划分为阳性,如"gilàl"(冬天$_M$);此外,以"-e"和"-o"结尾的名词是阴性,而以"-a"结尾的名词更多是阴性而不是阳性(Corbett 1991:74)。通常情况下,该语言表示男女的名词与上述音系规则基本匹配;当音系规则和语义规则发生冲突时候,语义规则仍然优先,如"abbà"(父亲)这个词虽以重音元音结尾,却划归为阳性,而"gabbixeèra"(细腰妇女),虽不是以重音元音结尾,仍划归为阴性(Parker and Hayward 1985)。另外,法语虽然没有系统性的基于音系划分性属的规则,但在 938 个以元音[ɛ]结尾的名词中,99%都是阳性,如"le pain [pɛ̃] 面包";而以[ʒ]结尾的 1453 个名词中,有 94.2%是阳性,如"le ménage [mena:ʒ] 家庭",因此也显示出一定的趋势性(Tucker et al. 1977)。

除了语音规则外,还有形态规则。以俄语为例,与其他印欧语一样,俄语把性别上可区分的名词分为阳性和阴性,而其他名词则依据形态变化分为阳性、阴性和中性。俄语名词有 4 种主要的屈折变化,每一种都有数千个名词。第一类的屈折变化的名词为阳性,第二类和第三类为阴性,第四类为中性。母语使用者只有掌握每个词的屈折变化,才能正确地使用它们。比如"mal'čik"(男孩)属于第一类屈折变化,"djadjia"(叔叔)和"devuška"(女孩)都属第二类屈折变化。虽然俄语中以"-a"收尾的词基本都是阴性,但"djadjia"(叔叔)(第二类屈折变化)和第一类的"mal'čik"(男孩)都属于阳性名词,而"devuška"(女孩)仍为阴性名词,这说明俄语中性别上可分的名词与其屈折变化的类型大致匹配,语义在基于形式划分的系统中仍然起作用(Corbett 2001:6337—6338)。

性属划分系统是屈折语或黏着语的典型特征(非孤立语言的特征),许多非印欧语系的语言如 Basque 语、芬兰语、土耳其语、匈牙利语等都没有此类划分系统。在印欧语中,性属划分的核心体现是性属名词必须与其他句法成分保持性的一致关系[参见本章 7.3 节的例(3)和(5)]。这种一致关系可发生在名词短语内部或名词短语外部,如与名词搭配动词、形容词、限定词、指示词、数词、焦点标记、副词等。语言中,性范畴还常常与数范畴、人称范畴、格范畴等组成混合标记,共同表达。

7.3 人称范畴

人称范畴(person)是用于指称的语法范畴。在言语环境中,它体现言语交际的基本结构,即以说者为中心,对说者、听者以及所及的对象的各种编码。人称范畴的形式多样,功能复杂,还与性、数、格等范畴有着诸多的关联。本节将对跨语言人称范畴的主要类型学特征进行介绍。

跨语言上,大多数语言都用一组封闭性的形式指称不同的言语参与者,称为"人称形式"(person forms)或"人称标记"(person markers)。人称形式在言语环境中专门用于指称不同的参与者角色,这是其与普通名词的根本区别。例如,在英语句子"Mummy will give Ben a kiss"中,虽然"Mummy"和"Ben"可分别表示说者自称和指称听者,但它们与人称代词"I"或"you"不同,仍具有其他的词汇意义,因而不是专门的人称标记。

与其他语法范畴一样,人称范畴必须通过形态、句法、语义等手段表示出来,并主要受到以下等级序列的影响(Silverstein 1976; Comrie 1981; Givón 1976:152; Croft 1988:162; Siewierska 2004: 148—162):

  人称等级序列:第一人称＞第二人称＞第三人称;
  名词性等级序列:代词＞名词;
  生命度等级序列:人类＞有生＞无生＞抽象体;
  指称等级序列:有定＞无定实指＞非实指;
  焦点等级序列:非焦点＞焦点;
  句法功能等级序列:主语＞直接宾语＞间接宾语＞其他论元性成分;
  语义角色等级序列:施事＞接事/历事＞受事。

以人称等级序列为例,一般而言在人称一致关系表达非强制性的语言中,具备左项特征的控制项,更可能引发人称一致关系的标注。在 Gumawana 语中,主谓之间体现了一种较为典型的人称一致关系,如:

(1) Gumawana 语(Siewierska 2004:120)

    a. Yau   a-mwela
        I   1SG-climb
       'I climbed up.'
    b. Komu   ku-mwela
        you   2SG-climb
       'You climbed up.'
    c. Kalitoni   i-paisewa
       Kalitoni   3SG-work
       'Kalitoni worked.'

虽然大多数语言的人称一致关系表达涉及第一、二、三人称,但第一人称,或第一、二人称通常更可能获得一致关系的标注,后者(第一、二人称的标注)也比前者(第一人称的标注)更为常见。然而,人称等级序列是一种倾向性,而不是绝对的共性序列,有许多语言的人称一致关系表达仅限于第三人称,且大多与受事有关(类似英语一般现在时,第三人称主谓一致有标注而第一、二人称无标注的情况则较为少见,如"she come-**s**")(Siewierska 2004:149—150)。

就语义角色等级序列而言,如果一个语言中存在基于语义角色的一致关系,那么谓语最可能与施事保持一致,随后是接事(recipient)/历事(experiencer),最后是受事。例如,在 Kobon 语中,动词仅与施事保持人称一致,如例(2);在 Yawa 语中,动词仅与受事保持人称一致,如例(3):

(2) Kobon 语(Siewierska 2013,WALS)

    yad   kaj   pak-nab-in

  I pig strike. FUT. 1SG. A
  'I will kill a pig.'
（3）Yawa 语（Siewierska 2013，WALS）
  Dorpinus po   Marianna   r-anepata
  Dorpinus ERG. 3SG. M Marianna(F) 3SG. F. P-hit
  'Dorpinus is/was hitting Marianna.'

就句法功能等级序列而言，语言中若存在语法化的主语或宾语及句法形式上的一致关系，那么谓语最有可能与主语的人称保持一致，之后才与直接宾语或间接宾语保持一致；换句话说，如果一个语言的动词和直接宾语保持人称一致关系，那么它也与主语保持一致关系。例如，在以下 Wolaytta 语的句子中，动词"eha-"仅与主语"aa"保持人称一致关系：

（4）Wolaytta 语（Siewierska，个人交流）
  aa   ʔaa-w gutta haatka eha-ssu
  she he-DAT some water   brought; 3SG
  'She brought him some water.'

在 Apurinā 语的例句中，动词"-suka-"（给）同时与主语和直接宾语保持第三人称、阴性的一致关系，如：

（5）Apurinā 语（Siewierska，个人交流）
  O-suka-ro ona uwa-mokaru nu-serep. i
  3. F-give-3. F 3. F 3. M-to   1SG-arrow(F)
  'She gave my arrow to him.'

人称范畴的形式特征反映了其语法化的程度。跨语言上人称形式可分为独立形式（independent forms）和依附形式（dependent forms）。前者主要指可带重音、可单独使用的人称代词，它们具有以下的特征（Sugamoto 1989；刘丹青、强星娜 2009）：

 A. 成员是封闭的；

B. 缺少形态音系的稳定性；

C. 缺少特定的语义内容；

D. 缺少文体或社会语言学上的含义；

E. 表达语法上的人称；

F. 不能带定语；

G. 对指称的解读有限制。

独立形式可以从名词性成分过渡到代词性成分，具有梯度性特征；越靠近代词一端的人称形式，具备上述（A－G）的属性就越多越全。比如，波兰语或英语的人称形式，代词性最强，而泰语的人称形式，则名词性最强（Siewierska 2004:9）。

与独立形式不同，依附形式通常不能带重音，语音上相对缩减，或依附于其他成分（如谓语），或在分布上相对受限，大致可分为：

A. 零形式（zero forms）：零形式有人称的语义解读，但没有相应的语音形式表达（不论是音段或超音段）；作为人称标记的一种，它们存在于许多语言中，如英语句子"ø get away"中的零形式主语；零形式不一定是其他依附形式的弱化产物，在一些语言中，如汉语或日语，它们常常是一种基于语用因素（如谦逊等）的省略。

B. 黏着形式（bound forms）：黏着形式通常指附加在词干上表示人称的词缀，如前缀（prefix）、后缀（suffix）或中缀（infix）等。它们常与所附着的成分形成一个音系单位。广义上，黏着形式也包括词干的语音变化或声调变化表达人称形态。如 Godie 语中，低声调的限定动词表示其带第二人称宾语，高声调的限定动词表示其带第一人称宾语（Siewierska 2004:26）。

C. 附缀（clitics）：附缀是介于黏着形式和独立代词之间的人称标记。它们可能是普通代词的缩略形式（如英语"Give [em]/them back"）或是其他人称形式的语素变体（allomorphs）。一般而言，附缀出现在宿主词前，称为前附缀（proclitics）；附缀出现在宿主词后，称为后附缀(enclitics);此外,一些附缀还可写为一个独立的词,甚至在一些条件下可带重音。相较于黏着成分,附缀的独立性较强,不专门依附于某类词干;此外,附缀通常不改变所依附词的韵律特征(重音),而黏着成分则在韵律上是词的一部分。

D. 弱化形式(weak forms):弱化形式又称代词短式,它们语音和形态上也不依附于任何其他成分,但在句法分布和语音构成上不同于独立代词。如 Woleaian 语中的独立代词"gaang. $_{1SG}$"(我)或"geel. $_{2SG}$"(你),分别对应弱化形式"i. $_{1SG}$"(我)或"go. $_{2SG}$"(你)。(详见 Siewierska 2004:16—67;刘丹青、强星娜 2009)。

人称范畴是语言中最普遍的语法范畴之一,一种语言若在语法上区分至少两类基本参与者,如说者和听者,就可认为该语言有人称范畴。跨语言的人称范畴大致有以下类型(Siewierska 2004:1—16;Cysouw 2009:1—35):

> 第一人称:可以指代说者、说者与听者、说者与言外第三方,由此区分第一人称单数、第一人称包括式和第一人称排除式;
> 第二人称:可指代听者;
> 第三人称:除了说者和听者外的其他参与者;
> 第三人称近指:指一个或多个的其他参与者,并与说者较近;
> 第三人称远指:指一个或多个的其他参与者,并与说者较远;
> 视点代词(logophors)和远距离反身代词:用于体现主语、说者、言语参与者的不同的视角或移情(empathy)关系。

除了用于指称功能外,语言中还有专门表强调的人称形式,称为"强化词"(intensifiers)。它们与人称代词或其他名词性成分同现,共同表达各种强调意义,如在英语"he himself did it"和"he did it himself"这两个句子中,根据"himself"句法位置不同,前者称为"附名强调词"(adnominal intensifiers),后者为"副词性强调词"(adverbial intensifiers),用于表示对比、意外、排他、强调等语义、语用功能。语言中的强调词可由反身代词充当,如汉语的"自己"、土耳其语的"kendi"以及英语"x-self"，但许多语言的（附名）强调词和用于回指的反身代词形式上并不相同，如德语"selbst"和"sich"、意大利语"stesso"和"mi"、波兰语"sam"和"się"等。

　　人称范畴与数范畴的关系密切，但人称的数与普通名词的数并不完全一样。一般来说，人称复数不仅表示参与者的数量多寡，还表示以说话人为视角中心来划分的一群人，形成所谓"群类"概念。"群类"概念也称为"类属性"（associative meanings），与"生命度等级序列"，即"第一人称＞第二人称＞第三人称＞亲属名词＞人＞有生名词＞无生名词"有关。在该序列中，所有词项均有可能获得涉数形态的表达，但随着生命度等级序列的左移，等级越高的成分，获得类属性解读的可能性越高；反之，获得普通数量解读的可能性越高（Corbett 2004:84）。正因为如此，语言中的第一人称的涉数范畴的表达和区分最复杂，类型差异也最大，主要分为以下几类（详见Cysouw 2013）：

A. 无专门数标记：如 Pirahã 语第一人称独立代词和附缀"ti"；

B. "I ＝ we"：人称代词单复数同形，只有通过语境区分单复数意义，如 Qawasqar 语第一人称代词"cecaw"；

C. 无包括式/排除式对立：如英语的第一人称复数"we"；或如 Hmong Njuna 语的第一人称只有双数"wb"和复数"peb"两个非单数形式；

D. 仅包括式（only inclusive）：第一人称仅有一个包括式，但排除式和第一人称单数同形，如 Canela-krahô 语的第一人称包括式"cu"，第一人称单数和排除式（复数）"wa"；

E. 包括式和排除式（inclusive & exclusive）：第一人称有包括式和排除式的区分，如 Chamorro 语中，第一人称单数是"hu"，第一人称包括式是"ta"，第一人称排除式是"in"；此外，这类人称系统也涉及最小包括式（minimal inclusive），即"说者＋单个听者"，如 Lavukaleve 语中，最小包括式"mel"（仅两人），而"me"则是超过两人的包括式。

主要根据第一人称范畴涉数模式的差异，个体语言在某个句法位置上聚合的人称标记常常具有较稳定的结构特征，称为"人称标记聚合结构"(paradigmatic structures for person markers)；当不同语言的人称系统中都出现同一类的聚合结构时，就可以认为这些人称系统具有相似性，由此构成跨语言比较的类型学基础(Cysouw 2009；吴建明 2013)。

人称形式还具有丰富的社会语用功能，反映言语参与者间的地位高低、亲疏远近、长幼尊卑等复杂的社会关系，其主要的表达手段包括：

A. 以数的变化：如 Tamil 语用人称复数式表尊称；汉语方言的人称领属语也多用复数形式表单数义，承载各种社会语用功能(刘丹青 2013:141—161)；

B. 以人称变化：如在 Marathi 语中，反身形式可用于表示礼貌、尊敬程度较高的场合；

C. 以特定的人称标记表尊称或非尊称：如泰语的第一、二、三人称分别有 27、22、8 种形式，分别用于实现不同的社会语用功能。

此外，语言中还可通过人称形式省略、名词替代等手段表达不同的交际功能。日语熟人或地位平等的人之间，第一、二人称主语常常省略。汉语以谦逊为目的，第一人称也常常省略；而人名、头衔、亲属词等名词也常常用于非自称的场合，表示一种礼貌、尊敬，如用"大哥""师傅""叔叔"代替第二人称代词(上述详见 Siewierska 2004:214—235)。人称形式所承载的社会语用功能也是跨语言比较研究的重要组成部分。

7.4 小结

语言类型学在进行跨语言比较研究时，常常会涉及许多语法范畴，如数范畴(单数、复数、双数等)、性范畴(阴性、阳性、中性等)

和人称范畴(第一、二、三人称等)。数范畴方面,本章讨论了名词数和动词数的形式表达、数的值域以及与此相关的制约因素;性范畴方面,本章主要讨论了基于语义、基于形式,以及基于语义和形式的三种性属划分系统;人称范畴方面,本章讨论了跨语言人称形式库藏与功能,人称范畴值域以及相关的制约等级。上述语法范畴在具体语言的描写以及跨语言的类型学研究中占有重要地位,它们在很大程度上反映了人类在认知概念系统上的分类与组成,也反映了与语言形式有关的社会文化、语言演变、语言接触等因素。这些都值得更进一步地研究探索。

参考文献

Aikhenvald, Alexandra Y. 2006. Classifiers and noun classes: Semantics. In Brown, Keith (ed.) *The Encyclopedia of Language and Linguistics* (Second Edition). Oxford: Elsevier, pp. 463—471.

Corbett, Greville G. 1991. *Gender*. Cambridge: Cambridge University Press.

Corbett, Greville G. 2001. Grammatical number. In Baltes NJSAPB (ed.) *International Encyclopedia of the Social and Behavioral Sciences*: IX. Amsterdam: Elsevier, pp. 6340—6342.

Corbett, Greville G. 2004. *Number*. Cambridge: Cambridge University Press.

Corbett, Greville G. 2006. *Agreement*. Cambridge: Cambridge University Press.

Corbett, Greville G. 2013. Number of genders. In M. Haspelmath, M. S. Dryer, David Gil and Bernard Comrie (eds.) *The World Atlas of Language Structures* (*WALS*). Leipzig: Max Planck Institute for Evolutionary Anthropology.

Comrie, B. 1981. *Language Universals and Linguistic Typology*. Chicago: University of Chicago Press.

Croft, W. 1988. Agreement vs. case marking in direct objects. In Michael

Barlow and Charles A. Ferguson (eds.) *Agreement in Natural Language: Approaches, Theories, Descriptions*. Stanford, California: Center for the Study of Language and Information, pp. 159—180.

Cruse, D. A. 1994. Number and number systems. In Asher, R. E. (ed.) *The Encyclopedia of Language and Linguistics*. Oxford: Pergamon Press, pp. 2857—2861.

Cysouw, M. 2009. *The Paradigmatic Structure of Person Marking*. Oxford: Oxford University Press.

Cysouw, M. 2013. Inclusive/exclusive distinction in independent pronouns. In M. S. Dryer and M. Haspelmath (eds.) *The World Atlas of Language Structures Online*. Leipzig: Max Planck Institute for Evolutionary Anthropology.

Dixon, R. M. W. 1972. *The Dyirbal Language of North Queensland*. Cambridge: Cambridge University Press.

Givón, T. 1976. Topic, pronoun and grammatical agreement. In C. N. Li (ed.) *Subject and Topic*. New York/London: Academic Press, pp. 149—188.

Jackendoff, R. 1991. Parts and Boundaries. *Cognition* 41, pp. 9—45.

Parker, E. M. and Hayward, R. J. 1985. *An Afar-English-French Dictionary with Grammatical Notes in English*. SOAS, University of London, London.

Siewierska, A. 2004. *Person*. Cambridge: Cambridge University Press.

Siewierska, A. 2013. Verbal person marking. In M. S. Dryer and M. Haspelmath (eds.) *The World Atlas of Language Structures Online*. Leipzig: Max Planck Institute for Evolutionary Anthropology.

Silverstein, M. 1976. Hierarchy of features and ergativity. In Dixon, R. M. W. (ed.) *Grammatical Categories in Australian Languages*. Canberra: Australian Institute of Aboriginal Studies, pp. 112—171.

Sridhar, S. N. 1990. *Kannada (Descriptive Grammars Series)*. Cambridge: Routledge, London Cambridge University Press.

Sugamoto, Nobuko 1989. Pronominality: A noun-pronoun continuum. In

Roberta Corrigan, Fred Eckman and Michael Noonan (eds.) *Linguistic Categorization*. Amsterdam: John Benjamins, pp. 267—291.

Tucker, G. R., Lambert, W. E. and Rigault, A. A. 1977. *The French Speaker's Skill with Grammatical Gender: An Example of Rule-governed Behavior*. The Hague: Mouton.

Turner, P. R. 1976. Pluralization of nouns in Seri and Chontal. In Margaret Langdon and Shirley Silver (eds.) *Hokan Studies: Papers from the First Conference on Hokan Languages held in San Diego, California, April 23—25, 1970 (Janua Linguarum, Series Practica 181)*. The Hague: Mouton, pp. 297—303.

刘丹青、强星娜(2009)《人称范畴》介评,《南开语言学刊》,第1期。

刘丹青(2013)汉语方言领属结构的语法库藏类型,《语言研究集刊》,第10期。

吴建明(2013)人称"聚合结构"理论的汉语视角,《当代语言学》,第4期。

(编写者:吴建明)

第八章 领属结构与致使结构

8.1 领属结构

在类型学中,领属结构和致使结构讨论较多。领属结构表达领属关系,主要是名词性的,其中"领有者"是定语,"被领有物"是核心。有些领属关系可以用谓词性结构表达,主要是"X 有 Y"和"X 处存在 Y"这类结构,本章不讨论谓词性领属结构。

领属关系的编码形式多种多样,首先是跟语言有关;而同一种语言中领属关系也往往有多种编码形式,这就跟领属关系的具体内容有关了。除狭义的"领有"意义(我的书)之外,领属关系还包括亲属关系(鲁迅的弟弟/妻子)、整体—部分关系(鲨鱼的鳍、长城的砖)、属性关系(电扇的用途)、社会关系(张三的老师李四)等等。本章我们将讨论不同语言中,不同的领属关系如何编码为不同的领属结构的种种情况。

8.1.1 名词性领属结构编码类型

在形式上,领属结构可以用语序表达,也可以用形态表达。

1. 语序

除像汉语"我爸爸"使用的"领有者—被领有物"这样的顺序外,领属结构在有的语言中使用的是相反的"被领有物—领有者"顺序,如印度尼西亚语(林优娜 2008:144):

(1) Ibukota　　　　Indonesia
　　 印尼的首都

2. 形态

形态手段可以分为添加前/后置词(我国民族语文献中一般处理为助词)、词缀/语缀(前者的宿主是词,后者的宿主是短语)和语音变化三种基本类型。根据形态标志加在核心上还是定语上,可分为三种:附核、附从和双重标志(参见本书9.4.1节)。

A. 语缀型附从标志(dependent-marking)方式,领属关系的标志添加在领有者成分上。这种标志也可以称为领格(genitive)标志,与附核的属格(pertensive)①标志相对。附从标志在核心居前与核心居后语言中都存在,如例(2)维吾尔语(孙宏开等 2007:1640)和例(3)东乡语(孙宏开等 2007:1898)的现象:

(2) qoʁunlar　　　　siler-niŋki
　　 甜瓜　　　　　　你们-的
(3) ada-ni　　　　　mori
　　 爸爸-的　　　　马

Dyirbal语(Dixon 2010:268—269)中的词缀"-ŋu",需要加在领有者短语部分的每一个词后面。

(4) [ba-ŋu-l　　 yara-ŋu　　 midi-ŋu]　　 guda
　　 DET-GEN-M　 man-GEN　　 small-GEN　　 dog
　　 '那小个儿男人的狗'

语音变化也是一种标志方式。在白马语(孙宏开等 2007:222)中,第一人称代词"ŋa^{35}"进入领属结构中需要变成"ŋo^{35}"。

(5) ŋo^{35}　　 a^{13}pa^{53}
　　 我的　　　父亲

---

① Pertensive 是 Dixon(2010)表达附核领属标志一个专门术语。

还有一些语言同时采用元音、声调兼屈折变化表领属关系。在基诺语(孙宏开等 2007:337)中,"ɛ¹"是表示所有格的助词。

(6) pɹə⁴jo²　　ɛ¹　　mɛ⁴tu³
　　布拉腰　　的　　玉米

但在和第一人称复数"我们"构成的领属结构中,所有格助词"ɛ¹"读成"vɛ¹"。

(7) ŋa¹　　vɛ¹　　tso⁴
　　我们　　的　　房子

B. 词缀型附核标志(head-marking)方式,通过在被领有物成分上添加标志表达领属关系。附核标志可以分为前缀和后缀两种形式。如 Karbi 语(Dixon 2010:269)使用前缀"a-"标志在被领有物成分上。

(8) tebul　　　a-keŋ
　　table　　　PERTENSIVE-leg
　　桌子　　　腿

锡伯语(孙宏开等 2007:2001)使用领有者和带有后缀"-ni"的被领有物表示第三人称单数或复数的领属。

(9) əsəj　　bandʑi-ni
　　'他们的生活'

C. 领有者和被领有物均有标记的双重标志(double-marking)策略,如 Quechua 语。

(10) runa-q　　　alqu-n
　　 man-GEN　　 dog-3SGR
　　 '那人的狗'(Crapo and Aitken 1986:vol.2,13)

(11) hwan-pa　　　wasi-n
　　 John-GEN　　 house-3SGR
　　 'John 的房子'(戴庆厦、汪锋 2014:178)

8.1.2 编码形式跟领有者生命度的相关性

不少语言有与领有者的特征直接相关的两种或两种以上标志策略。领有者成分的词性（代词、专有名词、亲属称谓词）、语义特征（生命度特征）的区别直接决定了领属标志的使用方法。

泽西诺尔曼法语（Liddicoat 1993）有三种标记策略。

A. 当领有者是代词时，直接采用语序"领有者＋被领有物"。如：

(12) mā　　　frɛð
　　 我的　　 兄弟

B. 当领有者是指人的专有名词或亲属称谓词时，领属结构为"被领有物＋a＋领有者"。如：

(13) lɛːð　　　　　　ɛːfāːz　　　　a　　　　　　ma　　　　　　　　fil
　　 ART.DEF.PL children POSSESSIVE 1SG-POSSESSOR-F daughter
　　 '我女儿的孩子们'

C. 当领有者不具有人的特征时，领属结构为"被领有物＋d＋领有者"。如：

(14) l　　　　　　　　　ɛːgjiːð　　d　　　　　　la　　　　　　　　　pɑːrɛːs
　　 ART.DEF.SING.FEM church POSSESSIVE ART.DEF.SING.FEM parish
　　 '教区的教堂'

这三种标记策略的变化反映了"可别度领先像似性"（参见本书15.3.5节）：由于代词的可别度高，更容易出现在前置位置。

8.1.3 编码形式跟领属关系次范畴的相关性

领属结构有时表示多种意义，如"钱锺书的书"就可以有"钱锺书所写的书""钱锺书所收藏的书""与钱锺书有关的书"等。领有关系内部也有多种对立，如澳大利亚 Dyirbal 语（Dixon 2010:275）

就有暂时拥有与长期拥有的形式区别。

(15) a. Tami-ŋu　　　　waŋal
　　　 Tom-GEN　　　　boomerang
　　　 'Tom 的飞去来器'

　　 b. Jani-mi　　　　 waŋal
　　　 John-GEN　　　　boomerang
　　　 'John 的飞去来器'

"-ŋu"表示的是 Tom 当前拥有飞去来器,"-mi"表示的是 John 拥有飞去来器,但当前并不在他手上,John 可以收回暂时在别人手中的飞去来器。

各种领属关系中需要重视"不可让渡领属关系"(inalienable possession)和"可让渡领属关系"(alienable possession)的区分。如在西格陵兰因纽特语(Fortescue 1984)中有专门的名词缀"-ati"用于表示可让渡或临时性的领属关系。

(16) aningaasa　　-ati　　　　-qar　　-punga
　　　money　　　-ALIENABLE　-have　-1SG:INDICATIVE
　　　'我有些钱'

不可让渡的领属关系中领有者和被领有物的语义关系紧密。在东乡语(孙宏开等 2007:694—695)中,不可让渡的领属关系词组在进入句子后,领属关系助词"da^{31}"可以省略。

(17) a. go^{55}　ba^{31}　tai^{55}　vai^{55}　(da^{31})　a^{31}ga^{r55}　tɕhə^{55}pai^{53}
　　　 我　　没　　见　　他　　的　　　哥哥　　　砍刀

　　 b. go^{55}　ba^{31}　tai^{55}　vai^{55}　　　　　a^{31}ga^{r55}　tɕhə^{55}pai^{53}
　　　 我　　没　　见　　他　　　　　　哥哥　　　砍刀

说话者与听话者相对于被领有物的距离也可以通过词缀区分开来。在巴西的 Warekena 语(Aikhenvald 1998:293—297)中,"-ne"表示被领有物与说话者的空间距离近,"-te"表示被领有物与说话者空间距离远而与听者更近。

(18) a. nu   -waru   -ne
       1SGR   -parrot   -PERTENSIVE.CLOSE
       '我的鹦鹉'（就在身边）

    b. pi   -waru   -te
       2SGR   -parrot   -PERTENSIVE.NOT.CLOSE
       '你的鹦鹉'（在那边）

巴西的 Baniwa 语（Warekena 语的亲属语言，Aikhenvald 2000:143）则可以通过不同的词缀表示领有者与被领有物之间关系的主观亲疏差异。

(19) a. nu   -tʃinu   -ni
       1SGR   -dog   -PERTENSIVE.CLOSE
       '我的狗'（如表示"这条狗是我养大的"）

    b. nu   -tʃinu   -te
       1SGR   -dog   -PERTENSIVE.NOT.CLOSE
       '我的狗'（如表示"这条狗是我发现的"）

有的语言领属标志有多个。在名词性领属结构中究竟采用何种标志的依据是被领有物的类型，主要是"可让渡—不可让渡"的对立。但是具体语言对被领有物相对于领有者的六种小类（所有、亲属、整体—部分、特征或属性、方所、社会关系）的处理是有差异的。

有的语言采取"可让渡"和"不可让渡"两分标记策略。如钦西安语（Boas 1911）将"所有"关系处理为可让渡，其他五种处理为不可让渡关系。与钦西安语类似，加拿大境内 Athapaskan 语系的 Slave 语（Rice 1989）采用两分，除"所有"关系属于"可让渡"关系外，"整体—部分"关系下的"人体排泄物""疤痕"既可以处理为"可让渡"也可以处理为"不可让渡"关系。同样两分标记的 Creek 语（Martin 1991）中，"所有"关系同样处理为"可让渡"关系，有趣的是,一般处理为"不可让渡"关系的人体部位在这种语言里进行了细分,部分人体部位(如"肋骨""男性和女性的生殖器")与"汗液""尿液"以及部分亲属称谓词(如"孩子""孙子和孙女"和"岳母")都采取"可让渡"关系处理。

有的语言采取三分标记策略。Athapaskan 语系的另一种语言 Koyukon 语(Thompson 1996)的"亲属"关系单独为一类,"所有"关系和人体的"血液、眼泪、尿液、粪便"为一类,"社会关系"和有生物体(人、动物和植物)的其他部分为一类。

还有采用四分标记策略的语言。Siouan 语(北美印第安语的一种,Boas and Deloria 1941)"所有"关系和"亲属"关系各自为一类,人体部位中的"鼻子""肩膀""膝盖""头发""肋骨""肝""肺""血液""骨头"为第三类,人体部位中的"嘴""嘴唇""眼睛""臂""手""足""生殖器""耳朵"和"灵魂"为第四类。

以 Koyukon 语为例:

(20) a. se   -tlee
        1SG   -head
        '我的头'

   b. be   -to
        3SG   -father
        '他的父亲'

   c. se   -tel   -e
        1SG   -socks   PERTENSIVE
        '我的袜子'

例(20a)和(20b)都用代词前缀放在被领有物前,二者的区别在于,在 Koyukon 语中,当亲属称谓词处于被领有者关系时,不管前面是否有一个完整的名词作为领有者,它都需要一个领有关系前缀。

在现代汉语中,不可让渡关系可不用附从标志"的",如"我的爸爸—我爸爸"。比较特殊的是,现代汉语中不可让渡关系包含了双向领属关系(张敏 1998:228—232),如"我们"与"学校",由于"我们"属于"学校","学校"也属于我们,因此可以有"我们学校"的表述。但是为何汉语中"我的手"属于可让渡的领属关系?徐阳春(2008)认为汉语的不可让渡关系必须是具有互相依存的"组配关系",如"我父亲"是父子关系,"父亲"和"子女"两个概念互相依存;但是"我的手"中,不存在这种互相依存的组配关系,因此并不看作不可让渡关系,"我的手"在单独使用时其中的"的"不能省略。总之,现代汉语中"的"的隐现受多个因素的影响,在名词性领属结构中需要深入分析。

一般来说,如果一种语言在形式上区分了"可让渡—不可让渡"两种领属关系,在具体的语言形式上往往存在以下对立:

i. 可让渡领属结构总是比不可让渡领属关系结构复杂:可让渡领属结构的句法成分数量更多,长度更长。
ii. 可让渡领属结构要求有类词(classifier),而不可让渡领属结构不需要。
iii. 显著的标志总是只出现在可让渡领属结构中。

8.2 致使结构

致使范畴(causative),也可译为使役范畴或使成范畴,在语义上可以理解为两个事件之间形成了因果关系:致使者(causer)的某种言行导致受使者(causee)产生某种变化或采取相应的行为,可以表述为"事件甲(致使事件)使事件乙(结果事件)得以出现",如传统英语语法中的"主语—致使动词—宾语—宾语补足语"(S—V—O—C)结构,即汉语的"兼语式"结构。以(1)为例来说明。

(1) 张三招呼李四坐下。

在例(1)中,致使者"张三"的某些行为(引起事件),其结果导致受使者"李四"发生某种行为或变化(结果事件)。两个事件通过动词"招呼"和"坐下"得以表达。从顺序看,两个事件形成了"前因后果"的语序。

致使结构可以从语义角度和语用角度进行深入的描写、分析。学术界已经发现致使结构的编码形式与语义之间的关联,比如甲与乙两件事情之间是直接致使还是间接致使,对由其构成的致使结构有重要影响等等。

8.2.1 致使结构的编码方式

根据编码形式的语义透明度分成三类:分析型、形态型和词汇型。

1. 分析型致使结构

分析型致使结构的语义透明度最高,如例(1)。其谓语部分包含两个动词,每个动词陈述一个子事件,受使者通常编码为致使动词的宾语(也可能是与格或工具格等,但极少是主格的),如英语"I caused him to go"中的宾格"him"所显示的。

不少语言中结果动词如果是系动词,往往可以省略:

(2) It's the good weather that makes Spain (be) such a popular tourist destination.

(3) Our teachers make us (be) successful.

汉语兼语句可看作一种分析型致使结构。其中的受使者,虽然根据"兼语句"的名称可以理解为兼作致使动词的宾语和结果动词的主语,但实际上根据语音停顿等标准也应该分析为宾语。例如用"把"字句测试:如"我请他到我家里"可转换成"我把他请到家里",说明其中的"兼语"实际上是宾语。并且,汉语中存在结果动词本身还可以带主语的情况:

(4) a. 我　说得　　　这些人　眼泪　都流出来了。
　　 b. 我　把这些人　说得　　　眼泪　都流出来了。

例(4b)句中的"眼泪"就是结果动词的主语。

英语中要把"I caused him to go"中的"him"编码为主语也可以,如"I brought it about that he went"(字面翻译:我导致他离去这事发生了)。但这个结构偏离致使结构已经很远了,应该看作动词只带一个宾语从句。不过,人类语言中确实存在这类句子跟致使结构界限不清的情况,请看下例。

这是个 Canela-Kraho 语(Popjes and Popjes 1986)的例子。

(5) Capi　　te　　　[i-jōt　　　　na]　　　　　i-to
　　Capi　　PST;A　1SG;S-sleep　SUBORDINATOR　1SG;O-CAUS
　　'Capi 使我睡觉。'

在"na"所表示的从句中,"我"是主语。但在主句中,致使动词上标示出"我"是宾语。这个例子显示了主句跟从句之间复杂的交叉结构。

以上讨论的是受使者编码为宾语还是主语问题。沿着另一个方向,还可以观察致使事件和结果事件的结合松紧程度变化。在分析型致使结构中,代表两个事件的动词的分离是明显的,这也是它被称为"分析型"的原因。下面法语的一个例子中,两者的结合就相当紧密了。

(6) a. j'ai fait courir Paul.（我已经使保罗奔跑）
　　 b. j'ai demandé à Paul de courir.（我已经要求保罗奔跑）
　　 c. j'ai demandé à Paul de manger les pommes.（我已经要求保罗吃苹果）

法语中最常用的致使动词是"faire"(作成、使),由它构成的致使结构与法语中一般由两个谓语构成的句子不同。一般情况下,两个谓语是分离的,各自需要带上各自的名词短语,如例(6b)动词

"demandé"(要求)除了带主语外还带一个由前置词"à"(向)引导的间接宾语。例(6c)表明在法语的不定式结构中，不定式动词"manger"(吃)的宾语"les pommes"(苹果)允许保留下来(Comrie 1989)。

但是例(6a)表明，带"faire"("fait"是"faire"的直陈式复合过去时形式)的致使结构则将不及物动词"courir"与"faire"紧连在一起，中间不允许插入任何名词短语。显然，法语中带"faire"的致使结构中，原本应该出现在"faire"后的宾语和原本应该出现在"courir"前的主语都后移了。由"faire"与"courir"组成的致使结构像一个复合短语般将 Paul 放在了整个短语的后面充当宾语。这种情况就接近下面所说的形态型致使结构了。

2. 形态型致使结构

上述法语的"faire"，如果进一步虚化，就很可能成为构成致使动词的前缀。所谓形态型致使结构，就是通过一般动词添加致使标志而构成的。形态型致使结构的特点是代表两个事件的成分合并在一起了，构成了一个代表复合事件的动词。

汉语中有一种致使结构很值得注意。"他气得我说不出话"应该看作一种致使结构。其中的"得"可看作一个构成致使结构的词缀，加在一般动词上派生出致使动词。因此，汉语此类致使结构可看作派生的形态型致使结构(陆丙甫、屈正林 2008)。不过，一般致使词缀的功能是把结果事件的主语转换成受使者，"得"的功能是引出一个结果事件。上例中，"气"原来只能带宾语"我"。加了"得"后，就可以带一个结果事件"说不出话"。

汉语中的动结式，是把致使动词跟结果动词结合在一起的复合词，可看作形态型致使结构中偏离分析型最少的一类。其中某些能产性较大的，如"弄死、弄开、弄大、弄坏"中的"弄"，就接近法语"faire"，像是一个"致使前缀"了。从语法关系上看，其他动结式中的前面一个动词，地位也类似"弄"，不过意义比较具体，带有某种致使方式的意义。不管如何,从构成一个复合词的角度来说,应该看作形态型致使动词。

两个事件结合更紧密的致使结构来源,包括添加词缀、内部替换元音或辅音、辅音重复、重叠、延长元音、改变声调等多种类型。

Dixon(2012)和黄成龙(2014)对此有较为详细的介绍,以下左边为动词的基本形式,右边为其致使形式。

(7) 添加前缀

  gəbba   a-gəbba

  进去   使……进去(Amharic, Amberber 2000)

(8) 添加后缀

  xachíi   xachíi-a

  移动   使……移动(Crow, Graczyk 2007)

(9) 重叠

  bengok be-bengok

  喊   使……喊(Javanese, Suhandano 1994)

(10) 辅音重复

  xarab   xarrab

  变坏   使……变坏(Gulf Arabic, Holes 1990)

(11) 元音延长

  mar   maːr

  死去   使……死去(Kashmiri, Wali and Koul 1997)

(12) 内部变化

  tikti   táiktyi

  合适   使……合适(Lithuanian, Senn 1966)

内部变化派生的致使动词包括声调变化,如汉语中"空"用作形容词时,读阴平调;作使动用法(使……成为空的)时则读去声。这种声调变化在汉语的亲属语言藏语中是常见的。藏语(孙宏开等 2007:180)除了变化声母外,声调变化也是表达使动义的重要手段。如：

(13) 　　　自动　　　　使动
　　断　tɕheʔ⁵³　　tɕeʔ⁵³
　　燃　par¹⁴　　　par⁵⁵
　　散　tʂam¹⁴　　　tʂam⁵⁵

3. 词汇型致使结构

形态型致使结构进一步融合，可构成词汇型致使结构，虽然词汇型致使结构并非都来自这种形态融合。

上面所说的形态型中，如果某种派生类型没有能产性，来源词和派生词为同源词这个关系不容易看出，就使人感到已经是两个词。如英语的致使动词"lie"跟不及物动词"lay"，都来源于古英语"lecgan"，但是现在一般认为是无关的两个词，就被处理成致使动词的"单词型"；跟下面的成对动词看作一类：

(14) intransitive　　　transitive
　　　die　　　　　　kill
　　　go in　　　　　put in

此外，大量的动词是处于两可状态的：既有及物致使用法又有不及物用法，如：

(15) a. The car accelerated smoothly away.
　　 b. He accelerated the car.
(16) a. Fat tends to accumulate around the hips and thighs.
　　 b. The fat was accumulated during these ten years.
　　 c. The cow have accumulated so much fat over the years.

例(15a)和(15b)中"accelerate"分别是不及物用法和及物用法。例(16a)中"accumulate"是不及物用法，(16b)中被动用法，显然也说明"accumulate"有和(16c)相同的及物用法。

这类情况实际上也可看作"零派生"，汉语中这类情况很多，如

"眼界开阔了—开阔了眼界""思想解放了—解放了思想"等等。

以上三种编码方式跟两个事件之间的语义距离密切相关。一般来说,两个事件之间的语义距离越近,则越倾向于采用词汇型致使结构。其实,在词汇型致使结构中,两个事件已经在认知上合并为一个事件了。如英语"to kill"就是一个事件,通常不会说"He killed her, but she didn't die",即结果不可能是"杀而不死"。而"to make somebody die"中,从"make"这一行为开始,到对方死去,可能经历较长的时间,甚至可能根本以失败告终。汉语的"杀死"可看作形态型的复合词一类,介于分析型和词汇型之间,两个事件的语义距离也介于两者之间。

即:

词汇型　　　　形态型　　　　分析型

←——————————————————→

融合度不断增高

在英语中致使行为是否需要额外努力是通过词汇型编码机制实现的。这种差别主要通过"make"表现出来。使用"make"构成的致使结构还表达了受使者(如果有生命的话)的不情愿和额外努力两个意义。如:

(17) a. Tom melted a lot of gold.
　　 b. Tom made a lot of gold melt.
　　 c. She walked me to the front gate.
　　 d. She made me walk to the front gate.

8.2.2　影响编码选择的其他主要功能因素

两个动词的结合方式,除了取决于致使结构中两个子事件的距离之外,还跟致使者对整个复合致使事件的控制度有关。一般说来,控制度越大,意味着结果事件会发生得越直接,实际上就拉近了两个子事件的距离,表达它们的两个动词性部分自然也容易结合更紧了。

致使者的控制度跟受使者的控制度成反比。如 Mixtec 语(Song 2001:278—279)有两种形态编码机制,一般认为其区分的标准主要是受使者对结果事件的控制度。下例中,前缀"s-"用于受使者缺乏控制能力或控制能力较低的行为,如"我喂孩子吃东西",另一个前缀"sáʔà-"则表示受使者对动词有一定的控制能力,如"我要求那孩子吃东西(他可以不吃东西)"。

(18) a. s-kée
　　　 CP-eat
　　　 '喂他(东西)'
　　 b. sáʔà　　hà　　　nà　　　kee
　　　 CAUS　　NR　　　OPT　　eat
　　　 '让他吃(东西)'

既然"他"对是否吃东西有较大的控制度和选择,那么,这自然削弱了致使者对结果事件的控制度。

受使者的控制度或意愿,还影响到对受使者格形态的选择,如高丽语(Dixon 2012)的致使结构中受使者添加何种格标志对意义有很大影响。如"母亲—孩子(受格)—吃(致使)"与"母亲—孩子(与格)—吃(致使)"的差异在于,用受格标志表示"母亲喂养孩子一辈子",而用与格标志时的意义是"母亲喂养一次孩子"。这种差异和参与度的联系是间接的,用受格标志意味着"充分地做某事",用与格标志意味着"做到某种程度为止"。这跟受到整体影响的对象更容易编码为直接宾语的倾向是一致的(陆丙甫 2010)。

一般认为,以下的语法等级跟受使者的可控性、自主性有关:

　　　直接宾语＞间接宾语＞旁语(包括工具格等)

该语法等级表示:受使者可控性越大,越容易占据靠右的形态。Comrie(1989,又见该书汉译版,沈家煊等 2010)以土耳其语为例,对此作了分析。同类例子极多,又如 Bolivian Quechua 语(Cole 1983)中的现象:

(19) a. nuqa Fan-ta rumi-ta apa-či-ni
   1SGA Juan-ACC rock-ACC carry-CAUS-1SGA
  '我强迫 Juan 搬石头'(Juan 并不情愿服从我的安排)
  b. nuqa Fan-wan rumi-ta apa-či-ni
   1SGA Juan-INS rock-ACC carry-CAUS-1SGA
  '我让 Juan 搬石头'(Juan 情愿服从我的安排)

(19a)表明后缀"-či"运用于及物动词,受使者 Juan 添加了受事标志"-ta"。与(19b)比较可知,添加受事标志后受使者对动作行为是不情愿的。如果要表达受使者的可控性高,那么其添加的是工具格标志"-wan"。

又如:

(20) a. mwalimu hu-wa-som-esha wanafunzi kurani
   teacher HABITUAL-3PL-study-CAUS students Koran
  '老师教学生们《古兰经》'(学生们想学)
  b. mwalimu hu-wa-lazimisha wanafunzi wa-som-e kurani
   teacher HABITUAL-3PL-force students 3PL-study-SBJ Koran
  '老师强迫学生们学《古兰经》'(学生们不愿学)

(20a)与(20b)的差异是 Swahili 语(Vitale 1981)中受使者的可控性差异,除了"学生"可控性较大时编码为宾语外,后缀"-esha"用于受使者的可控性大,乐意去做,分析型致使结构的使用条件是受使者的主观意愿低,被迫采取相应的动作行为。

受使者的可控性差异也可落实为结果事件中的受事编码为宾格还是工具格上。跟受使者的编码一样,编码为工具格表示有较大的可控性,如下面 Dixon(2010)所举的俄语中的例子所显示的。这表明同一个事件中,某个论元所表达的可控性可以传递给整个事件的可控性。不妨联系到定语的可别度可以传递给所属名词的可别度(陆丙甫 2005)。

(21) a. on　　　na-poi-l　　　　　　　　　menja　　vinom
　　　　3SG:M　PREVERB-drink:CAUS-SG:M:PST　1SG:ACC　wine:INS:SG
　　　　'他让我喝酒'(我并不反对)

　　b. on　　　za-stavi-l　　　　　　menja　　pitj　　vino
　　　　3SG:M　PREVERB-CAUS-SG:M:PST　1SG:ACC　drink　wine:ACC:SG
　　　　'他迫使我喝酒'(如我受到威胁的情况下)

8.3　小结

领属范畴与致使范畴是类型学界讨论较多,成果颇为丰富的研究领域。这两个范畴在人类诸多语言中有丰富多样的语言编码机制,但是如何在眼花缭乱的语言样本中寻找、发掘那些隐藏于其中的"共性"规律？类型学者在编码机制和语义的关联上有突出的成果。如在领属范畴中,以"可让渡"和"不可让渡"领属关系为典型,可让渡关系的结构总是比不可让渡结构复杂。在形式变化上,显著的领属标志也总是只出现在可让渡领属结构中。类似的现象也出现在致使范畴,以"直接—间接"致使的对立为代表,前者的编码总是比后者更为简单。在能产性上,间接致使形式也总是比直接致使形式高。这种形式编码机制与语义的关联是考察语言现象的重要角度。

语言形式与概念、事件之间呈现出的像似性是一种渐进性的体现。正如 Shibatani and Pardeshi(2002)采用语义图模型阐述的致使结构的能产性一样,语言形式和功能也是以连续性、渐进性的方式逐步发展、演化。

参考文献

Aikhenvald, A. Y. 1998. Warekena. In *Handbook of Amazonian Languages*, Vol. 4, 1998. Berlin: Mouton de Gruyter, pp. 225—439.

Aikhenvald, A. Y. 2000. *Classifiers: A Typology of Noun Categorization Devices*. Oxford: Oxford University Press.

Aikhenvald, A. Y. 2000. Transitivity in Tariana. In *Changing Valency: Case Studies in Transitivity*. Cambridge: Cambridge University Press, pp. 145—172.

Amberber, M. 2000. Valency-changing and valency-encoding devices in Amharic. In *Changing Valency: Case Studies in Transitivity*. Cambridge: Cambridge University Press. pp. 312—332.

Boas, F. 1911. *Editor of Handbook of American Indian Languages*, Part 1. Washington: US Government Printing Office.

Boas, F. and Deloria, E. 1941. *Dakota Grammar*. Washington: US Government Printing Office.

Cole, P. 1983. The grammatical role of the causee in universal grammar, *International Journal of American Linguistics* 49, pp. 115—133.

Comrie, B. 1989. *Language Universals and Linguistic Typology: Syntax and Morphology* (Second Edition). Oxford: Basil Blackwell.

Crapo, R. H. and Aitken, P. 1986. *Bolivian Quechua Reader and Grammar-Dictionary*. Ann Arbor: Karoma.

Dixon, R. M. W. 2010. *Basic Linguistic Theory (II)*. Oxford: Oxford University Press.

Dixon, R. M. W. 2012. *Basic Linguistic Theory (III)*. Oxford: Oxford University Press.

Fortescue, M. 1984. *West Greenlandic*. London: Croom Helm.

Graczyk, R. 2007. *A Grammar of Crow: Apsáalooke Aliláau*. Lincoln: Universityof Nebraska Press.

Holes, C. 1990. *Gulf Arabic*. London: Routledge.

Liddicoat, T. 1993. Possession in Jersey Norman French (with Reference to Standard French). Handout for Presentation in Workshop on 'Possession', ANU.

Martin, J. B. 1991. Lexical and semantic aspects of creek causatives, *International Journal of American Linguistics* 57, pp. 194—229.

Popjes, Jack and Popjes, Jo. 1986. Canela-krahô. In *Handbook of Amazonian Languages*, Vol. 1, 1986. Berlin: Mouton de Gruyter, pp. 128—199.

Rice, K. 1989. *A Grammar of Slave*. Berlin: Mouton de Gruyter.

Senn, A. M. 1966. *Handbuch der Litauischen Sprache*, Band 1, Grammatik. Heidel-berg: Winter.

Shibatani, M. and Pardeshi, P. 2002. The causative continuum. In Shibatani, M (ed.) *The Grammar of Causation and Interpersonal Manipulation*. Amsterdam: John Benjamins, pp. 85—126.

Song, J. J. 2001. *Linguistic Typology: Morphology and Synstax*. Harlow: Pearson Education Limited.

Suhandano 1994. Grammatical Relations in Javanese: A Short Description. MA thesis, ANU.

Thompson, C. 1996. On the grammar of body parts in Koyukon Athabaskan. In *The Grammar of Inalienability: A Typological Perspective on Body Part Terms and the Part-Whole Relation*. Berlin: Mouton de Gruyter, pp. 651—676.

Vitale, A. J. 1981. *Swahili Syntax*. Dordrecht: Foris.

Wali, Kashi and Koul, Omkar N. 1997. *Kashmiri: A Cognitive-Oescriptive Grammar*. London: Routledge.

沈家煊等(译)(2010)《语言共性和语言类型》(中文版),北京:北京大学出版社。

戴庆厦、汪 锋(2014)《语言类型学的基本方法与理论框架》,北京:商务印书馆。

黄成龙(2014)类型学视野中的致使结构,《民族语文》,第5期。

林优娜(Jona Widhagdo Putri)(2008)印尼语、汉语定语语序之对比研究,硕士学位论文,北京:北京语言大学。

陆丙甫(2005)语序优势的认知解释:论可别度对语序的普遍影响(上、下),《当代语言学》,第1期,第2期。

陆丙甫(2010)论"整体-部分、多量-少量"优势顺序的普遍性,《外国语》,第4期。

陆丙甫、屈正林(2008)*Linguistic Typology：Syntax and Morphology*(影印本,Jae Jung Song 著)导读,北京:北京大学出版社。

孙宏开等(2007)《中国的语言》,北京:商务印书馆。

徐阳春(2008)也谈人称代词作定语时"的"字的隐现,《中国语文》,第1期。

张　敏(1998)《认知语言学与汉语名词短语》,北京:中国社会科学出版社。

（编写者:刘小川）

第九章 形态类型

类型学研究史上的两项最重要的进展都与整体类型学（holistic typology）相关，一个是 20 世纪 60 年代兴起的语序类型学，另一个就是更早的形态类型学。

形态类型学有很长的研究历史，至晚始于 19 世纪初，并在 19 世纪和 20 世纪初曾处于主流地位。虽然早期按形态丰富程度给语言分类的做法后来为人诟病，但这种批评在现在看来未免有矫枉过正之嫌。事实上，形态类型至今仍是语言类型学研究的核心内容之一。

本章共分六节，分别是：形态类型学的演进、格标记、一致关系、标记位置、其他形态类型、小结，主要的依据是"世界语言结构地图集"（WALS）中的相关章节。

9.1 形态类型学的演进

早期形态类型学研究按照词法形态的丰富程度把语言从整体上分为三种类型：孤立型、黏着型、融合型。有时还包括第四种：插编型。（Schlegel 1808；Humboldt 1836；Sapir 1921；Comrie 1989：42—52；参见本书第一章）

有些形态类型研究并不把插编型包括在内，原因之一是这会破坏整个形态类型的同质性。例如，一些插编型语言（如 Chukchi 语、因纽特语）的词语也可以分出词汇和语法语素，并且它们的形式大体不变，因而这些语言也可归入黏着型。

但是，据此把插编型排除在形态类型之外不一定是合理的，特别是从每个词包含的语素数量来看，插编语确实跟孤立语形成对立：孤立语每个词只包含一个语素，而（典型的）插编语每个句子只包含一个词，且这个词又包含表达句子意义所必需的语素数量。

看来，不应按一个参项划分形态类型，而应使用两个参项：一个参项是每个词包含的语素数量，它的两个极端是孤立型和插编型；另一个参项是词内各语素容易切分的程度，它的两个极端是黏着型（切分很容易）和融合型（无法切分）。这两个参项可以分别称作插编指标和融合指标，这样，插编型语言的插编指标较高，黏着型语言的融合指标较低，融合型语言的融合指标较高，而融合指标跟讨论孤立语不相关。

事实上，虽然能确立以上三种（或四种）形态的典型类，世界上绝大多数（也许全部）语言却可能并不确切地相当于其中的某一类型，而是在插编指标和融合指标上都介于两个极端之间。因此形态类型研究提供的不是离散类型而是连续类型，换言之，各语言可以在由插编指标和融合指标各自限定的连续体上找到一个位置。

以"指标"判断形态类型的做法还有不少，例如 Greenberg(1960) 提出 10 项指标：每个词的语素数量、黏着程度、词根/派生/屈折语素的比例、前缀/后缀的比例，以及语序、一致(concordial)屈折、非一致屈折的使用频率，等等，其中有些指标已经突破了词的内部形式到了句法(Stump and Finkel 2013:19—20;Nichols et al. 2006)。

按形态丰富程度的分类，其直接功用是提供一种语言形态结构类型的概貌。但是，其局限也是明显的：它就形态而形态，未能提供与其他参项之间的相关性。从整体类型学到局部类型学(partial typology)的演进，从强调形态划分到注重发掘参项间的相关性，是类型学在方法论上的重要进展，也是传统与现代类型学的分野标志。形态类型学正是在语法关系(grammatical relations)或曰关系类型学(relational typology, Plank 1985)的研究中获得许多新的增长点。下文分别介绍格标记、一致关系、标记位置以及一些其他形态类型参项,多与语法关系密切相关。

9.2 格标记

格标记(case marking)与一致关系(agreement)在类型学中被统称作"匹配"(alignment)。"匹配"一词较早见于 Plank(1979:3—36),他使用了 ergative/accusative alignment(施格/受格匹配)这对术语,包括了格标记和动词一致。这两个术语在 WALS 中分别被称作"格标记匹配"(alignment of case marking,包括名词短语和人称代词上的格标记)和"动词人称标记匹配"(alignment in verbal person marking,指附着于动词上的人称标记)。为了更好地区分,这里把"格标记匹配"简作"格(标记)",把"动词人称标记匹配"简作"(动词)一致",二者合称"基本匹配模式"。这一节介绍格标记(主要依据 Comrie 2013a,2013b),动词一致将在下一节介绍。

9.2.1 格标记的区别作用

一般地,词形格的使用往往跟某一语义角色或者语法关系密切相关。例如方位格是表达方位的格,离格是表达离开动作的格,主格是表示主语的格,宾格是表示直接宾语的格(或者,主格与施事相关,宾格与受事相关)。形式与意义/功能的关系一旦确定,形式便具有身份标识作用,或者说区别作用。

格标记的直接功用就在于标识名词性成分的语法/语义地位,其中最重要的作用是识别名词性论元与动词的关系(参见本章9.2.2节及第五章),与此同时区分各名词性论元的角色和地位。在 SOV、OSV、VSO、VOS 语序语言中,区分核心论元的语义角色尤为重要,因为这些语言的核心论元均处于动词同一侧,若无显性标记,将无法识别其施受身份。正如 Comrie(1989:127)所指出的,格标记的功能在于直截了当地帮助鉴别施事和受事。Greenberg(1963)共性41也与此密切相关,"如果一种语言里动词后置于名词性主语和宾语是优势语序,那么这种语言几乎都具有格的系统"。

以SOV语言为例,其施事、受事都在动词之前,若不加格标记予以区分,常常难以辨别施受关系,如果主、宾语的生命度相当或主语生命度低于宾语就尤为如此。SOV语言对格标记的需求,也可从一些相关研究中得到证实。例如,在Mallionson and Blake(1981)取样的100种语言中有SOV语言41种,其中格标记语言34种(参看Blake 2001:15);在Siewierska(1998)取样的171种语言中有SOV语言69种,其中格标记语言49种。

9.2.2 格标记模式

名词短语、代词上的格标记类型有5种:中性模式、主受格模式、施通格模式、三分模式、活动模式,其中主受格模式又有标准和非标准之分。之所以把名词短语与代词区分开来,主要原因是:在一种语言内部,名词短语与代词上的格标记类型配置可能不一致。据Comrie(2013a,2013b)对190种语言名词短语上的格标记、172种语言代词上的格标记的考察,各标记类型的实证语言数量见表9.1:

表9.1 名词短语、代词上的格标记类型

格标记模式	名词短语	代词
中性模式	98	79
主格－受格(标准)模式	46	61
主格－受格(主格标记)模式	6	3
施格－通格模式	32	20
三分模式	4	3
活动－非活动模式	4	3
其他类型	/	3
	总计 190	总计 172

以下对这些格标记类型逐类介绍。

1. 中性模式

中性(neutral)标记模式指 S、A、P 使用相同的标记(或零标记)。如汉语"人来了""张三骂了李四"两句中,"人(S)""张三(A)""李四(P)"上均无格标记。

2. 主受格模式

主格—受格(nominative-accusative)格局指这样一种格标记模式:A、S 同格(主格),区别于 P(受格)。受格格局有三个次类:

A. 主格无标记,受格有标记。这种情形较为常见,在现代英语人称代词系统中也有所保留,例如"He walks""He hit her"两句中,"he"都是零形式主格,"her"用受格。

B. 主格、受格都有标记。例如日语、高丽语和 Latvian 语。

C. 主格有标记,受格无标记(即所谓"有标记的主格 marked nominative")。使用这种标记方式的语言相当有限,据 Dixon(1994:64—65)的研究,仅见于 Omotic 语族的 Zayse 语、亚非语系的 Berber 语族语言和部分 Cushitic 语族语言。下文是 Harar Oromo 语的例子(一种亚非语系 Cushitic 语族语言):

(1) Harar Oromo 语(Owens 1985:101,251)

  a. sárée-n   adíi-n   ní   iyyi-t-i
    狗-NOM   白色-NOM   FOC   叫-F-IMPF
    '那只白狗在叫。'

  b. haat-tíi   okkóttée   goot-t-i
    母亲-NOM   锅   做-F-IMPF
    '母亲在做饭。'

上例中,S、A 取主格标记,P 无标记,这是一类标记颠倒现象(参看 Handschuh 2014)。

第三种情况的实证语言较少,可见宾语的标记程度一般比主语的更高(或相当),主语不是常规的被标记对象。

3. 施通格模式

与受格格局相对,在有些语言里,及物动词的受事(P)与不及物动词的当事(S)采用相同的格标记——通格,而及物动词的施事(A)使用不同的格标记——施格(ergative)。例如澳大利亚的 Dyirbal 语就是一种施格语言:

(2) Dyirbal 语(Dixon 1994:10)

  a. ŋuma   banaga-nʸu

   父亲.ABS 回来-NFUT

  '父亲回来了。'

  b. ŋuma   yabu-ŋgu bura-n

   父亲.ABS 母亲-ERG 看见-NFUT

  '母亲看见了父亲。'

施通格模式有三种标记模式:

A. 施格有标记,通格无标记。这种情况最为常见,如例(2)Dyirbal 语例子。

B. 施格、通格都有标记。这种标记模式也有发现,例如 Tukang Besi 语(一种印尼语言,Donohue 1999:51)。

C. 施格无标记,通格有标记(即"有标记的通格 marked absolutive")。据 Comrie(2013a),这种标记模式仅见于 Nias 语(一种印尼语言)。

相应地,我们可以说"施格语"(或施格成分,用施格)比"通格语"(或通格成分,用通格)更有标记,通格语不是常规的被标记对象,这是施格语言的普遍标记模式。

4. 三分模式

三分(tripartite)是指 A、S、P 使用不同的标记方式,如 Warrungu 语(一种澳大利亚语言)、Hindi 语:

(3) Hindi 语(Comrie 2013a)

a. laRkaa   kal   aay-aa
   男孩   昨天   来.AOR-SG.M
   '那男孩昨天来了。'

b. laRke   ne   laRkii   ko   dekh-aa
   男孩.OBL ERG   女孩   ACC   看-SG.M
   '那男孩看见了那女孩。'

例(3a)中,S(男孩)没有标记;例(3b)中,A(男孩)使用后置词"ne",P(女孩)使用受格后置词"ko"。

5. 活动模式

活动—非活动(active-inactive)是指 S 在内部可以按施事性的强弱分为 Sa、Sp 两类,其中 Sa 上的标记与 A 一致(活动),Sp 上的标记与 P 一致(非活动;参看 Comie 2013a,较早的研究参看 Klimov 1973,1974)。

在 Dixon 的术语体系里,S 有"分裂(split-S)"与"流动(fluid-S)"之分。"分裂"指 S 可以齐整地分为 Sa、Sp 两类。"流动"语言则不然,其 S 不能齐整地分为 Sa、Sp 两类,二者中间有一个交集:在这个交集之中的 S 可以根据具体语境归为 Sa 或 Sp。可以把两种情况图示如下(参见 Dixon 1994:72,79):

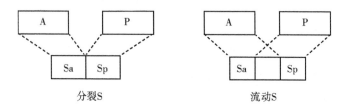

分裂S   流动S

可以看到,左图的 Sa 和 Sp 组成了 S 的全部;而右图的 Sa 和 Sp 中间还有一个交叉地带,这个交叉地带即"流动"的范围,可以按具体语境取 Sa 或 Sp。

据 Dixon(1994:73—80),分裂 S(split-S)语言分布比较广,流动 S(fluid-S)语言也有实证。藏语拉萨话口语就属于流动 S 语言,例如"我去了拉萨"这个句子,"我"可以被标记为 Sa,表示"我特意去拉萨";也可以被标记为 Sp,表示没有自控的情况,例如"我被带到拉萨"(Chang and Chang 1980:21)。

9.3 一致关系

9.3.1 从名词、代词到动词

上文讨论的都是名词、代词的标记模式,现在讨论动词的人称标记匹配(alignment of verbal person marking)时,即动词上附着的人称信息的编码模式。

传统形态学研究也注重名词、动词的形态区分,例如把名词(以及代词、形容词)的屈折变化被称为"变格"(declension),而把动词的屈折变化被称为"动词变形"(conjugation)。语言类型学研究也关注这种区分的意义,例如,Nichols(1986,1992)提出,名词、代词格标记是从属语标记,动词一致是核心标记(参见本章 9.4 节)。

不过,作为语法关系的显性标记,动词匹配与格标记并无本质的不同,只是语法编码方式有别,标记的位置从名词、代词换到了动词上而已。

9.3.2 "一致"类型

动词人称匹配有中性、受格、施格、活动以及等级、分裂等模式(Siewierska 2013)。其中,前四种和名词、代词格标记模式相似:"中性"指动词上没有人称标记;"受格"指动词上附着的标记是 A、S 共用一套(常无显性标记),P 独用一套;"施格"指动词上附着的标记是 S、P 共用一套,A 独用一套;"活动"指 S 分为两种,一种是 Sa,附着于动词时倾向于和 A 共用一套标记,一种是 Sp,附着于动词时倾向于和 P 共用一套标记。

据 Siewierska(2013)一项对 380 种语言的考察,其动词一致关系类型见表 9.2:

表 9.2 动词"一致"关系类型

类型	数量
中性	84
受格	212
施格	19
活动	26
等级	11
分裂	28
	总计 380

以下介绍施格、活动、分裂、等级四类动词一致关系,中性、受格从略,主要依据 Siewierska(2013)。

1. 施格模式

严格意义上的动词施格匹配(ergative alignment),是指动词上附着的标记中,A 独用一个标记,S、P 合用一个标记(常可省略)。如下面 Konjo 语(一种印尼南岛语)例子,"na-"是施格成分(A)独用的标记,而"-i"是通格成分(S、P)合用的标记:

(1) Konjo 语(Friberg 1996:140—141)

 a. na-peppe'-i Amir asung-ku

  3.A-打-3.P Amir 狗-1

  'Amir 打了我的狗。'

 b. a'-lampa-i Amir

  INTR-走-3.S Amir

  'Amir 走了。'

2. 活动模式

下面 Koasati 语例子中,第一人称单数标记"-li"在例(2a)里标示的是 A,在例(2b)里标示的是 S;第一人称单数标记"ca-"在例(2c)里标示的是 P,在例(2d)里标示的是 S。这就是一种动词"活动"(active)一致关系。

(2) Koasati 语(Kimball 1991:189、204、120、118,引自 Siewierska 2013)
  a. okolcá   hóhca-li-halpíːs
    井   挖-1SG.A-能力
   '我会挖井。'
  b. tálwa-li-mp
    唱-1SG.S-HEARSAY
   '(他说)我在唱歌。'
  c. ca-paː-batápli-t
    1SG.P-LOC-打-PST
   '他打了我的后背。'
  d. ca-oːw-ílli-laho-V
    1SG.S-LOC-死-IRR-PHR.TERM
   '我会淹死。'

3. 分裂模式

分裂匹配(split alignment)指动词一致方式不纯、不单一,在受格、施格、中性、活动、等级等格局中有两种或以上,且其中至少有一种为非中性。

制约分裂的因素有多种,常见的包括人称、时、体等。就人称而言,一个普遍现象是,第一、第二人称的动词一致模式与第三人称形成对照。例如,许多第一、第二人称为"活动"一致的语言,其第三人称为"中性"一致(如 Amuesha 语、Koasati 语、Tlingit 语、Wichita 语);甚至还有少量语言,其第三人称为"施格"一致,而第一、第二人称为"中性"一致(如 Trumai 语)。

4. 等级模式

等级匹配(hierarchical alignment)，是指 A、P 的标记模式与指称和/或实体性(ontological)等级紧密相关：等级高的往往有特殊的形态标记，等级低的则没有。

例如 Cree 语(一种加拿大 Algonquian 语言)的人称标记等级就是：第二人称 ＞ 第一人称 ＞ 第三人称，该语言的第二人称总是由动词上加前缀"ki-"表示，而不管这个第二人称的句法功能是 A 还是 P：

(3) Cree 语(Siewierska 2013)

a. ki-wāpam-i-n	b. ki-wāpam-iti-n	c. ki-wāpam-ikw-ak
2.A-看见-DIR-1.P	2.P-看见-INV-1.A	2.P-看见-INV-3PL.A
'你看见我。'	'我看见你。'	'他们看见你。'

综合第 9.2 和 9.3 节的介绍，"匹配"有两种：一是名词短语、代词上的格标记，二是动词上的人称标记。总结为表 9.3：

表 9.3 名词、代词、动词的匹配模式

(代词上的)格标记	(名词上的)格标记	(动词上的人称)一致
施格 Ergative (A/SP)	施格	施格
活动 Active (ASa/SpP)	活动	活动
三分 Tripartite (A/S/P)	三分	/
受格 Accusative (AS/P)	受格	受格
中性 Neutral	中性	中性
		等级 Hierarchical
		分裂 Split

9.4 标记位置

一般地，格标记附着于名词、代词，一致关系附着于动词。如果把动词看作句子核心，名词、代词看作从属语，那么也可以说格标记是附从标记(dependent-marking),一致标记是附核标记(head-marking)。本节主要依据 Comrie(1989:52—54)、Nichols(1986,1992)、Nichols and Bickel(2013a,2013b,2013c)。

9.4.1 从"附核/附从标记"到"标记位置"

Nichols(1986,1992)提出用附核标记和附从标记作为一种类型学上的两分法。根据这个两分法,语法关系的标记位置可能有四种:

i　　附核标记
ii　　附从标记
iii　　核心、从属语双重标记
iv　　核心、从属语均无标记

附核标记(通常也用"标引"index、indexing 表示)是指一个结构的成分之间的关系的显性标记由核心词(如动词短语里的动词,名词短语里的名词,前置词短语里的前置词)来负载。比如,下面匈牙利语例子中,名词短语中的领属关系的唯一显性标记就是加在核心名词上:

(1) 匈牙利语(Comrie 1989:53)

az　　　　ember　　　　ház-a
这　　　　男人　　　　房子-他的
'这个男人的房子'

与此相反,英语"the man's house"是**附从标记**(通常也用"标杆"flag、flagging 表示),因为领属关系是标记在领有者上;也可能**无标记**,如 Huruai 语"nö"(男人)、"ram"(房子);或者是**核心、从属语双重标记**,如土耳其语:

(2) 土耳其语(Comrie 1989:53)

Adam-ɯn　　　ev-i
男人-GEN　　　房子-他的

此外,在特定语言里的不同结构里,可能表现出附核标记和附从标记的不同程度的对应。例如,印欧语基本上是附从标记的,但由于动词里包含了主语的"人称-数"的信息,所以也表现出相当的动词附核标记特征(另外,主语角色通常通过主格包含在主语里,即通过附从标记),如下面拉丁语的例子:

(3) 拉丁语(Comrie 1989:53)
Puer   puell-as   am-at.
男孩-NOM   女孩们-ACC   爱-SG
'男孩爱女孩。'

该类型学参项的价值不在于承认附核标记和附从标记的区分,而在于它尝试把这种对立跟其他语言结构特征联系起来,从而去发现这些联系的可能解释。例如,Nichols观察到附核标记偏向于出现在动词居首型语言。这里的动词和它的附属成分的关系有功能上的解释:附核标记在这里意味着指明动词的论元是什么,以便在小句的开始就可以确立语法关系;而在动词居尾的语言里,为了确定要表达的语法关系,需要等一系列无标记的名词短语先出现,直到动词出现,这在心理加工处理上无疑是不合理的。

Nichols and Bickel(2013a,2013b,2013c)后来把附核标记、附从标记统称为"(标记)位置"(locus),即特定句法结构中各成员之间关系的形式标记所附着的位置。据他们的研究,"标记位置"主要可从小句、领属结构以及语言整体类型三个角度进行考察。下面分别介绍。

9.4.2 小句结构的标记位置

小句结构的标记位置(locus of marking in the clause)指在小句结构中动词(核心)与论元(从属语)之间语法关系标记的附着位置。下文表9.4说明了236种语言主宾语的标记模式。需要说明,并非所有语言对主语、宾语等同对待,当二者标记方式有别时,表格仅统计直接宾语(P)的标记方式;同样,并非所有语言对名词、代词等同对待,当二者标记方式有别时,表格仅统计名词论元的标记方式。

表 9.4 小句结构的标记位置

类型	数量
(P)附核标记	71
(P)附从标记	63
(P)双重标记	58
(P)无标记	42
其他	2
	总计 236

附核标记这里指在动词上附着标记,根据其形式和语序判别主宾语,而主宾语自身不附着标记。下例"男孩"和"石头"没有显性标记指明其主宾语角色,所有的主宾语标记都附着于动词"扔"。

(4) Tzutujil 语(Dayley 1985:282,75)

　　jar　akk'aalaa7　x-ø-kee-k'aq　　aab'aj　pa　rwi7　ja　jaay
　　那　男孩们　　COMP-3SG-3PL-扔　石头　到　上　那　房子
　　'那些男孩扔石头到房顶上。'

附从标记的例子如 Uradhi 语(一种澳大利亚语言)。下例中,主语"老人"、宾语"柴火"上均有标记指明其句法功能(宾语为零形式的通格标记),动词"拾起"上没有与主宾语一致的标记。

(5) Uradhi 语(Crowley 1983:339)

　　wutpu-ŋku　　uma-ø　　　apa-n
　　老人-ERG　　柴火.ABS　　拾起-PST
　　'那老人拾了一些柴火。'

双重标记指从属语标记和核心标记并用。例如许多印欧语的小句结构有从属语标记表现,但由于动词上常常包含了主语的人称、数等信息,所以也表现出相当的动词核心标记特征。下例Belhare语(一种藏缅语)中,"猴子""小孩"都有格标记指明其句法功能,动词"打"上也附有词缀与二者一致,因而主宾语是双重标记的。

(6) Belhare 语(Nichols and Bickel 2013a)
 kubaŋ-chi-ŋa   pitcha-chi   n-ten-he-chi
 猴子-NSG-ERG   小孩-NSG. ABS   3NSG. A-打-PST-3NSG. P
 '那些猴子打了那些小孩。'

还有一些**无标记**的语言,如汉语的小句结构,无论是核心动词上,或是从属语上都没有形态标记,例如"张三打了李四",两个名词论元无论是"张三"还是"李四",除了自身指称以外再无其他信息,而动词"打"上除了体标记"了"以外,根本无从获知其名词论元的情况。不过,如果把旁置词也看作标记,那么汉语中从属语带有旁置词的动词短语可看作采用了附从标记。

当然,以上类型还不能涵盖所有的语言,也就是说,还有一些**其他**较为少见的标记位置。在 Nichols and Bickel(2013a)的 236 种样本语言里,就有 2 种这样的语言。

9.4.3 领属结构的标记位置

与小句结构的标记位置类似,领属名词短语的标记位置(locus of marking in possessive noun phrases,简作"领属结构的标记位置")也有核心标记、从属语标记、双重标记、无标记等类型。在领属结构中,被领属者(领属物)是核心,领属者是从属语。例如,"桌上的书"中"桌上"是从属语,"书"是核心。

据 Nichols and Bickel(2013b)一项对 236 种语言的考察,这些语言的领属者(从属语)的标记位置分布如表 9.5:

表 9.5 领属结构的标记位置

类型	数量
领属者附核标记	78
领属者附从标记	98
领属者双重标记	22
领属者无标记	32
其他	6
	总计 236

领属者**附核标记**的例子,如 Acoma 语。例(7)名词核心"房子"上附着了第三人称单数信息,这是一种核心标记:

(7) Acoma 语(Miller 1965:177)

 S'adyúmə gâam'a

 1SG.兄弟   3SG.房子

 '我兄弟的房子'

领属者**附从标记**的例子,如前文提及的英语例子"the man's house",领属标记加于领属者之上。

领属者**双重标记**的例子,如 Southern Sierra Miwok 语。下例中,领属者、被领属者均有领属标记。

(8) Southern Sierra Miwok 语(Broadbent 1964:133)

 cuku-ŋ   huːki-ʔ-hyː

 狗-GEN   尾巴-3SG

 '狗的尾巴'

无标记的例子,如 Tiwi 语(一种澳大利亚北部语言):

(9) Tiwi 语(Osborne 1974:74)

 jɪːkːpai tuwaɹa

 鳄鱼   尾巴

 '(一条/那条)鳄鱼的尾巴'

Nichols and Bickel 分类未涉及的一个情况是：还有一些居间的（兼属）类型，其类属不易确定。汉语的一些领属名词短语就介于附从标记和无标记之间，取决于领属标记"的"的隐现，例如既可说"我的爸爸"，也可说"我爸爸"。如果从"的"是后起的角度来看，也可以说汉语的领属名词短语标记经历了一个从无标记到附从标记的演变过程，只是这个过程尚未完结，现在还处于并用阶段。此外，不是所有领属名词短语都属于这种居间类型（比较"*我书""我的书"），领属标记也不限于"的"（如沿用古汉语的"之"）。

9.4.4 标记位置的整体类型

标记位置的整体类型（locus of marking: whole-language typology）指小句结构和领属结构的标记位置两者的情况之和。据 Nichols and Bickel（2013c）对 236 种语言的考察，其分布如表 9.6：

表 9.6 标记位置的整体类型

类型	数量
全为附核标记	47
全为附从标记	46
全为双重标记	16
全无标记	6
不一致或其他	121
	总计 236

"全为附核标记"即指某语言的小句结构和领属结构的标记位置都是附核标记。因为前文已经对小句结构、领属结构两个参项详加说明，此处各参项值的介绍从略。

9.5 其他形态类型

仅就 WALS 而言,与形态类型直接相关的参项就达数十个之多,因而本章的介绍主要是举例性质的。在这一节中,将再介绍类型比较中两个常见的形态参项:附缀和重叠。

9.5.1 附缀

Dryer(2013)考察了屈折形态中的前缀和后缀,这些附缀(affix)涵盖十大类:

i. 名词上的格附缀
ii. 动词上的代词主语附缀
iii. 动词上的时体附缀
iv. 名词上的复数附缀
v. 名词上的代词领属附缀
vi. 名词上的有定/无定附缀
vii. 动词上的代词宾语附缀
viii. 动词上的否定附缀
ix. 动词上的疑问附缀
x. 动词上的状语从属成分附缀

据 Dryer(2013)对 969 种语言的考察,其前缀/后缀偏好如表 9.7。从表中可以看到,世界语言的附缀以后缀居多。对后缀优势的解释有多种,例如前缀的使用导致词项难以识别(如果词根很难识别就尤其如此),而后缀则没有这种问题,因为词尾对识别词项影响不大。不过,需要指出,不同范畴对后缀的偏好有所不同。例如,格附缀尤其偏好后缀,前缀极少;而代词领属前缀跟后缀的比例大致相当。

表 9.7　附缀类型

类型	数量
没有或者极少屈折形态	141
后缀绝对优势	406
后缀稍占优势	123
前缀/后缀相当	147
前缀稍占优势	94
前缀绝对优势	58
	总计 969

另一方面,不论是附缀还是旁置词(前/后置词),都是前置标记比后置标记跟所依附的"宿主"结合更紧密。如英语同为附从领属标记,前置的"of"被看作前置词,而后置的"-'s"就被看成后置词缀,因为跟宿主的结合非常紧密。古汉语的"之"是前置附核标记,而现代汉语的"的"是后置的附从标记,也是"的"跟其前置的宿主之间的关系更紧密,就被处理为"语缀"。

9.5.2　重叠

重叠是一种广为使用的形态手段。大而言之,世界语言大致可分为三种类型:不使用重叠作为语法手段,使用完全重叠和部分重叠,使用完全重叠。

所谓完全重叠,是指重叠整个词、词干(词根及词缀)或词根。例如 Nez Perce 语(一种美国 Sahaptian 语系语言)重叠整个词,比较"té:mul"(冰雹)"temulté:mul"(雨夹雪)(Aoki 1963:43),Tagalog 语(一种菲律宾南岛语)重叠整个词根,比较"mag-isip"(思考)(词根"isip")、"mag-isip-isip"(认真思考)。

部分重叠的方式较多,不完全的重叠都是部分重叠,例如辅音叠音、元音拉长,等等。Pangasinan 语(一种菲律宾南岛语)可用多种部分重叠手段构成名词的复数形式(Rubino 2001:540):

表 9.8　Pangasinan 语的重叠方式

重叠方式	单数	复数
CV-	toó '人'	totóo
-CV-	amigo '朋友'	amimígo
CVC-	báley '镇子'	balbáley
C1V-	plato '盘子'	papláto
CVCV-	manók '鸡'	manómanók
Ce-	duég '水牛'	deréweg

据 Rubino(2013)一项对 368 种语言的考察,其能产性重叠形态手段(productive reduplication)有如下分布:

表 9.9　重叠类型

类型	数量
完全或部分重叠	278
完全重叠	35
不用重叠	55
	总计 368

部分重叠与完全重叠之间可能有蕴含关系:一种语言如果使用能产的部分重叠,往往也使用完全重叠(Moravcsik 1978:328)。

重叠没有自己特定的语音形式,实际落实的语音形式根据原有词汇原形和具体重叠规则而定,所以实际上是个操作过程。但是特定的重叠规则有特定的功能,如"年年"和"人人"所重叠的具体语音完全不同,但是却有相同的接近"每个"这一"周遍性"意义。为了保持形式跟功能的一致性,就必须把重叠处理为一种形态形式,尽管其形式是抽象的操作过程。这正如普通话"儿化"所落实的具体读音不同,但都处理为同一个"儿化"语素一样。

9.6 小结

这一章首先介绍了形态类型学的演进,继而介绍了"世界语言结构地图集"(WALS)中的一些形态类型学成果,包括格标记与动词一致关系这两个重要的(形态)类型学论题,以及标记位置和一些其他形态类型,以呈现形态类型学研究的基本面貌和主要方面。

类型学的经典操作是从范畴语义入手,考察其在跨语言中的形式落实情况,这是一种由简而繁的路子。事实上,也不妨从繁复的形态入手,反观各种形态手段对语义和句法的限制,这是一种由繁而简的路子。这两种操作各有所长,不过,从形形色色的形式手段入手,反观形式对意义、句法的限制,无疑是类型学在操作方法上的重要进展。发掘形态—语义、形态—句法之间的互动关系,已经成为类型学研究乃至一般语言结构研究的核心内容之一。

新近对形态类型学的介绍和研究可参看 Moravcsik(2013:109—147)、Stump & Finkel(2013),对类型学取向的形态学研究的介绍可参看 Haspelmath and Sims(2010),Spencer and Zwicky(1998),Malchukov and Spencer(2009)等。

参考文献

Aoki, H. 1963. Reduplication in Nez Perce. *International Journal of American Linguistics* 29. Chicago: University of Chicago Press, pp. 42—44.

Blake, B. J. 2001. *Case* (Second Edition). Cambridge: Cambridge University Press.

Broadbent, S. 1964. *The Southern Sierra Miwok Language*. Berkeley: University of California Press.

Chang, K. and Chang, B. S. 1980. Ergativity in spoken Tibetan. *Bulletin of the Institute of History and Philology*, Academia Sinica 51(1), pp. 15—32. 中译文"西藏口语中的动词",胡坦译,1983,载中国社会科学院民族研究所语言室编《民族语文研究情报资料集》(第2集).

Comrie, B. 1989. *Language Universals and Linguistic Typology* (Second Edition). Chicago: University of Chicago Press. 中译本《语言共性和语言类型》,沈家煊、罗天华译,陆丙甫校,2010,北京:北京大学出版社.

Comrie, B. 2013a. Alignment of case marking of full noun phrases. In M. S. Dryer and M. Haspelmath (eds.) *The World Atlas of Language Structures Online*. Chapter 98. Leipzig: Max Planck Institute for Evolutionary Anthropology.

Comrie, B. 2013b. Alignment of case marking of pronouns. In M. S. Dryer and M. Haspelmath (eds.) *The World Atlas of Language Structures Online*. Chapter 99. Leipzig: Max Planck Institute for Evolutionary Anthropology.

Crowley, T. 1983. Uradhi. In R. M. W. Dixon and J. Blake (eds.) *Handbook of Australian Languages* 3. Amsterdam: John Benjamins, pp. 306—428.

Dayley, J. 1985. *Tzutujil Grammar*. Berkeley: University of California Press.

Dixon, R. M. W. 1994. *Ergativity*. Cambridge: Cambridge University Press.

Donohue, M. 1999. *A Grammar of Tukang Besi*. Berlin: Mouton de Gruyter.

Dryer, M. S. 2013. Prefixing vs. suffixing in inflectional morphology. In M. S. Dryer and M. Haspelmath (eds.) *The World Atlas of Language Structures Online*. Chapter 26. Leipzig: Max Planck Institute for Evolutionary Anthropology.

Dryer, M. S. and Haspelmath, M. (eds.) 2013. *The World Atlas of Language Structures Online*. Leipzig: Max Planck Institute for Evolutionary Anthropology. (Available online at http://wals.info, Accessed on 2015-03-10.)

Friberg. B. 1996. Konjo's peripatetic person markers. In Steinhauer, H.

(ed.) *Papers in Austronesian Linguistics* 3. Canberra: Australian National University, pp. 137—171.

Greenberg, J. H. 1960. A quantitative approach to the morphological typology of language. *International Journal of American Linguistics* 26, pp. 178—194.

Greenberg, J. H. 1963. Some universals of grammar with particular reference to the order of meaningful elements. In Greenberg, J. H. (ed.) *Universals of Language*. Cambridge: MIT Press, pp. 73—113.

Handschuh, C. 2014. *A Typology of Marked-S Languages*. Berlin: Language Science Press.

Haspelmath, M. and Sims, A. D. 2010. *Understanding Morphology*. London: Hodder Education.

Humboldt, W. von 1836. *Über die Verschiedenheit des menschlichen Sprachbaues und ihren Einfluss auf die geistige Entwickelung des Menschengeschlechts*. Berlin: F. Dümmler.

Klimov, G. A. 1973. *Očerk obščej teorii ergativnosti* (Outline of a General Theory of Ergativity). Moscow: Nauka.

Klimov, G. A. 1974. On the character of languages of active typology. *Linguistics* 12, pp. 11—26.

Malchukov, A. and Spencer, A. M. (eds.) 2009. *The Oxford Handbook of Case*. Oxford: Oxford University Press.

Mallinson, G. and Blake, B. J. 1981. *Language Typology: Cross-linguistic Studies in Syntax*. Amsterdam: North Holland.

Miller, W. 1965. *Acoma Grammar and Texts*. Berkeley: University of California Press.

Moravcsik, E. A. 1978. Reduplicative constructions. In Greenberg, J. H., et al. (ed.) *Universals of Language*. Vol. 3: *Word Structure*. Stanford: Stanford University Press, pp. 297—334.

Moravcsik, E. A. 2013. *Introducing Language Typology*. Cambridge: Cambridge University Press.

Nichols, J. 1986. Head-marking and dependent-Marking grammar.

Language 66, pp. 56—119.

Nichols, J. 1992. *Linguistic Diversity in Space and Time*. Chicago: University of Chicago Press.

Nichols, J. and Bickel, B. 2013a. Locus of marking in the clause. In M. S. Dryer and M. Haspelmath (eds.) *The World Atlas of Language Structures Online*. Chapter 23. Leipzig: Max Planck Institute for Evolutionary Anthropology.

Nichols, J. and Bickel, B. 2013b. Locus of marking in possessive noun phrases. In M. S. Dryer and M. Haspelmath (eds.) *The World Atlas of Language Structures Online*. Chapter 24. Leipzig: Max Planck Institute for Evolutionary Anthropology.

Nichols, J. and Bickel, B. 2013c. Locus of marking: Whole-language typology. In M. S. Dryer and M. Haspelmath (eds.) *The World Atlas of Language Structures Online*. Chapter 25. Leipzig: Max Planck Institute for Evolutionary Anthropology.

Nichols, J., Barnes, J. and Peterson, D. A. 2006. The robust bell curve of morphological complexity. *Linguistic Typology* 10, pp. 96—108.

Osborne, C. 1974. *The Tiwi Language*. Canberra: Australian Institute of Aboriginal Studies.

Owens, J. 1985. *A Grammar of Harar Oromo (Northeastern Ethiopia)*. Hamburg: Helmut Buske Verlag.

Plank, F. (ed.) 1979. *Ergativity: Towards a Theory of Grammatical Relations*. London: Academic Press.

Plank, F. (ed.) 1985. *Relational Typology*. Berlin: Mouton de Gruyter.

Rubino, C. 2001. Pangasinan. In Garry, J. and Rubino, C. (eds.) *Encyclopedia of the World's Languages: Past and Present*. New York / Dublin: H. W. Wilson Press, pp. 539—542.

Rubino, C. 2013. Reduplication. In M. S. Dryer and M. Haspelmath (eds.) *The World Atlas of Language Structures Online*. Chapter 27. Leipzig: Max Planck Institute for Evolutionary Anthropology.

Sapir, E. 1921. *Language: An Introduction to the Study of Speech*. New

York: Harcourt, Brace & Co.

Schlegel, F. von 1808. *Über die Sprache und Weisheit der Indier: Ein Beitrag zur Begründung der Alterthumskunde*. Heidelberg: Mohr & Zimmer.

Siewierska, A. 1998. Variation in major constituent order: A global and a European perspective. In Anna Siewierska (ed.) *Constituent Order in the Languages of Europe*. Berlin and New York: Mouton de Gruyter, pp. 475—551.

Siewierska, A. 2013. Alignment of verbal person marking. In M. S. Dryer and M. Haspelmath (eds.) *The World Atlas of Language Structures Online*. Chapter 100. Leipzig: Max Planck Institute for Evolutionary Anthropology.

Spencer, A. and Zwicky, A. M. (eds.) 1998. *The Handbook of Morphology*. Oxford: Blackwell.

Stump, G. and Finkel, R. A. 2013. *Morphological Typology: From Word to Paradigm*. Cambridge: Cambridge University Press.

(编写者:罗天华)

第十章 "时－体－情态"类型

"时"（tense）作为一个语义范畴是跨语言普遍存在的，而"时"作为一种语法范畴（准确地说，用语法形态手段表达的），却只是部分语言才有的，并非所有语言都具有。语言类型学所面对的是人类所有语言，就人类语言而言，某一范畴在不同语言中有不同的表达方式。语言类型学所要研究的正是不同语言表达同一范畴的形式共性与个性。因此，对语言类型学研究来说，我们首先将"时"作为一个语义范畴来研究，比较同一语义范畴下的"时"（比如过去时）在不同语言中的表现形式以及这些形式所对应的概念范畴。

因此，以往那些所谓某一语言"有体无时"（比如说汉语普通话就是有体无时）或"有时无体"等观点，在跨语言的对比以及语言类型学研究中不被采纳。只有在讨论某一语言在表达时和体这些范畴的手段或形式时，才可能考虑这样的问题。

"时"作为一个语义概念，有两个区分，一个是事件发生的时间位置（本书简称"时位"），另一个是事件所耗费的时间，即一般所说的时段（本书称为"时量"）。在多数语言中，被语法化的通常是时位。时位的表达比时量的表达更需要。语法化的时位只是一个抽象的概念，具体准确的时位通常需要特定的词汇形式来表达。但也有的语言中语法化的时位也能表达相对较为具体的时位，例如近时的过去和远时的过去，甚至两天前的过去或更远时间的过去等。但即使在这些语言中，表达一个更为具体的时位，依旧还是需要依靠词汇形式。

我们在对比和研究某一语言在表达某一具体事件的时位时，

依据的是该事件所发生的时位,无论该时位是通过何种形式来表达的。英语中通过助动词 be 和 have 的形态变化表达,汉语中通过词汇或词缀形式表达。关键的问题是如何通过该语言所使用的形式将这个事件所发生的时间位置准确刻画出来。

如果说人类观察客观实体是从空间角度来"取景"的,那么人类观察事件一般是从时间角度来"取景"的。对事件从时间角度进行观察的取景有两个方式,一个是将事件定位在时间轴上,观察事件在时间轴上的位置,也就是上面所讨论的"时",另一个是观察事件本身在这个时间位置上的样态或属性,这就是所谓的"体"(aspect)。人类需要表达某个事件发生在何时,某个事件在那个时间的状况。

显然,"体"要比"时"复杂得多。一个原因是"体"要比"时"更为抽象。至少我们还可以通过时间轴上的位置来描写事件的时间,但是在某个时间位置上描述事件当时的状态,不仅更为抽象,而且不同语言对这种状态的敏感性以及观察这种状态的角度也都不同,这更增加了我们对"体"的研究难度。

与"时-体"问题相关的另一个较为棘手的问题是情态(modality),如果说"时"更具有客观性,"体"包含了主观性,"情态"则最具主观性。语言中三者总是纠缠在一起,界限难分。因此标注语料时,常取首字母缩写 TAM 来表示,虽然典型的"时""体"和"情态"还是能够区分的。本章讨论人类语言的时-体-情态类型问题。

10.1　时范畴类型

本小节讨论人类语言的"时"范畴类型及其表现形式类型。

理论上或逻辑上我们可以将事件所发生的时间位置放在一个线性的"时轴"上来刻画。如果采用 Reichenbach(1947)的方法,用一个说话时间 S,再用一个参照时间 R,就能将事件的"时"关系表达出来,因为任何事件都是在特定的参照时间点上出现的。例如:

"我明天去北京"这个句子中,说话的时间是说话的"现在","去北京"发生的时间是"明天"这个参照时间点上。因此,根据说话的时间"现在"和参照时间"明天"之间的关系就能确定"去北京"这个事件的时间属性是"将来"。同理,"张三上个星期去了北京",根据说话的时间"现在"和参照时间"上个星期"之间的先后关系,就能推断"张三去北京"这件事发生在"过去"。我们可以用下面的图示说明其间的关系:

时间一维地由左向右流动,一去不复返。在"现在"这个时间位置之前(左端)的都是过去,在此之后的尚未来到的时间为"将来"。问题似乎很简单。实际上,当我们去调查具体的语言事实时,发现语言中的时间表达并非这么简单。

不同的语言社团在时间的认知方式方面不尽相同。尤其是在表达时间位置的语法形式方面,"过去/现在/将来"这些所谓的时间位置在不同语言中有不同的概念化模式。

有些语言在语法形态上是二分时,区分"过去"和"非过去",也就是语法形态上表示"过去"的是一套形态,表示"现在和将来"的是一套形态。还有的二分时是"将来"和"非将来",即,表示"过去"和"现在"的是一套形态,表示"将来"的是一套形态。

三分时语言中的"现在""过去"和"将来"有相同的语法地位,用不同的语法形态来表达。后来语言学家发现还有些语言在"过去"和"将来"的范畴中,区分时间的远近,即远的过去时和近的过去时,远的将来时和近的将来时。例如缅甸的 Rawang 语中,过去时有"两个小时以内的过去""两个小时以上的过去""一年以内的过去"和"一年以上的过去"四种形式(罗仁地、潘露莉 2002)。普通话中有主观相对"远过去时"和主观相对"近过去时"的区别。例如下面的例子：

(1) a. 张三去了北京。

b. 张三去过北京。

在母语者的语感中，例(1a)是最近发生的事情，例(1b)则是时间较远的过去发生的事情。因此例(1a)是"近时过去"，例(1b)是"远时过去"。这种"远""近"因说话人的主观意志决定。"过"与"了"的这种表示过去时的远近差别还可以通过下面的操作得到证明：

(2) a. 张三昨天去过北京，今天又去北京了。

b. *张三昨天去了北京，今天又去过北京了。

(3) a. 上周张三去过北京，昨天又去北京了。

b. *上周张三去了北京，昨天他又去过北京了。

以上 b 类例子不成立，因为它违反了先远后近的时间顺序。

科学研究的一个特点是根据有限对象所呈现出的规律性表现，从逻辑上进行系统的假设。那么我们可以根据以上有限的语言事实从逻辑上构拟一个可能存在的"时"系统，如下：

逻辑上单分时有三种可能：过去（无现在和将来）、将来（无现在和过去）、现在（无过去和将来）。从世界经验看，前两种不太可能存在，但第三种有可能，即语言群体在时间认知上只有"现在"的概念，不区分"过去"和"将来"。换句话说，这种语言只有表达"现在"的形式手段。这是有可能的，类似英语和法语中用一般现在时表示过去最近发生、即将发生以及惯常发生的事态，土耳其语中称为"宽时"（GeniŞ Zaman, wide tense），是一种"无界时间"（unbounded time）。不过这种只有"现在"的单分时语言尚无语料支持，只是一种逻辑推论。

现在时为默认时或优于过去和将来，这一点不少语言中都有。如委内瑞拉和巴西境内的 Yanomámi 语的 NP 或 DP 作谓词时，系动词的使用受时的限制，现在时为零形态，过去时和将来时使用系动词"ku"。类似的形式配置在很多语言中都存在。例如汉语普通话中的现在时，英语中的一般现在时都可以看作用动词的零形式。

二分时有三种逻辑可能：过去/非过去、现在/非现在、将来/非将来。二分时也可以是语法化的表达形式，在过去、现在及将来三个范畴中，有两种时与另一种时在编码上形成对立。现在/非现在的对立非常罕见，不少学者声称不知道是否存在或从未见过这种语言（Declerck 2006；Lindenlaub 2006）。我们目前也无法找到用语素或其他形态手段来标示这种对立的语言，不过印度境内的印地语有兼表过去和将来的词汇，如"kal"表昨天或明天，"parson"表前天或后天，但这种语言是否存在现在与非现在的时范畴对立还不得而知。

过去/非过去比其他两种对立在世界语言中更普遍。根据 Comrie（1985）和 Dahl（2000），大部分欧洲语言在语法形式上是过去/非过去的对立。Hewson and Bubenik（1997）考察了印欧语系12个语族的时体系统，发现9个语族在形态上采用过去/非过去的对立,只有意大利语族、凯尔特语族及波罗的海语族有将来时的形态标记。"世界语言结构地图集"(WALS)网站收录了222种过去/非过去对立的语言,其中134种用语法形态标记对立,其余88种没有用语法形态。除大部分印欧语言外,印度境内的Kannada语、澳大利亚境内的Yidiŋ语也是过去/非过去对立,如Kannada语(Bhat 1999:17):

(4) a. avanu　　　manege　　　hoː-d-a
　　　he　　　　　home　　　　go-PST-M.3SG
　　　'He went home.'
　　b. avanu　　　manege　　　hoːgu-tt-aːne
　　　he　　　　　home　　　　go-NONPST-M.3SG
　　　'He goes home (habitual)/He will go home.'

Kannada语的过去/非过去均使用后缀语素,相比较而言,英语的所谓过去/非过去对立并非典型的二分时,非过去时还未语法化,现在和将来并未采用屈折形式。而在典型的过去/非过去的语言中,现在时和将来时使用同一标记,但英语中除特殊情况外不允许。

二分时中的将来/非将来对立不罕见,汉藏语系不少藏缅语采用这种对立,如缅甸语和印度境内的Manipur语。缅甸语有两个主要的时功能词,"sañ"表过去和现在,"mañ"表将来;Manipur语中的动词后缀"li"表过去和现在,"kəni"表将来。不过这些标记的属性有争议,Allott(1965)认为是情态标记,而Comrie(1985:49)提出情态与时间指称之间存在蕴含关系,它们可看作"现实/非现实"(realis/irrealis)的体标记,这些语言更倾向于体凸显。值得注意的是,将来/非将来对立的语言也倾向具有现实/非现实的体对立。除缅甸语和Manipur语外,还有南岛语系的Tukang Besi语、澳大利亚土著Dyirbal语。很多北美印第安语如Hopi语、Takelma语、Lakota语和Hocąk语等采用将来/非将来对立,如Lakota语

(Chung and Timberlake 1985:206):

(5) a. ma-khúžį
     1SG-sick. NONFUT
     'I was sick/I am sick.'
   b. ma-khúžį   kte
     1SG-sick   FUT
     'I will be sick.'

在将来/非将来对立的语言中,过去和现在倾向使用同一标记(或零形态)。汉语时间名词、时间副词及时间助词都能表示时,时间助词比时间名词和副词的语法化程度高,那么只需考察时间助词的表时功能就可确认汉语的现在、过去和将来哪个语法化程度高(考察的句子必须是不包含其他时间词的单句,以避免受其他成分的干扰)。汉语句子在没有其他时间指示的条件下,常用典型的体助词兼表语法时,例如"了""过""着"以及句尾"了",如:

(6) a. 他吃了一个苹果。   e. 她怀过孩子。
    b. 他养了一条藏獒。   f. 他结过婚。
    c. 台上唱着京剧。   g. 小李去北京了。
    d. 他留着八字胡。   h. 天下雨了。

例(6a—f)使用词尾"了/着/过",例(6g—h)使用句尾"了",它们的表达功能被严格限定,如:

(7) a. *他将要吃了一个苹果。   e. *她将要怀过孩子。
    b. *他将要养了一条藏獒。   f. *他将要结过婚。
    c. *台上将要唱着京剧。   g. 小李将要去北京(了)。
    d. *他将要留着八字胡。   h. 天将要下雨(了)。

例(7a—f)表明同一事件不可能用两个不同的时间词来定位。此处有两点需说明。一,句尾"了"有时间助词和语气助词之分,差异在于,删除语气助词"了"不会改变体意义并且句子仍然合法,而删除时间助词"了"则或者改变体意义或者不合法,语气助词与"时"的表达无关。例(7g—h)中句尾"了"是语气助词。二,类似"他会杀了你/我会吃了他/他会害了你"句中词尾"了"是补语成分(马希文1983;金立鑫1998),前两例中"了"可替换为补语"掉",后一例中可替换为补语"死"。但时间助词词尾"了"不同,在不含其他时间词的单句中,即使在动词后添加补语,词尾"了"也不可阙如。因此例(6)中词尾"了"和句尾"了"可表过去和现在,不表将来,"过"只能表过去,"着"只能表现在,即汉语时间助词不表将来。若仅看语法化程度,汉语可看作将来/非将来对立的语言,但不典型。典型的将来/非将来的语言中,非将来用同一标记,但例(6)显示汉语并非如此。

三分时指过去、现在和将来有不同的编码,若说这三个时在英语中分别用屈折形态、零形态、助动词来表示,英语也可归入三分时语言。立陶宛语和印度境内的 Kurukh 语都采用三分时,如 Kurukh 语(Bhat 1999:15):

(8) a. eːn ij-d-an   b. eːn ij-k-an   c. eːn ijʔ-on
     I   stand-PRS-1SG   I   stand-PST-1SG   I   stand-(FUT)-1SG
     'I stand.'   'I stood.'   'I will stand.'

多分时语言主要来自非洲撒哈拉沙漠以南的 Bantu 语、澳大利亚土著语及北美印第安语。多分时以现在时为核心,过去和将来又根据参照时间离说话时间的远近进一步分为多个过去时或将来时,这些不同的时有相同的语法地位。利比里亚境内的 Grebo 语和 Bantu 语中的 Kota 语都有一个现在时,三个过去时和三个将来时,如表10.1:

表 10.1　Grebo 语和 Kota 语多分时表达

Grebo 语		多分时	Kota 语	
-dá	PST_3	远过去(前于昨天)Remote past	PST_3	-á-······-á-sá
-dǒ	PST_2	昨天过去(昨天)Hesternal past	PST_2	-á-······-á-ná
-ɛ́	PST_1	今天过去(今天)Hodiernal past	PST_1	-á-mo-······-á
-E′	PRS	现在 Present	PRS	-á-······-á
-ɛ́	FUT_1	今天将来(今天)Hodiernal future	FUT_1	-é-······-ak···-a
-á	FUT_2	明天将来(明天)Crastinal future	FUT_2	-é-······-ak···-a-ná
-dó	FUT_3	远将来(后于明天)Remote future	FUT_3	-é-······-ak···-a-sá

喀麦隆境内的 Yémba 语甚至有五个过去时和五个将来时。多分时在过去和将来的划分上是否有镜像性视具体语言而定,总体上过去时倾向比将来时划分更多,如肯尼亚的 Haya 语有三个过去时和两个将来时,亚美尼亚语有多个过去时和两个将来时。

"时"的逻辑分类只是一个理想系统,实际语言的"时"并不能整齐划一地归入这几种类型,不少语言在这几种"时"类型的表现上并无明显界限,如不少学者将英语归入过去/非过去类型,之所以将现在时和将来时看作同一个"时"仅仅是因为它们没有屈折形态,但若从时标记看,现在时和将来时没有用同一标记,因此英语不属于典型的二分时语言。汉语可看作将来/非将来类型的语言,也仅仅是因表将来的时间副词的语法化程度低于非将来的时间助词,尽管这些时间助词可出现在表非将来的单句中,但它们不是表非将来时的必要语法成分或强制性标记,汉语也不是典型的将来/非将来的二分时语言。从三分时语言的标记看,英语、汉语也不是典型的三分时语言,因为表过去、现在和将来的语法形式没有形成像三分时语言那样的高度语法化的形态标记。英语、汉语的时是二分还是三分只是相对而言,它们都有表过去、现在和将来的手段,只是从语法化角度看,这些手段有语法化程度高低的差别。

10.2 体范畴类型

"体"作为一个范畴主要指由句子中的各种相关成分所表达的核心事件(主句中由主要动词所表达的事件)的状态。因此,"体"是句子层面的范畴,只有句子才可能有"体"的概念。短语和词层面的是另一个问题。我们将在10.3节中详细讨论。

不同语言在"体"的观察视点上各有侧重,大致分为空间视点体(完整体/非完整体,perfective/imperfective)和时间视点体(完成体/未完成体,perfect/imperfect)两种类型。前者如俄语、芬兰语等,后者如英语、汉语等。两种"体"类型在语法化程度、视点的强制性、体的层级性、体与时的匹配限制四个方面有差异。

10.2.1 空间视点体

所谓空间视点体是指,该语言观察事件更敏感于事件的边界,是否具有整体性或完整性。如果事件边界明确,达到了内在的自然的终点,那么就是完整体事件,否则为非完整体事件。

空间视点体语言中完整体/非完整体的语法化程度较高,体对立通常体现为完全语法化的动词对偶形式(小部分动词以词根异干的形态来表达体对立)。完整体/非完整体注重事态的有界性/无界性或者整体性/非整体性。完整体将事态看作有界的格式塔整体,可以是完整时位或完整时段,视点具有高强制性,时段事态的起始点、持续段及终止点均可强制为有界的整体,用完整体表达,如俄语例(1);视点一旦变换,也可用非完整体,如俄语例(2)。

(1) a. Он   записал.
       he   PFV. begin. to. write. PST. M
       'He began to write.'

b. Он полежал.

　　he　　PFV. lie (for a while). PST. MAS

　　'He had been lying (for a while).'

c. Он пописал.

　　he　　PFV. write (for a while). PST. M

　　'He had been writing (for a while).'

d. Он дописал.

　　he　　PFV. finish. write. PST. M

　　'He finished writing.'

(2)a. Он дописывал.

　　he　　IMPFV. finish. write. PST. M

　　'He finished writing. (He didn't write after that.)'

b. Он писал.

　　he　　IMPFV. write. PST. M

　　'He was writing.'

以上两例中完整体/非完整体是语法化了的显性视点体,"起始/状态持续/动作进行/终止"意义则是动词的内在情状,以我们汉语社团的角度看,后者是一种隐性的体意义,这两种体构成了体的层级。一般而言,隐含事态起始点和终止点的动词不能是非完整体,如例(1a)和例(1d),而隐含事态持续或进行的动词可用完整体或非完整体,如例(1b—c)和例(2a—b)。这种以观察者对事态"界限"的感知为基准所表达的完整体/非完整体在芬兰语中非常典型。Kiparsky(1998:19)用四分表展示芬兰语的这一特征(见表10.2):

表10.2　宾格/部分格与完整体/非完整体的对应

	[+B] object	[−B] object
[+B] verb (telic)	Russian:napisal(**PFV**)pis'ma Finnish:kirjoitti kirjeet(**ACC**) 'wrote the letters'	Russian:pisal(**IMPFV.**)pis'ma Finnish:kirjoitti kirjeitä(**PART**) 'wrote letters'

续表

	[+B] object	[−B] object
[−B] verb (atelic)	Russian: pisal(**IMPFV.**)pis'ma Finnish: kirjoitti kirjeitä(**PART**) 'was writing the letters'	Russian: pisal(**IMPFV.**)pis'ma Finnish: kirjoitti kirjeitä(**PART**) 'was writing letters'

芬兰语的名词格标记与体关联，宾格(ACC)对应完整体(PFV)，部分格(PART)对应非完整体(IMPFV)。上述四分表是三个非完整体对一个完整体。由于动作和受事之间具有动态同构关系，只有当动词和宾语都是有界时([+B])才是完整体，只要动词和宾语中有一个是无界的([−B])，句子就是非完整体。

空间视点体语言中体与时的匹配有限制，俄语、芬兰语、波兰语、捷克语及格鲁吉亚语中非完整体可与过去时、现在时和将来时匹配，而完整体较特殊，这些语言的传统教学语法通常认为完整体可自由地与过去时匹配，而与现在时匹配时一般解读为将来时。实际上，完整体与现在时匹配是或缺的，如俄语、波兰语及捷克语的完整体动词"закончить[zrobić]udělat"(做/处理)在没有携带表过去时的形态语素时，指称将来时。完整体与现在时匹配的缺省意味着这些语言没有类似英语中的"现在完成"意义，"现在完成"在这些语言中用"过去时—非完整体"表达，"过去完成"则用"过去时—完整体"表达，如俄语：

(3) a. Ты смотрел этот фильм?
  you IMPFV. see. PST. M this film
  'Have you seen this film?'
 b. Ты посмотрел этот фильм?
  you PFV. see. PST. M this film
  'Did you see this film?'

上述时体匹配符合 Malchukov(2009:27)的时体限制等级：

完整体 & 现在时⊃完整体 & 将来时⊃完整体 & 过去时

等级上越靠左侧受到的限制越大,越罕见(缺少这样的匹配模式)或需要更多标记。该等级是一个蕴含共性:左侧时体匹配蕴含右侧匹配。但 Malchukov 没有区分不同语言中的体类型,将"完整"和"完成"混同,该等级只适用于空间视点体语言,不适用于时间视点体语言。

10.2.2 时间视点体

所谓时间视点体指的是该语言更敏感于事件在流动的时间轴上所处的状态。例如同一事件在同一时间轴的不同点上状态不一。

完成体/未完成体是时间视点体类型,如英语和汉语。从体的表达看,完成体敏感于事件时间在参照时间之前(金立鑫、于金秀,2022),与事态的整体性无关。逻辑上未完成体不是一个独立的体意义,其内部包括进行体(动作)、持续体(状态)、惯常体以及反复体。句子的体是多形式的语义范畴,体意义具有合成性,往往受各个语法成分的影响,如英语:

(4) a. He has stood for ten minutes.　c. He ate a slice of pork.
　　b. He has lived here since 1945.　d. He ate pork.

英语动词的"have+分词"和过去时形态不是完成体的充分条件,例(4a)中动词"stand"的内在状态情状及时间状语"for ten minutes"、例(4b)中动词"live"的内在状态情状使得句子体不能是完成体,例(4c)为完成体,但例(4d)可作(过去时)惯常体解读,显然受动词内论元的影响。汉语句子体同样具有合成性,词尾"了/着"可表完成体和进行体,它们也不是完成体和进行体的强制标记,如:

(5) a. 我们刚刚到达机场。　　　c. 他养了一只波斯猫。
　　b. 他(正)在读书。　　　　d. 黑板上写着监考须知。

例(5a)完成体和例(5b)进行体分别由时间副词"刚刚"和"(正)在"赋予,例(5c)和例(5d)均为持续体,前者受动词"养"内在状态情状的影响,后者受处所论元的影响。正因为词尾"了/着"不是完成体和进行体的强制性标记,吴福祥(2005)认为汉语完成体和进行体的语法化程度较低。汉语句子体的编码通常也是一种多语义功能的形式,如刘丹青(2011)提出,词尾"了"有表过量的意义(这双鞋大了一号),是边缘语义功能。

英汉句子体在视点选择上没有空间视点体的那种高强制性,若表达事态的起始点、持续或进行段,体意义一般就是起始体、持续体或进行体,不可能解读为完成体。值得注意的是,空间视点体语言的动词除负载上位的完整体/非完整体外,也隐含类似英汉句子体的起始/持续/进行,以及完成等下位体,而英汉动词的内在情状虽对句子体有贡献,但一般不能直接表达句子体。前文10.1节曾提到"现实/非现实"的体对立,我们不妨将其看作英汉语的上位体,这种处理可解决两个问题:体的层级性和时体的匹配限制。在体的层级性上,起始体、进行体和完成体是现实体,将起始体、将进行体和将完成体是非现实体。在时体的匹配上,过去时和现在时均可与现实体/非现实体匹配,将来时只能与非现实体匹配。

现实/非现实体也存在于缅甸语、Manipur语、Tukang Besi语、Dyirbal语及Takelma语中,如例(6)Takelma语(Chung and Timberlake 1985:204),其现实/非现实体标记比时标记更靠近动词,符合世界语言屈折词缀离动词的距离等级:配价＜语态＜体＜时＜情态＜人称或数(越向左越靠近动词)(Bybee 1985),此处很难将现实/非现实标记看作情态标记。

(6) a. yaná-t'ē   b. yān-t'ēʔ
    go. IRR-1SG. FUT   go. REAL-1SG. NONFUT
    'I will go.'   'I went/am going/am about to go.'

我们将英汉完成体与时的匹配限定在独立小句中,且时和体与同一谓语关联,这样可排除汉语中"我们吃了饭去图书馆"的特殊单句,这种句式一直干扰学界对词尾"了"的时体功能研究。完成体与时的匹配限制等级可作如下假设:完成体 & 将来时 > 完成体 & 现在时 > 完成体 & 过去时。完成体属于现实体,与将完成体有别,因而完成体 & 将来时的匹配限制最大。

时体常常与情态(modality)纠缠在一起。尤其是在将来时形态缺乏或将来时概念语法化程度较低的语言中,将来时常用表达说话人意愿的词汇表达。英语和汉语这样的语言都有类似的现象,如英语的"will"和汉语的"要",都是情态和将来时混合的现象。

除此之外,不少语言中除了一般所说的完成、进行等行为体的区别,还有对这些行为确定与不确定等的区别,如保安语中的"时"和"±确定"情态合在一起,无法分开。例如:

确定过去时的标记:-o
非确定过去时的标记:-tɕ
确定现在时的标记:-m
非确定现在时的标记:-nə

但是体和情态却可以分开,例如:

确定进行体:-dʑi i/gi
非确定进行体:-dʑi o/ginə

普通话中动词后用"了"还是用"的"也与类似确定性与不确定性的差别有关,例如:

(7) a. 张三昨天去了上海。　　c. 张三昨天回来了。
　　 b. 张三昨天去的上海。　　d. 张三昨天回来的。

例(7b)(7d)的确定性高于例(7a)(7c)。例(7c)句尾的"了"带有报告新情况或者带有新闻性的含义,这也是一种情态。比较例(7c)和例(7d)就可以看出这种差别。

与情态紧密相关的,还有另一个概念范畴"语气"(mood),它们相互纠缠在一起,我们在 10.4 节详细讨论。

10.3 行为类型、情状类型与句子体之间的关系

前面我们讨论过,事件是一个过程,过程具有时间性,事件表达的核心成分是动词,动词所表达的概念也有时间属性。有关动词的时间属性已经引起很多学者的关注。

如果我们观察一个行为在时间轴上的各种状态,如"起点""终点"等,就会发现,动词所表达的这些属性在逻辑上至少有如下一些:

  i. 起点和终点重叠,也称为瞬间动词,如:"赢";
  ii. 无起点、无终点,像某些系动词,如:"二加二等于四"中的"等于";
  iii. 有起点、无终点,如:"问题出现了"中的"出现";
  iv. 无起点、有终点,如:"考试结束了"中的"结束"。

如果我们再根据行为是否能持续一段时间,那么动词的时间特征的刻画就会更加细致。例如有的动词有开始也有持续,但是不指示结束的时间点(如"昏迷"),有些动词有持续,也指示结束的时间点,但不明确开始的时间点(如"提高了三个百分点"中的"提高"),等等。(参见郭锐 1993)

根据动词的这种时间属性对动词进行分类,就得到以往的学者所说的"行为类型"(aktionsart)。这是一个德语词,其构词结构可以分析为三个部分"aktion-s-art":中间的"s"是一个形态中缀;前面的相当于英语中的"action",即行为;最后的"art"意思是类型;整体的字面意思就是行为类型(kinds of action)。有学者将其翻译为"动相"。实际上就是动词所表达的行为在时间上的分类。

有关"行为类型"(aktionsart)的研究最早见于希腊语和德语这类通过动词本身的词汇形式表现行为的时间特征的语言。在这些语言中,"aktionsart"也被看作词汇体(lexical aspect)。如果说"体"

(aspect)是用语法形式表达的体,属于句子平面的语法范畴,那么"行为类型"(aktionsart)就是词汇平面的,是词汇内在的语义类型,它所表达的是不同的行为类型,属于词汇范畴。

在希腊语、德语和一些斯拉夫语中,动词的行为类型可以直接投射为句子的体类型,或者说,动词的行为类型在很大程度上直接反映为句子的体类型。

19 世纪末,希腊语语法学家把希腊语的动词分为三种类型:(1)在特定时刻(punctual)或一瞬间(momentary)发生并完成(completed)的动作或事件;(2)持续不断或恒常性的动作或事件;(3)过去某时刻发生并维持了一段时间才告终的动作或事件。我们可以用下面的图直观地表示:

第一类动作或事件的特性是:●

第二类动作或事件的特性是:——→ 或 ------→

第三类动作或事件的特性是:●——→|

这种以动作或事件的状态来解释希腊语动词语义功能的观点,得到广泛认同,成为 19 世纪末及 20 世纪大部分时间中有关希腊经文动词的语义功能研究的主导理论。

同样,德语也没有系统的形态特征能表现每个动词的体类别,德语主要依赖动词本身的语义来划分不同的体类别,因此,德语动词按时间可划分为两类:

A. 非完整体动词(die imperfective Verben)

表示没有时间界限的行为,如"blühen"(开花)、"schlafen"(睡觉)等。

B. 完整体动词(die perfective Verben)

表示有时间界限的行为,表示行为的开始、转变或结束等意义,其中又可分为 3 小类:

i. 开始体动词(die ingressiven Verben):表示行为动作的开端,如

"entflammen"(着火)、"erblicken"(瞥见);

ii. 转变体动词(die mutativen Verben):表示行为动作从一个状态过渡到另一个状态,如"altern"(变老)、"erkranken"(得病);

iii. 结束体动词(die eggressiven Verben):表示行为动作的结束,如"verklingen"(声音消失)、"preisgeben"(放弃)。

同样的情况也存在于俄语中,俄语中的体类型也是通过动词本身的词汇形式来表现的(Dahl 1985:27)。"俄语动词体是一种'原型'(prototype)体范畴,这个范畴从界限性/非界限性、整体性/非整体性的角度反映行为在时间中的延伸特征或分布特征"(Пешковский 1935:95)。

具有这种"词汇体"的语言,其动词的行为类型大都可以直接影响句子的体类型。在前文中我们讨论过俄语等语言的空间视点体大都属于这种情况。

实际上,不仅仅是希腊语、德语、俄语,甚至汉语和英语,动词都有自己的行为类型。动词的行为类型强制性地要求选择某些时体形态或时体功能词,例如:

(1) a. John is building a house.

   b. * John is knowing the answer.

(2) a. Build a house!

   b. * Know the answer!

在上面的两个例子中,"know"和"build"在时间属性上不同。前者具有"终点"的时间特征,过程被忽略;后者具有"续段"的时间特征,所以它可以表达现在进行的时体概念,甚至可以用来表达祈使意义,而前者却不能用来表达这些意义。再如,现代汉语中某些动词不能使用"了"这个体标记:

(3) 省得、值得、认为、期望、据说、同情(*同情了他)

还有些动词不能使用"着"这个体标记:

(4) 死、加入、成为、举办（*加入着）

有些动词不能使用时量补语：

(5) 缺乏、死、明白、把握、向（*缺乏了一个小时）

问题是有些语言中动词的行为类型可以直接投射到句子平面，并直接反映为句子的体意义；而有些语言的动词行为类型只构成句子体意义的一部分，句子的体意义除了动词的行为类型外，还与句子中的其他成分，尤其是时体标记等有关。

因此，动词的时间特征是句子时体表达的基础部分。时体是建立在动词的时间特征的基础上的。某些动词通常只能选择使用某一类时体形态，而不能选用另一类时体形态，或者选用某类时体形态时需要某些附加条件或其他限制等。而语言学在这方面要研究的恰恰是动词和时体形态类型之间的对应关系以及它们之间的条件关系。

"行为类型"在希腊语、德语等语言中是通过动词本身的形式来表现的，不同的动词表现了不同的行为类型，并不需要其他成分的配合，当它们进入句子以后，要求与不同的成分配合，如果配合不妥就会造成错误。

但是如果把"行为类型"的研究直接移植到英语等语言中，情况就会发生变化。英语等语言中也会有部分动词可以表现典型的行为类型。但是也有更多的动词要表现不同的行为类型，需要依赖动词的组合成分，通常是配价成分等具有数量或时间特征的其他成分，它们组成一个短语来表现行为类型。因此，在英语等语言中所谓的"行为类型"已经不同于德语等语言中只需要由动词就能确定的行为类型了。这种通过动词以及动词的配价成分或相关的数量或时间性成分组成的短语来对一个事件的时间类型进行表现的，我们称之为"情状类型"(situation types)，也可以称之为"情状体"(situation aspect)。

对情状类型的研究最为经典的便是 Vendler（1957）的分类。他最早提出四个概念系统：状态（states）、活动（activities）、完成（accomplishment）、成就（achievement）。Vendler 的模型并不是对动词的时间类型的研究理论，而是对根据动词与一定的成分所构成的短语所表现的事件的时间类型的研究理论。因此同一个动词，加上不同的搭配成分，这个动词短语就可能分属于不同的情状。例如，"Are you smoking?"所问的是"activity"，而在"Do you smoke?"中问的是"state"，行为类型并不是根据动词本身来确定的。再如，"run"在与"a cart"组合的时候，它不具有终点的属性，但是如果"run"与"a mile"组合的时候就属于完成，具有终点的属性。因此，同一个动词如上面的"run"，单独看它是未完成（atelic）类型，但是只要它搭配上一个有一定数量的名词，例如"一英里"，就变成有终点的完成类型（telic）。

因此，情状类型是由动词和它所搭配的相关成分决定的。如上面所看到的一个未完成的动词与一个数量确定的成分组合，这个动词短语就是完成性的，而这个动词与一个数量不确定的成分组合，这个动词短语就是未完成性的。

如果说，德语和俄语这样的语言，句子的体意义主要是由动词的词汇体意义构成的，那么另一部分语言句子的体意义是由动词短语所对应的情状类型为基础构成的，如英语和汉语这样的语言。

10.4 情态范畴及其编码类型

10.4.1 语气与情态的关系

"语气"（mood）与"情态"（modality）通常纠缠在一起，是两个很难撇清的概念，在功能上都表示说话者的主观态度。

语气在印欧语传统教学语法中主要指动词形式所表达的主观

态度,如英语、俄语、德语的动词有陈述、祈使(命令)和虚拟(假定)三种语气形式。陈述语气表示说话者对行为或事件的肯定/否定陈述或提出疑问,主要用于陈述句、疑问句及某些感叹句;祈使或命令语气表示说话者提出的命令、要求、劝告等,动词形式一般为原形动词;虚拟或假定语气则表达说话者的主观愿望、假设或推测等,主要用于非客观事实。现代汉语中的动词没有印欧语中动词的那种形态变化,传统教学语法中的语气分类和表达形式与印欧语不同,一般分为陈述、疑问、祈使、感叹四种,通常用语调、语气词及句法结构(如常用主谓倒装表示感叹和祈使,用谓语的肯定形式与否定形式连用表示疑问)等手段来表达。

  学界对语气和情态的关系没有一致的解释。国内不少学者分别用"modality"和"mood"指称语气,不严格区分语气和情态,将传统教学语法中的语气和认识/道义等经典情态意义均归于语气范畴。

  国外学者对语气和情态关系也有不同看法。Bhat(1999:63)将语气和情态看作同一个概念,将"mood"作为情态系统的统称。Palmer(2007:4)认为语气和情态是从语法角度探讨语言整个情态系统的两条路径,属于不同的概念。有些语言如德语和Central Pomo语中这两个范畴均显赫,但大多数语言中只有其中一种范畴显赫。Velupillai(2012:214)区分语气、情态以及"式"(mode)三个概念,认为语气表达命题真实与否,即"现实性"(realis)和"非现实性"(irrealis),情态是说话者对事件所持态度的语义标注(semantic label),而"式"则是语气和情态的统称。Lyons(1977)和Whaley(2009)持相同观点,他们都认为语气是语法范畴,情态是语义范畴,语气是情态的语法实现。Whaley(2009:219)提出,语气表达说话者对所述事件或状态发生与否所持有的信念,语气的"概念域"(conceptual domain)就是情态。Bybee and Fleischman(1995:2)认为语气是以动词形态为表达手段的语法化了的范畴,该范畴具有情态意义。

多数学者认为语气是语法范畴,情态是语义范畴,表达语气的各种手段可以表达情态意义。Bybee and Fleischman(1995)认为:在有些语言,尤其是印欧语言的情态范畴中,一些情态意义已经语法化为动词的形态,成为语气语法范畴,还有些情态意义没有语法化为动词的形态,可以通过其他手段来表达,即语气语法范畴表达的情态意义不是情态范畴的全部。如下图所示:

10.4.2 情态的分类

Halliday(2000:91)的情态分类:

A. 情态化(modalisation)(基于命题话语功能)
    a. 可能性(probability):可能(possible)/很可能(probable)/确信(certain)
    b. 惯常性(usuality):有时(sometimes)/通常(usually)/经常(always)
B. 意态化(modulation)(基于提议话语功能)
    a. 职责(obligation):允许(allowed)/建议(supposed)/要求(required)
    b. 意向(inclination):愿意(willing)/渴望(keen)/决心(determined)

Palmer(2007:8—10)的情态分类:

A. 命题情态(propositional modality)
    a. 认识情态(epistemic)
        推测情态(speculative)
        推定情态(deductive)
        推断情态(assumptive)
    b. 证据情态(evidential)

报道情态(reported)

感知情态(sensory):可视情态/非可视情态/听觉情态

B. 事件情态(event modality)

 a. 道义情态(deontic)

  允许情态(permissive)

  义务情态(obligative)

  应允情态(commissive)

 b. 能动情态(dynamic)

  能力情态(abilitive)

  意愿情态(volitive)

  Mithun(1999:173)认为"现实"描述实现了的情状已经发生或正在发生,可通过直接感知来认识,而"非现实"纯粹是在思想领域通过想象来认识的情状。Comrie(1985:39—40)认为"现实"是已经发生或正在发生的情状,"非现实"是现实之外的所有情状。虽然Palmer(2007)将这对概念归入语气系统,但从世界语言来看,现实/非现实并非能够清晰地归入某个语义范畴,不同语言族群对它们的认知可能不同,从而与不同的语义范畴有联系。现实/非现实的意义在不同语言中的语法化程度也有差异,可以用实义词汇、功能词以及附着语素或词缀来表达。

  跨语言地看,现实/非现实标记所表达的意义通常与"时-体-情态"有关,比如汉语、英语中的"will"可同时表"将来时、非现实体、预测或预期情态",通常情况下,这三个范畴中将来时意义比体和情态意义更凸显,其他语言如下例:

(1) Muyuw语(Bugenhagen 1994:18,转引自Palmer 2007:145)

 yey b-a-n   Lae nubweg

 I   IRR-1SG-go Lae tomorrow

 'I will go to Lae tomorrow.'

但是有的语言中的现实/非现实标记只标记情态意义,如美洲土著

语 Caddo 语中的非现实标记可用来表示否定、禁止命令、义务以及条件等情态:

(2) Caddo 语(Chafe 1995:351—359,转引自 Palmer 2007:146)
 a. kúy t'a   yibahw
  NEG 1+A+IRR see
  'I don't see him.'
 b. kaš sahʔ   yibahw
  PROH 2+A+IRR see
  'Don't look at it.'
 c. kas sa   náyʔaw
  OBL 3+A+IRR sing
  'He should/is obliged to sing.'
 d. hí t'a   yibahw
  COND 1+A+IRR see
  'If I see it.'

除了上述用法外,有的语言现实/非现实标记主要与体意义有关,如缅甸语、南岛语系语言 Tukang Besi 语等,如:

(3) Tukang Besi 语(Donohue 1999:153)
 a. no   baiara 'e
  3SG.SBJ.REAL pay 3SG.OBJ
  'She has paid it.'
 b. na   baiara 'e
  3SG.SBJ.IRR pay 3SG.OBJ
  'She is going to pay it.'

因此,现实/非现实究竟归入时—体—情态中哪个范畴需视具体语言而定,语法化程度也有差异。即使现实/非现实标记用来指称同一范畴意义,如情态,同一情态意义在不同语言中也可能使用不同标记,如有的语言可能用现实标记表示祈使情态,有的语言可能用非现实标记表示祈使情态(Palmer 2007:2)。世界语言的情态涉及三个参数：说话者关于事态现实性的意见或判断；说话者作出该判断的证据；使说话者(或其他人)涉入事态(或采取行动)的必要性(Bhat 1999:63)。前两个参数属于认识情态，后一个参数是道义情态。这三个参数中，第一个参数是最基本的，是后两个参数的前提。

可以假设，现实/非现实是语言情态系统的基础，或者是整个情态系统的上位概念，只是不同语言对现实/非现实的认识有差异。此外，现实/非现实在不同语言中的语法化程度也不同。如果在现实/非现实语法化程度较高的语言中，既出现了现实/非现实标记，也出现了认识、证据、道义、能动的标记，这可能有两种解释：一，认识、证据、道义、能动的标记是情态标记，而现实/非现实可能是时或者体的标记；二，情态是一个上下位的系统，如果现实/非现实标记是形态化的，那么句中诸如认识、证据、道义、能动的情态表达一般没有语法化，子范畴的解读只是语义上的，如俄语独立小句中的动词既有语法化的完整体/非完整体标记，也有动词本身的词汇语义解读。

我们可以在 Palmer(2007)的基础上，构建一个情态系统，如表10.3。这个情态系统只是一个理论假设。表中没有出现传统教学语法中的语气，语气并入情态系统。英语、俄语、德语传统语法中的陈述语气包含在"认识－断言－确信"中，祈使(命令)语气和部分虚拟(假定)语气(如"It is required that…"等)则包含在"道义－义务"中，部分虚拟(如"I wish…"等)包含在"能动－意愿"中。汉语传统语法中的陈述、疑问和感叹属于"认识－断言"，差别是"断言"程度不同，祈使属于"道义－义务"。

从编码方式上看现实/非现实，汉语和英语语法化程度较低，没有形成高度语法化的形态标记。从范畴意义上看，现实/非现实不是情态的专有意义，它还与时－体有关。汉语和英语中都存在"将来＋非现实""非将来＋现实""非将来＋非现实"的匹配，非将来包括过去和现在，因而共有"将来＋非现实""过去＋现实""过去＋非现实""现在＋现实""现在＋非现实"五种匹配。其中的现实/非现实可看作情态和体两个范畴的最上位的概念意义对立。汉语中的否定词"没（有）"用于否定"现实"，而否定词"不（要）"和"别"用于否定"非现实"。

表 10.3　情态系统

上位层次	下位层次			范畴类型
现实	认识情态	推论情态	推测	命题情态（说话者的判断与证据）
			推定	
			推断	
		断言情态	确信	
			强调	
			感叹	
			质疑	
		情感情态	委婉	
			礼貌	
			随意	
			诧异	
			料悟	
			侥幸	
非现实	证据情态	让步情态	假设	命题情态（说话者的判断与证据）
			预设	
		报道情态		
		感知情态	可视	
			非可视	
			听觉	
	道义情态	允许情态		事件情态（说话者对潜在/将来事件的态度）
		义务情态		
		应允情态		
	能动情态	能力情态		
		意愿情态		

根据 Dahl(1985)以地理－谱系差异对 64 种语言的考察，人类

语言的时－情态－体(Tense-Mood-Aspect,TMA)三个范畴在语言编码上总体而言没有明显界限。英语中"will/shall"可负载将来时和情态两个意义,但情态是次要意义。过去时形式可负载过去时和情态两个意义,用过去时表虚拟语气或委婉礼貌等情态时,情态是主要意义,过去时是次要意义。

10.4.3 情态的编码方式

情态是一个复杂的系统,主要是指"表示说话者对某一行为或事件的看法和态度",这涵盖了大部分主观意义。情态意义加在命题上,情态成分不是句子最基础的成分或最不可缺少的成分,这就导致了其落实形式的多种多样(陆丙甫2008:311)。

"世界语言结构地图集"(http://wals.info/chapter/76,访问时间2024-01-15)Auwera和Ammann将情态分为"情境情态"和"认识情态"(前者更接近道义情态)。二者内部都可以分为"可能"(possibility)和"必然"(necessity)两小类。这四种组合在语言中有不同的编码方式。他们统计了207种语言,结果发现如下:

A. 同一标记编码道义情态和认识情态,区分可能和必然的语言(36种)
B. 同一标记编码道义情态和认识情态,但不区分可能和必然的语言(66种)
C. 不同标记编码道义和认识情态的语言(105种)

用同一标记编码道义情态("可以,必须")和认识情态("可能,一定"),但区分可能和必然的语言,如英语中的"may"和"must":

义务:
(4) a. You *may* go home now.(你现在可以回家)
　　b. You *must* go home now.(你现在必须回家)
认知:
(5) a. Bob *may* be mistaken about the cause of the accident.
　　(鲍勃可能搞错了事故的原因)

b. Terry *must* be from Northumberland.

（泰利一定来自 Northumberland）

显然以上"may"和"must"都可以既表道义情态也可表认识情态，但另有一些标记还是有所区分，如表示道义的"ought to, have to"，表示认识的"maybe, will"。West Green Landic 语也用同一标记编码道义情态和认识情态，但区分可能和必然，如：

(6) West Green Landic 语

  a. Inna-jaa-**ssa**-atit

   go. to. bed-early-nec-ind. 2SG

   'You must go to bed early.'

  b. København i-mii-**ssa**-aq

   Copenhagen-be. in-nec-ind. 3SG

   'She must be in Copenhagen.'

  c. Timmi-**sinnaa**-vuq

   fly-can-ind. 3SG

   'It can fly.'

  d. Nuum-mut aalla-reer-**sinnaa**-galuar-poq …

   Nuuk-all leave-already-can-however-3SG. ind

   'He may well have left for Nuuk already, but …'

同一标记编码道义情态和认识情态，但不区分可能和必然的语言，如：

(7) Ainu 语

  a. A kor nispa, hokure kuni

   I ATTR husband hurry NEC

   a cisehe orun e hosipi.

   we house. of ALL you return

   'My husband, you must hurry and return to our house.'

  b. Tapan hekaci poro yakun, isanispa

this	youth	be. big	if	doctor
ne	an	kuni	p	ne.
as/into	be	NEC	thing	become

'When this child grows up, (s)he should become a doctor.'

不同标记编码道义情态和认识情态的语言,如:

(8) Evenki 语

 a. Ulguchen-d'enge bejetken amakan eme-d'e-n
  tell-PTCP   boy   soon come-FUT-3SG
  'The boy who will be able to tell will come soon.'

 b. Minggi girki-v ilan-duli chas-tuli suru-mechin-in
  my friend-1SG.POSS three-PROL hour-PROL go. away-NEC-3SG
  'My friend must go/leave in three hours.'

 c. Ga-na-m
  take-POS-1SG
  'Maybe I take/took recently.'

 d. Su tar asatkan-me saː-na-s
  you that girl-ACC.DEF know-NEC-2PL
  'You probably know that girl.'

汉语中的"应该"和"要"都可表示道义情态和认识情态,但也有不同标记编码道义情态("可以,必须")和认识情态("可能,一定"),区分可能和必然。无论道义情态还是认识情态,都有程度差别。道义情态程度:可以＞应该＞要＞必须。认识情态程度:可能＞应该＞会＞一定/必定/必然。

综上所述,从跨语言角度看情态的编码形式有多种多样,而且在同一语言中也是形式多变。英语同样如此,如表示"能"或"可能"意义的就有助动词"can"、形容词"able"、名词"(to have the) ability (to do)"、副词"probably"。汉语的情态表达形式也多样化,如语调、情态助动词("能、会、可以、应该、必须、可能")、情态副词

("难道、幸亏、就、才、恰恰")、语气词("的、了、吗、呢、啊、呀、吧、呗、哦")、叹词("唉、哎呀、哎哟、呵呵")等。

10.4.4 时—体—情态的跨语言共性

情态意义由于涵盖的内容宽泛,系统本身较为复杂,在编码形式上也多样,从跨语言角度看是否有共性可言?王晓华(2014)比较了汉语和日语的情态表达后发现,汉日的情态连续共现都遵循情态的语法化链顺序,主观性弱的情态类型离 V(VP)近,主观性强的情态类型距离 V(VP)远,大致形成镜像:

(汉语)认识＞道义＞能动　V　能动＞道义＞认识＞说明＞态度(日语)

情态等级是否有更为细致的划分?在不同语言中表现出何种倾向性?这些都需要基于更多语种的进一步考察。

任何语言的概念编码都试图在经济性原则和像似性原则之间找到平衡点,时—体—情态的编码也如此,一方面由于经济原则,一个语言符号尽可能负载更多的意义,但大多会引起歧义,另一方面,象似原则要求尽可能地使语言表达清晰。时—体—情态三范畴在语言中也需要寻求最佳平衡点。

时、体、情态都离不开对"事态"的陈述。若采用二元划分,事态可分为现实/非现实。不同语言可能对现实/非现实的认知不同,有的语言可能将现实/非现实看作一种体对立,它的下位起始体、进行体和完成体属于现实体,将起始体、将进行体和将完成体属于非现实体。有的语言可能将现实/非现实看作一种情态对立,它们也具有各自的下位情态子范畴。

在时间视点体语言中,现实/非现实这对概念与时有关,现实性事态无法以将来时的视角来表达,或者说,将来时只能表达非现实性事态,那么将来时蕴含非现实,或者,现实蕴含非将来时。

时、体、情态关系密切,既要遵守经济性原则,也要遵守像似性原则。如果某种语言中出现时—体—情态分别编码的情况,那就是像似性原则优先于经济性原则。

尽管世界语言时－体－情态在编码上复杂多样，但仍表现出倾向性。Bybee(1985)在所调查的样本中发现，如果时和体之间、情态和体之间、情态和时之间有标记标示区别的话，时、体、情态与动词词干之间的距离关系有：

时－体－动词词干；情态－体－动词词干；情态－时－动词词干（例外：Ojibwe 语）

从中可以抽象出：**情态－时－体－动词词干**。这可以看作时－体－情态在编码上的距离共性。如下列语言：

(9) a. Basque 语(Primus 2011:304)

aita　　　　lan-era　　　joa-n　　　d-a
father[ABS]　work-ALL　　go-PRF　　3ABS-PRS
'Father has gone to work.'

b. Swahili 语(Nurse 2008:15)

tu-li-kuwa　　tu-ki-kimbia
1P-PST-be　　1P-PROG-run
'We were running.'

c. 爪哇语(Klok 2010:10)

asu　　kuwi　　mungkin　　wis　　ucul
dog　　the　　EPIST. may　　PRF　　get. loose
'The dog may have escaped.'

d. 日语

太郎は　　　　花子に　　　ピアノを　　　習わせ
太郎－提示助词　花子－格助词　钢琴－格助词　学－使役态
てい　　　　　なかった　　　よう　　　　です
体　　　　　　否定－过去时　好像－情态　　敬语
'太郎好像没让花子学钢琴。'

下面看英语和汉语的情况：

(10) a. I will have finished my homework before 9 o'clock.
　　b. (If I had been there,) I would have helped him.
　　c. 他大概正在上课。
　　d. 小李去法国了。
　　e. 小李要去法国(了)。

上面英语例子(10a)和(10b)中,"will"和"would"均负载了情态和时,而"have+-ed"和动词的内在时间特征则表达体,因而距离动词词干的远近表现为"情态－时－体"。(10c)中"大概"表示情态,"正在"表示时和体,因而距离动词词干的远近表现为"情态－时－体"。(10d)句尾时间助词"了"表时和体,而动词"去"的内在时间特征也影响体的表达,因而距离动词词干的远近表现为"时－体－动词"。(10e)的"要"均承载了情态、时和体(非现实－将行),同时动词"去"的内在时间特征也影响体的表达,因而距离动词词干的远近表现为"情态－时－体"。

　　语气是语法化程度较高的、"制度化"的情态。情态包含的内容比较广泛,几乎涵盖了所有的主观意义表达,情态范畴表现为分层次的体系,情态的跨语言编码总体而言多种多样。现实/非现实是与体范畴共享的最上位情态范畴概念,但现实/非现实究竟表情态还是体,视具体语言而论。一般而言,时－体－情态均凸显的语言极少见,而现实/非现实在不同语言中的语法化程度也不同,不论用语法化程度高的形态还是语法化程度较低的其他手段进行编码,可以依据这些表达手段距离动词词干的远近来判断现实/非现实究竟表时－体－情态的哪一个(情态－时－体－动词词干)。时－体－情态的跨语言共性是一种理论假设,其本身也需要大规模语种样本进一步验证。

10.5　小结

　　时、体、情态本质上都是语义范畴,但不同语言在这三个范畴的表达上的语法化程度各不相同,在认知角度和敏感程度上也不相同,造成了不同语言在表达这三个范畴的形式上的差异,同时也形成了不同的时体情态的语言类型。

时间是运动的存在方式,逻辑上时间可以区分为过去、现在和将来。但这三个时间在不同语言中的语法化程度并不相同。不少语言在语法形式上趋向于两分:过去和非过去,例如英语过去时有语法形态标志,而现在时和将来时并没有语法形态标志。由于不同环境的影响(似乎与气候条件更相关),不少语言在过去将来的远近程度上有差别,形成不同的语言类型。

如果"时"是事件运行的背景,那么"体"则是事件本身运行的状态。就目前所掌握的语言样本来看,人类语言在体类型上至少可以区分为空间视点体和时间视点体。前者主要表现在完整体与非完整体之间的对立,后者主要表现在现实体(或完成体)和非现实体(未完成体)之间的对立。在现实体内部还有完成和进行(持续)的对立。这两种体类型并不矛盾,在同一种语言中可以同时作出两种体范畴的分析。

时体问题的复杂性还在于时和体的交错互配形成的复杂时体表现,如过去完成、过去进行、现在完成、现在进行,等等。

时体意义是句子层面的,但时体范畴表达的核心成分是动词。很多语言动词本身就直接编码了时或体的范畴特征,这类语言的时体特征是由动词的内部时间特征(行为类型)直接投射到句子上的。但也有一部分语言的时体特征是由动词以及相关成分构成的短语所反映的"情状类型"投射到句子上的。

情态表示说话者对事件的看法和态度,是语言主观性的核心内容。从情态的意义来看,由于不同语言族群的文化背景差异以及其他因素如环境等,他们对客观事件的看法和态度可能迥异。情态范畴的分类只是理论假设,具体情态意义的范畴化程度随语言族群差异而有所不同。从情态的编码来看,无论是跨语言还是特定语言的表达手段呈多样化,如助动词、形容词、副词、词缀等,这也与在命题上可附加各种表情态的主观意义相关。跨语言上时—体—情态编码的共性表现为与动词词干之间的距离关系,即"情态—时—体—动词词干",这只是三个范畴分别编码的倾向,符合语义靠近原则,但事实是这三个范畴都凸显的语言比较少见,编码上它们往往纠缠在一起,这与它们在抽象程度较高的层面语义上趋于融合有关。

参考文献

Allott, A. J. 1965. Categories for the description of the verbal syntagma in Burmese. In G. B. Milner and E. é. J. A. Henderson(eds.) *Indo-Pacific Linguistic Studies*, Vol. 2. New York: North Holland Publishing Company, pp. 283—309.

Bhat, D. N. S. 1999. *The Prominence of Tense, Aspect and Mood*. Amsterdam: John Benjamins.

Bybee, J. 1985. *Morphology: A Study of the Relation between the Meaning and Form*. Amsterdam/Philadelphia: John Benjamins.

Bybee, J. and Fleischman, S. 1995. Modality in grammar and discourse: An introductory essay. In J. Bybee and S. Fleischman (eds.) *Modality in Grammar and Discourse*. Amsterdam: John Benjamins, pp. 1—14.

Chung, S. and Timberlake, A. 1985. Tense, aspect, and mood. In T. Shopen(ed.) *Language Typology and Syntactic Description*, Vol. 3. Cambridge: Cambridge University Press, pp. 202—259.

Comrie, B. 1985. *Tense*. Cambridge: Cambridge University Press.

Dahl, Ö. 1985. *Tense and Aspect System*. Bath: Bath Press.

Dahl, Ö. 2000. The tense-aspect systems of European languages in a typological perspective. In Ö. Dahl (ed.) *Tense and Aspect in the*

Languages of Europe. Berlin/New York: Mouton de Gruyter, pp. 3—25.

Declerck, R. 2006. *The Grammar of the English Verb Phrase*, Vol. 1: The Grammar of the English Tense System. Berlin/London: Mouton de Gruyter.

Donohue, M. 1999. *A Grammar of Tukang Besi*. Berlin: Mouton de Gruyter.

Halliday, M. A. K. 2000. *An Introduction to Functional Grammar*. Beijing: Foreign Language Teaching and Research Press.

Hewson, J. and Bubenik, V. 1997. *Tense and Aspect in Indo-European Languages: Theory, Typology, Diachrony*. Amsterdam and Philadelphia: John Benjamins.

Kiparsky, P. 1998. Partitive case and aspect. In M. Butt and W. Geuder (eds.) *The Projection of Arguments: Lexical and Compositional Factors*. Stanford: CSLI Publications, pp. 265—307.

Klok, V. 2010. On the semantics of future markers in East Javanese. *Austronesian Formal Linguistics Association* (AFLA XVII). New York: Stony Brook University.

Lindenlaub, J. 2006. *How to Talk about the Future: A Study of Future Time Reference with Particular Focus on the Hocąk Language*. Erfurt: University of Erfurt.

Lyons, J. 1977. *Semantics*. Cambridge: Cambridge University Press.

Malchukov, A. 2009. Incompatible categories: Resolving the "present perfective paradox". In L. Hogeweg et al. (eds) *Cross-Liguistic Semantics of Tense, Aspect and Modality*. Amsterdam: John Benjamins, pp. 13—32.

Mithun, M. 1999. *The Languages of Native North America*. Cambridge: Cambridge University Press.

Nurse, D. 2008. *Tense and Aspect in Bantu*. Oxford: Oxford University Press.

Palmer, F. R. 2007. *Mood and Modality*. Beijing: World Publishing

Corporation.

Primus, B. 2011. Case-marking typology. In Song (ed.) *The Oxford Handbook of Linguistic Typology*. Oxford: Oxford University Press, pp. 303—321.

Reichenbach, H. 1947. *Elements of Symbolic Logic*. New York: Free Press.

Velupillai, V. 2012. *An Introduction to Linguistic Typology*. Amsterdam: John Benjamins.

Vendler, Z. 1957. Verbs and times. *The Philosophical Review* 66 (2), pp. 143—160.

Whaley, L. J. 2009. *Introduction to Typology*. Beijing: World Publishing Corporation.

Пешковский А. М. 1935. *Русский синтаксис в научном освещении*. Москва: Учпедгиз.

郭 锐(1993)汉语动词的过程结构,《中国语文》,第6期。

金立鑫(1998)试论"了"的时体特征,《语言教学与研究》,第1期。

金立鑫、于秀金(2022)普通话动词与"了、过、着、在"的组合与限制,《汉语学习》,第3期。

刘丹青(2011)语言库藏类型学构想,《当代语言学》,第4期。

陆丙甫(2008)从语言类型学看模态动词的句法地位,《语法研究和探索》,第14辑,北京:商务印书馆。

罗仁地、潘露莉(2002)信息传达的性质与语言的本质和语言的发展,《中国语文》,第3期。

马希文(1983)关于动词"了"的弱化形式[.lou],《中国语言学报》,第1期。

王晓华(2014)汉日情态共现的差异与共性,《外语教学与研究》,第2期。

吴福祥(2005)汉语体标记"着""了"为什么不能强制性使用,《当代语言学》,第3期。

(编写者:于秀金、金立鑫)

第十一章　历时类型学

语言类型学对于语言共性的研究不仅可以从前几章介绍的共时角度进行,也可以从历时角度展开。后者即所谓的"历时类型学"(diachronic typology)。虽然一般意义上的语言类型学研究更多的是指共时研究,但语言类型学的历时研究不仅可以为共时研究所涉及的现象带来新的视角和解释,而且能够为历史语言学(historical linguistics)和语法化(grammaticalization)等语言学的其他理论或分支提供参照,对语言的历时研究做出重要贡献。可以说,历时类型学研究是语言类型学这门方兴未艾的语言学显学中最有发展潜力的一个分支。

本章分为四个部分:第一部分介绍历时类型学的研究范围,特别是其与历史语言学、语言的历时研究之间的关系;第二部分讨论历时类型学与历史语言学的分野,旨在说明两研究领域之间的异同;第三部分讨论历时类型学与语法化研究之间的关系,进一步澄清坚持从"类型"出发考察语言的语法化才是严格意义上的历时类型学,同时也使语法化研究获得普遍意义;第四部分讨论类型学共时研究和历时类型学之间的联系,说明两者之间的互补关系。

11.1　历史语言学、语言历时研究和历时类型学

历时类型学作为类型学的一个分支或研究方向出现的时间很晚,其研究范围还有待进一步明确,研究工具还需要进一步完善。

就目前在这方面开展的研究来看,基本是类型学研究和历史语言学或语言历时研究的叠加,而且某些研究虽然冠以"历时类型学"之名(如 Seržant and Kulikov 2013),其实仅仅是语言历时演化现象的分类和总结,与传统意义上的历史语言学区别并不显著。因此,本节首先需要厘清历时类型学、历史语言学和语言的历时研究三者之间的关系。

历史语言学作为一个专业概念,"顾名思义,是研究语言的历时发展的科学。研究一个个具体语言的历时发展的叫特殊的(或个别的)历史语言学……;研究语言发展的一般理论、方法、原则的叫普通历史语言学,简称历史语言学"(徐通锵 1991:1)。而"语言的历时研究"作为语言研究的一种性质分类,其范围更广,只要是和语言的历史相关的问题都可以看作是语言的历时研究,因此历史语言学必然是对语言的历时研究。但是与"历史语言学"不同的是,"语言的历时研究"这个说法不属于语言学的专业术语,因而并不常见于语言学文献中。而何为历时类型学,学界尚无明确定义。我们认为历时类型学不仅研究具体的语言或人类语言的发展和变化,而且更专注于考察作为某个"类型"的一类语言的历时演化及其规律,以及语言历时演化的类型。历时类型学固然应该研究具体的语言的历时演化,但更应该研究作为语言共性的"类型"是如何演化的,例如 SOV 语言除了演化为 SVO 语言外,还可能演化为 OSV 和 OVS,演化为后两种语言的动因是什么?触发变化的机制是否相同?演化的路径/类型是否相同?而且,历时类型学对于具体语言的研究也主要从"类型"入手,考察该语言在历时演化过程中是否表现出与同"类型"语言的相同点或不同点,例如是否有 VSO 语言演化为 OVS 语言?演化为 SVO 语言的 VOS 语言在演化之后是否还符合语序类型学发现的其他共性?所以,特殊的(或个别的)历时研究其实很难进入历时类型学的研究范围,除非涉及多门语言,对多个特殊的(或个别的)历时研究进行综合,而且这种综合并不是对这些语言的历时演化的具体现象进行简单的分类，而是考察这些具体的语言是如何从一种类型演化为另一种类型的，或者是如何在历史的长河中依然保持自身类型的基本固定不变。

总之，历时类型学并不是对历史语言学或语言历时研究所发现的历时现象的简单分类，而是研究作为"类型"的语言的历史或历时发展。历史语言学与历时类型学之间必然存在交集，而两者肯定又都是范围更广的语言的历时研究的子集。三者关系可以表征见图11.1：

图 11.1　三者关系

11.2　历时类型学与历史语言学

历史语言学在语言学的重要地位不言而喻。19世纪新语法学派（又称青年语法学派）将历史语言学的研究推向了高峰，而且也启发了当时某些学者从更广的维度——超越印欧语的视角——考察人类语言。我们完全可以说，如果没有历史语言学，可能就没有波普的《论梵语动词变位系统，与希腊语、拉丁语、波斯语和日耳曼语相比较》(Über das Conjugationssystem der Sanskritsprache in Vergleichung mit jenem der griechischen, lateinischen, persischen und germanischen Sprache)和洪堡特的《论人类语言结构的差异及其对人类精神发展的影响》(Über die Verschiedenheit des menschlichen Sprachbaues und ihren Einfluss auf die geistige Entwickelung des Menschengeschlechts)——后者的形态类型学可谓是语言类型学最早的成果之一。诚然,现代意义上的语言类型学,特别是历时类型学比历史语言学要年轻很多,然而当代语言类型学研究对当代历史语言学也产生了深刻的影响,Shields(2011)认为主要表现在三个方面。其一,语言类型学可以对历史语言学提出的构拟的合理性提供证据或加以修正;其二,语言类型学可以为历史语言学研究提供方法论的辅助;其三,语言类型学所关注的语言共性中也包括历史语言学所关心的语言演化和发展的共性。

  历史语言学的主要研究工具为外部比较(comparative method)和内部拟测(internal method),前者所采用的语料来自多种语言,而后者主要是以一门语言的语料为基础,但这两个方法的基本假设都是相同的,即语言演化是有规律的,这种规律性表现在亲属语言之间相关的结构上,也遗留在某一门语言的同一结构的相关变体中。诚然,不论是外部比较还是内部拟测都具有局限性,因此构拟结果的正确性和准确性都仅仅是或然的,这也是历史语言学的成果经常为学界所诟病之处。与此相应,语言类型学恰恰可以为历史语言学的构拟提出正面或反面的证据,甚至提供判断依据,对不同学者提出的关于同一个语言现象的不同构拟进行判别。例如,若构拟的结果和语言类型学所发现或总结的语言共性相一致,则该构拟大概率成立;反之则值得质疑。最有名的案例便是原始印欧语构拟提出的声门音理论(Glottic theory)。新语法学派最初提出了四套塞音,即清塞音、浊塞音、清送气塞音、浊送气塞音。而随后的学者则认为清送气塞音并不存在于原始印欧语中,仅仅是希腊语等某些印欧语言的创新,当时学界所接受的构拟出的原始印欧语的塞音系统见表11.1:

表 11.1　原始印欧语塞音系统

	唇音	齿音	硬腭音	软腭音	唇—软腭音
清塞音	*①p	*t	*k^j	*k	*k^w
浊塞音	*b	*d	*g^j	*g	*g^w
浊送气塞音	*b^h	*d^h	*g^{jh}	*g^h	*g^{wh}

雅克布森则利用所发现的语言类型学规律提出，从未发现有语言同时具有/t/和/d/这一对塞音，并有送气浊音/d^h/，而没有送气清音/t^h/，因此，所谓三套塞音的构拟很值得怀疑。雅克布森进一步指出，通过语言类型学对于历史语言学的构拟的证实或证伪可以使得历史语言学的构拟从单纯的"臆测"变为更具有现实性的语言的历史面貌的还原。在此之后，也有其他学者利用类型学的发现对以上的系统进行质疑或修正，从而最终导致所谓的声门音理论的出现，取代了之前提出的浊塞音，而清塞音和浊送气塞音则被构拟为带有送气音和不送气音的清塞音与浊塞音。后世学者又对这一系统进行了其他一些修正，不过也有学者提出新系统依然存在语言类型学上比较罕见的现象。反之，最早的四套塞音的系统却发现存在于非洲的 Kwan 族诸语言中和一门南岛语言中。关于原始印欧语塞音系统的问题依然还存在较大的争议，虽然语言类型学的加入为这个问题带来了新的视角和证据（正面的和反面的证据都有），但也制造了一些混乱。问题在于，语言类型学所发现和总结的关于人类语言的共性基本都是基于已有语言样本抽象得到的概率性共性，很少有绝对性共性，而那些绝对性的共性（例如，人类语言都有元音和辅音，都有 a 元音和 p 辅音，人类语言结构都有语序）对于了解人类语言的作用甚微，没有什么理论价值②。

---

① 在历史语言学中，一般在构拟出的形式前标有 *，以与实际存在或的确证实了的形式相区别。

② 蕴含共性才有理论价值，它可以告诉我们，一种语言中若有因素 A，则一定有因素 B，这也是理论的预测性的表现。

因此,用相对的概率性的共性来矫正同样是相对的概率性的构拟并不能保证可以得到必然正确或精确的结果。此外,仅仅依靠语言类型学发现的人类语言的共性或大趋势对历史语言学的构拟进行修正并非一定准确,至少需要考量(修正后的)构拟是否可以合理地——特别是在历时类型学层面——演化为随后的语言。如果根据语言类型学共性或趋势修正后的构拟并未按照历时类型学的共性或趋势产生演变,那么历时类型学的修正或许并不成功。

Shields 讨论的另一个可以说明语言类型学能够为历史语言学提出的构拟提供证据或对其加以修正的例子是关于原始印欧语的论元配置类型(参见本书第五章)。根据不及物动词的施事论元、及物动词的施事和受事论元的配置情况,语言可以分为施通格语言(如 Basque 语和 Dyirbal 语等)和主宾格语言(如拉丁语、英语、法语等)两种类型。有关原始印欧语的论元配置为施通格类型的证据主要包括阴性和阳性名词(一般都指涉有生物)区分主格和宾格,而指涉非生物的中性名词则没有主宾格的区分;o 型词根中性名词主宾格单数后缀为 *-m,也是阴阳性宾格单数后缀。由此可以认为,阴阳性名词的主格应该源于一个更古老的施格,而阴阳性名词的宾格和中性名词的主宾格应该源于一个更古老的通格。这也意味着只有指涉有生物的名词才能有施格。某些学者根据语言类型学关于施格语言论元配置的研究对此提出了质疑,认为某些指涉非生物的中性名词也具有施格,而且这些施格随后演化为了属格和旁格,因为语言类型学发现,在施通格语言中,施格的配置通常以如下等级的形式呈现,即 Silverstein 提出的最佳论元结构(Preferred Argument Structure)等级[①]:

(1) 第 1、2 人称代词 ＞ 第 3 人称代词 ＞ 专有名词 ＞ 指涉人的名词 ＞ 指涉有生物的名词 ＞ 指涉非生物的名词

---

① 该等级与名词的生命度等级基本对应。

即,如果某种语言中的施通格配置止于上述等级的某个节点,那么该节点右侧的所有节点也都有施通格配置。以此类推,如果在原始印欧语中,指涉人的名词和指涉有生物的名词(即阴性名词和阳性名词)都有施通格配置,那么指涉非生物的名词也应该有施通格配置。而另有学者根据更详细的语言类型学研究指出,施格语言论元的配置情况其实分为两类,上述等级仅适用于其中的一类情况,而另一类则不遵守该等级,所以原始印欧语很有可能属于第二类情况。如果根据金立鑫(2020)的观点,施通格配置类型是人类语言中起源最早的结构模式,是论元与动词之间最原始的配置模式,那么这就为原始印欧语中的施通格配置类型提供了更多的语言类型学证据,而原始印欧语施通格配置格局的具体面貌如何,则还需要历史语言学的构拟才可得知,在这一点上语言类型学或许要求助于历史语言学的研究。

  语言类型学还可以作为历史语言学构拟方法的辅助性工具,例如 Greenberg(1966)(参见本书第六章)的语序类型学研究便为原始印欧语语序的重构提供了方法论支持。Greenberg 的研究首次证明了语言不同结构和层面的语序并非各自独立,而是紧密联系的,表现为语序的蕴含共性。如果这些共性在共时层面是有效的,那么对构拟出的原始印欧语也应该有效。例如根据 Greenberg 总结的 OV 语序语言的特点,原始印欧语中的否定标志很可能位于动词后,关系从句很可能位于名词前,而且可能缺乏关系从句的标志,等等。然而,这些根据语序类型学共性提出的关于原始印欧语的语序特征却和历史语言学通过外部比较进行构拟的结果不同。究其原因,主要是由于语序的相关共性是一个历史大趋势,而不是共时平面的绝对的"公理",所以如果无条件地、不加分析地将语序的相关共性套用到语言的构拟中去,很难不产生过于"标准"的结果。为此,以 Hawkins 为代表的后世学者用更加客观和柔性的方法将语序的相关共性应用到原始印欧语的构拟中,得到了与外部比较构拟更为接近的结果。例如,原始印欧语很可能不是绝对的OV语序,而是VOS、SVO和SOV三种语序共存①。这个案例说明,语言类型学作为历史语言学的辅助性工具是一把双刃剑,如果使用得当,无疑可以促进历史语言学的发展。但切不可机械性地将语言类型学的结论和方法生搬硬套到历史语言学上。语言类型学要求历史语言学的原始语言构拟能满足语言类型学层面的一致性和合理性。此外,语言类型学所关注的语言共性中也包括历史语言学所关心的语言演化和发展的共性,特别是语言的历时演化规律的合理性和可能性。虽然自然语言千差万别,不同语言的历史进程也不同,但作为人类语言必然会受到某些限制条件的制约,语言的历时演变和原始语的重构也不能无视这些限制条件而不受拘束。这方面的研究尤其体现在语法化及其相关领域(下节讨论)。

以上的研究基本都是语言类型学的共时研究对历史语言学的贡献,或者说是共时类型学和历史语言学的交汇,但与我们上文提出的历时类型学的研究目标还有距离。我们认为,历时类型学和历史语言学真正的融合是将历史语言学的成果——主要是构拟的原始语言——进行类型学式的综合。Nichols(1992)提出的"人口类型学"(population typology)便是这一方面的尝试。Nichols将语言类型学和人口遗传学(population genetics)相结合,量化比较了论元配置类型、形态标记类型(附核标注和/或附语标注)、形态复杂度和语序四个主要的参数,将研究所涉及的多门跨地域、跨语系的语言分为三大类,分别跟区域和/或语言谱系有联系。其中,论元配置结构在亲属语言内部有较好的一致性,而语序则与区域性的关系更为密切。因此,论元配置结构在历时类型学研究中应该比语序更为重要,而语序在区域类型学(areal typology)中的作用

---

① 人类语言语序的发展趋势是由OV向VO演变,原始印欧语的这种现象可以看作是这种演变趋势过程中的中间混合状态(不可避免)。

更大(参见本书第十二章)。Nichols 研究的根本目的在于构拟所谓的超级语系(macro-families),因而受到很多学者的批评,因为所谓的超级语系一般都是在构拟出的原始语的基础上进一步通过外部比较的方法得到的,即在假设的基础上的假设,因而其真实性和有效性更为有限。但是,如果我们暂且不考虑构拟超级语系是否可行,而仅仅关注 Nichols 提出的研究方法,那么的确可以看作是历时类型学的一次大胆尝试。诚如前文所言,Nichols 关心的不是具体的某门语言,而是"类型",即通过四个参数(论元配置类型、形态标记类型、形态复杂度和语序)将人类语言(包括通过历史语言学构拟出的原始语)分为若干类型,进而考察这些类型的演化;因此,其得到的结果也是"类型",而不是具体的某门语言,即,同样论元配置结构的语言所构成的类型更为稳定,作为亲属语言的标准也更为可靠,而同样语序的语言所构成的类型很可能是语言接触的结果,与语言所在的区域更相关。所以,从历时类型学的观点出发,Nichols 的研究结果将类型学最为关心的两个非语言因素,即"时间"和"空间"也纳入了考察范畴,而"时间"范畴正是历时类型学的关键词。①

形态结构发展的历时研究也是历时类型学的一个重要成果。这方面的研究(或假设)可以上溯至奥古斯特·施莱歇尔(August Schleicher)。作为历史语言学之集大成者,施莱歇尔不仅在原始印欧语的构拟领域成果累累,更是开创性地把语言分为了孤立语、黏着语和融合语三种形态类型,并且认为语言的这三种类型是"语言进化的三阶段"——这无疑带有鲜明的历时类型学思想。但不可否认的是,当时的这种"语言进化的三阶段"却染上了强烈的人种中心主义和文化中心主义,认为融合型是最为高级的、黏着型次之、孤立型最为低级,因此原始印欧语的形态类型演化也是从最低

---

① "空间"可以看作是区域类型学的关键词或核心概念(参见本书第十二章)。

级的孤立型向着最为高级的融合型发展。这种观点备受质疑,很快为后世的形态类型学研究所摒弃。而且后世学者的研究发现这三种形态类型之间的演化并非是单向的,而是循环的:

(2)

然而,这种循环式的形态变化在比较特殊的语言接触中又可能会失效,从而产生比较罕见的逆向演化,例如阿美尼亚语在相邻近的突厥语言的影响下,从融合型演化为了黏着型。语言接触导致的演化对历时类型学提出了新的挑战,因为即使是类型学上不相容的结构或成分也可以通过语言接触和借贷共存于同一门语言中。虽然从严格意义上来说,语言接触并不属于历时类型学的研究领域,但也的确是一种语言演变的动因,为历时类型学造成了一定的困难。此外,形态历时类型学的研究也对语言演化的单向性提出了挑战,这一问题对于语法化研究也十分重要(本章 11.3 节结合语法化讨论)。

最后,在语音方面为数不多的历时类型学的研究中,值得一提的是 Hock(2010)关于语音演化的历时类型学模型。其将语音演化分为可能的/自然的和不可能的/不自然的,前一类是人类语言中语音演变常见的现象,例如/h/ > /s/的演变,而反向的演化则从未发现,因而是不可能的/不自然的。Hock 进而提出了响度等级(sonority hierarchy)、开音节趋势和避免三个莫拉(mora)等历时类型学共性或趋势。当然,这些历时类型学共性和趋势也并非是绝对的,但如果语言的历时演化偏离了这些共性或趋势,那么就需要寻求新的解释(任何反例或例外都有特殊动因)。例如,根据响度等级,响度在音节的起首部分有递增的趋势、在节尾部分有递减的趋势，但原始伊朗语(Proto-Iranian)的语音演变却有违反这一趋势的例子，不得不通过换位(metathesis)的解释进行补救，从而保证响度等级的正确性：

(3) čaxra"轮子" > čaxr > čarx(换位)

当然，此类违背语言的历时类型学演化规律的情况毕竟是少数。

综上所述，历时类型学和历史语言学之间虽然存在交集，但前者绝不是后者的简单综合或整合。一方面，语言类型学的发展为历史语言学带来了新的工具和视角，开阔了历史语言学的视野；而另一方面，历时类型学还需要进一步发展从而明确自身的学科地位和领域。

11.3　历时类型学与语法化

何为"语法化"，不同的学者有不同的观点——例如 Kuryłowicz(1965)认为语法化是从词汇语素向语法语素或从低级语法语素向高级语法语素转化的过程、Hopper and Traugott(2003)则提出语法化研究词汇项和结构如何在某些语言环境中出现并具有语法功能或语法项如何发展出新的语法功能；国内沈家煊(1994)等则把语法化看作语言中意义实在的词转化为无实在意义、表语法功能的成分的一种过程或现象，国内学界通常用"实词虚化"概括语法化。

如果说历时类型学和历史语言学之间的界限很难划清，那么历时类型学和语法化研究之间的关系就更加暧昧了。诚如 Narrog(2017)所指出的，语言类型学和语法化之间纠葛不清，在一定程度上是由于两个研究领域的范围划分不够清楚，特别是对于何为语言类型学，不同的研究者有不同的看法——从对语言的分类到对语言结构的分类，再到研究语言的共性和差异，等等。对语言类型学的定义越狭隘(如对语言的分类)，那么其与语法化的关系就越小;而语言类型学的定义一旦放宽,那么就很难不和语法化产生交集。Lehmann(1986)对于哪些语言现象属于语法化和历时类型学的交集的讨论很值得借鉴:首先,语序等高阶的语法现象要排除在外(即,不属于语法化和历时类型学的交集,但可以从历时类型学角度研究),因为语序经常是句法和语用互相作用的结果;其次,形态音位变化任意性较大,规律性较差,也要排除在外;再次,语义演化涉及的是音-义之间关系的变化,从根本上而言无法摆脱语言符号的任意性特征,因此也要排除在语法化研究之外。最后,形态和句法交汇的现象才是语法化和历时类型学的交集所在。虽然以上某些现象既可以划入历时类型学,也可以归为语法化,但语法化研究基本是"实词虚化",因而不涉及"实词虚化"的历时类型学研究在严格意义上而言不应属于语法化的研究范围。反之,如果语法化研究只针对某种语言中的某个"实词虚化"现象(如汉语的"被""把"的语法化),那么也不应属于真正意义上的历时类型学。因此,我们还是需要强调,历时类型学的研究重点和核心是作为语言共性的"类型"是如何演化的。例如,被动语态作为一个普遍存在于主宾格语言的语法范畴,在不同语言、不同历时阶段会有不同的类型学特点,因此真正意义上的历时类型学应该关注的是这些类型学特点的历时演化,而不仅仅是被动语态到底是从哪些结构演化而来的、其语法化途径和过程有哪些等等。如果仅关注被动语态到底是从哪些结构演化而来的、其语法化途径和过程有哪些等问题,那就变成了历史语言学或分类学,只是对现象进行分类,而无法做到"整合"并进行理论解释。下文具体讨论一些可以归为历时类型学的语法化研究。

第一个案例是冠词的演化研究。冠词作为一类特殊的功能词存在于世界很多语言中,一般分为定冠词(如英语的 the)和不定冠词(如英语的 a 和 an)。根据 WALS 的统计,在所涉及的 566 门语言中,有 281 门语言有定冠词(或词缀),另有 56 门语言的指示词可以用作定冠词,有 229 门语言没有定冠词。Heine and Kuteva(2002)关于定冠词的语法化研究显示,定冠词都无一例外地来源于指示词[①],由此可以建立一个历时类型学演变共性:

(1) 指示词 > 定冠词

这一语法化过程之所以可以认为属于历时类型学,是因为涉及所谓的"类型"的演化,即如果将人类语言分为有定冠词的语言和无定冠词的语言这两类(如前文 WALS 给出的统计),那么后一类语言向前一类语言的演化便表现出了类型学共性,即(2)。而且这一历时类型学共性也和类型学的一个共时现象有关,即在某些语言中指示词可以用作定冠词。我们完全有理由认为,那些目前有定冠词的语言很可能也经历了这个阶段,而且语法化的最终结果便是指示词彻底演化为了定冠词。而目前那些可以将指示词用作定冠词的语言也很可能在今后经历相同的语法化过程,使现在可以用作定冠词的指示词彻底演化为真正意义上的定冠词。

与定冠词的语法化-历时类型学规律相类似的是不定冠词的演变。根据 WALS 的统计,在所涉及的 473 门语言中,114 门语言有不定冠词(或词缀),另有 90 门语言的基数词"一"可以用作不定冠词,有 269 门语言没有不定冠词。Heine and Kuteva(2002)发现,不定冠词基本都是来源于数词"一",由此得到以下的历时类型学演变共性:

(2) 一 > 不定冠词

跟上面指示词语法化演变为定冠词可以认为是历时类型学所关注的语言的类型演化一样,(3)也是语言的类型演化,即没有不定冠词的语言类型如何演化为有不定冠词的语言的类型。同样,这一历时共性也可以解释在共时层面中某些语言中数词"一"可以

[①] 另参见 Rijkhoff(2002:186)关于定冠词其他来源的分析。

用作不定冠词的情况。我们也完全可以推测,那些目前有不定冠词的语言很可能也经历了这个阶段,而进一步语法化的结果便是数词"一"彻底演化为不定冠词。而目前那些可以将"一"用作不定冠词的语言也很可能在今后经历相同的语法化过程,使现在可以用作不定冠词的数词"一"彻底演化为真正意义上的不定冠词。

  历时类型学研究语言类型的演化还可以进一步深入,从而探究语法化背后的类型学动因和具体的过程。Moravcsik(2013:196—200)从多方面分析了指示词语法化为定冠词的类型学动因。首先,从语义上看,指示词和定冠词都有"定指"的语义特征(或功能),两者的不同之处主要在于指示词需要在特定的语境中实现定指,而定冠词可以脱离语境,所以指示词经常有远指("那""that")和近指("这""this")的区别[①],而定冠词则没有这种距离上的区分;此外,使用指示词时,说话人会经常伴以手势、眼神等辅助手段[②]表明在语境下所指的对象,而使用定冠词时一般不会这样做。所以,从指示词到定冠词的演化过程其实是前者脱离语境的进一步抽象化。而指示词和定冠词在语义(或者是人类认知)上的共性是历时演化的基础。就其具体过程而言,从指示词到定冠词一般都会经历语音/音系的弱化或消减、形态上屈折变化的简化,以及语序位置的变化等。例如,在语音—音系层面,法语的定冠词 le、la、les[③]分别来源于拉丁语的指示词 ille、illa 和 illi,演化中词首音节都脱落了。这种语音上的弱化也表现在共时层面,例如英语中定冠词 the 和指示词 this、that 等相比,前者的元音弱化。形态方面,匈牙利语的指示词有数和格的变化,而定冠词则没有:

---

  ① 某些语言中还存在所谓的"中指",即距离说话人较远、而距离听话人较近的指示词,如日语的それ、西班牙语的 ese 等。另外,有些山地民族的语言拥有四分系统,除上述近中远指指示词外还有更远指,如我国境内的藏缅语族的景颇语和傈僳语。
  ② 或者说,在使用指示词时,需要说话人"指示"给听话人才能保证指示词功能的顺利实现。
  ③ 分别为阳性单数、阴性单数、复数形式。

（3）ez-t　　　　az　　　almát-t①
　　 这一宾格　定冠词　苹果一宾格
　　 "这个苹果（宾格）"

同样,在马耳他阿拉伯语中,指示词有性和数的变化,而定冠词也没有。在语序上,希伯来语的定冠词位于名词前,而指示限定词则位于名词后②,例如:

（4）ha-yesh　　　　　ha-ze
　　 定冠词—男人　定冠词—这（指示限定词）
　　 "这个男人"

通过考察指示词语法化为定冠词的语义动因和具体的语音/音系、形态、语法变化,我们对指示词演变为定冠词的语法化共性有了更清楚的认识,由此也构成了历时类型学的一个比较完整的个案研究,同时说明了某些语法化研究的确可以纳入历时类型学。

第二个案例涉及孤立型语言——特别是汉语——的类型学特征的演化。上节已述,孤立型、黏着型和融合型语言三者之间可以互相演化,如果孤立型语言通过语法化的过程产生一定数量的表达语法范畴的非自由语素,那么就具有了一定的黏着型或融合型特点。而实词虚化在语音方面的表现之一便是音节的缩减,这可以说明为何在人类语言中表达具有句法作用的功能性语素通常都只有1—2个音节,甚至只有一个辅音（例如英语表达名词复数的[s]/[z]和表达完成体的[t]/[d]等）。然而,有研究发现,汉语虽然已经具备一定数量的虚词,但是从整体而言,音节并未产生明显的缩减;汉语中伴随实词虚化而产生的语音缩减反而表现在元音的音质和长度,以及声调的弱化或消失上。其实,类型学发现,语音

---

① 匈牙利语中指示限定词需要和定冠词一同使用,但该例中指示词带有宾格后缀,而定冠词不能带有宾格后缀,说明两者在形态变化上的确存在区别。

② 希伯来语中指示限定词需要和定冠词一同使用,如该例中的 ha-ze,定冠词位于名词（和指示词）之前,而指示词位于名词后,说明两者的语序上的确存在区别。

缩减在不同的语言中的进程是不同的,这取决于具体语言的语音/音系特点,以莫拉为基础的语言的语音缩减效果最弱,弱于以音节为基础的语言和以重音为基础的语言。然而,学界一般认为汉语是一种以音节和重音混合为基础的语言,但是却在语法化的过程中表现出了相对较弱的语音缩减,因而汉语对历时类型学发现的语法化过程中的语音缩减规律构成了一定的挑战。除了语音方面的特殊性,汉语、泰语、越南语等典型的孤立型语言在形态句法方面的语法化过程中也体现出了独特的历时类型学特征,例如词类的不确定性,特别是缺少语法形态特征;语义范畴的不确定性;语序的相对固定性;以及缺乏语法化的连锁反应(即一个词类的语法化会导致另一个词类的语法化)。如果从三种形态类型来看,语法化的结果其实也不尽相同,黏着型语言比孤立型语言更容易通过语法化产生词缀,而且不同的形态类型的演化也不一定都能通过语法化预测。因而,孤立型语言中的语法化进程似乎有其自身的独特之处,不同于黏着型和融合型语言。历时类型学基于黏着型和融合型语言的语法化研究在处理孤立型语言的语法化问题时似乎捉襟见肘,有待改进甚至重建理论假设。

最后一个案例涉及时—体—情态(参见本书第十章,学界一般简称为 TAM)语法化的历时类型学研究。共时类型学发现,不同语言对于时—体—情态表现出不同的倾向性,可以大致将人类语言分为时态突出型、体貌突出型、情态突出型三类。然而,历时研究发现,语言似乎有着自己的"个性",不会因为自身缺乏时—体—情态三者中的某一个而通过语法化对缺失或弱势的范畴予以弥补,反而表现出了马太效应,即强者越强,弱者越弱。例如体貌突出型的语言反而会通过语法化从原来的表达完成意义的结构和表达进行意义的结构发展出完成体和未完成体的语法范畴;反之,时态突出型的语言却从原来的表达完成意义的结构和表达进行意义的结构发展出过去时和现在时的语法范畴。情态突出型的语言却倾向从完成/未完成的对立发展出将来/非将来的对立。这些现象或许都说明,语言的语法化虽然具有历时类型学所发现的整体规律性,但不同的语言有自己的走向,因此不能过于概括地进行历时类型学的考察,也不能提出过于概括的历时类型学规律或趋势假设。粗犷式的历时类型学研究或许在历时类型学研究的初期可以取得一定的成果,但随着研究的深入会逐渐显示出其不足之处,而需要以一种更为精细化的方式进行探索才能提出更加符合语言演化(也包括语法化)的历时类型学共性和规律。

综上所述,历时类型学与语法化之间也存在交集,两者之间的纠葛不清在一定程度上是由于两个研究领域的范围划分不够清楚。我们认为,尽管历时类型学与语法化之间存在必然联系,但坚持从"类型"出发考察语言的语法化才是严格意义上的历时类型学。

11.4　类型学共时研究与历时研究的交汇

历时类型学和共时类型学之间应该是互补而非互斥的关系。前文讨论指示词的历时类型演变时已经提及,指示词演变为定冠词、数词"一"演变为不定冠词的历时类型学规律可以解释为何在共时层面,某些语言中指示词可以用作定冠词、数词"一"可以用作不定冠词。这便是历时类型学和共时类型学互补关系的很好例证。而关于语序的研究更可以体现共时类型学和历时类型学的交汇。

语序类型学是类型学共时研究的重要内容之一,也取得了丰硕的成果(参见本书第六章),而历时类型学对于语序演化的研究也很突出。对于语序的历时类型学研究不是严格意义上的语法化研究,因为语法化主要涉及的是"实词虚化",而语序的历时变化——特别是句子层面的 S、V、O 的语序演化和"实词虚化"基本无关。因此,语序的历时类型学研究应该不能纳入语法化的范围之内。Gell-Mann and Ruhlen(2011)将六种语序之间的直接演化关系进行了综合考察,见表11.2:

表11.2 六种语序演化关系

初始语序	SOV	SVO	VSO	VOS	OSV	OVS
SOV	—	√	×	×	√	√
SVO	×	—	√	√	×	×
VSO	×	√	—	√	×	×
VOS	×	√	√	—	×	×
OSV	×	×	×	×	—	×
OVS	×	×	×	×	×	—

转化成图11.2:

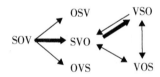

图11.2 六种语序演化关系

首先,粗线条(即SOV→SVO和SVO→VSO)表示最为常见的语序演变;其次,所有的演变都只涉及一个成分(即S、V或O)的位置变化,而没有两个或三个成分的同时性变化(如SOV直接变为VOS),这意味着语序的变化都是渐进的,而不是突变的。虽然在表面看来有些语序变化很复杂(如SOV→VOS),但都是经过了多次的单一成分的位置变化而实现的。就更具体的语序而言,SOV似乎是所有语序变化的起点,而比较罕见的语序(即OSV、OVS、VSO和VOS)都是分别从SOV和SVO演化而来的。具体到语序变化的动因,这个问题十分复杂,不仅有语言内部的原因(如类推、重新分析等),还可能涉及语言外部的因素(如语言接触、结构的借用等),目前学界尚无定论。图11.2语序演化的方向还说明,同语法化通常认为的单向性不同,历时类型学发现的语序的历时演化现象并不一定是单向的,而完全可以是双向往复的。

和 S、V、O 三个成分相对位置变化相关的另一个历时类型学研究是语序的相关共性(参见本书第六章),如:

(1) SOV　领有成分＋名词　名词＋介词:日语、土耳其语
　　VOS　名词＋领有成分　介词＋名词:阿拉伯语

问题在于,如果这些相关的语序中的某一个发生变化,那么其他的相关的语序是否也会像连锁反应一样一同发生变化呢?例如,如果一门 SOV 语序的语言变为了 VOS 语言,那么是否相应的"领有成分＋名词"和"名词＋介词"也变为"名词＋领有成分"和"介词＋名词"呢?特别是,根据图 11.2,SOV 语序转变为 VOS 语序需要经历 SVO 语序作为过渡阶段,那么在这个过渡阶段,领有成分和名词、名词和介词的语序是怎样的呢?如果我们承认语言的变化都是渐进的,那么在 SVO 阶段,领有成分和名词、名词和介词的语序可能会出现以上四种情况,如果看一下汉语,好像的确如此。一般认为汉语是 SVO 语序,而领有成分和名词、名词和介词的语序则分别是"领有成分＋名词"(如:我/李四的＋书)(与 SOV 语序和谐)和"介词＋名词"(如:在＋学校)(与 VOS 语序和谐)。英语也有类似的情况:

(2) SVO:Pierre loves Mary.
　　领有成分＋名词、名词＋领有成分:Pierre's friends,the friends of Pierre's
　　介词＋名词:in China

法语则不同,即句子语序为 SVO,而领有成分和名词、名词和介词的语序与 VOS 对应,即:

(3) SVO:Pierre aime Marie.
　　名词＋领有成分:les amis de Pierre

介词＋名词:en Chine

以上三种语言的确说明在某些语言中 SVO 语序很可能是过渡阶段,上承 SOV,下启 VOS 语序。如果汉语、英语和法语的语序完全变为了 VOS 语序,那么很可能领有成分和名词、名词和介词的语序则会固化为"名词＋领有成分"和"介词＋名词"——法语似乎比英语和汉语走得更远。

Harris and Campbell(1995:210—215)深入讨论了语序变化产生的(不)和谐现象,提出了类推/扩展(analogy/extension)和重新分析(reanalysis)两个动因。类推或扩展的例子有德语。德语从 OV 语序变为了 VO 语序①,而介词虽然大部分位于名词前,但依然有位于名词后和位置不定的介词:

(4) 名词前:in der Stadt"在城市里"
　　名词后:einer Sache willen"为了……"
　　位置不定:des Vaters wegen、wegen des Vaters"因为父亲的缘故"

值得注意的是,介词 wegen 在口语中一般位于名词前、在书面语中一般位于名词后。口语的演化一般比书面语言要快,因此说明 wegen 正在朝着名词前的位置变化,即朝着和 VO 语序更为和谐的介词＋名词的方向变化。重新分析的例子有汉语的"把"字句的历时演化:"把"从一个动词被重新分析为一个介词,则原来的"名词＋把$_{动词}$＋宾语＋动词"(SVO(V))也被重新分析为了"名词＋把$_{介词}$＋宾语＋动词(SOV)",产生了"介词＋名词"与 VO 语序和谐的语序。英语中某些介词其实也是动词的分词形式重新分析的结果,例如 concerning,那么也必然会和 VO 语序相和谐,产生"介词＋名词"的语序。由此可见,就语序而言,共时类型学发现的

---

① 德语的语序问题很复杂,一般认为最基本的要求是动词位于第二位;而如果有主语和宾语,则可以为 SVO 或 OVS,但一般认为前者是基本语序(参见本书第六章)。

语序和谐或优势,在很大程度上可以通过历时类型学发现的语言演化的共性或趋势加以解释。如果一言以概之,或许可以总结为,共时类型学发现的语序和谐或优势是由于复杂结构的附核标注成分在经历历时演化之后(例如语法化)还留在原位的结果:动词语法化为介词,那么如果原来的动宾语序没有改变便产生了介宾语序。

更为复杂的语序现象是在词层面的词缀(前缀和后缀)的位置,历时类型学发现这本来看似是形态学的问题其实涉及了语言在历时层面的句法结构,即 Givón 的著名论断——"Yesterday's syntax is today's morphology"。具体而言,语言类型学的共时研究发现人类语言中后缀多于前缀,而且看似与语言在句子层面的语序没有直接关联,但是如果详细考察词缀所表达的具体的语法范畴,就会发现其实词缀的位置和产生词缀的词汇或语法素材的位置是相关的。需要注意的是,语言类型学对于句子层面语序的考察一般只考虑名词性论元,而不涉及代词性论元,而作为产生例如人称标志的代词而言,其在句中的位置很可能与名词性论元不同,例如一般认为法语的语序为 SVO:

(5) Pierre regarde Marie.

其实这仅仅是针对名词性论元而言,如果是代词性论元,则是 SOV 语序:

(6) Il la regarde.

当今法语的所谓的人称代词其实已经不再是独立的"代词",而演化为了非自由语素,不同的学者认为其是语缀(clitic)或词缀(affix)。我们完全有理由期待这些"代词"最后演变成为彻底的词缀,那么在动词层面的词缀的顺序就的确是由曾经的句法层面的语序演化而来的。然而,如果这种演化完成,那么法语在动词层面就会出现两个前缀,似乎与前文所说的类型学发现的人类语言中后缀多于前缀的趋势相反。其实,人类语言中后缀多于前缀的趋势固然不错,但是如果深入考察词缀所表达的具体的语法范畴,那么就会发现,表达人称的词缀中前缀反而稍微多于后缀。这说明法语使用两个前缀表达人称符合类型学共性。此外,按照我们上文的分析,在动词层面表达人称的词缀反映的是历时层面的句子中的代词论元与动词的顺序,那么表达人称的前缀略多于表达人称的后缀,则意味着在历时句子层面,SOV、SVO、OVS、OSV 的语言的总数量要多于 VSO 和 VOS 语言的总数量,这完全符合共时类型学所总结的语序统计结果。与表达人称的前缀多于后缀不同,表达格的后缀远远多于前缀,这也完全可以从历时层面语序演化得到解释。首先,人类语言中格一般都源于介词,而且很多情况下对于某些语素到底是格标志还是介词很难完全区分;而介词的来源在很多情况下都是动词的语法化①。因而,格后缀的最初来源其实是动词。那么如果共时层面的格后缀多于前缀,其实是意味着历时层面 OV 语序(包括 SOV、OVS 和 OSV)多于 VO 语序(包括 SVO、VOS 和 VSO),而这也的确符合共时类型学所总结的语序统计结果。和格词缀中后缀多于前缀的情况类似,表达时一体的词缀也是后缀多于前缀,例如法语表达将来时的后缀:

(7) Pierre regarder-a Marie.

这也可以通过历时层面的句子语序演化进行解释。法语的将来时并不是拉丁语将来时态的继承,而是自身的创新,即最初为不定式+"有"的复合动词结构,类似于英语的 have to + 不定式,意义也大致相同,表达"需要""必须""得"(děi)等情态意义。不定式+"有"的复合动词结构经过进一步演化(包括语音、形态、语义多个层面),最后在结构上不定式和助动词"有"合二为一产生了表达时

---

① 当然,也有部分介词是名词语法化而来的。

态的后缀-a(以及其他条件变体)。此类历时演化在人类语言中很常见。共时层面时-体后缀其实反映的是历时层面动词和助动词之间的语序。虽然在语义上实义动词的作用似乎比助动词更重要,但如果从更广意义上的论元配置①的角度来看,其实作为不定式形式的实义动词应该是有形态变化的助动词的论元,所以共时层面时-体后缀远多于前缀反映的还是历时层面 OV 语序(包括 SOV、OVS 和 OSV)多于 VO 语序(包括 SVO、VOS 和 VSO)。我们又一次印证了"yesterday's syntax is today's morphology"。如果上面的分析合乎逻辑,那么为什么 VO 语言的介词通常为前置词(包括可能存在的进一步虚化)也能得到一致的解释。当然,后缀多于前缀的另一个动因或许还与结构本身的像似性动因有关,词缀相对短小,后附在结构末尾使得结构更具整体性。出于结构整体性的要求,词缀后附于结构末尾更符合像似性原理。这一动因或许可以用来解释某些 VO 语言的词缀语素后置现象。

综上所述,词缀(前缀和后缀)的位置在语言类型学的共时研究中的规律和趋势通过历时类型学对于语言历时演化过程的追溯可以得到很好的解释。特别需要注意的是,我们在此依然关注的是语言的类型演化,即 OV 类型的语言和 VO 类型的语言的演化,前者多于后者,演化之后便会产生在共时层面表达人称的前缀多于后缀、表达时-体的后缀多于前缀的类型学趋势。诚然,这一语言类型学趋势并非没有例外,但这些例外仅仅说明了语言历时演化的复杂性,而不是历时类型学分析本身的错误。

11.5 小结

本章首先对历史语言学、语言历时研究和历时类型学之间的

---

① 即,将名词和动词做论元的情况都考虑在内,例如英语 like sth 和 like doing 以及 like to do 三个结构中,sth、doing 和 to do 都可以看作是动词 like 的论元。

关系进行了梳理,说明历时类型学并不是对历史语言学或语言历时研究所发现的历时现象的简单分类,而是研究作为"类型"的语言的历史或历时发展。历史语言学与历时类型学之间必然存在交集,并且两者肯定又都是范围更广的语言的历时研究的子集,但是绝对不能将三者混为一谈。本章还进一步梳理了历时类型学、历史语言学和语法化研究之间的关系,用诸多案例证明我们对于历时类型学的研究领域的限定(即,历时类型学研究作为"类型"的语言的历史或历时发展)是必要的而且是合理的。历时类型学诚然可以对历史语言学构拟的合理性提供证据或加以修正、为历史语言学研究提供方法论辅助,但作为一门独立的学科,历时类型学并不是历史语言学的婢女。历时类型学超越了历史语言学,将历史语言学的成果进行类型学式的综合。同样,类型学也可以对语法化研究进行整合,对个别语言中的语法化现象进行类型学式的研究。虽然这两方面的研究还有待深入,但是目前取得的成果说明历时类型学研究所开拓的领域是历史语言学与语法化研究所无法取代的。

参考文献

Gell-Mann, M. and M. Ruhlen. 2011. The origin and evolution of word order. *Proceedings of the National Academy of Sciences* 108 (42), pp. 17290—17295.

Greenberg, J. 1966. *Language Universals, with Special Reference to Feature Hierarchies*. The Hague: Mouton.

Harris, A. and Campbell, L. 1995. *Historical Syntax in Cross-linguistic Perspective*. Cambridge: Cambridge University Press.

Heine, B. and T. Kuteva. 2002. *World Lexicon of Grammaticalization*. Cambridge: Cambridge University Press.

Hock, H. 2010. Typology and universals. In S. Luraghi and V. Bubenik (eds.) *The Continuum Companion to Historical Linguistics*. London and New York: Continuum. pp. 59—69.

Hopper, P. and Traugott, E. 2003. *Grammaticalization*. Cambridge: Cambridge University Press.

Kuryłowicz, J. 1965. The evolution of grammatical categories. *Esquisses Linguistiques* 2(1), pp. 38—54.

Lehmann, C. 1986. Grammaticalization and linguistic typology. *General Linguistics* 26(1), pp. 3—22.

Luraghi, S. 2017. Typology and historical linguistics. In A. Aikhenvald and R. M. W. Dixon (eds.) *The Cambridge Handbook of Linguistic Typology*. Cambridge: Cambridge University Press, pp. 95—123.

Moravcsik, E. 2013. *Introducing Language Typology*. Cambridge: Cambridge University Press.

Narrog, H. 2017. Typology and grammaticalization. In A. Aikhenvald and R. M. W. Dixon (eds.) *The Cambridge Handbook of Linguistic Typology*. Cambridge: Cambridge University Press, pp. 151—177.

Nichols, J. 1992. *Linguistic Diversity in Space and Time*. Chicago: University of Chicago Press.

Rijkhoff, J. 2002. *The Noun Phrase*. Oxford: Oxford University Press.

Seržant, I. and Kulikov, L. (eds.) 2013. *The Diachronic Typology of Non-canonical Subjects*. Amsterdam and Philadelphia: John Benjamins Publishing Company.

Shields, K. 2011. Linguistic typology and historical linguistics. In J.-J. Song (ed.) *The Oxford Handbook of Linguistic Typology*. Oxford: Oxford University Press, pp. 551—567.

徐通锵(1991)《历史语言学》,北京:商务印书馆。

沈家煊(1994)"语法化"研究综观,《外语教学与研究》,第4期。

金立鑫(2020)施通格论元配类型的逻辑分析,《北京第二外国语学院学报》,第6期。

(编写者:吴桐)

第十二章 区域类型学①

语言共性(参见本书第二至第十章)既受制于语言系统本身的因素(参见第十五章),也受制于语言系统之外的因素。外因中最重要的当属空间因素。现代语言类型学除了探索语言共性之外,越来越重视对语言多样性的挖掘(参见本章12.1.7节),而语言多样性往往是语言特征在不同地理空间上分化变异的产物。语言学对这种语言特征的地理空间分异②现象又是如何解释的呢?

本章先简述研究语言空间分异现象的各个流派(参见12.1节),再集中论述区域类型学的研究范围(参见12.2节)、研究对象(参见12.3节)、区域特征的主要形成机制(参见12.4节)、区域特征的地理分布模式及其成因(参见12.5节)。本章结尾提出研究空间和展望(参见12.6节)。

12.1 语言空间分异研究

语言特征在四维时空③上的分布格局及其成因和形成机制吸引了无数语言学工作者不断探索。对语言空间分异的研究大致经

---

① 感谢金立鑫教授和罗天华博士就初稿提出的建设性修改意见!
② 空间分异性即空间分层异质性(spatial stratified heterogeneity)是一个经典的地理学理论,是指某种变量在不同区域之间存在空间分布上的不均匀性及复杂性,可以分动态和静态两种。动态的空间分异指分异运动,即分化为不同层次的变异过程。静态的空间分布异质性是动态的空间分化变异的产物。
③ 因为海拔对语言特征变异的影响很小,所以本章主要介绍二维地理空间和一维社会空间组成的三维空间上的语言类型学研究,时间维度上的语言类型学研究已在本书第十一章介绍过了。

一次转向(即"地理转向")和两次视野拓宽(即秉持"区域"和"全球"视野)才进入区域类型学的研究方向上来。下面介绍相关学术史中出现过的各个研究方向。

12.1.1　历史比较语言学的地理转向——波浪扩散模型

19 世纪上半叶的欧洲诞生了自然科学和人文学科的启蒙思想。英国博物学家达尔文(Charles Robert Darwin,1809－1882)于1835 年考察加拉帕戈斯群岛(Islas Galapagos)的雀科鸣鸟后提出"进化论"。与此同时,德国语言学家洪堡特(Wilhelm von Humboldt,1767－1835)在其巨著《论爪哇岛上的卡维语》(*Über die Kawisprache auf der Insel Jawa*,1836－1840)的绪论《论人类语言结构的差异及其对人类精神发展的影响》中提出:(1)人类语言结构(尤其是形态类型)的差异(参见本书 9.1 节),即人类语言均分布于语言类型连续统的两极之间,这两极分别是作为典型孤立语的汉语和作为典型屈折语的梵语;(2)语言现象的地理成因,即"即使在纯语法研究的领域里,我们也决不能把语言与人、把人与大地隔绝开来。大地、人和语言,是一个不可分离的整体"(洪堡特 2001;姚小平 2000)。虽然将语言类型差异与种族优劣联系起来未必恰当,但洪堡特论著中迸发出的"地理隔离产生语言演化"的思想火花是那个时代语言学"地理转向"的星星之火。差不多同时期的(印欧语)历史比较语言学的发展历程就是最好的注释。

在印欧语历史比较语言学最早的一批研究中占据重要位置的当属丹麦语言学家拉斯克(Rasmus Rask,1787－1832)发现并由德国语言学家格里姆(Jacob Grimm,1785－1863)在《日耳曼语语法》(*Deutsche Grammatik*,1822)中完整提出的格里姆定律(Grimm's Law),也称"日耳曼语辅音第一音变",即日耳曼语同源词词首的/f/ /θ/ /x, ç/对应拉丁语同源词词首的/p/ /t/ /k/。但"格里姆定律"无法回答日耳曼语族中的低地德语到高地德语在莱茵河流域的词首辅音的渐进式演变现象,即自北往南渐次分布的/k/＞/x/分界线、/p/＞/f/分界线和/t/＞/s/分界线(普尔 2000:100－102,136－137,146－147;罗宾斯 1997:190)。类似不规律现象的不断提出为"地理转向"打下基础。

历史比较语言学的早期集大成者施莱歇尔(August Schleicher, 1821－1868)在《印度日耳曼语言比较语法纲要》(*Compendium der Vergleichenden Grammatik der Indogermanischen Sprachen*, 1862)中提出谱系树模型(Stammbaumtheorie)①。然而谱系树模型对语言关系的解释略显不足。考虑到谱系外的因素即地理邻近引发的语言接触时常干扰谱系树构拟的结果,1872 年他的学生施密特(Johannes Schmidt,1843－1901)提出了**波浪扩散模型**(Wellentheorie)。该模型揭示了原始印欧语内部的方言差异是语言变化以波浪式扩散的结果②。这是一次重大的"地理转向"。但是,历史比较语言学的研究本位仍是单个原始祖语的子孙语言在时间维度上的分异格局,而子孙语言在某一区域的空间分异格局及其与异种语言的接触情况仅作为一种观察工具。(Dahl 2001;罗宾斯 1997:194)

12.1.2 方言语法学派对地理分异的关注——地理语言学

19 世纪 70 年代,取得历史比较语言学中期成就的代表人物,青年语法学派(Junggrammatiker)③的丹麦籍语言学家维尔纳(Karl Verner,1846－1896)提出了维尔纳定律(Verner's Law,1875),即"日耳曼语辅音第二音变"(又称"高地德语音变")。(普尔 2000:146－147)维尔纳定律将"格里姆定律"的所谓例外解释为不同词重音下的条件变体,捍卫了该学派提出的"语音演变规律无例外"

---

① 深受"进化论"的影响,施莱歇尔把语言分为三种类型:孤立语、黏着语和屈折语,而且认为语言的这三种类型是"语言进化的三个阶段"。

② 该模型认为只要语言之间有接触,包括音变在内的语言变化,便会在特定地区的方言甚至语言之间不断扩散。(罗宾斯 1997:194)

③ 也叫新语法学派(Neo-grammarians)。

规则(Ausnahmslosigkeit der Lautgesetze)(罗宾斯 1997：200)[①]。青年语法学派进而转向从人的生理上寻找语言变化的原因,完全不重视语言现象的地理分布,也从不全面、系统地研究方言(伍铁平 1984)。然而,在真实世界里音变的地理分布极其复杂。高地德语和低地德语同源词的不同发音部位的词首辅音音变分区不一致的现象(参见本章12.1.1节)就是一个典型例子。

上述现象促进了方言研究的蓬勃发展。19世纪和20世纪之交,欧洲诞生了方言语法学派,涌现了一批关注方言/语言地理分异的成果,如德国的温克尔(Georg Wenker,1852—1911)从1876年起绘制的《德国语言地图》、德国学者舒哈尔特(Hugo Schuchardt,1842—1927)提出的"地理变异论"、舒哈尔特的瑞士学生吉叶龙(Jules Gilliéron,1854—1926[②])及其助手艾德蒙(Edmond Edmont)编制出版的12册巨著《法国语言地图集》(L'Atlas Linguistique de la France,1902—1914,1920)。在最后一项研究中吉叶龙发现几乎每一个词都有自己独特的同言线[③],因而提出"每一个词都有它自己的历史"。该主张与青年语法学派的"语音演变规律无例外"相抗衡(徐通锵1991：223—229;沈明2019)。20世纪初的《法国语言地图集》标志着**方言地理学**(Dialect Geography)的创立。其研究范式是通过问卷法和访谈法考察特殊参项,收集分析整个区域内各地区的这些参项的语言形式,再把词、语法和语

[①] 新语法学派的两位主要发起人奥斯特霍夫(Hermann Osthoff,1847—1909)和**布鲁格曼**(Karl Brugmann,1849—1919)指出,如同物理变化一样,同一方言内在某一特定时期内的语音变化也遵循着"语音演变规律无例外"的规则。同一个音在同一条件下,总是发生同样的变化,但是具体词项作为词汇和语法的标志,根据类比的原则形成或者变化,也是历史和史前史所有时期的一种普遍的语言变化。(罗宾斯1997：200)

[②] 贺登崧(2003)译作"日叶龙",这可能是根据日语版翻译的结果。根据法语读音,应音译为"吉叶龙"。贺书中吉叶龙的生卒年份(1856—1926)也有误。另,吉叶龙在1886年取得法国国籍,学术生涯大部分时间是在法国度过的,是法国方言学的奠基人,所以有些文献称其为"法国语言学家"。

[③] 原文写作"同语线"。为了术语统一,我们改作"同言线"。**同言线**(isogloss)指圈定某方言/语言特征的优势地区的地理线(普尔2000：100)。

音形式的地域差异画在地图上。这样既可以绘制出方言地图,汇集一套地图编成地图集;又可以分析特殊参项各分异形式的地理分布,再构拟出一个区域的语言变化过程。(参见柴田武 2003;特拉斯克 2000,156 页起)

如果研究对象不仅限于单一语言的方言,则属于语言地理学的研究范畴。**语言地理学**(Linguistic Geography)是通过语言调查和地图绘制的方法来研究语音、词汇和语法等语言现象的地理分布、发展和演变规律的科学(沈明 2019)。语言地理学创立于 19 世纪下半叶,里程碑是瑞士语言学家吉叶龙的系列研究即《法国语言地图集》及基于此地图集的专著,如《语言地理学研究》(Gilliéron and Roques 1912)、《语言地理学与语言生物学》(Gilliéron et al. 2002)。这些著作均在理论和方法上有重大创新,提出诸如"语言地理学是对语言的地理学和生物学研究,语言地理学的实践应根植于对土语精确且系统的考察""空间多样性应与时间层次即语言生命周期中的地质学层次关联""以研究词汇语义史代替研究假设同源的方言/土语的语音史"等观点(Swiggers 2011)。

类似语言人类学和人类语言学的关系。语言地理学本质上是地理学的分支学科,侧重以地理学的方法研究多种语言的某个或某些特征的地理分布及其分异规律;而**地理语言学**(Geolinguistics)本质上则是语言学的分支学科,侧重以语言学(如社会语言学、语言类型学等)的方法对多种语言的某个或某些特征的地理分布做出语言学意义上的解释。作为解释的地理语言学研究将上述地理分布解释为分区上的、历时性的、类型学上的和语言结构上的动因,也就是与其他语言现象的相关性,以及与自然地理、人文地理和历史地理的相关性[①]。(沈明 2019)

[①] 曹志耘(2006)也指出,汉语地理语言学"以众多地点的语言事实调查为基础,利用语言地图的方式描述语言现象的地理分布状况,结合社会文化因素解释这些分布的原因,探索语言变化的过程和机制"(转引自沈明 2019)。

由于研究路径的不同,历史语言学侧重于研究系统演变的规律性,地理语言学侧重于研究例外演变及其原因(沈明2019)。随后的语言学派吸收了这两派的理论精髓,综合考察历时演变和地理分异规律。

12.1.3 新语言学派主张的区域视角——区域语言学

吉叶龙等的研究局限于某个语言或方言,或者一群亲属语言或方言,分析某种语言现象在某个时期某个地区的传播分布。随着研究的深入和研究范围的扩大,有些学者开始用"区域"视角来审视语言现象的地理分异。

这其中最知名的当属诞生于意大利的新语言学派(Neo-linguistic School)。该学派主要研究语言的新变化在地理区域扩散的过程以及中心地区和周边地区的不同发展所具有的历史意义,并认为周边地区保留旧特征的时间可能会更长(罗宾斯1997:209)。

与波浪扩散模型如出一辙的是新语言学派奠基人意大利语言学家巴尔多利(Matteo Bartoli,1873—1946)提出的"区域语言学规则"(Norme Areali Linguistiche)。该规则可以确定邻近地区不同语言形式的相对年龄,可分为两条细则:(1)边缘地区倾向于保存更古老的形式,比如西班牙语和葡萄牙语的"吃"comer源于古拉丁语的comedere,而意大利语的mangiare和Catalan语的menjar源于拉丁语后期的manducare;(2)大型地区倾向于保存更古老的形式,但前提是须遵循细则(1)。(普尔2000:140—141)

新语言学派的学者断言,不仅每个词有它自己的历史,而且每个词(以及每种形式、每个音、每个句子和谚语等)都有它自己的分布区域。后来他们又将主张的新语言学称作区域语言学(Linguistica Spaziale)。(伍铁平1984)

12.1.4 布拉格学派的贡献——"语言区域联盟"

施密特的波浪扩散模型、方言/语言地理学等[①]都对谱系树模型提出过质疑,但均未跳出"印欧诸语同源"的桎梏(陈保亚 1996:263—264)。某些新语言学派学者的视野曾超出一个语系的范围,他们发现从乌拉尔语系和阿尔泰语系到印欧语系再到闪含语系[②]存在着一种逐渐过渡的关系。因为这些语言远古时在地理分布上毗邻,所以某些语言现象从这一语系渗透到另一语系。为了解释这种现象,新语言学派提出了狭义的"语言区域联盟"(Sprachbund)学说。其中心内容是,同一地区的语言不论其属于什么语系,由于经常相互影响,往往有许多共享的(语音、语法、词汇等)特征。但是他们的研究范围也只局限于一个地区,没能放眼世界。(伍铁平 1984)

为语言类型学奠定基础的布拉格学派将结构比较的方法用于跨语言层面和泛时的分析中。该学派认为语言之间的相似性并不一定源于语言的亲缘关系,也可能是由邻近地域的语言相互接触而获得的。布拉格学派反对语言起源的单源论,提出多源论的广义**"语言区域联盟"**[③]模型。这是由布拉格学派的创始人之一,俄国语言学家特鲁别茨柯依(Н. С. Трубецкой,1890—1938)首次提出

[①] 还包括舒哈尔特的"地理变异论"(参见 12.1.2 节)、新语言学派(参见 12.1.3 节)的"混合交配论"。(瞿霭堂、劲松 2013)

[②] 现称亚非语系(Afroasiatics)。(参见张泓玮 2003)

[③] Trubetzkoj(1930:17)给出的定义为:"一群有高度句法相似性、一定形态规则相似性和大量共同文化词的语言,它们偶有表面的音系库相似性,但没有语音的系统对应、形态语素在音系层面的对应、共同的基本词汇。(Sprachen, die eine grosse Ähnlichkeit in syntaktischer Hinsicht, eine Ähnlichkeit in den Grundsätzen des morphologischen Baus aufweisen, und eine grosse Anzahl gemeinsamer Kulturwörter bieten, manchmal auch äussere Ähnlichkeit im Bestande der Lautsysteme, — dabei aber keine systematischen Lautentsprechungen, keine Übereinstimmungen in der lautlichen Gestalt der morphologischen Elemente und keine gemeinsamen Elementarwörter besitzen [...])"(转引自 Stolz 2002:260)值得注意的是,原著定义里的 gross 到底指"大量"还是"重要(即质)"也是个问题。

的。该模型认为在地域上相邻的语言可以通过互相接触获得共享特征,语言间的相似性并非一定由谱系关系引起。(伍铁平 1984;陈保亚 1996:263—264)语言区域联盟本质上是一种将语言合并与分化结合起来建立在两种语言发展演变模式基础上的理论和方法。(瞿霭堂、劲松 2013)

关于"语言区域联盟"的定义,仍存在一些分歧。Stolz(2006:36)总结了现有文献中的四种定义方法,即:

1. 地理主导的定义。自然地形决定语言区域联盟的外边界。

2. 历史文化主导的定义。有共同的文化、社会政治史和地域的语言社团框定了语言区域联盟的范围。

3. 交际主导的定义。多语交际情景决定形成语言区域联盟的共享特征的潜在扩散中心。

4. 同言线主导的定义。某设定特征的地理语言学分布或某些特征的地理交叠带决定语言区域联盟的边界。

特鲁别茨柯依指出,芬兰—乌拉尔语、阿尔泰语、高丽语和日语、马来—波利尼西亚语这些地理上依次毗邻的语言中,邻近的每两组语言均有许多共享特征。布拉格学派的"语言区域联盟"主要着眼在语音与形态方面的共享特征。(伍铁平 1984)关于形成语言区域联盟的共享特征的数量下限,有的研究(Katz 1975:16;Masica 1976:172;Dryer 1989:266)认为至少 1 项,有的研究(Haarmann 1976:23;Schaller 1975:58;Wintschalek 1993:6)认为至少 2 项。(参见 Stolz 2002)

以 Haspelmath(2001)对欧洲语言定指性标记(definiteness-marking)研究的数据为例,欧洲语言可按四类标准画出不同的同言线(见图 12.1),即基于定指性范畴的形式类型的同言线(Category-based isogloss)、基于宿主词类的同言线(Hosting word-class isogloss)、基于标记的形态类的同言线(Morpheme-class membership isogloss)和基于定指性标记及其宿主的相对语序的同言线

(Linearization isogloss)。如果综合这四条同言线作为界定标准，其集成包络线的叠置带的范围就很小了。这样的语言区域联盟只包括英语（Eng）、荷兰语（Du）、德语（Ger）和弗里斯语（Fris）四种有亲缘关系的姊妹语言。由此可见，对特征（组）的选取仁者见仁，这使得由其所界定的语言区域联盟的范围也有不确定性。（参 Stolz 2006:39—45）

关于形成语言区域联盟的语言数量下限，有的研究（Falkenhahn 1963；Katz 1975:16；Haarmann 1976:23—24；Sarhimaa 1991:216；Wintschalek 1993:6—7）认为至少 2 种，有的研究（Schaller 1975:58；Matthiassen 1985:275；Boretzky and Igla 1994:116）认为至少 3 种。（参 Stolz 2002）关于语言关系，Thomason and Kaufman（1988:95）认为语言区域联盟没有不对称的主导关系或大规模换用的情况，也不是双语或多语联盟。联盟内只有多边关系。"Sprachbund"这个术语本身也提示了语言联盟内成员间对称的关系。（Dahl 2001:1458）

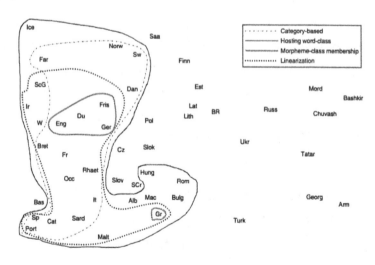

图 12.1 欧洲语言定指性标记的同言线束

(Stolz 2005；引自 Stolz 2006:43)

12.1.5 放眼世界的探索——广义的区域语言学

新语言学派所研究的语言现象的地理分布通常是以一种方言或语言或一个语系为界限(伍铁平 1984),所以新语言学派提出的是一种狭义的区域语言学。广义的**区域语言学**(Areal Linguistics)以某一"语言区域"为研究范围,研究这一区域使用的各种亲缘关系的语言或方言的特点,分析它们的分异形式和历史渊源。一般来说,在某一区域通行的语言或方言都有一些共同特征。这些共同特征的形成有四种可能,即同源分化、接触结盟、平行发展和偶合同型。(Dahl 2001;王健 2014:203—204)

区域语言学主要关注两个方面。(1)某一地理区域能否判定为语言区域。对该领域的研究还刚起步,公认的研究成果鲜见。(2)区域性即语言特征的区域聚集性(areal concentrations),及其成因和形成机制。区域性通常是由语言接触造成的。由于不同层次语言特征的聚集性(也称"趋同性"①)有难易之别(参见 12.4.1 节),因此不同层次共同特征的区域性可以用来判定不同规模的语言区域(参见本章 12.2.2 节)。(Hickey 2017:1—5)

区域语言学是接触语言学和历史语言学共同关注的一个重要研究领域。Wiemer and Wälchli(2012:10—14)认为区域语言学研究需要区分三种视角。(1)重构视角,将区域语言学视为历史比较语言学的一种工具,关注处于接触之中的语言在接触之前是什么样的面貌,毗邻的若干语言之间结构上存在的相似性是源于语言接触还是亲缘关系。(2)结果视角,探讨特定地理区域内若干语言共时层面的结构特征,聚焦于这些语言的结构相似性。(3)过程视角,关注若干语言共时相似性背后的历时过程,包括特定接触情形中

---

① 语言特征趋同指在多语环境下通过复制形式、功能、范畴差异或使用频率发展出相似的语言特征,即获得或丧失具体或抽象的特征。这种语言特征相似性可以来自共同创新或保留。(吴福祥 2016)

话语互动的微观过程以及语言结构发生改变的宏观过程,揭示这些语言共时相似性背后的历史动因和形成过程。(吴福祥 2017)

12.1.6 解锁地理分布非均质性的钥匙——地理类型学

(语言)地理类型学是结合地理语言学分析方法的语言类型学分支,主要对多种语言的某个或某些类型特征的地理分布做出语言类型学意义上的解释,即地理类型分布。如同有作为现象的地理语言学和作为解释的地理语言学(远藤光晓 2017),地理类型学也有作为现象的地理类型学和作为解释的地理类型学(金立鑫 2011:239—241)。两者分别研究作为结果和作为过程的地理类型分布。作为解释的地理类型学研究将共时地理类型分布解释为分区上的、历时性的、类型学上的动因,探讨其与自然地理、人文地理和历史地理的相关性。

语言类型特征的地理分布的非均质性催生了语言地理类型学。地理类型学始于语言区域联盟,但更多关注特征的非均质性分布,采用"区域—类型"的研究视角;其奠基之作是桥本万太郎(Hashimoto Mantaro,1932—1987)的《语言地理类型学》(1985)。桥本万太郎认为汉语各大方言的关系是联盟关系(陈保亚 1996:265)。在亚洲大陆的语言所呈现出的南北对立和区域推移的结构连续体中,汉语各方言处于北方阿尔泰语至南方台语[①]的类型连续体的中间位置,成为这两群语言所代表的语言区域之间的过渡带。长期的语言接触导致北方的汉语方言在类型特征上与阿尔泰语趋同(Hashimoto 1976,1985),南方的汉语方言在类型特征上与台语趋同(Bennett 1979)(见表 12.1),中部过渡带的汉语方言混合了南北的特征(Norman 1988)。(参见 Chappell 2017;吴福祥 2017)

[①] 这里特指李方桂(Li 1977)分类系统中侗台语族台语支的西南台语。这与吴福祥(2017)所提的"侗台语"有细微区别。因为桥本万太郎的"南方"属于"东南亚语言区域",该区域的最典型语言正是属于西南台语的泰语。

表 12.1 桥本万太郎断言的汉语方言南北类型差异的参项
（Chappell 2015:17,2017:658）

WALS① 编号	北方阿尔泰语化（Altaicization）	南方台语化（Taicization）
13A	加重重音支配的音调、声调少	声调多
无	多音节词居多	单音节词居多
55A	量词总量少	量词总量多
86A—90A	核心居后的名词短语语序	核心居前的名词短语语序
无	某些动物名词带性别前缀	某些动物名词带性别后缀
105A②	非与格结构的双及物构式为 R-T 语序	非与格结构的双及物构式为 T-R 语序
12A	音节结构相对简单	音节结构相对复杂
无	副词居于动词之前	副词居于动词之后或小句末
107A	被动标记源自使役动词	被动标记源自给予动词
121A	差比式语序:标记-基准-形容词,差比标记源自"比"	差比式语序:形容词-标记-基准,差比标记源自"过"

由于地理类型过渡带常呈现复杂多样的地理类型格局,很多个案研究(如柳俊 2021)均聚焦于此。袁毓林、王健(2003)研究了吴语在苏及其与豫鲁交界地区范围内几种重叠式的地理分布,得出地理分布广度连续统,即尝试义"VV 看">*表尝试义的"VV""VV+CR""AVV"、*表正反问的"VP 不 VP">"VV+CD""VV+PP"。③ 与上述重叠式相关的语法现象是北方话无而吴语特

---

① 本章中的"WALS"指语言类型学界最广泛使用的"世界语言结构地图集"数据库最新的网页版(Dryer and Haspelmath 2013)。"WALS"后如有数字,则表示相应的特征编号。下同,恕不赘注。

② WALS 第 105A 号特征"双及物构式"(ditransitives)中,"非与格结构的双及物构式"其实就是双宾式。双宾式中的客事 T(一般为物品)与接事 R(一般为接受物品的人或机构)有 R-T 和 T-R 两种相对语序。

③ 这里的 CR 指结果补语,CD 指趋向补语,A 指形容词,*表不合法的结构。

有的类型学参项,其地理分布广度连续统揭示了关于吴语的历史发展和区域变化的信息,即古吴语的北界为古淮河一线,现在江淮方言及淮河以北地区方言中遗留古吴语底层。

12.1.7　语言类型学对地理因素的注视——区域类型学

19世纪诞生的语言类型学虽然打破了亲属语言的界限,但只限于从类型上对语言特征(包括词汇)进行对比,不探讨词汇的地理分布(伍铁平 1984)。其实早在《论人类语言结构的差异及其对人类精神发展的影响》第 148 节中洪堡特就已提到"对语系和语区(Sprachgebiet)的明确区分是非常必要的"(姚小平 2000)。语言类型学研究大致经历了以下几次研究转向,才开始关注区域问题。

1.研究方法从定性到定量的转向(参见柳俊 2023)。语序特征是较容易扩散的(Thomason and Kaufman 1988;Johanson 1992;Dryer 1992;Nettle 1999)(参见 Heine 2008)。如果某种语序特征历史上曾在较大区域内扩散,则会引发该区域的语序类型面貌的改观。比如,欧洲、非洲和太平洋沿岸地区的 VO 语序倾向性显著高于欧亚内陆、澳大利亚和美洲,前者平均是后者的 5.4 倍。这是历史和地理上偶然事件所致的结果。但通过上述现象总结出的历史演变的普遍共性不可能是分类上定性的结论,而必定是统计上定量的结论(Bickel 2014)。

2.研究对象从共性到多样性的转向。语言的区域模式不仅体现为相似性,也呈现出差异性和多样性。区域语言学对于多样性无所作为,而且其聚焦的特定地理区域内若干语言的共同特征并不一定有类型学价值。正因为传统意义上的区域语言学存在上述局限和不足,近些年来一些学者力求将区域语言学和语言类型学的理论和方法结合起来,从而形成区域类型学这种新的研究框架。区域类型学关注的是有类型学价值的语言特征的区域分布,而不是特定语言区域的特点。与区域语言学只关注区域内语言的相似

性不同,区域类型学将区域内语言的多样性和相似性视为同等重要。(Nichols 1992)

3.研究前提从随机概率到条件概率的转向。取样的可靠性一直是语言类型学的基本原则。无偏(unbiased)取样的关键是尽可能降低发生学和区域性的影响程度。因为区域性的解释本质上就是历时的(Tomić 2008:191),所以取样方式必须充分考虑时间因素带来的影响。现有取样方式主要是地理因素主导的概率取样范式和遗传因素主导的多样性取样范式[①]。(参见本书14.2节)但这些范式都忽略了随机概率的稳定性问题。如果世界语言分布是一个随机过程,那么现行的取样范式有效。但如果世界语言分布是一个条件随机过程,那么该随机事件的概率是条件概率。事实也正是如此。

以基本语序类型(见WALS 81A)为例。(1)先看跨语言最优势的SOV语序。Dryer(1989)认为其跨语言优势是旧大陆(即非洲—欧亚大陆)SOV语序优势特征扩散到新大陆(即美洲大陆)使之极偏向SOV语序的历史结果。[②] (2)再看跨语言次优的SVO语序。40%的SVO型语言来自撒哈拉沙漠以南的非洲,而该地区几乎布满尼日尔—刚果语系(Niger-Congo)诸语言,这与该语系在历史上的扩张有关。所以,跨语言SVO型语言比例较高很可能与样本中含过多的尼日尔—刚果语有关。(3)下面看VSO和VOS语序。Nichols(1992)样本中的绝大多数动词居首语言来自美洲大陆(参见本章12.3.4节的图12.2)。假设存在另一个平行世界,在那里人类无法跨越白令海峡,美洲大陆至今没有人定居。那么在那

[①] 典型的中心—边缘型的区域(参见12.2.6节)通常都在边缘区即语言留存区(参见12.4.2节)呈现遗传多样性。所以,代表性取样方式会在边缘区取样过多,而在中心区取样过少。(Dahl 2001:1463)

[②] 据Dryer(1992),SOV语序在欧亚区域(81.8%)、北美区域(76.9%)和南美区域(84.4%)的占比远高于世界平均水平(68.0%),而在非洲区域的占比(50.0%)远低于世界平均水平。显然,SOV语序跨语言优势应该只是欧亚区域语言早期扩散的历史结果。这也符合美洲移民史。

个平行世界中,人类语言中的动词居首语言仅占 4%。再假设存在 Dryer(1989)样本的另一个平行世界,在那里没有全球分布最广的南岛语族群。去掉占 VSO 型语言总数 71% 的南岛语的话,在那个平行世界中将仅存占人类语言 3% 的 VSO 型语言。(4)最后看罕见的 OVS 语序。在 Tomlin(1986) 的样本中,所有五种 OVS 型语言都来自巴西亚马逊流域。这引发了 Newmeyer(1998:307)的质疑,即假设人类历史上某次核战销毁了除巴西亚马逊流域外的所有人类及其文字资料。在数世纪后,如果再取样全球的语言,你会发现最常见的是 OVS 型语言。(参见 Bisang 2010:419—420;Dahl 2001:1467—1468)

上述假设均体现了区域性会导致严重的取样偏差。很明显,共时地理分布是历史分化的结果。正如 Pullum(1981)所说,"没有人清楚人类历史造成的人口分布偏性致使语序类型的分布偏离到何种程度"。有的研究(Perkins 1992)甚至尽量将取样点的地理距离最大化,选取不同文化区域的语言。(参见 Dahl 2001:1462,1467—1468)所以,现行取样方法所得的概率不是真正的随机概率。真正的随机概率要求无偏取样,其前提是对类型区域的断定。

4.研究结论从相关性到因果关系的转向。目前的语言类型学研究多关注相关性问题,而很少考虑因果关系问题,至多探讨人类认知机制之因。其实,人类认知模式也受地理和气候等环境影响形成差异,就像美国人类语言学的"语言相对论"所主张的那样。归根结底,地理气候等环境因素是造成人类行为模式差异的重要因素之一,而语言使用模式仅仅是行为模式的一种。区域类型学很好地补充了语言类型学在因果关系研究方面的先天不足。

下面讨论区域类型学的定义、研究内容、研究路径和研究结论。

区域类型学(Areal Typology)是研究地理上连续分布[①]的语言

[①] 也有地理上不连续分布的特殊情况,参见本章 12.2.5 节。

中共同的类型特征、这些重要类型特征的区域分布格局及其历时动因的类型学分支。(吴福祥 2017)

从取样有效性来看,语言类型学为了更好地消除地理干扰因素,才开始研究类型特征的区域性,并慢慢发展出区域类型学这个研究方向。很多研究(Bickel and Nichols 2006,2009;Campbell 2006;Dryer 1989;Urban 2007)都试图通过统计典型类型参项的特征值来划分出若干个语言区域,每个语言区域内的语言结构趋同,参项特征值趋同。这些趋同的共同特征叫**区域特征**。一个语言区域内的共同特征越少,则这些共同特征在类型学意义上越是稀有(Hickey 2017:2)。

从研究方向的交叉性来看,区域语言学研究的主要对象是语言区域;而语言类型学研究的主要对象是(用以界定单个语言区域的)类型特征。由于区域类型学是区域语言学和语言类型学的交叉方向,所以区域类型学研究关注某个语言区域的区域特征,还关注这些类型特征在区域内的地理分布模式即**区域类型格局**(areal patterns)。它既是描写性的,也是解释性的;既关注区域类型格局本身,也关注其产生的过程;既是共时的考察,也是历时的探究。(Dahl 2001:1456—1457)

关注区域类型格局本身是共时描写,而关注其产生的过程是历时解释。所以,区域类型学有两种研究路径。一是 Dahl(2001)主张的"纯粹分布法"(purely distributional approach)。这是以重要类型特征的区域分布格局为导向的。二是 Nichols(1992)主张的"历史类型法"(historical typological approach)。该路径假设某个地理区域本身就是个历史文化接触带和语言接触带。因此,区域类型学也可以看作语言类型学和接触语言学结合的产物。语言学家研究语言区域现象不仅要有语言和地理的维度,还需要有历史和文化的视角。(吴福祥 2017)

区域类型学研究的结论一般包括两个方面。(1)语言区域与类型特征的相关性，即从现存的语言区域得出的进一步类型学结论，如"若 x 为某语言区域，则它必有某些结构特征"。(2)社会历史因素与语言区域的因果关系，即某些关于某言语社团和历史特点的具体结论，如"若 x 为某语言区域，则其成因为社会因素 y 或历史因素 z"(Bisang 2010:429)。

12.1.8 各研究方向的异同点

历史比较语言学的波浪扩散模型虽然已考虑到地理因素对构拟结果的影响，但这种探索本质上是为解释构拟结果的例外服务的。方言/语言地理学和地理语言学才真正开始以地理因素对语言的影响为主要研究对象，描绘单个特征的同言线，汇聚同言线束用以划分方言/语言的分界线。但这种传统方法需要解决不同特征的同言线的非同质性造成的分界线模糊的问题。(参见本章12.2.3节)语言区域联盟使用区域联盟，区域语言学使用语言区域，地理类型学使用地理类型连续体回答了这个问题。但是"地理非连续"现象(参见12.2.5节)又给学界提出了新的课题，区域类型学提炼上述各学派的精华，用区域特征及其区域类型格局进行解释。(详见表12.2)

表 12.2　语言空间分异研究中各方向的对比

研究方向	研究视角	研究目的	研究对象
历史比较语言学(波浪扩散模型)	语系所在地区	历史比较	单个原始祖语的子孙语言在时间维度上的分化情况和地理因素引发的不规律现象
方言地理学	地区	地理分异	一种语言各方言的方言特征的地理分布和演变
语言地理学	地区	地理分异	亲属语言的语言特征的地理分布和演变
地理语言学	地区	历史比较、地理分异	亲属语言或方言的语言特征的地理分布与其他语言现象和地理现象的关系

续表

研究方向	研究视角	研究目的	研究对象
区域语言学	全球、区域	历史比较、语言接触	某一地区的语言的特点及其分歧形式和历史渊源；每个词（以及每种形式、每个音、每个句子和谚语等）的分布区域，在区域内的扩散过程及其历史意义
语言区域联盟	全球	历时演变、语言接触	同一地区的语言（不论其属于什么语系）的接触联盟关系
地理类型学	区域	历时演变、语言接触	地理类型格局（强调地理连续性）及其成因
区域类型学	全球	历时演变、地理分异等	区域特征、区域类型格局（不强调地理连续性）及其成因

12.2 语言区域

区域类型学作为研究"区域"问题的类型学分支，其研究对象就是"区域"。"区域"在文献中称为**语言区域**（linguistic areas）[①]。关于其内涵，大致有如下观点（下列 8 种观点详参 Stolz 2002：263—264；Muysken 2008：3；吴福祥 2017）。

1.有特定的地理区域，须有明确的边界。可以以此界定哪些相邻语言属于该区域，哪些语言不属于[②]。（Sherzer 1976：221；

[①] 文献中的近义术语有语言区域联盟（Sprachbund；Trubetskoy 1928[1930]）、语言趋同区（sprachliche Konvergenzlandschaft；Stolz 1991）、接触叠置区（contact super-position zone；Koptjevskaja-Tamm and Wälchli 2001）、扩散区域（diffusion area）、"中位层关系"（adstratum relationship）。（参见 Stolz 2006：33；吴福祥 2016）下文关于"语言区域"内涵的总结也参考了对这些近义术语内涵的表述。

[②] 这种对于内部同质性的定义受到质疑。Koptjevskaja-Tamm and Wälchli(2001)认为语言区域内部是异质的，可进一步分为微观语言地带和宏观语言区域(参见本章 12.2.2 节的讨论)。

Thomason 2001:99;Aikhenvald and Dixon 2001:11;Enfield 2005:190;吴福祥 2017)

2. 至少包含三种语言(Thomason 2001:99)。语种的谱系必须多样(Emeneau 1956:16;Décsy 1973:29;Campbell 1994:1471;Cristofaro 2000:66)①;至少包括两个语系(Aikhenvald and Dixon 2001:11)。

3. 语言区域是由语言接触而非发生学关系或漂变(drift)②或语言结构和语言演变的普遍制约或偶合引发的特征趋同所致(Thomason 2001:99;Haspelmath 2001:1492;Campbell 2002:729;Enfield 2005:190;Heine and Kuteva 2005:174－175;吴福祥 2017);接触影响通常是单向的,即本区域内的优势语言影响劣势语言(Dahl 2001)③。

4. 语言区域内的语言必须具有相当数量的共同特征(Aikhenvald and Dixon 2001:11;Enfield 2005:190),应该高于随机概率(Emeneau 1956:16;转引自罗伯特·迪克森 2010:13)。这些核心特征(组)必须是区域内一致的(Nichols 1992)。

5. 共同特征不能仅限于词汇或语法的某个层次(Schaller 1975:58;Krisophson 1993:2);不能仅有易于借贷的表层形式,还得有较难借贷的深层语法规则(Ramat and Bernini 1990:27;Campbell 1994:1471;Cristofaro 2000:68－72)。前者是具象的质料,后者是抽象的结构。

6. 各种共同特征之间是否在逻辑上相关。在语言接触引发的

---

① 当然,也有研究(Matthiassen 1985:275－276;Boretzky and Igla 1994:117;Cristofaro 2000:74)承认共同祖语的子孙语言也能通过语言接触共享某些特征,形成语言区域。(参见 Stolz 2002:264)

② Sapir(1921[1949]:147－170)认为平行发展(也称"漂变")引发的共同特征也可构成语言区域。(参见 Nichols 1992:185)

③ 也有个别研究(Stolz 1991:104－105;Aikhenvald and Dixon 2001)认为这一过程是双向对称的。这一点与语言区域联盟模型相似,因为语言区域联盟是一种地理邻近的多语言之间长期接触形成的对称关系。

一组共同特征中通常只有一部分典型特征与界定语言区域有关，其他特征都是与典型特征逻辑相关的特征。关键问题是，语言趋同的各种过程中的例子应该算作统计意义上的例（tokens），还是算作与某些主要深层规则相关的型（types）。(Ramat and Bernini 1990:26－27)后者才是典型特征，可以作为判断处于该语言区域的标准，即区域特征。(Dahl 2001:1463)

7.共同特征必须是排他的，即世界范围内该特征仅在本区域内出现①(Emeneau 1956:16;Stolz 1991:105;Kristophson 1993:2; Aikhenvald and Dixon 2001:11;Haspelmath 2001:1492;Dahl 2001:1463;Heine and Kuteva 2005:174－175);即使紧邻该区域的语言与该区域内的某些语言同属一个语系也无这些共同特征(Enfield 2005:190)。

8.共同特征的形成必须得到语言系统之外的证据（如历史学和社会学解释）的支撑。(Sherzer 1976:220;Haarmann 1978:72; Ramat and Bernini 1990:27;Sarhimaa 1991:216;Kristophson 1993:2;Boretzky and Igla 1994:117－118;Cristofaro 2000:70)

综上，"语言区域"的内涵包括地理范围、构成的语种和系属、成因和区域特征四个方面。本节余下部分先介绍代表性区域（参见本章12.2.1节），再讨论区域性问题（参见12.2.2－12.2.6节）。

12.2.1 代表性的语言区域

区域类型学研究将全球分成若干大型的语言区域。通过数理统计，德莱尔的早期研究(Dryer 1989:268)将全世界划分为非洲、欧亚、澳大利亚—新几内亚、北美洲和南美洲这5大语言区域,但未注意到欧亚区域和澳大利亚—新几内亚区域之间存在一个类型迥异的东南亚—大洋洲区域。其随后的研究(Dryer 1992)就增加了

---

① Haarmann(1976:36)认为单个共同特征很难有排他性，但共同特征组必须有。（参见Stolz 2002:264)

该区域,合计 6 个语言区域。Nichols(1992)的样本有 174 种语言,对语言区域的划定更细,共计 10 个典范语言区域(sample areas),即非洲、古代近东(Ancient Near East)、欧亚大陆北部、南亚和东南亚、大洋洲、新几内亚、澳大利亚、北美洲、中美洲、南美洲。Bickel and Nichols(2006,2009:480-481)依据对高维特征的推断统计结果划分出非洲、欧洲、欧亚、东南亚、喜马拉雅和高加索、南澳和南新几内亚高地、澳大利亚、环太平洋沿岸这 8 个语言区域。(见表 12.3)

表 12.3 代表性的语言区域

Dryer (1989)	非洲	欧亚			(见注)	北美洲	南美洲	澳大利亚—新几内亚	
Dryer (1992)	非洲	欧亚		东南亚—大洋洲		北美洲	南美洲	澳大利亚—新几内亚	
Nichols (1992)	非洲	欧亚大陆北部	古代近东	南亚和东南亚	大洋洲	北美洲	中美洲	南美洲	新几内亚	澳大利亚
Bickel and Nichols (2006)	非洲	欧洲	喜马拉雅和高加索	欧亚	东南亚	环太平洋沿岸			南澳和南新几内亚高地	澳大利亚

注:地理上的大洋洲的语种在 Dryer(1989)的分类中就近归入"欧亚""澳大利亚—新几内亚""北美洲""南美洲"。

除了上述大型语言区域之外,研究中提到的极具特色的中型语言地区(参见 12.2.2 节)有但不限于:巴尔干地区(the Balkan Sprachbund;Sandfeld 1930)、环波罗的海地区(the Circum-Baltic area;Dahl and Koptjevskaja-Tamm 2001)、埃塞俄比亚地区(the Ethiopian area;Tosco 1994,2000;Bisang 2006)、南亚地区(South Asia;Masica 1976)、东亚及大陆东南亚地区(East and mainland

Southeast Asia;Bisang 1996)、中美洲、从阿拉斯加到北加州的北美洲西北海岸地区、撒哈拉沙漠以南的非洲地区、亚马逊盆地。(参罗伯特·迪克森 2010:14—16;Bisang 2010:428;吴福祥 2016)

12.2.2 区域规模

像欧亚语言区域(Dryer 1989)、环太平洋沿岸语言区域(Bickel and Nichols 2006)这种宏观的大型语言区域很难和语言接触研究联系起来。但是,微观语言地带就完全不同。通过研究语言社团所处的小片地带能直接观察到语言接触的真实情况,甚至是不符合语言地带定义的真实情况。在每个微观语言地带中都存在很多不同种类语言接触的结果,呈现丰富的多样性。这些语言接触的情况是由社会文化和历史因素造就的。规模介于大型语言区域和小片语言地带之间的还有中型语言地区,这是历史语言学研究的对象,如巴尔干地区。越小规模的地带越容易进行历史学式的研究,记录真实的影响及其方向。而对大型语言区域的研究只能揭示语言间的相似性。(Muysken 2008:4;Chappell 2017)不同规模的语言区域有相对应的研究范式(见表12.4)。

表12.4 语言区域的规模(Muysken 2008:5)

规模	空间	时间	数据来源	语言接触的场景	特征(层次)
微观	双语/多语社团所辖地带	20—200 年	田野调查	特殊的	词、音素
中观	地区	通常为 200—1000 年	比较语言学、历史资料	整体的	词族、音系
宏观	世界范围内的区域	长期(即远久于一千年)	语言类型学、基因分析、考古学	模糊的,甚至没有	类型

12.2.3 区域边界的模糊性

顾黔等(2007)指出,在江苏境内的过渡混杂地带,江淮官话和吴语的分界线跨越长江两岸,单个词条的同言线对方言的区分能力并不一样,宜采用多个词条进行综合考察,以便更准确地找出官话与吴语之间同言线集结成包络线的地带,更好地反映官话和吴语叠置、竞争的情况,探讨它们的历史层次。

方言地理学界定方言分区的此类二值对立项非均质分布的地理现象在对语言区域的范围界定中同样存在。一个语言区域仅仅是众多二值对立项关系的总和,不需要共同特征和藉此划定的明确边界,就像以等值线(isopleths)①束集成包络线的方言连续统一样(Dahl 2001:1458)。因此,区域的边界具有模糊性。这对语言区域的定义(参见 12.2 节开头关于内涵的观点 1)构成挑战。

12.2.4 方言/语言地理连续体与特征扩散

对事实上类别差异不显著的客体进行分类是很武断的,如对"河"和"流"、"山"和"丘"的分类。对方言、地区通用语和语言的划分也是如此。很难给方言/语言分类的原因是不同特征变异的程度和地理范围都有所不同且都具有渐变性。特征变异地理范围的渐变性造就了方言/语言的地理连续体。这就是为什么住在方言/语言区边界的人或许能听懂边界那头属于邻近方言/语言区的人所说的话语,但未必能听懂来自本方言/语言区另一端的人所说的话语。(普尔 2000:103—107)

上述静态的地理连续体是动态的特征扩散的空间表征。这是因为早期扩散的外层边界基本划定了方言/语言区的边界,后期移民引发的每一次重要特征的变异的分布范围都至少要跨越该边界

---

① 因为多个共同特征可能存在相关性,所以要用"等值线"代替"同言线"。

的一部分。这些变异特征的扩散范围不断越界,逐次叠加成地理连续体。就语系所在的区域来说,语系内的共同特征往往不是从同一祖语继承来的,而是经随后的扩散形成的。(参见12.5节)但扩散不会覆盖该语系的所有分布范围,而会扩散到本区域内的其他语系的语言。(Dahl 2001:1457)

关于扩散的方式,黄河(2018)介绍了Britain(2010:148)提出的特征创新扩散(innovation diffusion)的四种模型:

1. 波浪扩散模型(wave/contagion diffusion;Trudgill 1986;Britain 2002,2004),即特征创新由一个中心源头朝四周紧邻地区扩散,不断波及更远的地区。其实,这就是施密特提出的波浪扩散模型。

2. 行政辐射模型(urban hierarchical/cascade diffusion;Trudgill 1974b,1983,1986;Labov 2003等),即特征创新按行政等级序列"大都市＞小城＞县级镇＞乡镇＞行政村＞自然村"辐射扩散。黄河(2018)在对宜兴地区祖父和外祖父面称的社会地理语言学[①]个案研究中提出,除了始于面状源头的波浪扩散模式[②]外,始于点状源头的创新按受行政制约的交通、物流、学区等综合要素构成的生活圈逐级(即城关＞镇区＞乡镇)扩散。

3. 文化发源地扩散模型(cultural hearth diffusion;Horvath and Horvath 1997,2001,2002),即特征创新很好地保留在乡镇的某地域内,然后扩散到乡镇的其他地域。

4. 反行政辐射模型(contra-hierarchical diffusion;Trudgill 1986;Bailey et al. 1993),即特征创新的扩散方向与行政辐射模型预测的相反,创新源于农村,向城市扩散。

[①] **社会地理语言学**(Socio-geolinguistics)的研究可以同时把握横向的地理要素和纵向的社会要素,该方法适用于既有横向的地理接触,又有纵向的代际干扰的复杂现象。(黄河 2018)

[②] 黄文称为"地缘扩散模型"。

12.2.5 空间的连续性问题

确定区域边界的特征扩散一般是语言接触的结果(参见 12.2 节开头关于内涵的观点 3)。语言接触分为自然接触和非自然接触。

自然接触是指在同一空间内生活的不同族群所说的不同语言的相互接触(陈保亚 1996:8;黄河 2018)。在自然接触情况下,源语通过海陆贸易或移民会影响地理上较远的目标语。在此过程中,有后来定居者、早期移居者和暂时路过者。这就造成语言区域的分异和新旧层次的叠加。语言区域的地理空间的这种动态变化会造成共享特征(组)的地理空间变化,从而形成非连续的地理空间。另外,社会政治原因(如 12.2.4 节模型 2 所描述的情况)也会造成地理空间的不连续性。这是因为社会空间是不连续的(Kristophson 1993:2)。随着社会科学的兴起,"空间"概念也从地理空间拓展到社会空间。交际网络、社会纽带代替了地理连续性,成为核心概念。(参见 Dahl 2001;Stolz 2002:265;Muysken 2008:4)

非自然接触是指依托各种媒体跨越地理要素在不同空间通过口语和文字传播或者文献翻译展开的语言接触(陈保亚 1996:8;黄河 2018)。在非自然接触情况下,跨越地理要素的接触引发共享特征的地理空间不连续性。

传统区域语言学只关注连续地理空间中的语言之间的相似性。"语言区域"概念本身在区域类型学中获得了传统区域语言学之外的某种程度的解读(Dahl 2001:1456—1458),即语言区域可以是非连续的地理空间。这种地理空间的非连续性是由上述种种语言接触情况造成的。

12.2.6 中心—边缘模型

新语言学派提出过"区域语言学规则"(参见 12.1.3 节)来解释空间的非连续性。该规则是区域类型学的"中心—边缘模型"的理论雏形。**中心—边缘(centre-periphery)模型**指语言特征创新从经济文化政治中心朝边缘扩散的模式。扩散结果是形成不连续的留存区。这些留存区往往保留更早的语言特征,因此就有可能形成某种语言区域。"中心—边缘"格局也可能是由语言换用(language shift)或移民造成的(Dahl 2001:1458),还可能是由非自然接触造成的(参见 12.2.5 节)。

12.3 重要类型参项的区域特征

以往汉语方言分区研究主要关注的"代表性特征"常是语音和词汇特征,这与方言学界的共识即"汉语方言语法基本一致"(Chao 1968)有很大关系。但相左的观点即方言/语言间的类型差异并非只局限于语音和词汇层面,受到越来越多的认同。Dunn et al. (2005,2008)认为语法的结构特征和音系的结构特征同样稳定,它们都比词汇特征更稳定。如果用语法结构特征来分析美拉尼西亚岛(Island Melanesia)上的巴布亚语言间的远亲关系,有可能将语言学数据推导出的谱系演化的时间跨度加大。Dunn et al. (2011)通过分析南岛语、班图语、印欧语和犹他-阿兹特克语(Uto-Aztecan)的语序特征,证明以往推断是倾向共性的很多关联的语序特征其实是谱系特异的(lineage-specific)特征。该发现更支持"结构特征能用来研究语言发生学"(phylogeny)的观点(参见 Szeto et al. 2018:236—238)。在讨论汉藏语联盟时,瞿霭堂、劲松(2013)也指出,语法结构特征是一种或一类语言区别于另一种或另一类语言的本质性区别特征,是判断语言同源的基本标准。上述质疑提示我们,包括语法结构特征和音系结构特征在内的各层面的特征都可以作为判断同源关系或语言联盟关系的标准。各类特征在不同语系内或语言联盟内的演化稳定性排序是有差异的,需要具体识别。

对不同层面特征"代表性"的上述争论在语言区域研究中同样存在(参见12.2节开头关于内涵的观点5和6)。有鉴于此,越来越多的语言学工作者提出:与其纠结于填补理论漏洞,还不如进行对单个特征的详细地理分布的实证研究。这种工作更有研究前景,也是与"区域"相关的语言学理论的立论之基(Stolz 2002:266)。下面我们就举例说明一些重要类型参项的宏观地理分布。

12.3.1 音系类型的区域特征

声调是有明显区域性的。像汉语这样的复杂声调语言主要分布在东亚、东南亚和西非。除此之外,声调语言在西非之外的非洲也有分布,在美洲、新几内亚也偶有分布。(参见本书2.2节)更重要的是声调复杂度与音段库复杂度正相关,而与音节结构复杂度负相关。具体表现为:(1)声调复杂的语言倾向于有更大的辅音库,典型的此类语言分布在非洲、东亚和东南亚;(2)声调复杂的语言也倾向于有更大的元音库,典型的此类语言分布在非洲、亚洲东部和新几内亚;(3)声调复杂的语言还倾向于有更多的中等复杂度的音节结构,而无声调的语言倾向于有更多的复杂的音节结构。典型的有复杂声调和中等复杂度音节结构的语言分布在亚洲,而典型的无声调有复杂音节结构的语言主要分布于欧亚大陆的西部和北美州的西北部。(见 WALS 13A)

12.3.2 词类的区域特征

Tang(2015)研究了人类语言中的分类词(见 WALS 55A;本书4.2.2节)、复数标记(见 WALS 33A;本书7.1节)和性别标记

(参见本书7.2节)的分布情况。在该文取样的155种语言中,像汉语这样的分类词语言有48种,占30.97%。(Tang 2015:31)分类词语言主要集中在东南亚和南美洲部分地区。与分类词语言分布互补的是有性别或复数标记的语言,它们主要分布在欧洲、非洲和美洲部分地区。(Greenberg 1990;Aikhenvald 2000;参见Tang 2015:31)

12.3.3 形态的区域特征

Abbi and Mishra(1987)重点考察了30种印度的语言(分属印欧语系、达罗毗荼语系、南亚语系和汉藏语系)中重叠式(参见本书9.5.2节)负载同时体和反复体意义的情况,发现同时体在达罗毗荼语系的南部地区较少出现,但越靠近印度—雅利安语及南亚语的使用地域,出现频率就越高。由此该文认为重叠式是一种区域现象(areal phenomenon),重叠式的功能分布有区域性,而无亲缘性。Abbi(1992[①])则详细考察了33种南亚地区的语言中的重叠现象,并将动词、形容词和名词重叠式负载的语义分为21种,如同时、持续、反复、非短时及伴随、相互、强调、程度增加、周遍等。(参见王芳2012:9)

12.3.4 语序类型的区域特征

就基本语序(参见WALS 81A;本书6.1.3节)来说,SVO型语言更常见于旧大陆即非洲语言区域和欧亚语言区域。动词居首型语言主要分布于北美。(见图12.2)其中,VOS型语言主要分布于墨西哥和危地马拉。(Dahl 2001:1464—1465)

[①] 王芳(2012)作"1990",有误。

图 12.2　Nichols(1992)样本中基本语序的区域分布(Dahl 2001:1465)

12.3.5　论元配置类型的区域特征

基本论元配置类型(参见本书第五章)也有区域偏性。据 Nichols(1992),澳大利亚和新几内亚是施通格语言最集中的区域,而非洲和美洲东北部是施通格语言最贫乏的区域。其他的施通格语言集中在欧亚语言区域和北美。(见图 12.3；Dahl 2001:1465－1466；另参金立鑫 2022)

图 12.3 Nichols(1992)样本中配置模式的区域分布(Dahl 2001:1466)

12.3.6 时体标志的区域特征

时体标志(参见本书 10.1、10.2 节)也有明显的区域偏性。东南亚语言区域是时体标记贫乏的区域。这明显与句法综合性(syntheticity)有关,而东南亚语言区域的语言基本都是孤立语。(见图 12.4;Dahl 2001:1467;另见 WALS 26A)

12.3.7 语法化的区域特征

区域特征不仅有上述共时平面的类型特征,还有历时平面的类型特征,比如语法化梯度(clines)(参见本书 11.3 节)。对引发区域趋同的共享语法化进程的分析也是研究区域类型学的重要路径(Bisang 1996)。这是因为地理分布可以揭示历史上的扩散过程在共时平面

图 12.4　GRAMCATS 样本中表过去的时与体的区域分布(Dahl 2001:1467)

的痕迹。语法化的历时渐进发展过程即语法化梯度可以由不同的共时分布(如频率)体现。语法化进程在语法空间中的历时路径也可以表现为某种语法创新从其地理中心向地理边缘扩散的路径,在频率上依次递减。据 Squartini and Bertinetto(2000)报道,罗曼语经历了完成体标记发展为完整体标记的语法化进程。在意大利语各方言中该创新的中心位于北方方言区。邻近的属于南方方言的西西里(Sicily)和撒丁(Sardinia)方言受其强烈影响,与周边的其他南方方言在使用频率上有明显不同。(参见 Dahl 2001:1468—1469)

12.4　语言空间分异的主要形成机制——语言接触

Matthiassen(1985:277)认为构成语言区域的"共同特征"可分为主动特征(active traits)和被动特征(passive traits)。前者是由接触引发的创新扩散所致的共享特征,后者是随机偶发的共同特征。(参见 Stolz 2002:264)本节讨论最主要的形成机制即语言接触(参见 12.2 节开头关于内涵的观点 3)。

语言接触,广义上泛指一种或几种语言在空间分布上出现叠置时所发生的各种相关语言现象;狭义上仅指当试图凭借一种语言系统去感知另一种语言系统所传达的信息内容,或者以一种语言系统去表现另一种语言系统所表达的信息内容时,这两种语言所发生的关系。(意西微萨·阿错 2004:148)本章讨论的都是广义上的语言接触。

语言接触可引发特征扩散,导致特征的区域性即地理趋同性。特征的区域性可定义一个语言区域。不同种类的特征有不同的扩散率[①],即不同特征在不同区域的不同程度的扩散情况(diffusability)或稳态(stability)可以建构不同特征的扩散史,对应历史上在不同区域内独立发生的不同的接触事件,形成多重独立的底层。(Donohue 2013)

12.4.1 语言接触的微观结果——"特征变异—型变"连续统

语言接触作用的对象到底是语种还是特征?在遗传学诞生之前,对于物种的界定标准在生物学界仍然颇受争议。生物形态学标准和生殖隔离并不能给出关于物种界定的完美结论。直到基因技术的成熟,我们才得以用分子水平的差异来回答个体水平的差异问题。

就像物种之于生物学的境地,对语种的界定在语言学界亦引发争议。这种难以定论的状况会引起连锁反应,造成语言区域的界定问题。语言/方言之间的差异是本质差异,构成语言系统的不同层级要素之间的差异则是性质差异。本质差异是变化关系,性质差异才是变异关系。(劲松、瞿霭堂 2011)量变引起质变。体现语言

[①] 本章 12.3 节开头讨论的演化稳定性是从纵向继承角度来看的,与这里提到的横向接触上的扩散性是一个语言现象的不同侧面。

性质变异的特征变异不断积累,最终造成语言本质变化即型变。

12.4.1.1 特征变异

由接触引发语言特征变异(feature transfer)的难度是有差异的。[①] 存在**变异难度梯度**:

> (1) 词汇(借词、短语)＜(借词中的)语音形式 ＜ 言语习惯(一般的发音习惯、超音段成分如重音和语调)＜ 句子结构、语序 ＜ 语法(屈折形态)。

梯度中越左端的成分越容易变异,越右端的成分越难变异。作为语言核心模块的语法受接触影响最小,语法中的构形形态一般很难变异。语音变异可以用来判定小的语言地带,而语法变异常用来判定大的语言区域(参见 12.2.2 节的表 12.4)。(Hickey 2017:5—6)根据 Campbell(1997b:51)提出的"内嵌悖论"(embeddedness paradox),越内嵌的语言特征,越不可能被借用,越不可能变异。所以它若在区域内扩散,则是重要的区域特征。(参 Muysken 2008:6)下面就构词形态、语音、语序和句法特征各举一例。

构词形态特征方面,非自由语素的构词后缀是词项到语法的重要界面。词的借用会顺带借入构词后缀,引发目标语的形态特征变异。比如,意大利语"lavaggio"(洗)、"ingrassaggio"(抹油)等词中的构词后缀"-aggio"可能来自早期的法语借词[如"viaggio"(旅行)、"coraggio"(勇气)][②]。(Ramat and Bernini 1990:26)

语音特征(参见 12.3.1 节)方面,原始南亚语及其多数现代子孙是无声调的。变异后有声调的南亚语主要分布在越南(尤其是沿海地带)和以前傣族兰纳王朝的范围内。这与有声调的汉语和傣语有密切关系。

[①] 变异难度差异与 12.3 节开头讨论的不同种类特征的演化稳定性差异是负相关的。更详细的论述请参考 Hickey(2010:76—82)。

[②] 也有可能来自 13 世纪的古意大利语词,如"domaggio"(损坏)。(Ramat and Bernini 1990:26)

语序特征(参见12.3.4节)方面,虽然原始闪语(Proto-Semitic)在句法上是动词居首型的,但阿卡德语(Akkadian)是动词居末型的,这很可能是受以苏美尔语(Sumerian)为中心的区域影响的结果。(Zólyomi 2012:402;转引自 Hickey 2017:6)横跨东南亚语言区域与欧亚语言区域的傣语,基本语序特征从 SVO 型转变为 SOV 型。中国云南和东南亚的傣语方言基本语序为 SVO 型,而印度阿萨姆邦的傣语方言基本语序为 SOV 型。这种特征变异应该是受南亚次大陆 SOV 型区域特征的影响所致。

句法特征方面,青甘河湟语言区域联盟内的(受土族语影响的)甘沟话、(受突厥语族撒拉语影响的)临夏话和唐汪话、(受安多藏语影响的)五屯话通常有 4—5 个格标(见 WALS 49A)。一般没有主格标志,有宾格—与格标志、伴随格—工具格标志、离格—比较基准标志,以及位格标志(Zhu et al. 2003;Slater 2003;Djamouri 2014;Peyraube 2015)。这是青甘河湟区域的汉语方言发生语法结构复制(replica grammaticalization;Heine and Kuteva 2005)的结果。(参见 Chappell 2015)复制引发特征变异。

12.4.1.2 型变

语言接触可以引发单个特征趋同,也可以引发极端的型变。与接触引发的趋同性梯度正相关的是"特征变异—型变"连续统(见图12.5)。(参见吴福祥2016)

图 12.5 "特征变异—型变"连续统(Stolz 2006:34)

型变(metatypy)指多语社团中,按对外交际用语的模式重组母语的过程,包括母语语义类型和表达方式的重排,以及语法重组。(Ross 2001:145—146;参见 Stolz 2006:34—35)

Ross(2002,2003,2006,2008)提出"**型变过程序列**",即:

(2) 语义模式和表述方式 > 句子、小句 > 短语 > 词

该型变序列是不可逆的,因为没有发现这样的语言,其短语结构发生重组而小句结构未曾重组。(参见吴福祥 2016)

Thurgood(2006)认为,型变语言的清单里应该加上中国境内的回辉话和阿侬语。此外,Heine(2010)提到青海民和县的汉语方言甘沟话也属型变语言之列。另外,中国西北地区的一些"混合语",如倒话、五屯话、唐汪话等,属于典型的型变语言。此外,侗台语族的标话和五色话,苗瑶语族的畲语和勉语也发生了比较典型的型变。(参见吴福祥 2016)

12.4.2 语言接触的中观结果——"扩散区—留存区"连续统

Wichmann and Holman(2009)指出,我们可以观察到大范围连续的语言群("blocks" of languages)。群内的这些语言都有相似或一致的语序特征,或者某些音系特征占优的情况。这样的语言群代表语言特征的"扩散区"。在大的语言群内或语言群交界带常有"留存区",留存区内语序类型特征和音系特征趋同性低,常存有构拟的更早的类型特征。(参见 Donohue 2013)这两种具有各自特点(见表 12.5)的地区互相交叠,构成"扩散区—留存区"地区连续统。

Bisang(2010:431)指出,典型的语言扩散区有西欧、澳大利亚中部、北美内陆地区、中美洲、古代近东地区和大洋洲中部群岛。Nichols(1992)认定的语言留存区有东非的埃塞俄比亚和肯尼亚地区、高加索地区、北亚的太平洋沿岸地区、澳大利亚北部,以及代表北美太平洋沿岸的加州。

结合中心—边缘模型(参见 12.2.6 节)来看,语言区域的中心

往往在接触引发特征趋同的语言扩散区内,而不同语言区域的边缘往往就是语言留存区。

表 12.5　语言扩散区和留存区的七种性质
(Nichols 1992:16,21;引自 Bisang 2010:431)

语言扩散区(spread zone)	语言留存区(residual zone)
遗传多样性低	遗传多样性高
结构多样性低	结构多样性高
语系分支层次少	(至少部分)语系分支层次多
语言/语系的快速传播及后续传承	无语言/语系传播及后续传承
"特征创新中心—保守边缘"型的经典方言地理区	无明确的特征创新中心
无长期语言多样性的净增长。语言传播区是长期持续的现象,但缺乏其历史的语言学证据。	长期语言多样性净增长,语言岛或孤立的语系较常见。
特征扩散的源语作为区内通用语	无区内通用语

12.5　区域类型格局——同源裂变和地理聚变的纵横交错

下面来讨论语言接触的宏观结果,即区域类型格局。

在解释语言演化时,对谱系遗传因素和地理因素的传统分工预设遗传与地理因素间不存在相关性(Dahl 2001:1458)。然而,事实远比理论预设复杂。语言分化后它们还能在表层互相影响,形成特征趋同。比如,中古英语继承了从古斯堪的纳维亚语分化出的古英语词汇,同时又因诺曼征服(Norman Conquest)通过诺曼法语(Norman French)借入斯堪的纳维亚语(Norse)的词(见图 12.6)。

(普尔 2000:135—141)

图 12.6　英语的源流(普尔 2000:140)

　　由此可见，人类语言的演化是谱系分化与区域趋同进程的混合式演进过程。为了阐释此进程，罗伯特·迪克森(2010:57—72)提出语言兴衰的"**裂变—聚变模式**"(见图 12.7)。这是一种综合纵横因素的解释模型。该模型假设，在很长时间的聚变期内不同族群的语言在同一区域共存。各种文化特征都会在一个特定区域扩散开来，尤其是语言特征。语言范畴会扩散，尤其会在大部分地区扩散开。词项会借贷，某种语言形式会在小范围地带的语言中都出现。然而，聚变稳态时不时地被一些大事件打破，引发分裂和扩张。语系正是在裂变期中快速形成的。这种历史进程周而复始，这种纵横的叠加就像考古地层一样，在一个区域内形成马赛克样的区域类型格局。

　　罗伯特·迪克森(2010:14—15)还谈到，每个使用多种语言的地理区域或多或少都是个语言区域，在语言区域里还可以嵌套语言地区。例如，中美洲区域内的从阿拉斯加到北加州的北美洲西北海岸地区。

　　影响区域类型格局的因素除了地理因素之外，还有社会和经济文化因素，以及人口因素。

第十二章 区域类型学 339

图 12.7 裂变—聚变模式（罗伯特·迪克森，2010:84）

12.5.1 地理因素——中国地理分界线"秦岭—淮河"一线

为了细化桥本万太郎（1985）的研究成果，司徒等运用聚类分析中的二分裂法（split decomposition）分析汉语代表性方言在语音、词汇、构词形态、名量搭配、短语和小句的语序、语用功能、语法化等方面的21种特征（Szeto et al. 2018:261）。聚类结果显示处于最北端的安多语言区域联盟（the Amdo Sprachbund）中的汉语方言和处于最南端的远南地区（the Far Southern area）内的汉语方言之间横亘着汉语方言南北分界线（north-south divide；Szeto et al. 2018:240—241）。该分界线基本与中国重要的地理分界线秦岭—淮河分界线重合。秦岭—淮河分界线的意义在于它是暖温带（湿润）与亚热带（半湿润）的南北气候带分界线，也是地形破碎的盆地和丘陵与地形完整的大高原和平原之间的南北地形分界线。南北气候带分界线又造就了水田（水稻）农业与旱地（小麦）农业的南北分界线。生产方式(如农业)深刻影响人口及其分布,进而影响语言演化。(彼得·贝尔伍德 2020)Nichols(1992)也认为地形差异影响人口分布和语言演化,大高原和平原常是语言扩散区,盆地和丘陵常是语言留存区(参见本章 12.4.2 节)。

12.5.2 文化因素——来自文化中心的压力

上述地理因素影响经济生产方式,进而影响文化样式。词汇的地理分布可以使人们对词汇的传播获得一定的预测能力。非洲某些信奉伊斯兰教的民族,如果也使用或使用过阿拉伯文字,其语言中也很有可能借入其中的某些词。同样道理,源于阿拉伯语或梵语的印尼-马来语词也很可能传播到马来-波利尼西亚语系中的其他语言。这可以说是一种宏观的(在世界范围内发挥效力的)系统压力在起作用(伍铁平 1984),这种压力通常来自宗教等文化传统。所以文化词借用等级最高,最容易传播,比如"茶"(见 WALS 138A)。

12.5.3 人口因素——移民

文化经济因素会影响人口的分布,而移民是改变人口分布的重要途径。Bickel(2007:241)认为"可察的(地理)分布实质上是受人口历史影响的。这表明了仅依据语法规则来预测本质上是有问题的"。(参见 Bisang 2010:434)传统区域语言学不考虑移民问题,但其实这是个很重要的问题。一方面,伴随移民迁徙定居他处,其所说语言及其特征在地理分布上也随之延展。现存语系的地理分布是历史上的原始部族扩张的结果,而语言类型特征的地理分布至少有一部分是由这种扩张导致的。(Nichols 1992;转引自 Dahl 2001:1459)

另一方面,移民还会打乱迁入地所在的语言区域的连续性(参见本章 12.2.5 节)。譬如,爱沙尼亚语受移民所说的日耳曼语深度影响丢失了一部分波罗的海地区(Baltic)的共同特征,造成该语言地区的不连续性。(Dahl 2001:1459)据王福堂(1999:62—63),客家人的祖先是从古代中原地区躲避战乱经三次南迁的汉人。第一次在东晋南朝300年间陆续迁到今长江下游皖南、苏北,以及苏南、赣北、赣中一带的江南地区。该次迁徙造成吴语与湘语分化。(转引自王健 2014:209)

12.6 结语

前贤在区域类型学研究方向上做出了有益的尝试,但仍留有一些未解决的问题,这些问题有待后续的探索。

12.6.1 小结

条条大路通罗马。研究语言空间分异的各个学派不约而同地到达过"罗马",即历史比较语言学的"波浪扩散模型"(参见本章12.1.1节)、新语法学派的"区域语言学规则"(参见本章12.1.3节)、地理类型学的"南北对立和区域推移的结构连续体"(参见本章12.1.6节)、区域类型学的"中心—边缘模型"(参见本章12.2.6节)、语言接触研究中的"扩散区—留存区"地区连续统(参见本章12.4.2节)等。

在这些学派中,区域类型学逐渐成为研究语言区域现象和语言类型变异最主要的研究框架(吴福祥 2017)。区域类型学主要研究区域特征的地理分布模式即区域类型格局。区域类型格局的形成无非是时空交叠即纵向历史继承关系和横向地理接触关系相互混合演进的产物。

在梳理纵向历史关系方面,孙宏开(2011)提出要有语言年代学的概念,即分析语言现象(包括语言地理分布)要考虑时间深度和历史层次。语言历史层次的形成与说这些语言的族群在不同历史时期的活动有关。据金力,东亚人的祖先是先到了东南亚,然后朝北走的。这是3—4万年以前在东亚大地发生的人群迁徙。文献告诉我们,中国一直是北方向南方迁徙的。这是2000—2500年之间在东亚大地上发生的人群迁徙。两者在时空上有点差异。从整个人类迁徙史来看,第一次人群扩张发生在13000年以前的末次盛冰期,第二次扩张发生在农业产生之后,在6000年前左右,那一次扩张实际上更大。[①] 目前掌握的历史文献资料和对语言系统各个层次的构拟结果至多追溯至第二次人群扩张这一历史层次。

在梳理横向空间关系方面,金立鑫(2020,2022)提到,或许认知策略,文化和生产方式(尤其是农业的产生),地理和气候因素都是造成语言不同类型的动因。地理和气候因素对文化和生产方式造成影响,进而影响人的认知策略,最后影响语言类型。所以,地理因素或许正是语言类型分化或形成的主要的、实质性的动因。

12.6.2 遗留问题

区域类型学虽发展迅速,但尚存很多问题亟待解决。这其中最棘手的问题当属"如何判定类型学意义上的语言区域"(参见本章12.2节)。

对该问题的研究进展缓慢的原因是多方面的。其中,方法论上的困境是很重要的原因之一。判定方法上有两条路径,即自上而下法和自下而上法。前者基于"规则悖论",拟定普遍的类型特征清单,通过计算某假设的语言区域内所有语言在这些类型特征上的取值的差异来证实或证伪原假设,判定该语言区域是否存在。后者基于"内嵌悖论"(参见本章12.4.1.1节),寻找个体语言间一一对应的所有的特殊类型特征,归纳出在某假设的语言区域内适用于所有语言且具排他性(参见本章12.2节开头关于内涵的观点

---

① 引自金力,"人类与疾病",2018年复旦哲学大会主题演讲。

7)的特殊类型特征清单。如果能归纳出,则原假设成立,即该语言区域存在。自上而下法可避免观察者偏差,但可能会受普遍共性的干扰。自下而上法很少受普遍共性的干扰,但类型特征选取比较随机,不同研究者可能得出不同的清单。(Muysken 2008:7)

判定标准的定量问题是另一个障碍。一些定义限定语言区域内的语言数或语系数的下限,另一些则限定区域特征数的下限。(参见 12.2 节开头关于内涵的观点 2 和 4)只要不能证明语言数或语系数或特征数与许多语言区域内的某语言结构或某社会类型之间有显著相关性,这些标准就毫无意义。

其他难题还包括形成语言区域的"上帝之手"即"宏观语言接触"很难与具体语言接触事件对应。Aikhenvald and Dixon(2001)认为语言区域具有社会对称性,因为它仅通过无任何主导关系的多边接触扩散才得以形成。但正如 Dahl(2001)所指出的那样,Aikhenvald and Dixon(2001)的主张很难运用到现实的接触场景中,因为几乎任何接触案例至少具有部分社会偏性。(参 Bisang 2010:428)

鉴于上述原因,有研究建议用能和具体语言接触事件相结合的定义略宽的接触叠置区(Koptjevskaja-Tamm and Wälchli 2001)或语言趋同区(zone of convergence;Bisang 2006,2010:429)来代替语言区域的概念。(参见 Stolz 2002:262)比如,Bisang(2006:88)提出接触引发的结构趋同区(zones of contact-induced structural convergence)。该方案既整合社会历史事实和某些特征(组)的地理扩散情况,又为构建语言区域提供空间,为进一步推导类型学结论提供可能。该趋同区类似社会、历史、认知多因素互动下的地理类型连续体。

Bickel and Nichols(2006)提供了另一种解题思路,即可预测的区域性理论(Predictive Areality Theory)。该理论认为每个类型特征均有其演变和扩散的潜能及历史,故有其跨语言独特的地理分布格局。而某些类型特征非随机的叠置造就了区域性,这其实是共同的遗传演变和接触扩散的历史进程使然。该理论的预测效度取决于我们对所研究区域在族群历史方面的考古学、遗传学、生态学、地理学、经济学和人口学等证据的掌握程度。在这个意义上,区域性不是语言的特性,而仅仅是语言特征(组)的特性。所以,区域性不是传统意义上的类型学观察结果,而是对可观察的类型特征地理分布的理论预测工具。

12.6.3 展望

中国幅员辽阔,民族众多,语言资源丰富,语言情况非常复杂,境内分布着汉语、藏缅语、侗台语、苗瑶语、南亚语、南岛语、阿尔泰语、印欧语和混合语,共计 130 种。(孙宏开等 2007:30)历史上,既是汉藏语族群的大本营(马学良 1991:79 — 102;Zhang et al. 2019),也是南亚语族群(Lipson et al. 2018)、南岛语族群(Blust 1995a,1999;参彼得·贝尔伍德 2020:304)和阿尔泰语族群(Nichols 2010:364 — 365;Robbeets et al. 2021)的故乡。老一辈语言学家在20世纪50年代展开了"语言大调查",基本摸清了中国的语言国情和境内语言的主要特点,积累了大量的调查资料。然而,无论是 WALS 数据库中国语言的取样量和对其类型特征描写的体量,还是被国际语言学界了解并引用的对中国语言进行研究的语言学成果数量,均与中国的语言资源体量、语言国情和历史的复杂性及前辈学者所付出的努力不成比例。

由于汉语、侗台语、藏缅语、苗瑶语之间的关系错综繁杂,接触史远久,这些语言接触区双语和多语人口众多,进一步的接触研究可以深化语言描写和研究。世界上其他地区的语言关系似乎难以提供这样重要的田野调查实例。(陈保亚 1996:294)中国境内的西南(桂、滇、黔、川等)和西北(甘、青、宁等)是语言接触最为广泛和深入的两个地区。大量的事实表明,这两个地区的语言由于长期

密切接触形成了比较典型的语言地区或接触叠置区,是区域类型学研究的绝佳对象。(吴福祥 2017)

在现有对中国境内语言和方言区域类型格局研究(Comrie 2007,2008,2009;Chappell 2015,2017;de Sousa 2015;Szeto et al. 2018;柳俊、金立鑫 2020)的基础上,进一步挖掘其他类型特征(类似基因型)和特征组(类似基因组),研究这些特征和特征组的地理和区域类型格局及其背后的接触和演化过程;并通过整合区域类型学、地理类型学、接触语言学、人文地理学与族群交流史等交叉学科进行研究范式创新,探究更宏大的东亚、北亚和东南亚族群的现代人类学问题。这种研究路径将成为趋势,呈现出广阔的前景。

参考文献

Abbi, A. and M. K. Mishra. 1987. Aspectual elements of simultaneity and iteration in Indian languages: a case for an areal universal. *Studies in the Linguistic Sciences* 17(1), pp. 1—14.

Abbi, A. 1992. *Reduplication in South Asian Languages: An Areal, Typological and Historical Study*. New Delhi: Allied Publishers.

Aikhenvald, A. Y. and Dixon, R. M. W. 2001. *Areal Diffusion and Genetic Inheritance*. Oxford: OUP.

Bickel, B. 2014. Linguistic diversity and universals. In N. J. Enfield, P. Kockelman and J. Sidnell (eds.) *The Cambridge Handbook of Linguistic Anthropology*. Cambridge: Cambridge University Press, pp. 102—127.

Bickel, B. and Nichols, J. 2006. *Oceania, the pacific rim, and the theory of linguistic areas*. Paper presented at the Proceedings of the 32nd Annual Meeting of the Berkeley Linguistics Society.

Bickel, B. and Nichols, J. 2009. The geography of case. In A. Malchukov and A. Spencer (eds.) *The Oxford Handbook of Case*. Berlin/New

York: De Gruyter Mouton, pp. 479—493.

Bisang, W. 1996. Areal typology and grammaticalization: Processes of grammaticalization based on nouns and verbs in East and mainland South East Asian languages. *Studies in Language* 20, pp. 519—597.

Bisang, W. 2006. Linguistic areas, language contact and typology: Some implications from the case of Ethiopia as a linguistic area. In Y. Matras, A. McMahon and N. Vincent (eds.) *Linguistic Areas: Convergence in Historical and Typological Perspective*. Hampshire: Palgrave MacMillan, pp. 75—98.

Bisang, W. 2010. Areal language typology. In P. Auer and J. E. Schmidt (eds.) *Language and Space: Theories and Methods. An International Handbook of Linguistic Variation*. Berlin: De Gruyter Mouton, pp. 419—440.

Britain, D. 2010. Language and space: The variationist approach. In P. Auer and J. E. Schmidt (eds.) *Language and Space: Theories and Methods. An International Handbook of Linguistic Variation*. Berlin: De Gruyter Mouton, pp. 142—163.

Campbell, L. 1994. Grammar: Typological and areal issues. In R. E. Asher and J. M. Y. Simpson (eds.) *The Encyclopedia of Language and Linguistics*. Oxford: Pergamon, pp. 1471—1474.

Campbell, L. 2006. Areal linguistics: A closer scrutiny. In M. Yaron, M. Apriland V. Nigel (eds.) *Linguistic Areas: Convergence in Historical and Typological Perspective*. New York: Palgrave, pp. 1—31.

Chao, Y.-R. 1968. *A Grammar of Spoken Chinese*. Berkeley/Los Angeles: University of California Press.

Chappell, H. M. 2015. Linguistic areas in China for differential object marking, passive, and comparative constructions. In H. M. Chappell (ed.) *Diversity in Sinitic Languages*. Oxford: OUP, pp. 13—52.

Chappell, H. M. 2017. Areal linguistics in China: Their East and South-East Asian context. In R. Hickey (ed.) *The Cambridge Handbook of Areal Linguistics*. Cambridge: Cambridge University Press, pp. 196—214.

Comrie, B. 2007. Areal typology of mainland Southeast Asia: What we learn from the WALS maps. In P. Kullavanijaya (ed.) *Trends in Thai Linguistics*. Bangkok: Chulalongkorn University, pp. 18—47.

Comrie, B. 2008. The areal typology of Chinese: between North and Southeast Asia. In R. Djamouri, B. Meisterernst and R. Sybesma (eds.) *Chinese Linguistics in Leipzig*, *Chinese Linguistics in Europe 2*. Paris: Centre de recherches linguistiques sur l'Asie Oriental, École des hautes études en sciences sociales, pp. 1—21.

Comrie, B. 2009. *Areal typology of Southeast Asian languages: Evidence from the World Atlas of Language Structures*. Keynote lecture at the joint UCLA-UC Berkeley conference of Language of Southeast Asia, UCLA, 2009.1.30—2009.2.1. (Available online at https://escholarship.org/uc/item/8wn0t0g0, accessed on 2022—01—13.)

Cristofaro, S. 2000. Linguistic areas, typology and historical linguistics: An overview with particular respect to Mediterranean languages. In C. Sonia and P. Ignazio (eds.) *Languages in the Mediterranean Area. Typology and Convergence. Il Progetto MEDTYP: Studio Dell'area Linguistica Mediterranea*. Milano: Franco Angeli, pp. 65—81.

Dahl, Ö. 2001. Principles of areal typology. In M. Haspelmath, E. König, W. Oesterreicher and W. Raible (eds.) *Language Typology and Language Universals*. Berlin: de Gruyter, pp. 1456—1470.

de Sousa, H. 2015. The Far Southern Sinitic languages as part of Mainland Southeast Asia. In N. J. Enfield and B. Comrie (eds.) *Languages of Mainland Southeast Asia*. Berlin/New York: De Gruyter Mouton, pp. 356—439.

Décsy, G. 1973. *Die Linguistische Struktur Europas. Vergangenheit — Gegenwart — Zukunft*. Wiesbaden: Otto Harrassowitz.

Donohue, M. 2013. Who inherits what, when? Toward a theory of contact, substrates, and superimposition zones. In B. Bickel, L. A. Grenoble, D. A. Peterson and A. Timberlake (eds.) *Language Typology and Historical Contingency: In Honor of Johanna Nichols*. Amsterdam/

Philadelphia: John Benjamins, pp. 221—239.

Dryer, M. S. 1989. Large linguistic areas and language sampling. *Studies in Language* 13(2), pp. 258—292.

Dryer, M. S. 1992. The Greenbergian word order correlations. *Language* 68(1), pp. 81—138.

Dryer, M. S. and Haspelmath, M. (eds.) 2013. *The World Atlas of Language Structures Online*. Leipzig: Max Planck Institute for Evolutionary Anthropology. (Available online at http://wals.info/feature, accessed on 2022—01—18.)

Dunn, M., Terrill, A., Reesink, G., Foley, R. A. and Levinson, S. C. 2005. Structural phylogenetics and the reconstruction of ancient language history. *Science* 309, pp. 2072—2075.

Dunn, M., Levinson, S. C., Lindström, E., Reesink, G. and Terrill, A. 2008. Structural phylogeny in historical linguistics: Methodological explorations applied in Island Melanesia. *Language* 84(4), pp. 710—759.

Dunn, M., Greenhill, S. J., Levinson, S. C. and Gray, R. D. 2011. Evolved structure of language shows lineage-specific trends in word-order universals. *Nature* 473, pp. 79—82.

Emeneau, M. B. 1956. India as a lingustic area. *Language*, 32(1), pp. 3—16.

Enfield, N. J. 2005. Areal linguistics and mainland Southeast Asia. *Annual Review of Anthropology*. 34, pp. 181—206.

Gilliéron, J. and Roques, M. 1912. *Etudes du Géographie Linguistique d'après L'Atlas Linguistique de la France*. Paris: Librairie Honoré Champion.

Gilliéron, J., édité par P. Lauwers, M.-R. Simoni-Aurembou, P. Swiggers. 2002. *Géographie Linguistique et Biologie du Langage*. Leuven-Paris-Dudley: Peeters.

Haspelmath, M. 2001. The European linguistic area: Standard Average European. In M. Haspelmath, E. König, W. Oesterreicher and W. Raible (eds.) *Language Typology and Language Universals*. Berlin: de Gruyter, pp. 1492—1510.

Heine, B. 2008. Contact-induced word order change without word order change. In P. Siemund and N. Kintana (eds.) *Language Contact and Contact Languages*. Amsterdam/Philadelphia: John Benjamins Publishing Company, pp. 33—60.

Heine, B. and Kuteva, T. 2005. *Language Contact and Grammatical Change*. Cambridge: Cambridge University Press.

Hickey, R. (ed.) 2010. *The Handbook of Language Contact*. Hong Kong: Blackwell Publishing Ltd.

Hickey, R. 2017. Areas, areal features and areality. In R. Hickey (ed.) *The Cambridge Handbook of Areal Linguistics*. Cambridge: Cambridge University Press, pp. 1—15.

Koptjevskaja-Tamm, M. and Wälchli, B. 2001. The Circum-Baltic languages. An areal-typological approach. In Ö. Dahl and M. Koptjevskaja-Tamm (eds.) *Circum-Baltic Languages*, Vol. 2: *Grammar and typology*. Amsterdam: John Benjamins, pp. 615—750.

Li, F.-K. 1977. *A Handbook of Comparative Tai*. Honolulu: University of Hawaii Press.

Lipson, M., Cheronet, O., Mallick, S., Rohland, N., Oxenham, M., Pietrusewsky, M., et al. 2018. Ancient genomes document multiple waves of migration in Southeast Asian prehistory. *Science* 361, pp. 92—95.

Muysken, P. 2008. Introduction: Conceptual and methodological issues in areal linguistics. In P. Muysken (ed.) *From Linguistic Areas to Areal Linguistics*. Amsterdam / Philadelphia: John Benjamins, pp. 1—23.

Nichols, J. 1992. *Linguistic Diversity in Space and Time*. Chicago: The University of Chicago Press.

Nichols, J. 2010. Macrofamilies, macroareas, and contact. In R. Hickey (ed.) *The Handbook of Language Contact*. Hong Kong: Blackwell, pp. 361—379.

Ramat, P. and Bernini, G. 1990. Area influence versus typological drift in Western Europea: The case of negation. In J. Bechert, G. Bernini and C. Buridant (eds.) *Towards a Typology of European Languages*.

Berlin/New York: Mouton de Druyter, pp. 25—46.
Robbeets, M., Bouckaert, R., Conte, M., et al. 2021. Triangulation supports agricultural spread of the Transeurasian languages. *Nature* 599, pp. 616 — 621. (Available online at https://doi.org/10.1038/s41586-021-04108-8, assessed on 2021-11-12.)
Stolz, T. 1991. *Sprachbund im Baltikum? Estnisch und Lettisch im Zentrum einer sprachlichen Konvergenzlandschaft*. Bochum: Norbert Brockmeyer.
Stolz, T. 2002. No Sprachbund beyond this line! On the age-old discussion of how to define a linguistic area. In P. Ramat and T. Stolz (eds.) *Mediterranean Languages: Papers from the MEDTYP Workshop, Tirrenia, June* 2000. Bochum: Norbert Brockmeyer, pp. 259—281.
Stolz, T. 2006. All or nothing. In Y. Matras, A. McMahon and N. Vincent (eds.) *Linguistic Areas: Convergence in Historical and Typological Perspective*. Houndmills/New York: Palgrave Macmillan, pp. 32—50.
Swiggers, P. 2011. *Linguistic Space and the Life of Language: Jules Gilliéron and the Geo-biological Widening of Linguistic Geography* 16, pp. 109—131.
Szeto, P. Y., Ansaldo, U. and Matthews, S. 2018. Typological variation across Mandarin dialects: An areal perspective with a quantitative approach. *Linguistic Typology* 22(2), pp. 233—275.
Tang, M. 2015. *A GIS Typological Analysis of the Convergence and Divergence among Numeral Classifiers, Genders and Plural Markers in the World's Languages*. M. A., National Chengchi University.
Thomason, S. G. 2001. *Language Contact: An Introduction*. Edinburgh: Edinburgh University Press.
Thomason, S. G. and Kaufman, T. 1988. *Language Contact, Creolization and Genetic Linguistics*. Berkeley: University of California Press.
Tomic', O. M. 2008. An integrated areal-typological approach: Local convergence of morphosyntactic features in the Balkan Sprachbund. In P. Muysken (ed.) *From Linguistic Areas to Areal Linguistics*. Amsterdam/Philadelphia: John Benjamins, pp. 181—219.

Urban, M. 2007. Defining the linguistic area/league: An invitation to discussion. *Studia Linguistica* 124, pp. 137−159.

Wiemer, B. and Wälchli, B. 2012. Contact-induced grammatical change: Diverse phenomena, diverse perspectives. In B. Wiemer, B. Wälchli, and B. Hansen (eds.) *Grammatical Replication and Borrowability in Language Contact*. Berlin/New York: Mouton De Gruyter. pp. 3−64.

Zhang, M., Yan, S., Pan, W. and Jin, L. 2019. Phylogenetic evidence for Sino-Tibetan origin in northern China in the Late Neolithic. *Nature* 569, pp. 112−115.

[美]彼得·贝尔伍德(P. Bellwood)著,陈洪波译(2020)《最早的农人:农业社会的起源》(First Farmers: The Origins of Agricultural Societies),上海:上海古籍出版社。

陈保亚(1996)《论语言接触和语言区域联盟——汉越(侗台)语源关系的解释》,北京:北京大学出版社。

[日]柴田武(2003)愿方言地理学在中国开花结果,载[比]贺登崧著,石汝杰、[日]岩田礼译《汉语方言地理学·序》,上海:上海教育出版社。

顾黔、[美]史皓元(R. V. Simmons)、石汝杰(2007)江苏境内长江两岸江淮官话与吴语边界的同言线,《语言研究》,第3期。

[比]贺登崧(W. A. Grootaers)著,石汝杰、[日]岩田礼译(2003)《汉语方言地理学》(La Géographie Linguistique en Chine),上海:上海教育出版社。

[德]洪堡特(W. Humboldt)著,姚小平译(2001)《洪堡特语言哲学文集》,长沙:湖南教育出版社。

黄　河(2018)多维接触与语言扩散模型——基于宜兴话祖父、外祖父面称的词汇表分析,《中国语文》,第3期。

金立鑫(2011)《什么是语言类型学》,上海:上海外语教育出版社。

金立鑫(2020)施通格论元组配类型的逻辑分析,《北京第二外国语学院学报》,第6期。

金立鑫(2022)地理分布、气候特征对语言结构模式的影响,《南开语言学刊》,第2期。

劲　松、瞿霭堂(2011)"有序异质论"辨,《语言研究》,第1期。

柳　俊(2021)江苏方言和彝语方言的双及物结构地理类型格局——对地理

类型过渡带的微观考察,《常熟理工学院学报》,第 4 期。

柳　俊(2023)语言类型学的定量转向——附议南方 SVO 型民族语的旁语类型特征,《玉溪师范学院学报》,第 1 期。

柳　俊、金立鑫(2020)中国境内名词短语语序的地理类型和区域类型格局,《东方语言学》,第 1 期。

[英]罗宾斯(R. H. Robins)著,许德宝等译(1997)《简明语言学史》,北京:中国社会科学出版社。

[澳]罗伯特·迪克森(R. M. W. Dixon)著,朱晓农等译(2010)《语言兴衰论》(*The Rise and Fall of Languages*),北京:北京大学出版社。

马学良(1991)《汉藏语概论》,北京:北京大学出版社。

[英]普尔(S. C. Poole)著,刘润清导读(2000)《语言学入门》(*An Introduction to Linguisitics*),北京:外语教学与研究出版社。

[日]桥本万太郎著,余志鸿译(1985)《语言地理类型学》,北京:北京大学出版社。

瞿霭堂、劲　松(2013)论汉藏语语言区域联盟,《民族语文》,第 5 期。

沈　明(2019)汉语地理语言学研究 70 年,载刘丹青编,《新中国语言文字研究 70 年》,北京:中国社会科学出版社。

孙宏开(2011)汉藏语系历史类型学研究中的一些问题,《语言研究》,第 1 期。

孙宏开、胡增益、黄　行(2007)《中国的语言》,北京:商务印书馆。

[英]特拉斯克(R. L. Trask)著,周流溪导读(2000)《历史语言学》(*Historical Linguistics*),北京:外语教学与研究出版社。

王　芳(2012)重叠多功能模式的类型学研究,博士学位论文,天津:南开大学。

王　健(2014)《苏皖区域方言语法比较研究》,北京:商务印书馆。

吴福祥(2016)复制、型变及语言区域,《民族语文》,第 2 期。

吴福祥(2017)从区域语言学到区域类型学,《民族语文》,第 6 期。

伍铁平(1984)语言词汇的地理分布,《中国社会科学》,第 6 期。

徐通锵(1991)《历史语言学》,北京:商务印书馆。

姚小平(2000)再读洪堡特——《洪堡特语言哲学文集》编后,《外语教学与研究》,第 6 期。

意西微萨·阿错(2004)《倒话研究》,北京:民族出版社。

[日]远藤光晓(2017)地理语言学与民族语言研究——主要以侗台语族和云南语言为例,中央民族大学讲座,2017.11.3。

袁毓林、王　健(2003)吴语的动词重叠式及相关的类型学参项——从几种语法格式的分布地域看古吴语的北界,载《第三届国际吴方言学术研讨会论文集》,上海:上海市语文学会。

张泓玮(2023)阿拉姆语施格性的历史来源,《常熟理工学院学报》,第6期。

（编写者:柳俊、王健）

第十三章 语义图

语义图是近年来语义类型学界新发展出来的一种描写手段。它既是一种描写和分析语料的技术手段,又有深刻的功能基础,是描写语言像似性和经济性互动结果的一种可视性形式。其像似性表现为连续的交际功能用同样的编码形式,其经济性表现为若干连续的交际功能可以合用一个编码形式(参见本章 13.2 节)。本章主要介绍语义图的基本概念和具体操作方法。事实上,这也是一种田野调查后的数据处理技术。

如果研究者通过跨语言的田野调查以及其他方法得到一批语言样本,接下来就要对这些样本进行描写和分析,描写分析的结果是得到某一范畴在若干语言中的各种表现形式,这些表现形式之间或许在某些方面存在相关性或共性。研究者就有必要将这一研究成果——某一范畴在不同语言中的表现、这些表现的共性和个性——报告出来。报告这些成果的方法有多种,不同理论流派的表达方法也不一样。传统语言学中这些研究成果通常都是通过文字叙述的方式来表达的,这种方法不太直观,抽象度较高。在语言类型学中,人类语言共性典型的是通过蕴含共性命题来表达的。但语言和语言之间的差异以及语言与语言之间的交集,目前来看,语义图的方法要比结构主义的矩阵图表(更不用说一般的文字表述)的表达更直观、更清晰、更形象。

13.1　语义图基本概念

语义图(semantic map)是在"概念空间"(conceptual space)基础上分析多功能语法形式与语法意义关联模式的方法,它可以分析语言内部以及跨语言的语义与其表达形式之间的对应关系,也可以用来分析不同语言在语义和形式之间的差异与共性。

语义图利用概念空间上不间断的语义关联来展示某一语言(或某些语言)中某些多功能形式语义之间的联系,展示这些语言中某些多功能形式的相互联系,显示它们之间的语义远近关系或蕴含关系。

概念空间是对相关功能范畴进行跨语言比较建立起的一个具有普遍意义的概念场(conceptual field,或"概念空间"),是语言中特定编码形式(语法语素、句法结构及词汇形式)的不同功能及其相似关系构成的概念区域(或概念网络)。

一个概念空间由若干节点和连线组成;节点代表不同语言中所对应的或相关的形式与功能(或子范畴),连线表示两个功能之间的直接关联[①]。

语义图与概念空间的区别是:语义图是针对特定的某些语言而言的,它是特定语言相关概念或功能的编码形式在概念空间上的表征,体现的是不同语言在同一概念空间内的不同切割方式(以上参见吴福祥 2011)。

某个语法形式若具有多重意义/用法,而这些意义/用法在不同语言里一再出现以同一个形式负载的现象,则其间的关联绝非偶然,应是有系统的、普遍的,可能反映了人类语言在概念层面的

[①] "通常说来,若某功能至少在两种语言中得到了区分(at least one pair of languages that differ with respect to this function),那么就可以将其视为概念空间上的一个节点。"(Haspelmath 2003:217)

一些共性。这种关联可基于"语义地图连续性假说"(The Semantic Map Connectivity Hypothesis)将之表征在一个连续的区域(即概念空间)里。(以上见张敏2010:10—11,较早文献参见Croft 2003:133—139)

Anderson(1982)最早提出语义图的设想。我们知道,在多个语言的比较中,如果某一形式表达特定语义或范畴的现象经常出现,那么我们便可以假定这些意义或范畴在人类概念世界中是相关的或相似的。或者说,这类意义共用一个形式是由概念的相似性造成的。这一思想引起当代语言类型学家Haspelmath的关注,他发展并具体实践了这一方法,用它表达了他关于跨语言的不定代词的对比研究(Haspelmath 1997a),从此语义图方法成为语言类型学研究中最重要的方法之一,也成为近年来语言类型学中成果最为丰硕的部分。汉语语法学界也开始引进并运用这一方法进行跨语言跨方言的研究,如张敏(2010)、吴福祥和张定(2011)、郭锐(2012)、吴福祥(2014)等。

Croft首次提出了"语义地图连续性假说",即"在任何语言或结构中,相关的类别都以连续区域的形式分布在概念空间上"(Croft 2001:96)。在这个概念空间上,不同语言对应着数量不等的表达形式。由此,我们就有可能将不同语言的不同形式与概念区域之间的关系描述出来。例如,我们假定存在某一概念空间,比如"给予"这个概念范畴,在我们的思想中存在一个"给予"的范畴空间,这个范畴在每种语言中都有,并且这个范畴在每种语言中都对应于一类表示"给予"的词汇形式或其他形式。当然,这个范畴内还有一些互相连接的次范畴,这些次范畴在不同语言中同样对应着某些特定的词汇形式或其他形式。那么,我们就有可能从某些范畴出发,根据不同语言表达这一范畴的语言形式勾画出表示"给予"的范畴空间,不同语言在这个范畴空间内可能有若干小区域,对应着不同的语言形式。有些语言的某些语言形式表达某些特定的小区域，但也有某些语言形式同时表达另一些小区域。我们就有可能根据不同语言的实际情况，将这些语言形式和它所表达的概念区域勾画出来。这样我们就能从图中看到，某些语言的形式和概念之间的范围和关系是相同的，也有一些语言的形式和概念之间的关系与其他语言不太一样，有些区域是重叠的，而有些区域是交叉的。通过这种类似地图的表示方法，我们就能较为清晰地将不同语言之间的共性和个性表达出来。

由此可见，语义图方法与语言类型学的从范畴到形式的描写方法高度契合，也是能充分展现语言类型学研究成果的重要方法之一。

Croft(2003)专门讨论了语义图，提出语义图能够表达复杂的蕴含等级(implicational hierarchy)关系，并用这一方法展示了某些语言现象的语法化过程。Haspelmath(2003)以专文更清晰地介绍了语义图方法，由此语义图方法成为语言类型学家描写语言多功能形式以及跨语言的范畴与形式之间对应关系的重要工具。

语义图的形式主要有平面语义图和多维语义图两类。平面语义图又有类表格形式的语义图和多点连接语义图两种。以下分别介绍。

13.2　类表格语义图

本质上，语义图是一种对不同语言形式进行描写归纳总结抽象后，将这些形式所表达的语义或功能的关系进行展示的一种方法。我们知道，在当代语言类型学之前，结构主义语言学家们就已经用矩阵图的方式来总结或表达某些功能或意义相近的语言成分的差别，这些差别可能是功能上的，也可能是分布形式上的。在结构主义语言学的分布描写方法中，我们也用到过矩阵的形式来表达若干形式和它们所对应的语义或功能之间的关系。如蔡瑱

(2014:95)将梁德曼等十多位学者对不同方言中的"起"所表达的不同功能的调查结果总结为下表：

(1) 不同方言中的"起"的功能

方言		语法功能							资料来源
名称	系属	动相补语	持续态	状态补语标记	趋向补语标记	终点介词	先行体标记	比较标记	
成都话	西南官话	＋	＋	＋	＋				梁德曼等1998
重庆话		＋	＋		＋				喻遂生1990
长沙话	湘语		＋	＋	＋				鲍厚星等2000
娄底话		＋	＋	＋	＋				颜清徽等1994
宁乡话			＋	＋	＋	＋			邱震强2002
温州话	吴语	＋	＋	＋			＋		游汝杰等1998
金华话		＋					＋		曹志耘1996
南昌话	赣语	＋							熊正辉1995
广州话	粤语	＋	＋						白宛如2003
东莞话		＋	＋			＋			詹伯慧等1997
济南话	冀鲁官话	＋						＋	钱曾怡1997

　　这是典型的结构主义语言调查后对语言样本进行整理分析并对所得到的结果进行表述的主要方式。因此，这是一种结构主义的表现形式。其实，这一图表已经表达了上一小节中讨论到的概念空间，不同方言在同一概念空间上有自己特定的分布以及对应的表现形式。对此，语言类型学对这一调查结果采用比这一图表更为直观的语义图方法来表达。

　　我们知道，人类语言之间的差异最明显的就是词汇。由于人类不同社群所处的地理位置不同，生产方式和生活方式不同，他们对世界的认知在某些事物方面的敏感度也不相同。这些对不同事物的不同敏感性反映在语言中就是对不同事物的词汇化或概念化的不同。① 这种不同不仅体现在开放类实词方面,同样表现在封闭类的功能词方面。

　　实词方面,一个著名的极端例子是因纽特语中表示"雪"的词据说有20多个。古汉语中表示各种各样的马的词极其丰富,根据性别可以分为②骘(公马)、骒(母马)、骟(阉割的马);根据年龄可以有驹(二岁小马)、䭴(三四岁的马);根据高度分为骄(马高六尺)、駥(马高八尺);根据毛色分为骍(赤色马)、骊(深黑色马)、駽(青黑色马)、骝(赤黑色马)、騟(紫色马)、驳(毛色斑驳的马)、駓(毛色黄白相杂的马)、骢(毛色青白相杂的马)、騜(黄白相间的马)、騢(赤白相间的马)、駂(黑白相杂的马)、駹(白色赤鬣的马)、騮(赤色黑鬣的马)、骆(白色黑鬣黑尾的马)、騅(黄脊的骝)等等多种;根据马的优劣又分为骥(千里马)、骏(好马)、駑(劣马)、駘(更劣的马)。但是在某些马类动物极少的地区,其表示马的词一定非常贫乏。在水稻种植地区,有许多专门的词表示不同样态的稻米类形态,如秧、禾、稻谷、米、米饭……但在非水稻种植地区这类词的数量就相当稀少。这取决于不同语言社团的成员对客观世界某些事物的敏感度。这完全可以理解。某些语言对某些对象比较敏感,用不同的词表达对对象的细致分类,而有些语言对某些对象之间的界线的认识可能就比较模糊。下面这个例子表明,不同语言对有关"树木"这一类现象认识的敏感度不同。根据 Haspelmath(2003:237)的观察,西班牙语用"árbol"表示树,用"madera"表示木头,用"leña"表示柴火,用"bosque"表示树林,用"selva"表示森林;但是法语中只有三个词,一个"arbre"表示树,一个"forêt"表示森林,木头、柴火、树林则不作区分,一律叫作"bois";丹麦语中则不区分树、木头和柴火,用"trae"概括了这三个对象,所有的树林,无论大小,

---

① 其他经典实例如身体部位词(body part terms)、亲属词(kinship terms)、颜色词(color words)等的词汇类型研究(详参 Koptjevskaja-Tamm 2008)。

② 感谢麂钦佞和朱建军两位先生的提供的资料。

都叫"skov";德语中树叫作"baum",木头和柴火合起来叫作"holz",所有树林无论大小都叫"wald"。如果在 Haspelmath 的基础上加入古汉语的材料:"树"称之为"木"(如:木秀于林,风必摧之),"木头"称之为"材"(如:无所取材、此木以不材得终其天年),"木柴"下面分两个小类:"薪"和"柴"(大者可析谓之薪,小者合束谓之柴),"树林"和"森林"古汉语都用"林"概而言之。这样,这些不同的语言在表达有关树木的词,可以用下面的表来表示[1]:

(2) "树木"类词在不同语言中的概念空间

语言	词语				
	树	木头	柴火	树林	森林
德语	Baum	Holz		Wald	
丹麦语	trae			skov	
法语	arbre	bois		forêt	
西班牙语	árbol	madera	leña	bosque	selva
古汉语	木	材	柴 薪	林	
满语	mou	deijiku	weji	bujan	xuwa
壮语	marz	liuz		短语形式	

这样我们就得到了一个类表格语义图。请注意,表(2)和表(1)有着明显的差别。表(2)反映的是概念空间的大小差别,或不同语言在形式与概念之间的对应关系上的差别;而表(1)在反映概念空间的大小等方面并不显著。

13.3 多点连接语义图[2]

根据表(2),我们可以抽象出一个更简单的表达形式:

---

[1] 此处的满语语料和壮语语料由上海外国语大学该语言母语者研究生提供。
[2] 感谢吴建明老师为本节提出的修改意见。

(3)"树木"概念空间语义图

| 树 |—| 木头 |—| 柴/薪 |—| 树林 |—| 森林 |

这就变成了一个人类语言有关"树木"这一概念的空间语义图了。这个语义图与表(2)在理论上的区别价值不仅是它更简洁。通过图(3)这个概念空间我们可以推断,如果一个语言中的某一词汇形式,其语义覆盖了"树"和"树林",那么它必然也覆盖"木头"和"柴/薪"。如果一种语言中的某个词汇形式的语义范围覆盖了"柴/薪"和"森林",那么它必然也覆盖"树林"。这就使得图(3)比表(2)更具有理论预测的价值。表(2)中的各种语言都可以在图(3)上得到表现,或者说,各种语言都可以在图(3)上各自进行不同的切割。如德语:

| 树 |—| 木头—柴/薪 | | 树林—森林 |

丹麦语:

| 树—木头—柴/薪 |—| 树林—森林 |

看来这种语义图也能表现人类语言的共性,表达一些形式或概念之间的蕴含共性。

语言类型学家已经开始采用语义图的方法在微观层面对不同语言中的词汇异同及其他多功能语法形式进行具体细致的描写和观察,从中寻求语言在形式和概念层面的共性和特异性,从中揭示语言之间所存在的个性和共性。

上面的语义图(3)是从表(2)中抽象出来的,并且是一个一维图。有时候一维图并不能满足我们对较为复杂对象的刻画,这时需要二维方向的扩展才能满足我们的需求。下面我们介绍构建一个多点二维连接语义图的具体过程,某些原则将在具体过程中说明。我们从零起点开始一步步推进。

假定我们观察到某个语言形式R(比如某个介词或副词),这个语言形式可以表达 A、B、C 三个不同的功能。比如英语中的"to"可以表达目的(I left the party early *to get home* in time);可以表达方向(He went *to MIT* as a visiting scholar);还可以表达接受者(He gave the apple *to his sister*),那么我们可以将这个形式和三个功能之间的关系用图形表达为:

(4)
	A 功能	B 功能	C 功能
R 形式	+	+	+

在这个图里,功能 A、B、C 的排列顺序可以是任意的,六种顺序都可以,没有区别。但是,如果发现另一个语言形式 S 也可以表达三种不同的功能,但这三种功能分别是 B、C、D,也就是说 R 形式和 S 形式在表达 B、C 这两个功能上是重叠的,于是我们可以将 S 这个形式以及它所表达的功能加到这个图里来,变成:

(5)
	A 功能	B 功能	C 功能	D 功能
R 形式	+	+	+	
S 形式		+	+	+

在这个图里,B 和 C 这两个功能的顺序是自由的,但是 A 和 B 的位置不能对换。因为如果 A 和 B 对换,那么 S 形式的 B—C—D 就不是连续的,被 A 阻断了,如下:

(6)
	B 功能	A 功能	C 功能	D 功能
R 形式	+	+	+	
S 形式	+		+	+

这个图虽然对表达 R 形式的功能来说没有问题,但对表达 S 形式的功能来说就不是连贯的,这样的表达不能被接受。这就是语义图中最重要的"**语义地图连续性假说**"。因此,上面的图(5)符合语义地图连续性假说,而图(6)违反了语义地图连续性假说。

如果我们在形式 R 和 S 之外还发现某种语言的形式 T 也有三种表达功能,而且这三种表达功能与 R、S 有关,T 的表达功能分别是:C、D、E,用上面的方法,我们将形式 T 及其表达功能加到这个图中,于是得到:

(7)

	A 功能	B 功能	C 功能	D 功能	E 功能
R 形式	＋	＋	＋		
S 形式		＋	＋	＋	
T 形式			＋	＋	＋

在(7)中,功能 A、B、C 的顺序只能是 A—B—C,因为改变它们其中的任何一个功能的顺序都会阻碍 S 形式或 T 形式在表达的概念上的连贯性。

现在我们简化上面的图(7),将其中的概念连续空间表达为:

(8) A—B—C—D—E　　请参照上面的图(3)

那么 R 形式在这个概念空间中所覆盖的区域(语义图方法上常表述为"切割",而不是"覆盖",为了便于理解,我们使用"覆盖",更能体现形式在概念空间上占据的区域)为:

(9) A—B—C—D—E

S 形式所覆盖的概念区域为:

(10) A—B—C—D—E

T 形式所覆盖的概念区域为:

(11) A—B—C—D—E

请注意,这里 R、S、T 三个形式所覆盖的概念空间都是连续的,符合语义地图连续性假说。

现在我们可以将"A—B—C—D—E"这个概念空间假设为人类

语言在这个概念上的普遍现象。对语言形式来说,我们可以从中得到一些蕴含共性。例如,如果一个语言的某形式可以编码 B 和 D 范畴,则该形式也一定可以编码 C 范畴。这是根据语义地图连续性假说进行推理得到的。如果不是这样,要么就是语言材料有问题,要么是这个语义图的抽象有问题。

我们继续,现在假设有一个语言的形式 U,U 所表达的概念为:C、D 和 F。如果真是这样,要将 U 加入到这个语义图里来,那么这个语义图就不得不是二维的了:

(12) A—B—C—D—E
            |
            F

请注意,F 的位置在 D 上面还是在 D 的下面是自由的(因此,不同的研究者制作同一对象的语义图,形式上可能完全不同,但它们所表达的概念空间连续性是一样的)。

现在进一步,如果有一个语言的形式 V,它表达的功能是 D、E、F,那就很不幸,这个图形成了一个封闭区域:

(13) A—B—C—D—E
            | /
            F

如果 D、E、F 没有被封闭,这个图能表达功能之间的蕴含关系,如我们可以通过确定 C 和 F 得到必然有一个 D 的存在,也能通过确定 E 和 F 的存在推断 D 的存在。但是现在 D—E—F 之间被封闭,那么我们就无法从 E 和 F 推断 D 的存在。因为 E 和 F 可以直接相连。所以,在语义图的构拟过程中,我们尽量避免语义图被封闭。当然,万不得已不得不封闭,那也无可奈何。这也是二维语义图(或第一代语义图)的缺陷之一。在第二代语义图(多维语义图)中,封闭的问题就能避免。

下面是 Haspelmath(2003:213)构拟的一个"与格"概念空间:

(14)

英语的"to"在这个语义空间中所覆盖的区域是"目的—方向—接受者—经验者",是一个连续空间。法语"à"所覆盖的空间是"方向—接受者—谓语性领有者—经验者",也是一个连续的空间。

下面我们向大家介绍,如何将本章的表(1)(蔡瑱 2014:95)转换为典型的二维多点连接语义图的方法和过程。

先请看图(14),总共有 8 个点,有些点处在边缘地带,只与另一个点相连,如"目的""判决者与格"和"经验者",而有的点处在核心位置,有更多的点与其相连,如"接受者"有四个点与其相连。根据数学算法,可以有两种画法(制图策略),一种是从边缘到核心,另一种是从核心到边缘。两种画法都可以,最后结果应该相同,可以互相验证。下面我们采取从核心到边缘的策略,一步步展示该语义图的制作过程。

先看前文表(1)。第一步,先找到表中在各种方言分布数量最多的功能项,结果得到"动相补语",见表(15):

(15)

| 方言 | | 语法功能 | | | | | | 资料来源 |
名称	系属	动相补语	持续态	状态补语标记	趋向补语标记	终点介词	先行体标记	比较标记	
成都话	西南官话	+	+	+	+				梁德曼等 1998
重庆话		+	+	+	+				喻遂生 1990
长沙话	湘语	+	+	+					鲍厚星等 2000
娄底话		+	+						颜清徽等 1994
宁乡话		+	+	+	+	+			邱震强 2002
温州话	吴语	+	+				+		游汝杰等 1998
金华话		+					+		曹志耘 1996

续表

方言名称	系属	语法功能						资料来源
		动相补语	持续态	状态补语标记	趋向补语标记	终点介词	先行体标记	比较标记	
南昌话	赣语	＋					＋		熊正辉 1995
广州话	粤语	＋	＋						白宛如 2003
东莞话		＋	＋	＋		＋			詹伯慧等 1997
济南话	冀鲁官话	＋						＋	钱曾怡 1997

"**动相补语**"在十一种方言中都有表现,因此,可以在语义图中先确定"动相补语"作为语义图的核心或起点,作图如下：

(16) 动相补语

然后寻找在各种方言中表现数量仅次于"动相补语"的功能项,结果得到的是"持续态",见表(17)：

(17)

方言名称	系属	语法功能							资料来源
		动相补语	持续态	状态补语标记	趋向补语标记	终点介词	先行体标记	比较标记	
成都话	西南官话	＋	＋	＋	＋				梁德曼等 1998
重庆话		＋	＋	＋	＋				喻遂生 1990
长沙话		＋	＋	＋	＋				鲍厚星等 2000
娄底话	湘语	＋	＋	＋	＋				颜清徽等 1994
宁乡话		＋	＋	＋	＋	＋			邱震强 2002
温州话	吴语	＋	＋	＋			＋		游汝杰等 1998
金华话		＋	＋				＋		曹志耘 1996
南昌话	赣语	＋					＋		熊正辉 1995
广州话	粤语	＋	＋						白宛如 2003
东莞话		＋	＋	＋		＋			詹伯慧等 1997
济南话	冀鲁官话	＋						＋	钱曾怡 1997

在表中检查"持续态"是否与"动相补语"有共现(或者重叠),共现数量是否足够,结果发现,凡是"持续态"所能出现的方言,"动相补语"都能出现,因此可以断定,这两个功能项之间在语义上是连续的,所以可以将"持续态"与"动相补语"直接相连,得到图(18):

(18) 动相补语——持续态

请注意,在语义图上,"持续态"可以放在"动相补语"的任何一个方向。我们暂且按从左到右的习惯放在右边。接下来寻找在各种方言中表现数量仅低于"持续态"的功能项,结果得到"状态补语标记",见表(19):

(19)

方言		语法功能							资料来源
名称	系属	动相补语	持续态	状态补语标记	趋向补语标记	终点介词	先行体标记	比较标记	
成都话	西南官话	+	+	+	+				梁德曼等 1998
重庆话		+	+	+	+				喻遂生 1990
长沙话	湘语	+	+	+	+				鲍厚星等 2000
娄底话		+	+	+	+				颜清徽等 1994
宁乡话		+	+	+	+	+			邱震强 2002
温州话	吴语	+	+	+			+		游汝杰等 1998
金华话		+					+		曹志耘 1996
南昌话	赣语	+					+		熊正辉 1995
广州话	粤语	+	+						白宛如 2003
东莞话		+	+	+		+			詹伯慧等 1997
济南话	冀鲁官话	+					+		钱曾怡 1997

在表中检查"动态补语标记"是否与"持续态"(或"动相补语")有共现(或者重叠),共现数量是否足够,结果发现,凡是状态补语标记所能出现的方言,"持续态"和"动相补语"都能出现,因此可以推断,这三个功

能项是相连的。现在我们可以将"状态补语标记"与"持续态"直接相连,当然也可以与"动相补语"相连。我们暂且根据先后顺序将其与"持续态"相连,结果得到图(20):

(20) 动相补语——持续态——状态补语标记

接下来,我们要寻找在各种方言中表现数量仅次于"状态补语标记"的功能项,结果得到的是"趋向补语标记",见表(21):

(21)

方言名称	系属	语法功能							资料来源
		动相补语	持续态	状态补语标记	趋向补语标记	终点介词	先行体标记	比较标记	
成都话	西南官话	+	+	+	+				梁德曼等 1998
重庆话		+	+	+	+				喻遂生 1990
长沙话			+	+	+				鲍厚星等 2000
娄底话	湘语	+	+	+	+				颜清徽等 1994
宁乡话			+	+	+	+			邱震强 2002
温州话	吴语	+	+	+			+		游汝杰等 1998
金华话		+					+		曹志耘 1996
南昌话	赣语	+					+		熊正辉 1995
广州话	粤语	+	+						白宛如 2003
东莞话			+	+		+			詹伯慧等 1997
济南话	冀鲁官话	+					+		钱曾怡 1997

根据前面的原理和步骤,我们将"趋向补语标记"与"状态补语"相连,得到图(22):

(22) 动相补语——持续态——状态补语标记——趋向补语标记

接下来寻找在各种方言中表现数量仅次于"趋向补语标记"的功能项,结果得到的是"先行体标记",见表(23):

(23)

方言名称	系属	动相补语	持续态	状态补语标记	趋向补语标记	终点介词	先行体标记	比较标记	资料来源
成都话	西南官话	+	+	+	+				梁德曼等1998
重庆话	西南官话	+	+	+	+				喻遂生1990
长沙话	湘语	+	+	+	+				鲍厚星等2000
娄底话	湘语	+	+	+	+				颜清徽1994
宁乡话	湘语	+	+	+	+	+			邱震强2002
温州话	吴语	+	+	+			+		游汝杰等1998
金华话	吴语	+					+		曹志耘1996
南昌话	赣语	+					+		熊正辉1995
广州话	粤语	+	+						白宛如2003
东莞话	粤语	+	+	+		+			詹伯慧等1997
济南话	冀鲁官话	+						+	钱曾怡1997

现在看"先行体标记"与哪个功能项共现或重叠数量最多,从表中看,它与"动相补语"重叠最多,也就是说,它与"动相补语"语义上更具有连续性。那么我们有理由将它与"动相补语"相连。在图上,"动相补语"的右边已经有"持续态",另外三个方向可以安置"先行体标记",我们暂且将其安置在"动相补语"的上方,得到图(24):

(24) 先行体标记
　　　|
　　动相补语——持续态——状态补语标记——趋向补语标记

接下来寻找在各种方言中表现数量仅次于"先行体标记"的功能项,结果得到的是"终点介词",再检查"终点介词"与哪一个功能项重叠或共现最多,结果发现,它与"动相补语""持续态"和"状态补语标记"重叠得一样多(均为2次),因此逻辑上它可以与三个中的任意一个相连。至于其确定位置究竟如何,需进一步扩大材料的观察范围。但在本材料范围内,将其与"动相补语""持续态"和"状态补语标记"中的任何一个相连都是可以的。此处为方便讨论,我们暂且将其与"动相补语"相连。由于"动相补语"的右边和上端都已有功能项相连,我们只能将它安置在"动相补语"的左边或下端。我们暂且将其安置在"动相补语"的下端,于是得到图(25):

(25) 先行体标记

接下来寻找在各种方言中表现数量仅次于"终点介词"的功能项,结果得到的是最后一个功能项"比较标记",再检查"比较标记"与哪一个功能项重叠或共现最多,结果发现,它与"动相补语"重叠最多(且仅与"动相补语"重叠),因此可以断定,它与"动相补语"语义上是连续的,所以我们有理由将其与"动相补语"相连。由于"动相补语"的右边、上端和下端都已有功能项相连,我们只能将它安置在"动相补语"的左边,于是得到图(26):

(26) 先行体标记

现在我们要对这个概念空间进行检验,看它是否真实反映了以上11种方言中"起"在这个概念空间中的分布。方法就是逐一用这11种方言中"起"的功能项覆盖到这个图上,看看它们所覆盖的功能项之间是否为连续的,不间断的。如果都是连续的,那么这个图就可以成立,否则就要修改。现在我们逐一检验。结果如下:

成都话、重庆话、长沙话、娄底话：

(27)

宁乡话：

(28)

温州话：

(29)

金华话、南昌话：

(30)

广州话：

(31)

东莞话：

(32)　　　　　先行体标记
　　　　　　　　　│
比较标记──│动相补语│──持续态──│状态补语标记│──趋向补语标记
　　　　　　│终点介词│

济南话：

(33)　　　　　　先行体标记
　　　　　　　　　│
│比较标记──动相补语│──持续态──状态补语标记──趋向补语标记
　　　　　　　│
　　　　　　终点介词

至此，验证成功。这十一种方言中的"起"的功能项可以通过这个语义图得到描写和展示。

上面我们演示了如何在共时平面上构建"起"在汉语各方言不同功能的语义图。有读者或许要问，语义图中的那些功能项之间是否有历时演变的可能性？或者某种功能是从另一种功能发展而来的？这完全有可能。功能与功能之间的关系绝非偶然，既然二者间有联系，就会有先后演变关系。因此，语义图也完全可以是有方向的，例如 Haspelmath(2003:234)就用方向表达了与格相关功能的演变关系，如下图(请比较图14)：

(34)　　　　　谓语性领有者──外位性领有者
　　　　　　　　　↑　　　　　│
方向────→接受者←────受益者──判决者与格
目的　　　　经验者

无疑，这种有方向的语义图的内涵要比无方向的语义图更进了一步。

但是，后来有学者指出，语义图方法忽略了语义图中各个项目之间的频率差异，一个多功能范畴的某种扩展不管出现一次还是百次,在语义图的分析框架里却都一样。在上面的语义图里,概念空间虽然能有效表达范畴之间的联系,但范畴之间的具体布局安排和空间距离缺少理论意义。此外,如果概念空间上的节点很多,手工绘制就比较费力,甚至一般人难以胜任,有些例外也难以处理。更麻烦的是,有时无法避免封闭回路,因为语义图本身不是形式化的数学模型,是图表结构而不是欧几里得空间模型。

Clancy(2006)、Cysouw(2007)、Croft and Poole(2008)等开始尝试用多维尺度分析(Multidimensional Scaling,简称 MDS)取代传统的语义图方法。MDS 是一种将数据内部复杂关系进行可视化呈现的数据分析方法。比如,跨语言不定代词的功能呈现出一定的差异度(Haspelmath 1997b),它们可以通过空间图上的定位点的形式表示,并通过点与点间的距离来反映相互间的亲疏远近。由于这种差异可能是多维的,MDS 就是把多维空间简化到低维空间(通常是一维或二维),从而便于研究人员的定位、分析和归类。这种空间比较容易揭示对象的相似性或差异性,也可以彻底避免传统语义图的"回路"问题。

用于 MDS 的语言数据通常是分类变量(categorical variables),即变量值分为不同的类别或属性,它通常具有如下基本特征:i)数据间存在可衡量的相似度差异;ii)数据间必须在多个功能维度上存在相似或相异。比如,对某一形式范畴模式进行比较时,可对其所可能涉及的义项或关联的句法位置进行"是"或"否"的分类编码;通过该范畴或模式间共享的"是"或"否"的数量多少,间接地衡量出研究对象间的相似程度。

应用 MDS 进行语言数据分析的基本目的在于发现研究对象间未知的聚类特征,通过亲疏度量值,如欧氏距离(Euclidean Distance)等,在(低维的)空间模型中对每个对象的近似程度作出呈现。

MDS 需要借助 SPSS、SAS 或者 R 统计分析软件。R 是一种开源的软件,广泛用于统计分析(下载地址 http://www.r-project.org/,访问时间 2024-06-17)。通过 R 进行 MDS 分析的具体操作可参阅 William Croft 及其合作者的网站 http://www.unm.edu/~wcroft/MDS.html,访问时间 2024-06-17。

Clancy(2006)认为,MDS 与传统语义图的相似之处在于,它们都对一系列功能的相似性作出空间表征,但 MDS 的优越性在于引进了"定量语义距离"的观念和精确的几何布局,对传统语义图的诸多不足作了极大改进。因此他认为 MDS 对传统语义图进行了一次革命。

但也有相反的观点:van der Auwera(2008)一方面承认传统语义图模型对频率的忽略,认为它本来就不想显示频率,另一方面也指出 MDS 本身的不足,认为 MDS 无法显示诸如"特化"(specialization)"泛化""转喻"以及"隐喻"这些语义演变过程,历时研究需要传统的历时语义图。

运用什么样的表征模型,取决于研究者的需要:如果只考虑纯共时层面上语法语素的多功能性尤其是频率因素,MDS 可能会发挥更大的作用;但如果试图揭示历时层面上的共相和殊相,传统语义图模型仍具有无可替代的优势,且传统语义图在可读性和形象性方面更直接更简单。

13.4 小结

语义图本质上属于一种表达方法,而不像分布分析是一种分析或发现程序,它必须建立在前期大量语言调查和语言样本的分析和描写的基础上。语义图必须根据语料的分布和特征来勾画。但是语义图一经形成,便有着强大的解释力,它不仅能够表达隐藏在图中的蕴含共性(例如,根据图"A—B—C",如果一个形式可以表达 A 和 C,那么也可以表达 B,如此等等),甚至可以用来表达概念或形式之间的演变关系。在多维语义图中我们甚至还能观察到不同概念之间的距离差异、亲疏差异。因此，从这一角度看，语义图就不再是单纯的对语言样本调查分析结果的表达，它一旦形成便具备了重要的理论价值。

语言类型学的终极目标之一是展现世界语言的宏伟图卷，而每一范畴的语义图都是该宏伟图卷中的一部分。我们期待人类语言中的所有范畴都能通过语义图来展现，每一具体语言的某一范畴都能够在该范畴的语义图上得到准确完美的体现，并且与其他语言在该范畴内的差别也同时得到体现。所有范畴或形式的语义图的集合，便是人类语言的全部图谱。

参考文献

Anderson, L. B. 1982. The "perfect" as a universal and as a language-particular category. In Hopper, Paul (ed.) *Tense-Aspect: Between Semantics and Pragmatics*. Amsterdam: John Benjamins. pp. 227–264.

Clancy, S. J. 2006. The topology of Slavic case: Semantic maps and multidimensional scaling. Glossos 7. Available online at https://slaviccenters.duke.edu/sites/slaviccenters.duke.edu/files/site-images/7clancy%20x.pdf, accessed on 2024–05–09.

Croft, W. 2001. *Radical Construction Grammar: Syntactic Theory in Typological Perspective*. Oxford: Oxford University Press.

Croft, W. 2003. *Typology and Universal Grammar*. Oxford: Oxford University Press.

Croft, W. and Poole, K. T. 2008. Inferring universals from grammatical variation: Multidimensional scaling for typological analysis. *Theoretical Linguistics* 34, pp. 1–37.

Cysouw, M. 2007. Building semantic maps: The case of person marking. In Matti Miestamo and Bernhard Wälchli (eds.) *New Challenges in*

Typology. Berlin: Mouton de Gruyter. pp. 225—248.

Haspelmath, M. 1997a. *From Space to Time: Temporal Adverbials in the World's Languages.* Munich and Newcastle: Lincoln Europa.

Haspelmath, M. 1997b. *Indefinite Pronouns.* Oxford: Oxford University Press.

Haspelmath, M. 2003. The geometry of grammatical meaning: Semantic maps and cross-linguistic comparison. In Michael Tomasello (ed.) *The New Psychology of Language*, Vol. 2. Mahwah: Lawrence Erlbaum. pp. 211—242.

Koptjevskaja-Tamm, M. 2008. Approaching lexical typology. In Martine Vanhove (ed.) *From Polysemy to Semantic Change: Towards a Typology of Lexical Semantic Associations.* Amsterdam and Philadelphia: John Benjamins Publishing Company. pp. 1—43.

van der Auwera, Johan 2008. In defense of classical semantic maps. *Theoretical Linguistics* 34, pp. 39—46.

蔡琪(2014)《类型学视野下汉语趋向范畴的跨方言比较——基于"起"组趋向词的专题研究》,上海:学林出版社。

郭锐(2012)概念空间和语义地图:语言变异和演变的限制和路径,《对外汉语研究》,北京:商务印书馆。

吴福祥(2011)多功能语素与语义图模型,《语言研究》,第1期。

吴福祥(2014)语义图与语法化,《世界汉语教学》,第1期。

吴福祥、张定(2011)语义图模型:语言类型学的新视角,《当代语言学》,第4期。

张敏(2010)"语义地图模型":原理、操作及在汉语多功能语法形式研究中的运用,《语言学论丛》,第42辑,北京:商务印书馆。

(编写者:金立鑫、王芳)

第十四章 田野调查和描写

14.1 调查计划和清单

14.1.1 调查计划

语言类型学强调语言学家应该直接面对语言事实,从对语言样本或语言事实的比较中发现规则,抽象共性。人类现存的语言大致有 7000 种左右,很多语言未必都有母语者语言学家,因此,语言类型学家不得不直接对这些语言进行田野调查。类型学意义上的语言调查在技术上与方言调查并无二致,只是在所使用的工具,主要是标注工具(理想状态下,全世界所有语言学家所使用的标注工具基本一致,这样语言类型学家们就能较轻松地获得更多有效的语言样本),以及对语言现象的定位或判断上,例如对某些句法成分的定性方面,与方言调查略有差别,更多地照顾到人类语言的一般共性或类型学特征。

本章将向读者介绍从类型学角度进行语言调查、语言取样、语料整理和标注等的具体方法。

类型学研究需要大量不同语言的材料。这些材料可以从哪些渠道获得呢?首先,研究者可以从公开出版的参考语法书、语言调查报告以及公开发表的专题论文中获得需要的材料。不过,即使最详细的参考语法书或者语言调查报告也不可能精确描写到语言的方方面面,作者往往只描写他认为重要的部分。这样,为类型学家所关注的重要信息难免有所遗漏。而且,不同的田野工作者可能拥有不同的理论背景,甚至所用术语都可能不一样,对类型学家来说,准确理解田野工作者描写的语言现象也不是轻松的任务。

类型学家在进行研究的时候往往需要自己进行一些语言调查工作。从国际语言类型学界来看,许多类型学家同时也是非常优秀的田野工作者。比如澳大利亚类型学家 Robert M. W. Dixon 花了大量的时间和精力对十几种澳大利亚土著和亚马孙土著语言进行调查和描写,为我们提供了丰富的语言材料;英籍类型学家 Bernard Comrie 对高加索语言有非常精深的研究;类型学新生代的代表人物——德国类型学家 Martin Haspelmath 在其学术生涯的早期也对分布于达吉斯坦南部、阿塞拜疆北部的 Lezgian 语进行过调查和研究。

毋庸置疑,语言调查可以丰富类型学家对人类语言的认识,对类型学理论的提出和修正具有至关重要的作用。Derbyshire (1977)发现南美亚马孙丛林中有一些语言以 OVS 为基本语序,而在此之前,许多类型学家否认存在这样的语言。Evans(1995)描写了澳大利亚土著 Kayardild 语中错综复杂的格标记:在这种语言中,不同的格标记可以加在一个名词短语上,除了表示这个名词短语的句法角色外,还显示与时和语气相关的信息。

田野语言学家一般以沉浸式(immersion)调查法为主。这要求调查者长时间生活在对象语言的环境中,与被调查者一起生活、劳作,全面了解对象语言,直至学会对象语言,写出参考语法书。而类型学家所做的多为专题调查,在具体采用的方法上与田野语言学家有所不同。

类型学家经常采用问卷进行语言调查,获得想要的语言材料。根据设计目的的不同,问卷可以分成两种。一种是为了全面调查某种语言而设计的,其使用者是对要调查的语言(包括周边语言)

缺乏了解的调查者。这种问卷典型的代表是 Comrie 和 Smith 联合编写的"The Lingua Descriptive Studies Questionnaire"。另一种问卷则是为了某项专题研究而设计，它不求全面，但是对某项专题涉及的问题要力求穷尽逻辑上的所有可能。德国马普演化人类学研究所语言学系的网站提供了这两种调查问卷的样本①。

如果填写调查问卷的大都是熟悉对象语言的语言学界同行，类型学家可以在问卷中直接提出问题，比如直接询问对象语言中是否有某种语法范畴以及其具体的形态句法特征等。但是，有时填写调查问卷的是没有经过语言学训练的母语者，这时就必须根据问题设计例句，让母语者将例句翻译成对象语言。

问卷调查可以帮助类型学家获得更多关于对象语言的细节，而且获得的材料更有针对性。不过，问卷调查也有显而易见的缺点。如果采用的是例句型的问卷，被调查的母语者仅仅是翻译例句，这时获得的不是自然语料；如果调查的是某种方言，还难免受到通用语的影响。还有，针对例句的翻译可能不止一种，但被调查者很难把所有的对译都写出来。这样，材料的准确性和完整性都得不到保证。如果被调查者是熟悉对象语言的语言学家，虽然可以避免上述问题，但要想联系到足够数量的愿意提供帮助的母语语言学家也不是一件容易的事情。

类型学家还经常通过访谈的方式获得研究所需的材料。访谈可以分成不同的类型。有的访谈是基于问卷的，只不过这时问卷不直接呈现给被调查者，而只是作为类型学家提问的线索，即时的交流和互动可以使类型学家获得相对更完整和更全面的信息。有时候，访谈的目的是让被调查者多提供一些例子或者补充说明某个句子适用的语境。还有的访谈是为了验证研究者的假设。这时研究者会自己造出一些句子，让母语者判断是否可以接受以及在

---

① 网址：http://www.eva.mpg.de/lingua/tools-at-lingboard/questionnaires.php，访问时间 2024—01—24

何种语境下可以接受;对于不能接受的句子,可以让母语者进行修改,直至接受为止。还有的访谈是为了填补系统的空白。比如已经调查到了某种语言的单数第一人称代词、单数第二人称代词,那调查者就要想办法搞清楚这种语言是否有单数第三人称代词以及人称代词的复数形式。

访谈在语言调查中起到非常重要的作用,但在使用的时候要特别注意,因为通过访谈得到的语言材料不是在语言真正被使用的时候调查到的,往往带有人工的痕迹。与问卷调查一样,这样的材料往往显得不够自然。

自然语料的获取自然是语言调查的重点。自然语料也分为不同语体,比如讲述故事(叙述语体)、自然会话(会话语体)、解释说明(比如:如何做一道菜。说明语体)、介绍过程(比如:婚礼的过程。说明语体)、演讲(介于正式语体和自然语体之间)、歌谣(文艺语体)等。有些语法范畴在不同的语体中出现的频率是不一样的。比如在 Hup 语中,非可视(non-visual)和推论(inferred)这两种示证范畴(evidentiality)在自然对话中很常见,而在叙述语体中却很少见(Epps 2011:639)。这种调查方法的好处很明显,其缺点也很明显,耗时费力自不必言(转写时间一般十倍于录音时间),因为缺乏可控的手段,可能在海量的语料中都很难找到研究者感兴趣的材料。

如何在有限的时间内获得有价值的自然语料呢?调查者可以采用一些刺激物(stimulus kit),比如内容受控的视频、图片、连环画等。这些刺激物一般不出现文字,视频材料中也不出现人声(可以有环境音或者人发出的非语音性成分),目的是尽可能减少这些因素对被调查者的干扰。采用这种方法还有一个好处,可以得到可比性的材料,因为不同语言的被调查者看到的刺激物是一样的。用于语言调查的视频中最有名的是由加州大学 Wallace Chafe 教授设计制作的《梨子的故事》。视频可以从如下网址下载:http://www.

pearstories.org/，访问时间 2024—01—24。德国马普演化人类学研究所语言学系的网站上也提供了一些刺激物：http://www.eva.mpg.de/lingua/tools-at-lingboard/stimulus_kits.php，访问时间 2024—01—24。类型学家还经常根据自己研究的需要制作一些更有针对性的视频或者图片作为刺激物。

14.1.2 调查清单[①]

比较全面地对一种语言的形态和句法作尽可能系统而细致的调查描写所得到的通常称为"参考语法"，由于其目的在于报告某一特定语言的具体现象或语料，因此它尽可能忠于事实而不拘泥于某一特定的理论预设或理论框架，所使用的描写工具尽可能地采用适合人类语言普遍共性的元语言。虽然从理论上来说，不带有任何理论框架的描写几乎是不存在的，不依靠任何理论工具的事实也是不存在的，但参考语法尽可能地避免某一特定理论框架的约束，因此它不排除可能存在的理论上的兼容甚至不同。

国内已经出版的参考语法著作至少有：《赵庄白语参考语法》《燕齐壮语参考语法》《基诺语参考语法》《遮放载瓦语参考语法》《墨江哈尼族卡多话参考语法》《居都仡佬语参考语法》《湘西矮寨苗语参考语法》《元江苦聪话参考语法》《鄂温克语参考语法》《现代维吾尔语参考语法》《梁河阿昌语参考语法》《银村仫佬语参考语法》《邦朵拉祜语参考语法》等几十种，主要对象是中国境内的少数民族语言。汉语方言的参考语法还不多见，近年来由商务印书馆出版的《吴语绍兴（柯桥）方言参考语法》《湘语益阳（泥江口）方言参考语法》以及一批方言参考语法博士论文（如兰州大学宋珊的《甘肃天祝县（华藏寺镇）汉语方言参考语法》）可以参考。

一本较为全面的参考语法通常需要有以下几个部分：

[①] 本清单根据刘丹青（2008）、孙宏开和江荻（个人交流）提供的文献编辑而成。

① 语言（或方言）的名称，中文以及拉丁文的拼写（方便以后的国际交流）。
② 概述：地理位置（经纬度、气候带、农作物或畜牧业历史），使用人口、民族、主食、传统产业类型等，有必要可以说明周边有关的语言或民族等。
③ 历史演变和目前使用状况：语言使用历史（时间），语系、语族、方言情况，人口迁徙历史与现状，文字、相关研究文献。

然后是参考语法的主体部分。主要包括以下一些部分和项目：

❖ 语音：
  ◇ 元音：低元音（前、中、后），中元音（前、中、后，圆唇与非圆唇），高元音（前、中、后，圆唇与非圆唇）、特殊元音特征（如：松紧元音对立、阿尔泰语系的元音和谐；参考李兵 1990）
  ◇ 辅音：同一部位但方法上成对的辅音（清浊或送气与不送气），不成对的辅音、鼻化音、卷舌音、颤音、小舌音、特殊辅音特征（如：吸气音、嘎裂音）
  ◇ 语调：声调（如有，是字调语言还是词调语言？调类情况如何？），词调，句调
  ◇ 重音、韵律规则
  ◇ 语流音变规则（声调变化，前音节末尾辅音与后音节元音连读，其他）

❖ 基本语序：
  ◇ S、O、V（主语与动词语序、宾语与动词语序、旁置词与名词的语序、旁置词短语与动词的语序）
  ◇ 句法结构左分枝还是右分枝？

❖ 句子类型：
  ◇ 动词句，系动词句（形容词谓语句，名词谓语句，有没有系词？几个系词？）
  ◇ 祈使句形式（分类以及分类依据或标准）
  ◇ 感叹句形式

◇ 疑问句疑问形式（是非疑问句、特殊疑问句、选择疑问句、反问句，被提问的句子成分），间接疑问形式（我知道你要买什么），间接祈使形式（我命令他立刻出发），否定形式。否定是非疑问句的回答方式。

◇ 被动句与主动句时体上的差别（话题凸显的语言被动态的相对数量如何？）被动结构的施事，被动结构的生命度。有无特殊格标记或一致关系来标记施事、受事和历事（Mr. Loman needed a drink. The sharks smelled blood.）？

◇ 有无主动态（主动形式，被动意义。表层主语是动词的深层宾语；施事往往被隐含，但也可以通过介词引入。如：The car drives easily. The book sells quickly.）若无，如何表达相互义动作（动词重叠）、受事或历事是人体部位的动作（如：洗脸）？

◇ 致使句[或致使构式。致使句与被动句或其他句子的关系，致使句的构成（分析型、屈折型、黏着型）?]

◇ 条件句和虚拟句

◇ 从句：主语从句，宾语从句，定语从句，状语从句，从句标记（标句符：人称代词、关系代词、助词），被删除的逻辑成分，主句和从句的语序，条件句

◇ 差比句的形式或结构：有几种（如：泰语有不止一种的表达方法）？形容词和比较基准，差比句中可省略的成分（我比你干得好。我的工资比你高），有没有比较基准标记？

◇ 存在句的形式或结构：存在动词有几个？如多于一个，其句法形式都一样吗？

◇ 强调和焦点：标记，重音，语序，助词，分裂（It's a new car that Mary is driving. ——是一辆新车，玛丽正在开的——玛丽正在开的是一辆新车。What Mary is driving is a new car.），可以强调和焦点化的成分。

◇ 引语：直接引语和间接引语，引述形式。有没有表示消息来源（亲自看到的、听别人说的、推理得来的等等）的标记（如：土耳其语）？如有，分几类？

❖ 句子成分或结构
　◇ 主语和宾语：
　　☞ 充当主语和宾语的语言单位
　　☞ 主语、宾语与动词的关系
　　☞ 主语宾语在语义角色上的倾向性
　　☞ 施格、受格、主格是分别独立表达，还是其中某一个独立表达另两个合并表达？
　　☞ 间接宾语和直接宾语的语序和标记。代词作论元有无特殊有别于名词作论元的句法行为（如：西班牙语、意大利语）？
　◇ 补足语：
　　☞ 主语补足语（I was made king.）和宾语补足语（we made him king.）
　◇ 状语：
　　☞ 充当状语的语言单位
　　☞ 状语的分类
　　☞ 多个状语的语序
　◇ 定语：
　　☞ 充当定语的语言单位
　　☞ 定语的位置
　　☞ 多项定语的语序
　　☞ 关系小句与核心以及关系小句与其他定语的语序
　◇ 否定：
　　☞ 否定标志的位置
　　☞ 否定标记还是否定词，有几个？
　　☞ 否定功能词还是否定助动词，有几个？
　　☞ 否定的辖域
　　☞ 否定与逻辑连词（"并"与"或"）
　　☞ 否定与全量和存在量（宽域和窄域）
　　☞ 否定与时体
　　☞ 否定与情态

☞ 否定与动词和形容词

☞ 否定与名词

☞ 否定与数量词

☞ 否定句和对句子的否定

☞ 双重否定是强调肯定还是表达否定？

◇并列关系：

☞ 并列标记和伴随标记

☞ 并列标记和连词

☞ 词并列

☞ 短语并列

☞ 句子并列（递进、选择、对等）

☞ 句子之间的从属并列（转折关系）

☞ 并列关系中的省略规则（张三和李四的书，＊张三的书和李四的）

❖功能范畴

◇人称范畴及其表达形式

◇性范畴及其表达形式

◇数范畴及其表达形式

◇量范畴及其表达形式

◇格范畴（主宾还是施通？）及其表达形式

◇指称范畴及其表达形式

◇领属范畴[让渡性、生命度……①亲属领属（被领属者为长辈、平辈、晚辈）②社会关系领属（被领属者为上级、平级、下级）③财产领属④所属单位领属⑤肢体领属⑥临时性领属和方位领属]及其表达形式

◇"时"和"体"的范畴类型及其表达形式

◇行为（aktionsart）范畴及其表达形式

◇情态范畴（道义、认识、确定性……）及其表达形式

◇式范畴（陈述、虚拟……）及其表达形式

◇趋向/移动范畴及其表达形式

◇存在范畴及其表达形式

- ◇ 结果范畴及其表达形式
- ◇ 致使/遭受范畴及其表达形式
- ◇ 并列范畴及其表达形式
- ◇ 比较范畴及其表达形式
- ◇ 否定范畴及其表达形式

❖ 词类
- ◇ 动词相关：
  - ☞ 动词类型：及物动词和不及物动词，双宾语动词，行为动词(活动、完成、达成)，状态动词，联系动词(各种小类：是、为、成了、像、显得等)在时体形式上的限制；动词作论元(或作论元的动词，主宾格动词和施通格动词)，自主(可控)动词和非自主(非可控)动词，自动词和致动词，形式动词。
  - ☞ 助动词(分类、形式和位置)
  - ☞ 动词范畴形态：时(二分还是三分?)，体(完成 vs. 未完成还是完整 vs. 非完整，持续体、进行体，有无其他特殊的体或情貌?)，态(voice)，式(mood，认识和义务，极性)，人称标记，数标记，格标记，性标记
  - ☞ 附加语：时间状语，方式状语，目的状语，原因状语，条件状语，结果状语，程度状语，时量状语，动量状语，地点状语、范围状语
  - ☞ 第二谓语(或次级谓语，汉语中用动词短语表达的程度补语、结果补语、趋向补语、小句补语)与主要谓语之间的关系。有无连动式?
  - ☞ 反身动词与去及物化
  - ☞ 相互范畴的表达[动词编码(交谈、见面)还是词汇形式(相互)]?
  - ☞ 核心构架还是附加语构架[如何编码路径、方向(如向心或离心)、背景、方式或工具等]
  - ☞ 原形动词和用作动词
  - ☞ 动词构形(形态、黏着成分、插编成分)

- 动名词,动词名物化
- 移动和方向(方位)

◇ 名词相关:
- 一致关系和标记:性(阴性、阳性、中性),数(单数、双数、三数/少量数、大量、多数、复数),格(主格、宾格、旁格、施格、受格等),其他名词标记(如敬体等),核心与附加语(包括从句)的位置(如有多种,如何区别?),附加语之间的顺序关系,话题标记
- 名词的实指和虚指,定指和不定指,有指和无指,类指和单指,已知和未知
- 旁格/斜格标记(宾语以外的论元成分,如汉语中的"把""被")
- 冠词:句法特征(性、数、格等),功能小类,位置,冠词与指示词的区别,有定和无定(可选项还是强制项?)
- 可数不可数
- 序数词形式,基数词和序数词分别与名词的相对语序
- 名词和头衔词的顺序
- 指示词:远指,近指,中指[有无特殊的进一步分类(如:上/下方远指、上/下方中指、上/下方近指)?在发音上表远指,近指,中指是否符合像似性原则(开口度大小的区别)],单数,复数
- 量化词,量词(或类词):①量词是否可以脱离数词和指示词单用,在特定的句式中表示数量为"一"的个体或周遍性的"每一"等。②量词是否可以脱离数词和指示词单独接受后面定语的修饰,充当被修饰代名词,有名词化(转指)功能。③用于类指的被修饰量词是否进一步虚化为表类指的前缀,念轻声。④"量+名"除了作为类指名词语,是否还常常作为有定名词语?
- 时间的表达:时点和时段,时间词和动词的时范畴
- 代词:人、物,其他(地点、方式、性状)。性,数,格,反身代词,领属,强调(他自己走了),关系代词,相互代词。人称代词的普通式、包括式和排除式,鄙称和敬称(如何分类?普通名

有敬鄙称表达吗？句法行为能表达敬鄙称吗？尤其是日语、泰语）。人称代词的虚指。不定代词

☞ 话题：话题化，话题标记，话题形式，话题和动词的关系

☞ 回指的形式，零形式，特殊回指形式（前者、后者），回指的可及性[度，小句内、小句间、主从句间，有无特殊的跨句回指代词（如：意大利语）?]，先行词的类别（主语、宾语、其他成分？）

☞ 领属：可让渡与不可让渡，有生命和无生命，现在领属和过去领属，领属标志是核心标记还是从属标记？

☞ 部分和整体的表达，部分和数词（two of the boys）及部分量化

☞ 名词构型（形态、黏着成分、插编成分）

☞ 名词转为动词用法

◇ 形容词相关：

☞ 形容词与名词还是动词关系更近或更像？

☞ 形容词与名词的一致关系，形容词与名词之间的语序关系，多个形容词之间的语序关系

☞ 表示颜色、体积、时间长度、空间高低、社会价值（好坏）等范畴的单音节形容词的成员和数量

☞ 形容词的修饰成分（状语），形容词是否能带论元？带的话，句法行为与动词带论元有无差别？

☞ 有无领属形容词？

☞ 程度级别（最高、高、比较、低），如何表达（重叠、屈折）？

☞ 动词、名词、形容词之间的派生形式

☞ 重叠表量大量小？

☞ 形容词的句法功能（定语、谓语、状语等）

◇ 副词相关：

☞ 副词的句法功能（通常修饰动词形容词，有没有副词直接修饰名词的？）

☞ 副词的范畴小类和系统

☞ 副词的句法位置

☞ 多个副词同现的句法规则(或语序)
☞ 形容词(或其他词类)派生副词的形式
☞ 副词的比较级
◇ 旁置词相关：
☞ 旁置词的范畴系统(旁置词范畴小类：时间、空间、方位、工具、原因、材料、方式……)
☞ 旁置词短语的各种功能类型(作何种句法成分及其句法位置)
☞ 旁置词是否可以悬空？
☞ 修饰旁置词(或旁置词短语)的成分
☞ 是否存在框式旁置词？
☞ 旁置词短语是否严格遵守结构和谐原则？如果不是的话,有哪些类型的旁置词短语违背了？
◇ 连词相关：
☞ 连词的范畴小类
☞ 连词的位置
☞ 连词与不同聚合单位的选择关系(类似"和""而""并"分别用于名词、形容词和动词)
☞ 框式连词
☞ 逻辑连词
☞ 连词的其他功能(如是否与表伴随、工具、方式等的形式一样)
☞ 表合取的连词和表析取的连词在形式、位置等方面的异同
☞ 连词在语流节奏中倾向于前置还是后置？
◇ 其他词：
☞ 语气词、语气系统、种类
☞ 感叹词
☞ 颜色词(纯颜色词有几个？)
☞ 象声词(拟声词)
☞ 叹词
☞ 助词(助词是否可以根据其句法功能分化？)
☞ 若是SOV语言,有无句尾词？表达哪些语义？

◇其他：
☞附缀形式(clitic)或附缀化(cliticization)
☞重成分(结构复杂的成分)是否移位？前移还是后移？

以上项目的调查可能需要设计一些问题或对话,语境最好是由被调查者自然提供的,而不是由调查者诱导的。关于这些问题的设计,读者可以参考刘丹青(2008)以及"莱比锡调查手册数据库"(Database Questionnaire Manual,网址：https://corpora.uni-leipzig.de,访问时间2024－03－05)。

14.2　语言取样

语言类型学的研究理念是相信只有经过跨语言的比较研究才能了解人类语言的本质。所以类型学的研究通常有着跨语言、跨方言,甚至跨时代的视角,需要依靠大量来自不同语言(方言)的材料。这样一来,语言取样就成为类型学研究者非常关注的一个问题。

Whaley(2009:36－37)通过具体的例子说明了语言取样的重要性。由于语言取样的不同,Greenberg(1966)认为SVO是人类语言最普遍的语序(其统计来自30种语言),而Tomlin(1986)则认为SOV是人类语言最普遍的语序(其统计来自402种语言)。

语言取样一直是困扰语言类型学家的一个大问题。因为研究者不可能搜集到人类所有语言的相关材料。有的人类语言早已消失,我们无缘见其真面目；现存的约7000种语言中,语言学家大概只描写了其中三分之一的语言(Bakker 2011:101－102)；况且,语言无时无刻不在变化,从技术上来说,也不可能建立一种包含所有人类语言的语料库。就目前掌握的语言材料来看,还存在严重的地域和语系分布不均衡。针对主要分布于亚欧大陆的印欧语系语言的调查开始得最早,研究水平最高,留下的材料也最丰富；相比较而言,非洲、美洲、澳大利亚等地的语言调查开始得晚,留下的材料也很少。

虽然无法建立一个包括所有人类语言的样本库,类型学家还是根据研究目的的不同,构建了不同类型的样本库(Velupillai 2012:49—50)。

如果研究目的是验证某种统计趋势(比如语言是否倾向采用某种语序或者某种形态策略)和不同语言特征的相互关系,类型学家可以建立"概率样本库"(probability sample)。"概率样本库"选取的语言特征有限,但特别重视语系和地域分布的平衡,因为某种语言所用的某种策略,很可能是谱系原因(同一家族的语言共有的策略),也可能是语言接触的结果。

如果我们希望进行的是探索性的研究,即人们对要研究的某种语言形式或者结构了解得还不多,我们可以建立"多样化样本库"(variety sample)。"多样化样本库"重视某种语言特征(语言参数)在人类语言中最大程度的变化(maximum of variation)。这种类型的样本库必须尽可能多地包含各种变体。所以,即便是亲属语言,有密切接触关系的语言,只要在语言特征上有不同的表现,就应该收入样本库。"多样化样本库"不如"概率样本库"那么重视语言样本在语系和地域上的均衡。

第三种是"便利型样本库"(convenience sample)。这种样本库的建立取决于研究者能够得到什么样的材料。有时对研究很重要的某种语言或者方言因为缺乏足够的调查,只能忍痛割爱。在建立"便利型样本库"的时候,虽然无法获得全部希望得到的语言材料,但还是要尽可能地考虑到样本语言在亲缘和地域分布上的均衡。

类型学研究的目的是通过考察不同语言差异之极限来探求人类语言的共性。所以,作为研究基础的语言样本库必须要保证一定的语言数量;而且,建立"概率样本库"和"便利型样本库"的时候还要考虑到这些语言在语系、地域、文化等方面的分布。为了使样本库中的语言材料更有代表性和说服力,国际语言类型学界主要采用以下三种建立语言样本库的方法(Whaley 2009:38—40)。

第一种方法是建立基于比例的代表性样本库(proportionally representative sample),代表是Tomlin(1986)。建立样本库的过程大致为:如果研究者决定选取10%的人类语言作为样本,那么他会在每个语系和每个语言区域中都挑选10%的语言进入样本库(其样本库的构成就是:10%的汉藏语系语言＋10%的印欧语系语言＋10%的尼罗—撒哈拉语系语言……)。这样做的结果就是,大语系的语言在样本库中的绝对数量要超过小语系语言。以此为基础的统计结果难免以偏概全。况且,一个语系包含语种的多少不仅取决于其语言方面的因素,也跟历史因素有关(详细讨论见Whaley 2009:39)。所以,利用这种方法建立的样本库可以给我们带来很有启发性的统计结果,但有时与事实有一定差距。

第二种方法是建立独立语言样本库(sample of independent languages)。按照这种方法建立的样本库要求语言在亲缘关系和地域分布上距离越远越好,因为唯有如此才有代表性。这种方法的好处是可以排除历史等非语言因素的干扰,更能体现语言特征的某种倾向性。不过,有些地域的语言,不管其亲缘关系如何,由于其处于长期互相接触、影响的状态,形成了很多共同的区域特征。这样的语言区域可能非常广阔,包含的语种也可能非常多,这时如何挑选有代表性的语言就成为一个难题。

针对以上两种方法存在的问题,Dryer(1989,1992)提出了新的建立语言样本库的技术路线。第一步是确保语言谱系的平衡(genetic balance)。做法是,把所有语言分配到322个类(genera)中去。每个类中包含的语言都可以追溯到大概2500年以前的共同祖先。比如罗曼语言类中就包括拉丁语、西班牙语、法语、意大利语等不同的语言。第二步是确保样本库中的语言在地域分布上的平衡。做法是,根据地理分布将世界分为五个区域:非洲、亚欧大陆、澳大利亚—新几内亚、北美和南美。然后把每个类分配到五个区域中去。比如罗曼语类和日耳曼语类都在亚欧大陆这个区域内；这个区域中还有一些不属于印欧语类的其他语类，如芬兰—乌拉尔语类（包括芬兰语、爱沙尼亚语、匈牙利语等）。第三步是决定某种语言特征跨语言的分布是否具有统计上的显著趋势。做法是，选定某种语言结构特征，考察它在不同的语类中是否存在。如果在所有五个区域中的大多数语类中都能发现这项特征，那么我们就可以说这项特征代表了显著的共性趋势。下面是具有 SOV 语序的语类和具有 SVO 语序的语类在不同地域中的分布情况：

	非洲	亚欧	澳大利亚—新几内亚	北美	南美	合计
SOV	22	26	19	26	18	111
SVO	21	19	6	6	5	57

因为在每个区域内都有更多的语类拥有 SOV 语序，所以我们可以断言：SOV 语序比 SVO 语序更能代表显著的跨语言趋势。Dryer 的方法也有不足：一是某种语言在亲缘上（或者说在谱系上）属于哪个类不是一目了然的，许多语言到底该归为何类还存在争议；二是这种方法要想取得成效必须考察很多种语言，比如 Dryer(1992) 的样本库中就包括了 625 种语言的材料，这对单独一个语言学家来说，工作量太大了(Whaley 2009：41)。

14.3　语言转写与标注

　　语言转写和语言标注的主要目的是用于语料存储和语言学分析。近年来，随着国际化程度的加深，受经济文化等因素的影响，很多不太强势的语言或方言逐渐被强势语言所覆盖而逐渐濒临消亡，因此记录语言成为文化保存中一项非常重要的工作。

　　经田野调查记录下来的所有语料要服务于语言或其他方面的研究，不管是调查者本人的研究还是其他人的研究，语言转写和语言标注是语料整理的核心任务。如果调查者不是母语者，及时且尽量准确地对语料进行转写和标注就显得尤为重要。即使调查者是被调查语言的母语者，为了让自己的材料能够被其他研究者更好地理解和使用，调查得到的语料也需要进行转写和标注。

所谓"语言转写"（transcription）是对录音材料和视频材料进行文字处理，使非文字材料转换为文字材料。在现实运用中，对于有文字的语言来说，调查者对语言进行转写一般包括两个步骤：第一步，运用被调查语言的文字对音像材料进行记录；第二步，运用国际音标符号对文字材料进行进一步转写。不过这两个步骤都不是进行转写的必要步骤。调查者可以不必掌握被调查语言的通用文字，而直接用国际音标对语言材料进行记录。国际音标也不是必需的，如果被调查的语言有使用拉丁字母拼写的通用拼音文字，通常调查者可以直接使用这个通用拼音文字体系对语料进行转写。

语言标注（language glossing）也称为语言行间标注（interlinear glossing），一般要牵涉到两种语言：对象语言（object language）和元语言（metalanguage）。对象语言是需要被标注的原始语言，即为描写者所描写、想使读者了解的目标语言。元语言指进行标注和翻译所用的语言，一般是文章或著作的写作语言。按照 Lehmann (2004) 的观点，语言标注就是使用一连串的元语言成分把对象语言需要注释说明的文本表达出来。理想状态下，对象语言文本中的每个语素都要使用元语言中的一个语素或语言结构表达出它的意义，同时以元语言形式出现的标注成分的顺序要对应于对象语言中被标注成分的顺序。也就是说，语言标注就是使用写作语言对转写后的材料按照一定的规则进行逐词或逐语素标注，标注出转写好的语料中每个词或每个语素的意义和功能。有时人们取更广义的用法，把包括转写、标注和翻译在内的对语料的处理统称为语言标注。本章节取这种广义的处理。

14.3.1 语言标注的来源与发展

1. 标注的出现与发展

出于当代类型学研究的需要,也出于研究者们共享所有语言样本的需要,每种语言的研究者或调查者都有必要对自己所研究的语言进行标注,以便非母语研究者能了解该语言的真实面貌。

类型学的语料标注一般为行间标注,指出现在原始文本(original text)和翻译文本(translation text)之间的一系列对原始文本各成分意义的描述和定义,即对原始文本的词或语素逐个说明。行间标注的主要功能是使读者能够追踪到原始文本和翻译文本之间的关系,并且可以非常明确地理解原始语言的结构。

语言之间的直接互相翻译看不出不同语言间结构和组合上的差异。比如:

(1) Hatam 语(Reesink 1999:69)

    a-yai   bi-dani   mem   di-ngat   I

    'Would you give it to me so that I can see it?'

    (你能把它给我看看吗?)

例(1)两种语言间意义相对应的成分并不按语序一一对应,因此,单纯的翻译无法看出对象语言中任意一个语言成分的意义和功能,以及对象语言与元语言之间的对应关系。但是下面的形式就不同了:

    a-yai   bi-dani   mem   di-ngat   I

    2SG-get   to-me   for   1SG-see   Q

    'Would you give it to me so that I can see it?'

    (你能把它给我看看吗?)

第二行加了标注,显示出成分之间的具体对应关系,明确标注出各个成分的意义和语法功能。

语言标注可以服务于多种目的，比如在语言教学时用于对双语课本的注释。对于语言学研究来说，其功能主要表现在语言学者利用一种元语言去描述另一种陌生的语言。

Lehmann(2004)详述了语言行间标注的发展。语言标注的出现基于描写传统，出现之初并不是为了标示出各个语素的意义，而是为了呈现出语言的结构特征。也就是说，标注目的不是给一段语料提供意义解释，而是为了更加清楚地观察到语言中特有的结构。20世纪70年代，人们开始有意识地对语料进行标注，如Allan(1977)对泰语的标注：

(2) khru•lâ•j khon 'teacher three person' = 'three teachers'

这种早期标注的特点是：格式上没有采用上下对齐的方式，并且不区分功能性的语法范畴与词汇意义，比如(2)中把表人的量词"khon"标注为"person"，使人无法辨识"person"是词汇意义还是语法属性。使用词汇意义来对译功能性语素是早期标注的一个特点。

标注语料最晚在20世纪80年代就成为了语言学著作的一个规定。从那个时候起，行间标注开始应用于语言学著作中不同于写作语言的例句或来自大家所不熟悉的语言的例句（Lehmann 2004），后来逐渐应用于所有非英语的例句。早期的标注无标准，格式常常不统一，把词汇性成分对应于功能性语素的现象非常常见。

结合Lehmann(2004)、Comrie et al.(2008)的观点，对生语料比较全面的标注包括按下列顺序出现的多个层面的表达：

i. 使用对象语言的通用文字把录音或录像材料中的话语材料正确地拼写出来。

ii. 把对象语言使用拉丁字母拼写出来，一般情况下，这项标注需要对象语言有固定的拉丁化拼写方案，比如汉语拼音系统。

iii. 语音转写，使用国际音标标出对象语言各成分的实际读音。

iv. 形态音位学方面的标注,指标注出在语素上发生的语音改变。

v. 逐词或逐个语素进行标注。

vi. 运用翻译语言进行意译。

vii. 对话语材料的语用或文化层面的意义进行描写和解释。

以上七项构成对语言材料比较完整的标注。出于建立某语言语料库的目的,这些信息都应该记录并体现出来,但是语言学论文或专著的标注要受到篇幅的限制,往往都是有选择地使用其中一些项目或对某些项目进行合并,一般不会在标注中把这七项信息都完整地呈现出来。一般情况下,标注者会选择第 i、ii、iii 项中的任何一项作为被标注的对象语言的表达形式。对于第 iv 项,如果发生语音改变的是功能性要素,一般视为屈折手段在标注行中体现出来,对于比较纯粹的语流音变,则视研究目的而定,一般情况下无功能性意义的语流音变并不在标注中体现。不过,Lehmann（2004）也指出,如果记录对象语言的第一行文本和经过形态音位改变之后的形式差异过大,建议把形态音位改变单列一行。比如汉语一些方言中音节的单字调极大地区别于音节在语流中的声调,并且这种语音变化是系统性的,那么记录对象语言,除标注出单字调的第一行外,还要单列一行体现语流音变。第 v 项和第 vi 项是标注中的核心和不可省略项。第 vii 项,除非论著要探讨语言体现的社会文化因素或探讨语用现象,一般情况下不必标注。

正如 Lieb and Drude（2000）和 Lehmann（2004）所提出的,标注的最终目的是要能够做到根据大量标注文本可以写出一种语言或方言的参考语法。

2. Lehmann 对标注标准的贡献

Lehmann（2004）对语言标注的性质进行了全面而系统的阐述,对标注体系在语言学中的发展进行了系统梳理,并制定了标注的一些基本原则。Lehmann 提出了标注中经常遇到的一些问题的解决方法,比如如何处理歧义、如何处理派生词中的词干、如何处理一对多的现象、如何处理无显性标记的语素、如何处理形态音位改变的现象等。他在标注理论发展的过程中重大的贡献之一,是对词汇性成分和语法范畴作了不同的处理:使用元语言中的词汇性成分来注释对象语言中的相应成分,而表达语法范畴的功能性成分则使用大写的范畴标签进行标注。

14.3.2　莱比锡标注系统及其框架下的标注体系

Lehmann(2004)使语言标注有了可以参照的标准,而莱比锡标注系统(the Leipzig Glossing Rules)①则使标注标准有了更强的可操作性,比起 Lehmann(2004),莱比锡系统更像一个规范化的标准,它不进行理论阐述,不对事例进行论证,没有论点而只是强调规定,篇幅也更加简短,便于学习和掌握。莱比锡标注系统是目前可操作性最强的标注系统,并且它是一个开放的系统,范畴标签可以根据所描写语言的具体情况进行增补,所以本小节我们重点介绍这个系统。

莱比锡标注系统由德国马普演化人类学研究所语言学系的 Bernard Comrie 和 Martin Haspelmath 以及莱比锡大学语言学系 Balthasar Bickel 三人共同制定,由 10 条规则和 1 个附录构成。10 条规则规定了如何标注对象语言中的形态、句法、语义、语用等属性,附录展示了世界语言中常见的语法范畴标签及其缩写形式。它规定,标注功能性成分的语法范畴一般使用语法范畴标签的缩写形式,为了和同行的小写字母保持大小和行间距的一致性,缩写的语法范畴标签采用小字号的大写形式。

任何语言标注都反映一定的理论基础,即标注者以何种理论框架去分析和记录语言,比如现代汉语中的动词"打",如果用英语进行标注,按照描写语言学的理论框架,可以直接标注为语义上相

---

① http://amor.cms.hu-berlin.de/~h2816i3x/LeipzigGlossingRules.pdf,访问时间 2024-03-05。

对应的词项"do",但是如果标注者是一位生成语法学家,他可能认为"打"是一个功能性成分,可以归入轻动词,此种情况下可以使用语法范畴标签,比如用"v"对"打"进行标注。所以标注者语法理论背景的不同可能会造成标注结果不同。

即使在同一理论背景下,不同的人对同一个对象也可能有不同的分析。比如对现代汉语中的"是",有人可能把"他是张三"中的"是"标注为系词(COP),把"是张三把书拿走了"中的"是"标注为焦点标记(FOC),而有人则可能对这两种用法不加区别,统一都标注为系词。

对于标注所遵循的理论,莱比锡标注系统并没有明确规定,但其标准反映的是传统语法规则,即描写语言学派对语法的分析方法,规则制定者也未明确提出描写学派的分析方法是标注中所应该遵循的唯一正确的理论。不同研究者的理论背景决定无法人为规定标注所应该遵循的理论框架。理论上,任何理论框架在标注中都有其合理性。

莱比锡标注系统是以英语作为元语言进行标注的,它采用三行标注模式:

第一行:以拉丁字母拼写的对象语言;
第二行:对词干语素和屈折手段进行逐个标注;
第三行:对对象语言的句子用英语进行意译。

和前文所列出的完整标注系统相比,莱比锡标注系统只标出了相应的第 ii、v、vi 三项。这种三行标注模式适用于通用文字是拉丁字母拼写的语言。

结合 Lehmann(2004)为标注所设立的标准,参考莱比锡标注系统中制定的规则细则和 Haspelmath(2014)对标注标准的进一步说明,我们把对标注格式方面的要求总结如下:

第一,**上下对齐**。共有三项:第一行是拉丁字母拼写的对象语言,第二行是对对象语言的各成分以语素为单位进行逐个标注,第三行是英语翻译。

莱比锡标注系统规定,这三个标注项要上下靠左对齐。而且,以拉丁字母拼写的对象语言行和标注行之间要以词为单位,逐词上下靠左对齐。如果完整标注还包括非拉丁字母的文字形式,这类文字形式和其他标注项保持上下靠左对齐,不必和以拉丁字母拼写的对象语言行和标注行保持逐词对齐。翻译行也只需要和其他标注项保持上下靠左对齐,不必保持逐词对齐。

第二,**字体**。带有序号的例句,以拉丁字母拼写的对象语言一定要采用斜体形式,包括通用拼写方案和国际音标,非拉丁字母形式的对象语言文本不以斜体形式出现,同时标注行和翻译行都使用正常字体。

第三,**语素和逐一对应间隔符号**。在对对象语言进行标注时,要保证对象语言行中的每个成分都在标注行中得到标注。莱比锡标注系统的原则是不对词干(stem)内部进行语素切分并逐一标注,而是把词干看作一个整体进行标注。

莱比锡标注系统规定,可切分的语素中间要用短横线"-"隔开。"可切分语素"指的是词干(stem)和屈折词缀(inflectional affix),或者词干和其他缀化成分。比如语言中的代词或介词成为词缀性成分之后,和它们所附着的成分之间要用短横线"-"隔开。

如果一个语言形式经历了无法分离出附缀的形态音位改变,则把这个语言形式整体上视为一个词干,其形态音位改变所体现出的范畴意义和原有的词汇意义视为同一个语言形式的多个意义,标注中体现一对多的对应关系,类似法语中"chevaux",可以标注为"horse.PL"。如果某些语法意义需要通过异干交替的形式来表达,也采用一对多的标注方法,比如汉语北方话中"咱"可以标注为"1PL.INCL"。

当两个或多个词根语素共同构成一个词干时,虽然语素之间可以切分,但不使用词内间隔符号。

有构词作用的派生词缀和词根（root）共同构成词干，属于中间不能插入间隔符号的成分，所以莱比锡标注系统不对派生词缀进行标注。不过标注者可以根据派生词缀在语言系统中的重要程度、语言描写的目的以及研究需要等实际情况决定是否给予标注。

附着词或附着语素（clitics）和所附着的成分之间使用等号"＝"隔开。

间隔符号（boundary symbol），尤其是词内短横线"-"、附着成分（clitics）与其所附着的成分之间的等号"＝"，在对象语言和标注行中都要出现。标注者需特别注意，要保证这些间隔符号在拉丁字母拼写的对象语言行和标注行中出现的次数和位置完全一样，如下例所示：

(3) 我吃了一个桃子。

  wǒ chī-le yī gè táozi.
  1SG eat-PFV one CLF peach
  'I ate a peach.'

如果标注者认为"了"的独立性很强，可以标注为：

(4) 我吃了一个桃子。

  wǒ chī le yī gè táozi.
  1SG eat PFV one CLF peach
  'I ate a peach.'

第四，**语法范畴标签**。功能词或语素通常由缩写的语法范畴标签来标注。缩写形式在字体上要采用小型大写字母（small capital）形式。

范畴化的概念在每种语言中都不相同，意味着不同语言中有不同的语法范畴。莱比锡标注系统附录中附有语法范畴标签及其缩写形式，可供标注者参考，但它不包括语言中的所有语法范畴，所以标注者在进行写作时可以给出自己的范畴标签及其缩写列表。

莱比锡标注系统特别指出，缩写形式可以和它附录中列出的有所不同。确实，缩写形式和被标注语言中语法范畴的显赫程度相关，比如量词，在汉语普通话中是一个比较显赫的范畴，如果进行较为粗略的标注，可以把量词缩写为"CL"或者"CLF"。但如果想对量词进行进一步的区别，区分名量词和动量词，那么可以把名量词缩写为"NCL"（"noun classifier"的缩写），动量词缩写为"VCL"（"verbal classifier"的缩写）。

如果在某种语言中，一个范畴出现的频率非常高，那么往往采用更简短的缩写形式，例如在河南商水方言中，[liao^{55}]是一个出现频率很高的完结体标记，所以可以用"CPL"而不是"COMPL"（莱比锡附录中的缩写）作为"completive"的缩写形式。标注者也可根据情况对莱比锡标注系统中的缩写形式加以改造，比如汉语普通话中有持续体（durative），但是没有双数（dual）范畴，所以可以直接使用更加简短的"DU"来标注持续体，而不必遵循莱比锡附录中的缩写形式，把双数缩写为"DU"，而持续体缩写为"DUR"。当然，这些需要在标注缩写说明中加以交代。

功能词或虚词由于其表达一定的语法范畴，所以可以使用缩写的范畴标签进行标注，但是同时这类词有可能在元语言中有相应的功能词与之对应，所以也可以直接使用元语言中相对应的词进行标注，比如汉语中的连词"跟"，当用英语作为元语言进行标注时，既可以使用缩写标签"COM"（伴随格"comitative"的缩写形式）来标注，也可以直接使用单词"with"来标注。

第五，**标点符号**。Haspelmath（2014）特意关注了莱比锡标注系统中没有提到的标点符号问题。他提出，需要标注的对象语言例句以拉丁字母（国际音标或者非国际音标形式的通用拉丁化拼写方案）拼写的话，在开头有常规的大写，在句子的结尾有常规的停顿，通常体现为句号或问号；但是标注行没有大写也没有标点符号，翻译部分要使用正常的大写和句号，如例（3）所示汉语的例子。

当例子不是一个完整的句子时,不管是在对象语言的例句行、标注行还是在翻译行,都既没有大写,也不标记句号,如例(5)所示:

(5) 德语(Haspelmath 2014)

das   Kind,   dem   du   geholfen   hast
the   child.NOM   who.DAT   you.NOM   helped   have
'the child that you helped'

不过也有例外的情况。需要标注的对象语言由于不是写作语言,也有作者在例句行既不标注大写,也不标注标点符号,在标注行中同样不标大写和标点,但是自由翻译行中必须带上这些:

(6) Hatam (Reesink 1999:69)

a-yai   bi-dani mem   di-ngat   i
2SG-get to-me   for   1SG-see   Q
'Would you give it to me so that I can see it?'

例(6)这样的情况比较适合有所谓的句末语气助词表示疑问或者肯定的语言,如果靠语调或语序来区分疑问或肯定,对象语言不加标点符号不利于阅读和理解。自由翻译行必须使用单引号括起来,以区别于其他标注项。

第六,**标注项**。标注中如果有语言不是拉丁字母拼写的,那么必须另外使用拉丁字母对该语言进行转写,转写行相当于莱比锡标注系统三行标注中的第一行。转写形式可以是通用拉丁字母拼写方案,也可以是国际音标,如汉语普通话可以使用汉语拼音进行转写,也可以使用国际音标形式进行转写。这里根据具体事实又分为两种情况。1.如果文章的主要研究对象就是要被标注的对象语言,那么非拉丁字母形式的通用文字形式一定不能省略,至少是在有序号标注的例句中,通用文字一定要出现。这种情况下完整的标注包括四行:第一行,对象语言的通用非拉丁字母形式的文字;第二行,对象语言的拉丁字母书写形式;第三行,标注行(逐语素进行标注);第四行,自由翻译行。2. 如果被标注的对象语言只是文章所利用的多个语言中的一个,那么可以省略对象语言的通用非拉丁字母的文字,正如莱比锡标注系统中所应用的直接使用拉丁字母转写形式作为被标注的对象语言。

对于汉语来说,汉语的通用文字是方块汉字,所以在使用别的语言进行写作用到汉语的例子时,必须首先进行拉丁字母转写。如果汉语是研究的主要对象,汉字例句一定要加在拉丁字母转写行的上面;如果汉语是某一文章所涉及的很多语言中的一种,可以只使用拉丁字母的转写形式,不必加上汉字。

第七,**同一著作中多种语言的注明**。当一篇文章中用到多种语言,例句语言的名字要放在标示例句序号的数字后面,如例(7)所示:

(7) 祖鲁语 (Poulos and Bosch 1997:19,63)

  Shay-a   inja!
  hit-IMP.2SG   dog
  'Hit the dog!'

对于例句的来源,可以放在语言类别的后面,如例(7)所示,也可以放在翻译行的后面,如例(8)所示:

(8) 卢干达语

  Maama   a-wa-dde   taata   ssente.
  mother   she.PRS-give-PRF   father   money
  'Mother has given father money.' (Sekiryango 2006:67)

如果例句不是来源于已经发表过的参考文献,要根据投稿杂志的要求在合适的地方注明。

以上七点是标注对于格式方面的规定。此外,莱比锡标注系统还提出了其他一些标注细则。

第一：关于一对多的对应

当对象语言中一个成分不直接对应于元语言中的一个成分，而要由元语言中的几个成分来表达，或者对象语言中的一个成分表达的是多个范畴意义，此时可以称为一对多的对应。

对象语言一个成分对应于元语言的多个成分，元语言的多个成分之间要用圆点"."隔开；标注同一个语言成分的多个语法范畴标签之间也要用圆点"."隔开。

一对多的标注有下列几种情况：

i. 对象语言中的一个词要用元语言中的多个词来标注，这些词之间要加"."，比如汉语中的"出来"，英语中"come out"对译时要以"come.out"的形式出现。

ii. 对象语言中的一个词有多个语法功能，要用多个缩写标签来标注，这多个标签之间也应该加"."。比如汉语中的"这些"，既是指示词，又是复数形式，所以可以使用"DEM.PL"来标注。

iii. 对象语言中的一个词，要用元语言中的一个词和一个语法类别标签来标注，这个词和语法标签之间也要用"."隔开，比如法语中的"chevaux"（"马"的复数形式），其单数形式为"cheval"，无法从复数形式中明确分离出单数形式和复数后缀，可以使用"horse.PL"来标注。这种变化也可以视为一种内部屈折，使用"\"来标注"horse\PL"。

第二：人称和数的标注

这条规则是上一条规则的例外情形。语言中有一个很常见的现象：使用同一个词形同时表达多种语法意义，或者使用同一个词缀形式表达多种语法意义（这是屈折后缀的典型特征）。按照上一条规则，同一个词形同时表达人称和数，属于一对多的对应关系，人称和数之间要使用"."隔开，但是由于这种现象非常普遍，所以莱比锡标注系统特意规定，此种情形下表示人称和数的语法范畴缩写形式之间可以直接组合。比如河南商水方言中第一人称复数形式"俺"可直接标注为"1PL"。这种规定符合莱比锡标注系统的标注思路：高频和显著的语法范畴可以有自己的专用规则。世界语言中人称代词数的区分非常普遍，因而莱比锡标注系统专门为这类成分设定了一个新的标注规范。

这项规定不但应用于代词，还应用于标示动词和论元之间一致性关系，附着在动词上，表示人称和数的词缀，比如，如果对英语中"he walks everyday"中的"walks"作标注，就应该标注为"walk-3SG"。语言中存在两种表示人称和数的范畴：一种是论元位置上的人称和数；另一种是表示一致关系的人称和数。在标注时，如果不产生竞争（语言中只有一种形式），则无需区别；若产生竞争，则需要作不同标注。

第三：对于非显性成分的标注

对象语言中的非显性成分在标注行中也可以进行标注，对这些非显性成分的标注要放在方括号之中，对象语言中这些非显性成分可以使用零形式，也可以在对象语言中标注显性的零标记符号"∅"，这个零标记符号和其前面的语素使用短横线"-"隔开。例如拉丁语中的"puer"可以有两种标注方式：

(9) puer
　　boy[NOM.SG]
　　'boy'

或者

(10) puer-∅
　　boy-NOM.SG
　　'boy'

英语中非第三人称单数的一般现在时动词形式就是一个零标记成分，这个零标记也可以按非显性成分进行标注。

第四：对于固有类别的标注

有些固有类别在对象语言中也是非显性的，但却是对象语言的本质属性，可以在同现的其他组合中体现出来，比如法语中没有生物属性的名词，其阴阳性特征是固定的，这种固有特征很多情形下并不表现在名词上，而要通过和名词同现的形容词、限定词等显示出来，比如"livre"(书)是阳性的，但是"pomme"(苹果)是阴性的，所以要说"un livre"(一本书)，"une pomme"(一个苹果)，这种固定的阴阳性特征在标注项中要置于特征所属成分之后的圆括号中，如：

(11) 法语
  un livre
  a   book(M)
  'a book'

非显性成分和固有类别形式上都是非显性的，但是莱比锡标注系统做了不同的处理。因为非显性成分有可以与之构成语法对立的显性成分，比如例(9)拉丁语中的名词单数形式"puer"有与之对立的名词复数形式，而固有类别是一个成分的内在特征，没有显性成分与之对立，这种类别只体现在它对同现成分的约束上，比如例(11)法语中对无生命名词的阴阳性特征的规定，只体现在与之同现的限定词或形容词上。

第五：对于形态音位改变的标注（内部屈折）

莱比锡标注系统特意指出，如果对象语言中一个语法特征通过形态音位改变[如元音交替(ablaut)、元音变化(mutation)或声调改变]来实现，在标注行中要使用斜线"\"把这些形态音位改变所带来的语法意义和它们所附成分本身的意义分隔开来。以德语为例：

(12) unser-n   väter-n
  our-DAT.PL father\PL-DAT.PL
  'to our fathers'

复数形式"väter"来源于单数形式"vater"。

汉语中通过变调表达语法意义的情况很多,比如河南商水方言(陈玉洁提供例句)中,指示词"那"作为名词化标记时一定要读作轻声,轻声变调此时有语法意义,可以标注为:

(13) 我夜个买那

uo^{55}　　ie^{51}kə^{0}　　mai^{55}　　na$^{51/0}$

1SG　　yesterday　　buy　　DEM.DIST

'those/that I bought yesterday'

第六:同一个成分在形式上是二分的

有些语法或者词汇性成分由两个明显的实体构成,也就是两个实体共同组成一个语言成分,典型的例证就是框式成分。莱比锡标注系统对这种结构提出两种处理方式:1.简单地重复一下这个框式结构的语法意义或者概念意义,两部分都使用同样的词语或缩写作标注;2.用一部分来代表整体的意义,另一部分使用语法标签标出。

比如刘丹青(2002)认为汉语中存在由前置词和后置词一起构成的框式介词。按照莱比锡标注系统,框式介词可以有两种标注方式:

(14) 在电话里(说了很久)

　　　tsai^{51}　　tian^{51}xua^{51}　　li^{0}

　i. on　　　telephone　　　on

　ii. on　　　telephone　　　POST

'(talking for a long time)on the telephone'

第七:关于中缀

莱比锡标注系统特意对中缀作了规定:由于中缀位置的特殊性,与前缀、后缀和词干成分之间使用短横线隔开不同,无论在对象语言还是在元语言中,中缀都要用尖括号括出,这样做使得中缀能比较明显地得到辨识。当中缀有比较明显的边缘时,有时位于左侧边缘,有时位于右侧边缘,这种位置决定了在标注中中缀相对于词干的位置。当中缀靠左,则在标注行中先标出中缀,然后跟词干。当中缀靠右,则标注中先标出词干,带尖括号的中缀后附于词干。但有时中缀没有明显的边缘,所以对于中缀的标注有待于进一步研究。

第八:重叠

莱比锡标注系统对重叠的处理和附缀相似,只是用一个波浪号"～"而不是短横线"-"把重复的部分和根形式隔开,同时在重复部分的相应位置标注出重叠的语法功能。

汉语中单个音节的重叠可以分为三类。第一类重叠构成多音节语素,比如"蝈蝈""猩猩""狒狒"等,这部分重叠属于音节的重叠,非重叠的单音节形式不构成语素,因而不作标注。第二类重叠是一种构词手段,比如"姐姐""常常",非重叠的单音节形式是自由语素(即可以视为词),重叠之后仍然构成一个词,重叠前后词的词汇意义和语法意义并没有改变,因此也不作标注。第三类重叠是一种具有语法意义的重叠,自由语素重叠之后有了新的语法意义,比如形容词、动词、量词和部分名词的重叠。赵元任(1979:105)引Bloomfield的观点认为,重叠可以视为一种变化,也可以视为是一种词缀。莱比锡标注系统中,对重叠作了不同于词缀的特殊处理,词缀使用短横线"-"隔开,但是重叠使用波浪号"～"隔开。我们按照莱比锡标注系统,把重叠视为一种特别的形态变化,使用"～"把基本形式和重叠形式隔开,在专用符号"～"之后,标出重叠形式的语法功能,如例(15):

(15) 走走
    tsou^{214}～tsou^0
    walk～RDP.DLM
    'walk for a short while'

14.3.3 语法范畴标签

语法范畴标签一般用来标示语言中的语法范畴。语言中的语法范畴可以概括为使用固定的形式手段表达固定的语法意义。

形式手段,可以是语法结构,可以是语序,可以是虚词,也可以是黏着的附缀形式或语音屈折形式,总的来说有下面两个主要特点:1. 表达语法范畴的形式有固定的位置,比如"曾经"和"过",前者无固定位置,后者只跟在主要动词之后,所以后者被视为一个功能性的体标记,而前者被视为一个副词;2. 语法形式有比较广的覆盖范围,可以作用于同类的所有或部分对象。

从意义看,语法范畴可以表达比较实在的意义,比如性、数和人称意义等,也可以表达比较抽象的意义,比如动作—结果意义。

标注要特别注意语法范畴之间以及语法范畴和其他功能,比如句法功能、概念意义等的区别。比如语言中有主宾语的区别,并不意味着有主—宾格(nominative-accusative)这组语法范畴,主宾格体现在名词或者代词等论元的形态变化上。主宾语可能有其他的限制条件,比如句法位置、一致关系、语义角色等。

同样,有领有成分(possessive),不意味着有属格的语法范畴(genitive)。有复数意义,不一定有复数的语法范畴。有阴(female)和阳(male)意义,不一定有阴性(feminine)阳性(masculine)的语法范畴。作为语法范畴的阴阳性要使用一定的形式表现出来。

封闭性的词类也可以使用语法范畴及其缩写标签进行标注。比如指示词、人称代词不是语法范畴,但是由于是封闭性的,在各个语言中常常无法直接对应。指示词,在有的方言中是一分的,有的方言中是二分的,有的方言中是三分的,即使是三分也常常有不同的情况,比如可能是"近—中—远"三分,也可能是"近—远—更远"三分,也有可能是中性指示词加上近远二分,总之可能性很多,无法做到对象语言与元语言中成分的精确对应。使用语法类别标签后,可以标注任何一个语言指示系统的具体功能,比如近指的可以使用"DEM. PROX",中指可以标注为"DEM. MED"。

14.3.4 以汉语作为元语言的标注

上文详细介绍了标注的作用和价值,但基本上标注标准都建立在以英语为元语言的基础之上,这些标注标准如何应用到以汉语作为写作/记录语言的标注中去,是学者们需要思考的一个问题。由于标注在语言调查和记录中的重要性,在记录中国境内的方言和少数民族语言时,以汉语作为元语言,对调查得到的原始材料进行转写标注已经成了语料采集中一个必要环节。由于汉语采用通用汉字进行书写,加上中国境内语言的一些区域性类型特点,因此需要对建立在英语作为元语言基础上的一些标注标准进行改造。陈玉洁等(2014)对莱比锡标注系统的"汉化"有所涉及,但他们更多的是探讨如何用英语标注汉语及方言,并不是真正的汉化标注标准。在研究的基础上,我们认为,以汉语作为元语言标注方言或少数民族语言有如下几点需要注意:

第一,密切关注语言中"不完全对应"的成分,比如使用"谁"来翻译英语中的"who",但英语中的"who"功能上和"谁"并不完全对应,它既可以作为疑问代词,也可以作为关系从句的关系代词,而后一种功能是汉语中"谁"所不具备的,如果使用"谁"来对有关系代词作用的"who"进行标注,则容易使标注陷入错误的泥潭。

第二,在标注格式方面,有些方言,比如北方方言和粤方言可以使用规约化的通用汉字表达出来,在标注时列出以通用汉字书写的文本有助于读者阅读。这一行文本可以遵照现代汉语的书写习惯不进行分词书写,同时也不必遵循上下逐词对应的原则。在通用汉字的下面一行使用国际音标标出实际读音,这一行相当于前文标注标准中所提到的对象语言的"拉丁字母转写行",莱比锡标注系统规定这一行要使用斜体形式,目的是为了使这一行(对象语言文本)视觉上区别于以英语作为元语言的标注行和翻译行,但是汉语作为元语言的标注系统中,只有这一行才使用拉丁字母,所以使用斜体并不必要,然而标注行中的语法范畴标签和词汇对译形式要作出区分。对此,王健(2014)提出可以使用斜体和加粗的形式来标示语法范畴标签。遵照汉语标点符号的使用习惯,翻译行可以使用双引号""标示,如例(16)所示:

(16) 我这会儿叫他走了。(商水方言,陈玉洁提供例句)
  Uo^{55} tsu^{51} uaər^{55} tɕiao^{51} t^{h}a^{55} tsou^{55} lə^0.
  1 单 立即   允许/要求**3 单** 离开 状态改变
  "我立即要求/同意他离开。"

  第三,对语音变化,尤其是有语法意义的形态音位改变,在莱比锡标注系统中只是一个可选项,没有给予过多的描述,但在汉语及汉语方言研究中特别重要。汉语中有一些比较独特的形态音位改变,如"声、韵、调"的改变。这些改变有时有语法意义,是语法范畴的表达手段。

  根据传统的标注方法,可以单列一行标出这些形态音位改变,也就是说先列出实际读音,在下面一行再列出音变前的原始读音,实际读音和原始读音进行比较,在发生改变的相应部分用黑体标出,这样可以一目了然地看出哪些地方发生了变化。但是这样一来就多了一行标注,占据空间较多。根据莱比锡标注系统中提到的附加标准,我们认为,可以采用右斜线"\"来合并原始读音行和实际读音行。在国际音标一行,先标出原始读音,原始读音之后紧跟右斜线,右斜线之后是音变后的实际读音。如果音变有语法意义,在标注行用相应的语法标签标出。如河南浚县方言中(辛永芬2006),可以用动词变韵来表示完整体(perfective)的语法意义,标注为:

(17) 买一斤盐
  mai^{55}\mɛ^{55} i^{42} tɕin^{24} ian^{42}
  买\完整体 一 量 盐
  "买了一斤盐"

对于单纯的语音改变,由于语音变化不表示任何语法意义,不属于任何功能范畴,在一般标注中不必列出。

第四,语言调查时,确定哪些语言形式是不能成立的,对深入描写和研究语言非常重要,值得重视。不能成立的例句要用星号"＊"标示,如例(18):

(18) a. ＊他将要吃了一个苹果。　　e. ＊台上将要唱着京剧。
　　　b. ＊他将要养了一条藏獒。　　f. ＊他将要留着八字胡。
　　　c. ＊她将要怀过孩子。　　　　g. 小李将要去北京(了)。
　　　d. ＊他将要结过婚。　　　　　h. 天将要下雨(了)。

2007年12月7—8号,伦敦大学东方和非洲学院召开了一次关于语言存储和语言学理论的会议,大会发言人Hudson(2007)提出,语言学的两大作用是追求真理和应用于实际,而语言存储属于应用语言学的范畴。他指出,因为语言的真实面貌远比主流语言学理论所观察到的现象复杂得多,所以调查并存储语言事实对于语言学研究来说仍然相当重要。经过标注的材料能够加深研究者对语言现象的认识,而在另外一个领域,语言保存(language preservation)、语言存档(language archiving)和语言存储(language documentation)已经成为语言学和计算机科学的交叉学科,近年来得到了很大发展。这个学科的主要目标和任务是对文本进行整理、分类、注释,理论上植根于语言类型学和计算机语言学,前者提供理论框架,后者提供技术支持。

不同描写者对同一个语言的描写结果不尽相同,方言语法的调查描写和存储的结果很大程度上依赖于标注者的理论背景和标注目的。使用何种理论进行分析、存储和标注,全部依赖于标注者个体的选择,标注所能显示的,只是既定的语法体系。标注本身不是语法体系,更不能解决既定语法体系中没有解决的问题,但是标注可以帮助描写者梳理对象语言的语法体系。

每个语言中大致相对应的成分功能上未必完全相同,语素和词只有在语言体系中才能确定自己的价值。正如霍凯特(1958：128)所指出的,门德语中的[i]相当于英语中的定冠词"the",但是考察门德语的整个例子,有时候带[i]的短语反倒要翻译成英语中的"a+N",不带[i]的也可以翻译成英语中的"the+N";因此,把[i]解释为"the"是不可靠的,因为英语中"the"的用法取决于语法而不是语义,同样门德语中[i]的用法也由门德语的语法来定。虽然都可以标注为"DEF",但是[i]和"the"的实际的功能并不相同,这些功能和描述不是标注所能解决的。

另外,标注者要根据不同的目的把握标注的详略程度。如果出于语料库建设的需要,标注应该越详细越好,最好标注出成分的词汇意义和所有的语法功能特征,但是在实际论著的语料标注中,标注者往往会根据与所讨论内容关系的密切程度来决定标注的详略程度。比如前文例(5),其中德语定冠词"das"同时表示中性、单数和主格,但其标注者Haspelmath(2014)只用英语中相对应的"the"进行了简略标注;而"dem"表达中性、单数和与格,Haspelmath(2014)却只多标注了比较重要的与格意义。这种标注方法非常普遍,因为提供所有信息会造成过于复杂的标注结果,而这些复杂的功能对于理解文本来说并不必要。同时,对文本的标注还牵涉到标注者自身的理论背景,也受制于目前语言研究的现状,因此标注具有一定的灵活性,可由标注者自己把控。

14.4　小结

搜集、调查、整理、标注是类型学调查整理语言材料的基本方法。类型学研究虽然可以使用别人公开发表的材料,但有时现有的材料未必能正好提供此时类型学研究所需要的信息,类型学家仍有必要自己调查。语言调查是类型学家应具备的基本功之一。

本章主要介绍了类型学家常用的问卷式和访谈式调查方法。

问卷法和访谈法的优点是，调查者可以在比较短的时间内获得所需的材料。利用视频、图片等刺激物进行内容受控的调查，可以更有效率地获得所需要的语料。但用这两种调查方法获得的语言材料往往不够自然，带有"人工"痕迹。因此采用沉浸式调查方法，按照田野语言学家的方法搜集自然语料也成为类型学家的重要任务。

本章结合前人研究，列出了调查时通常所使用的项目清单，清单中的内容是语言学者对一种语言进行调查时所应重点关注的项目。利用项目清单进行调查一般是问卷或访谈式调查所采用的方法，不过采用沉浸式调查法的语言学者也可以参考这些调查项目，有针对性地对某些现象进行调查。使用项目清单的时候要注意：语言事实永远是第一位的，切忌把某种主要语言（比如汉语、英语等）的标准或者术语硬套到对象语言（被调查的语言）上。教材上所列举的项目未必适用于所有语言。

类型学研究往往要依靠大量不同语言（方言）中的材料，所以语言取样对于类型学研究者来说是一个非常重要的问题。根据不同的研究目的，类型学家可以建设不同的语言样本库。如果要避开因同源而带来的干扰，类型学家可以建立"概率样本库"（probability sample）；如果想对某种语言形式进行探索性研究，不必顾及语言间的源流关系，也不必关注语系和地域分布的平衡性，则可以建立"多样化样本库"（variety sample）。语言样本的选择会对研究结果产生非常大的影响，样本库中的语言要更有代表性和说服力。

本章还介绍了语料整理问题，即经过田野调查得到的原始语料如何处理的问题。语言转写和语言标注是语料整理的核心任务，调查者为了让自己调查到的语言材料能够更好地得到运用，必须对这些语料进行转写和标注。转写一般用国际音标，当然也可以使用其他的拼音字母（多数采用拉丁字母）。语言标注的目的是让读者了解对象语言每个实词或者功能语素的意义和用法。目前国际类型学界最通行的标注体系是莱比锡标注系统。本章结合 Haspelmath(2014)等的最新研究列出了常规标注方法,并对以汉语作为元语言的标注问题进行了简略探讨。

参考文献

Allan, K. 1977. Classifiers, *Language* 53, pp. 285—311.

Bakker, D. 2011. Language sampling. In Song, J. J. (ed.) *The Oxford Handbook of Linguistic Typology*. Oxford: Oxford University Press, pp. 100—127.

Comrie, B., Haspelmath, M. and Bickel, B. 2008. The Leipzig Glossing Rules. http://www.eva.mpg.de/lingua/resources/glossing-rules.php, accessed on 2024—01—04.

Derbyshire, D. 1977. Word order universals and the existence of OVS languages. *Linguistic Inquiry* 8(3), pp. 590—599.

Dryer, M. S. 1989. Large linguistic areas and language sampling. *Studies in Language* 13, pp. 257—292.

Dryer, M. S. 1992. The greenbergian word order correlations. *Language* 68 (1), pp. 81—138.

Epps, P. 2011. Linguistic typology and language documentation. In Song, J. J. (ed.) *The Oxford Handbook of Linguistic Typology*. Oxford: Oxford University Press.

Evans, N. 1995. *A Grammar of Kayardild*. Berlin: Mouton de Gruyter.

Greenberg, J. H. (ed.) 1966. *Universals of Language* (Second Edition). Cambridge: MIT Press.

Greenberg, J. H. 1963. Some universals of grammar with particular reference to the order of meaningful elements. In Greenberg, J. H. (ed.) *Universals of Language*. Cambridge: MIT Press. pp. 73—113.

Haspelmath, M. 2014. The Leipzig Style Rules for Linguistics. http://www.academia.edu/7370927/The_Leipzig_Style_Rules_for_Linguistics, accessed on 2024—01—04.

Hudson, R. 2007. Towards a useful theory of language. In Peter K. Austin, Oliver Bond and David Nathan (eds.) *Proceedings of Conference on Language Documentation and Linguistic Theory*. London: SOAS. pp. 3—11.

Lehmann, C. 2004. Interlinear Morphemic Glossing. https://doi.org/10.1515/9783110172782.2.20.1834, accessed on 2024—01—04.

Lieb, Hans-Heinrich and Drude, Sebastian. 2000. Advanced Glossing: A Language Documentation Format (First Version). https://dobes.mpi.nl/documents/Advanced-Glossing1.pdf, accessed on 2024—01—04.

Poulos, G. and Bosch, S. E. 1997. Languages of the World/Materials 50. München: Lincom Europa.

Reesink, Ger P. 1999. *A Grammar of Hatam*. Canberra: The Australion National University.

Sekiryango, J. 2006. Observations on double object construction in luganda. In Arasanyin, Olaoba F. and Michael A. Pemberton (eds.) *Selected Proceedings of the 36th Annual Conference on African Linguistics*, Cascadilla Proceedings Project, Somerville, MA, pp. 66—74.

Tomlin, R. S. 1986. *Basic Word Order: Functional Principles*. London: Croom Helm.

Velupillai, V. 2012. *An Introduction to Linguistic Typology*. John Benjamins Publishing Company.

Whaley, L. J. 2009. *Introduction to Typology*. World Publishing Corporation &. Sage Publications.

陈玉洁、Hilario de Sousa、王健、倪星星、李旭平、陈伟蓉、Hilary Chappell(2014)莱比锡标注系统及其在汉语语法研究中的应用,《方言》,第1期。

霍凯特(1958)《现代语言学教程》,索振羽、叶蜚声译,北京:北京大学出版社。

李　兵(1990)元音和谐的分类,《吉林大学社会科学学报》,第1期。

刘丹青(2002)汉语中的框式介词,《当代语言学》,第4期。

刘丹青(2008)《语法调查研究手册》,上海:上海教育出版社。

王　健(2014)莱比锡标注规则在汉语方言语法研究中的实践,"汉语方言语法调查框架与莱比锡标注系统高级研修班"讲义,上海:上海外国语大学。
辛永芬(2006)河南浚县方言的动词变韵,《中国语文》,第 1 期。
赵元任(1979)《汉语口语语法》,吕叔湘译,北京:商务印书馆。

(编写者:陈玉洁、王健、金立鑫)

第十五章 理论解释

15.1 蕴含共性描写和类型学的功能解释

15.1.1 蕴含共性和"四缺一"真值表

蕴含共性的提出,是当代语言类型学有别于其他语言学派的最重要特点之一。蕴含共性主要用于跨语言的分布描写,虽然其逻辑形式也可用于单一语言的内部描写。下面我们以 Greenberg(1963)的共性 25 为例来讨论有关蕴含共性的解释问题(参见本书 6.5 节)。

(1) Greenberg 共性 25:
   如果一种语言的代词性宾语后置于动词[VPro],那么其名词性宾语也后置于动词[VN]。

也就是说,一种语言中,代词宾语后置蕴含着名词宾语也后置。必须注意,根据 Greenberg(1963)对蕴含表达的定义,表述(1)意味着名词宾语后置于动词时,代词宾语并不一定后置于动词,即蕴含是单向的。根据逻辑换算,我们也可以知道,其逆反命题"名词宾语不后置蕴含着代词宾语不后置",即"名词宾语前置[NV]蕴含着代词宾语前置[ProV]"也必然成立,两者是等价的。

Greenberg 也指出,表述(1)那样的蕴含关系可以用如(2)那样的"四缺一"真值表来表达。根据两种性质 P 和 Q 的有无,可得到四个组合:i. 有 P(代词宾语后置,即[VPro])也有 Q(名词宾语后置,即[VN]);ii. 有 P 无 Q;iii. 无 P 有 Q;iv. 无 P 无 Q。其中只有第 2 种组合是不可能的,因为违背了蕴含关系规则:"有 P 必有 Q"(下表第二行的组合)。

(2) Greenberg 共性 25 的真值表:

  a. [VPro] [VN] 真,两种宾语都后置
  b. *[VPro] [NV] 假,代词宾语后置而名词宾语前置
  c. [ProV] [VN] 真,代词宾语前置而名词宾语后置
  d. [ProV] [NV] 真,两种宾语都前置

Greenberg 将蕴含关系的表达进一步具体化为"四缺一"真值表,是为了解释蕴含关系。因为根据"四缺一"真值表,他可以用"和谐"(harmony)和"优势"(dominance)两个概念来诠释蕴含关系。"和谐"结构指不同类的{核心—从属语}组合的排列顺序一致;"优势"结构的定义则是:

(3) 优势语序总能出现,而与它对应的劣势语序则只有在其和谐结构也出现时才会出现。

不难看出,这个定义只是对"四缺一"四分表中组合可能性的一种描写而已,本身并没有提供新信息。或者说,这一"优势"的定义只是形式的定义,而不是功能性的定义。

根据这个定义,[ProV]和[VN]是优势的排列顺序,因为不管组合的另一方形式如何它们总能出现。

结构"和谐",即结构的某种一致,有其明显的功能价值。但优势呢?总体上看,Greenberg 的"和谐"和"优势"基本上还是种形式描写,而不是功能解释。

语序和谐的概念后来得到了广泛的研究和运用,例如 Lehmann(1978)的"统辖语和被统辖语和谐"理论、Hawkins(1983)的"跨范畴和谐"等等。类型学中后来关于"核心前置"的语言和"核心后置"的语言之划分,就是根据核心的位置来划分语言的。在生成语

法中,也把核心前置或后置看作一个重要的参数。这些,都反映了自然语言中各种核心成分的位置趋向和谐一致的倾向。Greenberg(1966)就用心理上的概括化(generalization)简单解释了一下"和谐"。后来的研究对这种倾向从不同角度作了解释,包括从语言习得的角度所作的解释,这就是所谓"认知上的经济性"(Shibatani and Bynon 1995:8)。还有从语言运用的角度所作的解释,如 Kuno(1974)从避免"中心嵌套"(center-embedding)的角度,Hawkins(1994)从"直接成分尽早确立"(early immediate constituents recognition, EIC)的角度,说明了各类结构保持和谐、一致的好处。

但是,对"语序优势"这一概念的研究,则进展甚少。Greenberg(1966)当时就意识到,"要解释优势则困难得多"。Greenberg(1966)只是简单地猜测语序优势可能跟"话题置于述谓之前是一种总的倾向"有关。这句话跟前面"优势"的形式定义之间,看不出明显的相关性。事实上,不需要"优势、劣势"这对概念,我们也可以对共性25作出相当简明的解释。

从功能解释的角度看,蕴含共性可以有两种解释方式:"可能性等级"和"两因素互动",以下分别说明(陆丙甫、金立鑫2010)。

15.1.2 解释之一:可能性等级

蕴含共性的第一个解释是"可能性"等级,即可能性较小的形式的存在蕴含着可能性较大的形式的存在。而"可能性"大小背后的原因是功能性的。

回到共性25(代词宾语后置蕴含着名词宾语也后置),可以解释为:连后置可能性较小的代词都后置了,若无其他因素干扰,后置可能性较大的名词当然应该后置了。而共性25的逆反命题"名词宾语前置蕴含着代词宾语也前置",其解释就是"连前置可能性较小的名词宾语也前置了,前置可能性较大的代词宾语,若无其他因素干扰,当然也会前置"。

当然,这里需要一个前提,其他条件都相同的情况下。这里其他条件相同当然是指同样的动词的同类宾语。换言之,可能性等级只适用于蕴含关系中的前、后件构成"最小对比组"(minimal pairs)的情况。

而代词比名词有更大前置倾向这一概括,不难从信息流角度得到解释:代词通常是更旧的并且生命度更高的信息,无数语言事实都证明旧信息和生命度高的信息容易前置(参见本章15.3.5节"可别度领先像似性")。旧信息和生命度高的信息可识别度也高。因此,"可别度领先原则"可以解释旧信息和生命度高的信息前置的规则。所以,解释共性25,只要用一个性质的等级,即"前置倾向的大小等级"。在这个等级上,代词比名词居于高的等级。"名词宾语前置蕴含着代词宾语前置"即"前置倾向较小的名词宾语的前置蕴含着前置倾向更大的代词宾语的前置"。

进一步看,代词比名词有更大前置倾向,不仅适用于宾语,也适用其他句法成分,如主语:

(4) a. Here comes John/ * he.　　　'走来了约翰/ * 他。'
　　b. Here he comes.　　　　　　'他走来了。'
(5) a. "Everybody's business is nobody's business", said John/ * he.
　　"所有人的事情不是任何人事情",约翰/ * 他说。
　　b. "Everybody's business is nobody's business", he said.

所以,共性25可以进一步概括为:

一种语言中同一个成分,如果由代词或名词充当时的位置不同,那么代词的位置必然前置于名词的位置。

又如在领属结构中存在这样一条语言共性:"如果一种语言的名词领属语前置于核心名词,则代词领属语也前置于核心名词"(Ultan 1978:24)。

总之,代词比名词有更大前置倾向,在人类语言中有着极为广泛的表现。因此,"名词宾语前置蕴含着代词宾语也前置"的蕴含关系可以上升为更概括的"其他条件相同时,名词前置蕴含着代词也前置"。所谓"其他条件相同",这里主要指句法角色相同,如都是宾语或都是领属语。

同样可以用"前置可能性等级"来解释的语序蕴含共性还有,"形容词定语如果前置于核心名词,则指别词定语和数词定语也前置于名词"(Hawkins 1983:120)。这可以解释为"连前置倾向较小的形容词定语也前置了,前置倾向较大的指别词定语和数词定语当然也会前置",这跟"扩展的可别度等级"有关,对所属名词短语可别度贡献大的定语前置倾向也大(陆丙甫 2005)。

除了前置可能性的等级外,跟许多蕴含关系有关的可能性等级,都牵涉到交际需要程度和信息处理难度两个基本因素,这类似于经济领域中决定商品存在的两大基本因素:需求和代价。

需要程度可以这样比方,购买奢侈品的人自然也会购买日常用品,即不太需要的形式的存在蕴含着更需要的形式的存在。语言中的例子有"第 n 人称有性范畴蕴含着第(n+1)人称也有性范畴"(Greenberg 共性 44,Plank et al. 2000 中共性 93 和 519)①。由于对话双方面对面的可见性,区分其性别的需要度远低于通常不在场的第三人称。并且,在对话双方中,说话人是唯一的,听话人可能不止一个,因此第二人称又比第一人称更需要区分性别。类似的蕴含共性还有,"第 n 人称反身形式蕴含着第(n+1)人称反身形式"(Faltz 1985:120)。

处理难度可以这样比方,一个会跳舞的人也会走路,即难度高的形式的存在蕴含着难度低的形式的存在。又比如,如果没有其他因素(如"作弊""开后门"等)干扰的话,即其他条件相同时,成绩

---

① Greenberg 共性 44 为"一种语言如果在第一人称上有性的区别,那么第二或第三人称,或者这两种人称,也总有性的区别"。共性档案 93(Plank et al. 2000)是"第二人称单数有性范畴,则第三人称单数也极可能有性范畴"。有趣的是,汉语口语中虽然代词都无性差别,但是书面语中第三人称有性(他、她),第二人称偶尔也有(你、妳),特别是港台文字中,而第一人称绝无性差别。

不好的学生通过某个考试,蕴含着成绩好的学生也通过了这个考试。语言中的例子有:有中缀的语言必然也会有前缀或者后缀,以及有非连续词缀的语言必然也会有单一的前缀或者后缀(Greenberg共性26),因为处理中缀和非连续词缀的难度较大。关系从句中名词的可及性等级,也是如此:如果一种语言对关系从句中比较难提取的名词能提取出来作核心名词,那么比较容易提取的名词也能提取(Keenan and Comrie 1977)。

当然从更高层次看,难度和需要程度也往往是一致的。越需要的事情,因为做得多,就会因熟练而变得容易处理,即难度降低。如走路比起跳舞,既更需要也更容易。另一方面,降低难度本来也是一种需要。"需要"是"主动性"功能,降低"难度"是适应性被动功能,看来积极功能更根本,正如俗话所说,"需要是创造之母"。

当然,在"需要"和"难度"之外,还可能还存在其他的可能性等级。如"单数有非零形式标志蕴含着多数有非零标志"(Croft 1990:68)。这条蕴含是由像似性决定的,意义上简单的单数形式也取无标志的简单形式,这属于"复杂度象似"(参见本章15.3.2节)①。若用可能性等级来表示,就是:因不符合复杂度像似性而不太可能的现象(简单概念"单数"用复杂形式表示)的存在,蕴含着因符合复杂度像似性而更可能的现象(复杂概念"多数"用复杂形式表示)的存在。

回过来看看共性25,"代词比名词有更大前置可能性"中的可能性等级,是出于交际需要还是难度呢?狭义地看,都不是,而是出于跟信息结构的像似性。不过,符合像似性的语序结构在交际

---

① 这条共性来自Greenberg共性35(多数在所有的语言里都用某种非零形式的语素来表示,而单数在有些语言中仅用零形式表示。双数和三数几乎从不采取零形式)。就双数和三数几乎从来不用零形式标志这一点来说,可以用经济原则解释;双数、三数使用少,不妨用复杂些的形式。但单数和多数的关系,情况就有所不同,因为单数和多数的使用率差别并不明显。如果把"多数、双数和三数"概括成广义的"多数"(非单数),也就是成了"单数有非零形式标志蕴含着多数有非零标志",那么对这条共性的解释就可以同时用到经济动因和像似性动因。

时也容易处理。因此,广义地看,这条可能性等级可以说是一种难度等级。

在 Greenberg(1963)的 45 条共性中,适用可能性等级来解释的蕴含共性,还有下面这些。

共性 29:"如果一种语言有屈折变化,那它总有派生现象"。这可以用容易发生的过程的难易来解释。屈折比起派生,虚化程度高,语法化历程长,这就意味着更难发生。

共性 32:"只要动词跟名词性主语或宾语有性的一致关系,总也有数的一致关系"。这首先跟需要程度有关。从交际角度看,数量概念显然比性概念重要得多。即使没有数这一形态范畴的语言,也总有其他手段去表达数概念,如汉语中虽没有"数"的形态范畴,但是实际上名词经常通过数量词以及"些""个"来表达数的概念。比起数范畴来,性范畴在更多场合是跟交际无关的冗余信息,所以汉语中表人物、生物的名词前冠以"男、女、雌、雄"去区分性的场合比区分数的场合少得多。上述现象可能也跟难度有关,识别一个对象是否单数比起识别性别要容易。

共性 34:"有双数的语言才会有三数,有多数的语言才会有双数"。这跟需要程度和判断难度都有关。在"单数-(非单数)多数"的两分对立、"单数-双数-多数"的三分对立和"单数-双数-三数-多数"的四分对立中,显然"单数-多数"这一两分对立最容易做到并且也最需要。

共性 36:"一种语言如果有性的范畴,它总具有数的范畴"。这跟需要程度和处理难度都有关,非单数情况下确定性范畴不容易,甚至不可能。参看以上关于共性 32 的讨论,以及下一条讨论。

共性 37:"一种语言的性范畴在非单数中不会比在单数中多"。这跟处理难度有关,非单数情况下不容易确定性范畴。

共性 43:"一种语言如果名词有性范畴,那么代词也有性的范畴"。这跟需要程度和处理难度都有关。比起名词,代词表示人物的概率更高,而人物的性别区分在交际中比较重要,更需要区别。此外,代词主要指称已知的确定人物,因此也更容易识别性别。

共性 45:"如果代词的多数有任何性的区别,那么单数也会有某种性的区别"。这一条的原因跟共性 37 的一样。

除 Greenberg 45 条共性之外,其他可用可能性等级解释的蕴含共性还有如下这些。

"一种语言的不及物主语有格标志,则及物主语必然也有格标志"(Itkonen 1998:158)。这是因为及物动词有两个论元,主语和宾语需要区分开来。而不及物动词只有一个论元,无需区分。所以通常宾语需要标志,而主语则无需标志。由此我们也可以理解这条蕴含共性:一个语言若主语有标志,则宾语有标志。

"如果不及物谓语动词有人称一致标志,则及物谓语动词也有人称一致"(Siewierska 2004:133)。这条本质跟上一条相同,不过区分标志不是加在论元上,而是加在核心动词上。

15.1.3 解释之二:两因素互动

Greenberg 用"和谐""优势"两个因素对共性 25 的解释,虽然并不成功,但其用两因素互动去解释四缺一的尝试,却富有启发性。两因素互动的确能解释一些四缺一现象,不过所用两因素根据不同现象而不同。如下例中的两因素分别为"语义靠近动因"和"可别度领先动因"(陆丙甫 2005)。

(6) 宾语和状语出现在动词同一侧时的四种情况(设 X=宾语紧靠动词,Y=宾语前置于状语,"┐"表示"非")。
   a. 动词—宾语—状语:to read the book carefully　X Y
   b. *动词—状语—宾语:*to read carefully the book　*┐X┐Y
   c. 状语—宾语—动词:认真地 把书 看了　X ┐Y
   d. 宾语—状语—动词:把书 认真地 看了　┐X Y

用蕴含关系来表达,(6)的情况就是"┐X 蕴含 Y,┐Y 蕴含 X",

即"宾语跟动词分离蕴含着宾语前置于状语,或宾语后置于状语蕴含着宾语紧靠动词"。由于其中的蕴含项和被蕴含项的性质相差太大,并不属于同类范畴,不构成"最小对比",因此无法用"可能性等级"去解释。但是我们可用"两因素互动"去解释这个现象。

这里的两个因素是:1.根据"语义距离象似性"(参见本章15.3.4节),宾语应该比状语更靠近动词;2.根据"可别度领先象似性"(参见本章15.3.5节),通常表示实体的宾语,比起通常表示行为方式的状语,具有更高的可别度,因此宾语具有前置于状语的倾向。在(6a)中,两个因素都得到了满足,因此合格。而在(6b)中。这两个因素都没有得到满足,因此不合格。至于在(6c)(6d)中,各自满足了两个因素中的一个,因此也合格。

并且,动因落实的数量反映了不同语序在人类语言中出现率的高低。符合两个动因的往往语序最稳定,最普遍。违背两个动因的基本不存在。这样就直接反映了动因落实数量跟语序优势程度的相关性、对应性。

下面也是适合用两因素互动来解释的例子(陆丙甫、罗天华2009):

(7) 直接宾语、间接宾语在动词同一侧时的四种情况(设 X=直接宾语紧靠动词,Y=间接宾语前置于直接宾语,"¬"表示"非")。
  a. 间接宾语—直接宾语—动词:X Y
  b. *直接宾语—间接宾语—动词:*¬X ¬Y
  c. 动词—直接宾语—间接宾语:X¬Y
  d. 动词—间接宾语—直接宾语:¬X Y

上述两个元素取正值时,反映了人类语言中的普遍倾向。取正值的语序的优势在人类语言中也有普遍性。一方面,语义上直接宾语比间接宾语更靠近动词。另一方面,间接宾语(受益者或受损者)的可别度(主要是有定性和生命度)通常比直接宾语高,因此有更大前置倾向。

在 Greenberg（1963）45 条共性中，可以用两因素互动来解释的蕴含共性，主要有共性 20："当任何一个或者所有的下述成分（指别词、数词、描写性形容词）居于名词之前时，它们总以这种语序出现。如果它们后置，语序或者依旧，或者完全相反"[①]。

这条共性可以表达为"四缺一"：可以设 X 为"（多个）定语后置"，¬X 就是"定语前置"，Y 为"定语顺序固定"，¬Y 就是"定语顺序不固定"。只有"定语前置并且顺序不固定"的组合不存在。

这条共性也是语义靠近和可别度领先的互动的典型例子。语义靠近决定了{指别词{数词{形容词{名词}}}}的距离顺序。这里虽然不能直接用可别度，但是可以用"潜在的可别度"，即定语对其所属名词短语的可别度贡献大小，贡献越大，前置倾向越大。换言之，定语有依据其向名词短语所贡献的可别度大小而采取［指别词－数词－形容词］顺序的倾向。当三类定语都前置时，两个动因的结果是一致的，互相强化的，结果是得到了唯一的优势语序［指别词－数词－形容词－名词］。当这些定语都后置时，两个动因的结果是互相冲突的，因此导致优势语序的跨语言不稳定，甚至单一语言内部的不稳定（陆丙甫 2005）。

陆丙甫（2006）还列举了"新编英汉词典、＊英汉新编词典、新英汉词典、英汉新词典"的例子，以及歧义句"张三追累了李四"的"四缺一"例子："张三追而李四累、＊张三累而李四追、张三追并且张三累、李四追并且李四累。"

对于可能性等级能解决的蕴涵共性，实际上只要四缺一四分表中的两种组合就可以解释了（陆丙甫、金立鑫 2010，如解释共性25，只要(2b)(2c)两种组合就可以。但是对于两因素互动才能解决的蕴涵现象，必须用到四分表：三个组合表明符合一个动因的就能合格，一个组合显示两个动因都不符合的才不合格。

[①] 后来的调查表明，"如果它们后置，语序或者依旧，或者完全相反"并不确切，因为还有其他可能性，因此 Hawkins（1983:117-123）认为是"无可预测"。但是这个差别并不影响我们的分析。

语言现象往往由多个未知因素决定,显然不能通过对单一语料事实的分析来解释;正如数学上多元方程的解无法通过一个方程式获得,而必须通过多个方程式才能获得一样。这正是强调跨语言语料的当代语言类型学在方法论上的突出优势。

蕴含关系是继"最小差别对""互补对立"和"标记论"之后,语言学形式描写方面的一个重大贡献。蕴含关系的描写在描写跨语言的分布现象时特别有用。它不仅可以帮助我们发现更多语言共性规律,而且也能帮助我们从尽可能少的语料中发掘尽可能多的规律。在科学研究中,发现解决问题的新方法往往比找到问题的答案更有价值。

最后需要指出,发现了"四缺一"格局的现象,并不等于能找到相关两因素,毕竟描写还不等于解释。俗话说,"把问题讲清楚了,也就解决了一半"。这一方面表明了讲清楚(即明确描写)的重要性,另一方面也表明了描写毕竟还不等于解释。发现真正重要的相关因素,仍然是个充满原创性的工作。例如,在"本次列车开往成都,沿途经过郑州、西安等地"这一"四缺一"格局中,其中的"等"和"地"如分别用双音形式"等等"和"地方"去代替,共可得四种格式"等地、*等等地、等地方、等等地方",其中只有"等等地"是被严格排除的。这个格局无法用可能性等级来解释,因为其蕴含关系是:"等等"蕴含着"地方",或"地"蕴含着"等",其中蕴含前、后件之间不构成最小对比。若用两因素互动模式去解释,目前也很难找到两个充分条件或优势形式的功能因素。看来要发现对这个现象的解释,还需要对相关现象作更广泛的观察、分析。由此可见,"四缺一"描写格局只是可能的并且最简单的描写格局,但并非是充分的描写格局。当然,也有相反的情况,一个"四缺一"格局能找到的功能解释因素不止一对。

总之,清晰的形式描写可以引导我们,但不能代替我们,去发现真正重要的相关因素。"描写说明了我们所考察的对象中的条件和结果之间的逻辑关系,但是并没有对这种逻辑条件关系作出解释,即为什么这些条件能够必然地推出这些结果。只有寻求出条件和结果之间的原因,科学解释的目的才算达到。因此,描写本身还不能算是解释,但它却是解释所必需的,没有充分的、干净的、整齐的描写结果,解释无从进行"(金立鑫 2007:393)。

下面我们进一步讨论"可能性等级"和"两因素互动"背后的具体功能基础。

15.2 语言的经济性和像似性

15.2.1 语言经济性

语言学中较早提到经济性是所谓的"Zipf 定律"(Zipf's Law):"高频率是形式短小的原因"(Zipf 1935:29)。如虚词出现率高,通常都很简短,其语音弱化也可看作形式短小的延伸表现,因为都是"量"的减少。

Grice(1967/1989:26)会话合作理论的"数量准则(Maxim of Quantity):"不要传达满足当前交际需要以外的信息",也是经济性的表现。

所谓区别性宾语标志(differential object marking),也是经济性的表现(Aissen 2003)。例如大多数有宾格标志的语言中,宾格标志的使用往往不是绝对的,有一定的选择性:往往是主宾关系容易混淆时,如两者都是人物或都是无生命事物,就更需要采用宾格标志。也就是说,标志的使用跟结构信息是否明确有关。越容易发生角色混淆的情况,或越容易导致歧义的情况,就越需要用形态标志。通常情况下,生命度或者指称性高的宾语更需要宾格标志,如下列西班牙语例子所示[例(1d)中的"al"是宾格标志"a"跟定冠词"el"合并而成]:

(1) a. El director　　busca　　un　　automóvil.

　　　这 指导员　　 找　　 一　　汽车

　　　'指导员在找一辆汽车。'

　　b. El director　　busca　　el　　automóvil.

　　　这 指导员　　 找　　 这　　汽车

　　　'指导员在找这辆汽车。'

　　c. El director　　busca　　un　　empleado.

　　　这 指导员　　 找　　 一　　秘书

　　　'指导员在找一位秘书。'

　　d. El director　　busca　　al　　empleado.

　　　这 指导员　　 找　　 这.宾　秘书

　　　'指导员在找这位秘书。'

又如,许多语言的动词只跟生命度高的主语或宾语有一致关系,如 Amharic 语动词一致标志只用于定指宾语,而不定指宾语不需要有一致标志(Givón 1976:161—162):

(2) a. Kassa　　borsa　　-w　　-in　　wässädä　　-w

　　　Kassa　　钱包　　-定　　-宾　　拿走了　　 -它

　　　'Kassa 拿走了这个钱包。'

　　b. Kassa　　borsa　　wässädä

　　　Kassa　　钱包　　拿走了

　　　'Kassa 拿走了一个钱包。'

所谓"语义投影连续性"(The Semantic Map Connectivity Hypothesis, Croft 2003:134)又称"语义地图",简称"语义图"(参见本书第十三章),既有像似性的一面,又有经济性的一面。其像似性表现为连续的表达功能用同样的编码形式。其经济性表现为若干连续的表达功能可以合用一个编码形式,这表明经济性和像似性在更高的战略层面上,又是一致的。下面举一个例子。

屈正林(2011)对中国境内 35 种少数民族语言中定语标志分布

的考察:如果排除类型1,类型2、3和4都可以把指别词定语和数量词定语跟其他带标志的定语进行两分,然后在名词、形容词、动词之间建立一个连续统。其中第3、4种情况直接反映了形容词在动词和名词间的游离性。从名词到形容词再到动词,作为定语,反映所指性质的从稳定到不稳定,反映了修饰语本身语义的连续性。

(3) 35种民族语言中定语标志的分布(下面表格中,相同的阴影表示对应的定语后面带同样的标志,空白部分表示对应的定语不带标志):

类型	指别词	数量词	名词	形容词	动词	语言数量
1						7
2			░	░	░	14
3			░	░	▓	13
4				░	▓	1

15.2.2 语言像似性

"像似性"(iconicity)指交际功能编码形式之间的某种一致性。复杂现象若都能用简单的一致性去解释,当然很好。复杂的问题是无论功能和形式都有多方面的表现。关键问题是:怎样的功能跟怎样的形式互相一致?这就需要不断地从新的角度去观察、分析,一旦发现合理的角度,原来不一致的现象就会显示出某种一致性。

例如,汉语和英语中的状语顺序表面上看来是相反的。

(4) a. 汉语:时间—处所—方式—**动词**
　　b. 英语:　　　　　　　　**动词**—方式—处所—时间

但是如果我们换一个角度,以核心动词为坐标原点,考察各状语距离核心动词的远近,则显示出两种语言中不同状语离开核心动词的远近顺序是完全一致的。

由此可见,不一致的现象才特别需要解释,才特别有研究价值。这并没有完全否认一致性现象的研究价值。例如现在我们发现了以动词为坐标原点,(4)中这三类状语跟动词的距离远近,在两种语言中是一致的。这个一致性也需要进一步解释。进一步的解释就是这种结构距离的远近跟语义联系的紧密度有关,互相之间是一致的。

换言之,解释不一致现象的第一步是寻找一致性,即从复杂现象中发现简单模式;接下来,是把这种一致性跟其他一致性联系起来,这样逐步推导下去,就可把整个世界组织在一个一致性网络中。心理学和科学哲学都认为发现一致性模式的能力是人类智力中最重要的。因此我们才说,不一致比一致性更值得研究。不一致是问题的起源,而科学起源于问题。其实,在不同一致性之间找到相关性,这个问题的起源仍然是不一致。因为寻找不同一致性之间的相关性,也就是排除不相关的一致性的过程,就先要看到不一致的表象,然后在这表象之下发现最终还是具有某种一致性的结论。

又如,"希望"跟"失望"的对象分别在动词的后面和前面,位置完全相反。

(5) a.   **很希望** 什么
  b. 对什么 **很失望**

不过,考虑到"希望"的事情都是未来的,是产生"希望"时尚未发生的,而"失望"的事情都是已经过去的,是产生"失望"时已经发生的,那么,两种格式中动词和其对象之间的顺序,跟其表达内容,即客观现象发生的时间顺序是一致的,即"事理顺序像似性"。

总之,运用简单的一致性去解释表面上不一致的现象时,关键的问题就是找到合适观察的角度,具体地说,就是怎样的功能跟怎样的形式之间的一致性,即"事理顺序像似性"。

最后需要指出,以上所说经济性和像似性这两个基本功能动因中,后者是主导的;它的作用如市场需求,是新产品的必要条件。在此基础上,才能考虑产品的成本核算问题,即经济性问题。另一方面,经济性主要是从编码者的角度考虑的,而解码者的角度是更基本、普遍的角度,因为一个编码者在编码时要"监听"自己的编码,因此必然同时是个解码者。从这个角度来看,经济性比起像似性,也是第二性的。

像似性和经济性是一对最概括的"元动因"。由于像似性起主导作用,以及具体内容比较丰富,下面15.3节将专门讨论。

15.3 六大像似性

15.3.1 声音像似性

一般认为这是一种比较简单的像似性,具体而形象,如象声词等。但事实上,声音像似性也有相对复杂而抽象的。下面是一个例子。

英语、汉语中,如果同源结构根据重读模式区分名词性还是动词性,都是"轻－重"节律模式为动词性的,而"重－轻"为名词性。这是因为"重－轻"模式具有更强整体性。[参见本书2.3节表2.2以下有关分析]

名词性跟概念整体性的关系,还可以进一步从句法上得到证明。句法证据之一就是结束的"完整事件"往往能编码为名词性更强的单位,例如:

(1) a. 开始认真的/地讨论

　　b. 结束认真的/*地讨论

(2) a. 开始讨论一些学术问题

b. * 结束讨论一些学术问题

以上例子表明"结束"的事件比起"开始"的事件更容易编码为整体性较强的名词性单位。同样,英语"begin"和"finish"的宾语也表现出类似的差别。

(3) a. to begin V-ing/to do
　　 b. to finish V-ing/ * to do

英语中动名词"V-ing"比不定式"to V"具有更强名词性的证据很多,例如:

(4) a. To make a living, Tom had tried writing, painting, and various other things.
　　 b. * To make a living, Tom had tried to write, paint, and various other things.

动名词可以跟名词单位"various other things"并列而不定式不能,足以证明前者比后者具有更强名词性。

15.3.2　复杂度像似性

它也称"数量像似性",表示简单动作用的语言单位若出现在名词位置上,采用最简单的直接专用(所谓"动词名用")形式,而复杂社会事件往往采取复杂的编码形式从动词通过构词过程构成专职的"事件名词"(陆丙甫 2012):

(5) act→action/activity　　　move→movement

类似地,比较简单的"a clap of hands"表示较简单的"一下掌声",而比较复杂的"a clapping of hands"表示较复杂的"一阵掌声":

(6) a clap of hands　　　　a clapping of hands

表达介于简单动作和复杂社会事件之间的事件的单位出现在名词位置,则往往编码为复杂性介于简单的"动词名用"和复杂的

"事件名词"之间的"动名词"形式:

(7) 简单事件(动作名词—零派生):move,pull,push
　　中间事件(动名词形式):moving sale,climbing
　　复杂事件(社会事件—专职名词):movement,revolution

说"动名词"复杂性介于两者之间,是因为其派生是高度规律的,不像"事件名词"的名词后缀那么多种多样。

不妨再比较一下不同复杂程度的"开始"和"推动":

(8) begin　　commence/commencement
　　push　　promote/promotion

"commence""promote"所"开始"和"推动"的不是日常生活中的简单事情,而是较复杂的社会事件,因此其动作编码也采取比较复杂的形式,并且有专职的"事件名词"形式。

为何以下对等的"记忆"意义和"遗忘"意义会分别编码为名词性较强的"memory"和名词性较弱的"forgetting"呢?

(9) The struggle of humanity against tyranny is the struggle of *memory* against *forgetting*. ——Milan Kundera

可能的原因就是,"记忆"中的意象比起已经"遗忘"的事情因在大脑中维持时间较长而更具体、清晰,而这也是名词性相对于动词性的特征之一(参见本章 15.3.5 节关于可别度的介绍)。

更大的结构体也是如此,较复杂的行为通常用较复杂的句式去编码(Langacker 1991)。

(10) a. We *could* see he was too old.
　　　　'我们可以看出他太老了。'(暗示那是一目了然的事实)
　　b. We *were able to* see that he was too old.
　　　　'我们可以看出他太老了。'(暗示要作努力才能看到)

(11) a. He got so moved he bought the book.
　　　　'他感动得(当场)买下了这本书。'

b. He got so moved ***that*** he bought the book.

'他如此感动,以致买了这本书。'

15.3.3 事理顺序像似性

Greenberg(1963)在解释共性 14(在条件陈述句中,所有语言都以条件从句处于结论之前为正常语序)和共性 15(除非在名词性宾语总是前置于动词的语言中,表达意愿和目的的从属动词形式总是后置于主要动词)时,指出"语序是平行于实际经验或知识顺序的。在条件关系中,虽然其真值关系是非时间性的,但逻辑学家总是用像日常语言中那样的从蕴含者到被蕴含者的顺序把它符号化"。这里所用到的是事理顺序。

"时序像似性"(Tai 1985)也可看作一种事理顺序,它的意思是时序跟语序之间的一致性。时序像似性在连动结构中表现得最明显,一般认为连动结构的语序必然服从这一像似性(李亚非 2014;Haspelmath 2015)。动词是时间性最强的范畴,因此连动结构跟时序像似性关系最密切,必然受到时序像似性的影响。

不少学者认为汉语中时序像似性比其他语言中使用得更多,更广泛。那么,汉语中多出来的时序像似性现象必然是超出连动结构的。前面 15.2.2 节(5)中"希望什么"和"对什么失望"的对比就是一个例子。

屈承熹(2005:14)举下例说明汉、英两种语言在这方面的差别:汉语总是按照起点到终点的时间顺序排列,英语不是。

(12) a. We went to Beijing from Shanghai.

b. We went from Shanghai to Beijing.

'我们从上海去了北京。'

其实,英语中具有论元关系的成分之间并非绝对不受时序像似性的影响,如下面例子所示:

(13) a. From Beijing, we went to Shanghai.

b. * To Shanghai, we went from Beijing.

英语动词"go"虽然可带起点和终点这两个论元,但是凸显的是终点而不是起点,表现之一是终点比起点更难省略。或者说,终点比起点具有更强的论元性。因此,终点也就有靠近动词的倾向(见下面15.3.4节"语义距离像似性")。所以,例(12a)是更常规的语序。例(12b)的存在,本身已经反映了时序像似性对常规语序的干扰。当起点和终点分置动词两侧时,两者跟动词的距离远近差别就因不那么直接而被淡化了;于是时序像似性的作用就得到了进一步凸显,如例(13)的明显对比所示。

可见,时序像似性在英语论元之间也起作用,不过表现比较隐蔽,不如汉语中明显而已。这个例子也启示我们:一些语言共性表面上看不出来,但不一定不存在,这就需要我们排除干扰因素去显示它们。

又如:

(14) She ran to tell the manager who promptly rang up the fire brigade.

这个句子在英语中完全符合时序像似性,但是如果结构对结构地直译成汉语"她跑去告诉立即打电话给消防队的经理",译句就违背了时序像似性(应该是先告诉经理,然后经理打电话),完全不通,因而只能意译为"她跑去告诉经理,经理立即打电话给消防队"。

15.3.4 语义距离像似性

"概念上关系密切的成分在结构上也靠近",这一"语义靠近"动因提出很早,但是以往一般都用于两项式结构中,如:

(15) a. 我(*的)书
　　　b. 我(的)爸爸

其中"我"跟"书"的关系是可以让渡的,跟"爸爸"的关系是不可让渡的。前一种关系不如后一种密切、稳定，语义关系比较疏远而导致结构距离也比较疏远，因此更需要"的"去增加前后部分的距离。

在轨层结构的基础上，这一动因可以广泛地运用于所有含有一个核心的多项式结构体。如由"时位(T)、时量(D)、处所(L)、工具(I)、方式(M)"和"核心动词(V)"这样6个成分组成的语序，可能的排列有 $6\times5\times4\times3\times2=720$ 种。但是由于这些状语跟动词的语义关系远近不同，受表达这种远近区分的轨层的限制，可能的排列就降到了 $2\times2\times2\times2\times2=32$ 种（陆丙甫 2012）。可以说，轨层结构为概念距离像似性提供了一种远比树形图更为形象的描写手段，并且也凸显了核心词在表达多项结构中语义距离像似性时不可缺少的关键作用。

再看下面的例子：

(16) a. 张三的那本李四的书
　　　b. 借者—拥有者—翻译者—原作者—内容
　　　c. A借去的B拥有的C翻译的D写的关于E的书

其中"张三"和"李四"单独地看，各自都可以至少有(16b)中的那5种所指解读[①]，那么，数学上可能的解读有20种，即20重歧义。但是由于这些解读所指跟核心"书"的语义关系远近有别（越靠右关系越紧密、内在、稳定），"张三"获得的解读必须在"李四"所获得的解读的左边。这样，就只有10种可能。例如，符合这个语义远近区分的"借者的那本内容的书"（张三借来的那本关于李四的书）成立，颠倒过来，违反语义远近顺序的"内容的那本借者的书"（关于张三的那本李四借来的书）就不成立。如果去掉"那本"，"关于张三的、李四借来的书"勉强成立，但此时的解读应看作并列结构充当一个定语，不存在"两个定语"跟核心名词的距离差别问题，至少

[①] 还可以有其他所指解读，如"买者、卖者、推荐者、评论者"等等，它们跟"书"的语义关系稳定性、重要性也都不同。即使同属"拥有者"，如收藏家跟其所收藏的书，就跟一般的拥有者不同，关系更密切，因为收藏家对所收藏之书的性质有所选择。

没有直接违背语义靠近原理。

必须注意,语义靠近不是一般意义的语序问题,因为它实际上跟反映时间先后的水平线性顺序无关,而是空间距离性的。如英语中形容词定语都前置于核心名词,而状语通常都后置于核心动词,因此下面内容对应的三个定语和三个状语,其线性语序正好相反。

(17) a. There was an *unfortunate mysterious structural* **damage** to the rocket.

b. The rocket was **damaged** *structurally mysteriously unfortunately*.

语义距离像似性本身,还可以进一步加以认知的解释。语义靠近(语义关系密切)的主要标准是稳定性。如上例中,"结构性的"损坏是内在的、最客观稳定的。"神秘""不幸"是外在的,而且是不稳定的,因为对破坏者来说则是有幸的成功,也并不神秘。就"神秘"和"不幸"而言,认知性的"神秘"比价值判断性或情感性的"不幸"位于更内层,因为价值判断更加因人而异。语义上跟核心名词关系越是稳定的定语,跟核心名词一起构成的结构体,其整体性也越强;为了反映这种整体性,也就越需要紧挨在一起。"表达内在性质的成分在内层,表达外在特征的成分在外层",显然是最容易把握的编码形式。

语义距离像似性的要点是语义距离和结构距离的一致性。其中,结构距离不能简单地理解为线性距离,还跟层次有关(陆丙甫、陈平 2022)。

15.3.5 可别度领先像似性

这条像似性表示,其所指越容易被识别的成分、范畴出现得越早,或者说前置倾向越大(陆丙甫 2005),如:

(18) a. the **last** two pages
　　 b.（the）two **last** pages

"last"在例(18a)中前置于数词时,表示同一本书中的最后页面;而在例(18b)中后置于数词时,则表示不同书本的最后页面。比起不同书中的最后页,同一本书中的最后两页当然更容易识别,因此表示"最后"的"last"可以前置;并且由于前置的"last"本身的可别度高,其可别度转移到所属名词短语,导致整个名词的可别度也较高,所以必须带定冠词"the"。又如:

(19) a. Here comes **John**.　　　'(这里)走来了约翰。'
　　 b. * Here comes **he**.　　　'*(这里)走来了他。'
　　 c. Here **he** comes.　　　　'他走来了。'

人称代词的可别度高于专有人名,因而具有更大的前置倾向,导致了例(19a)和(19b)两个句子是否合格的差异。另一方面,例(19b)只有改成例(19c)才合格。这进一步表明了人称代词有更大的前置倾向,因此也就不适合放在非典型受事的后置位置。

这一现象跟共性 25 本质上是一致的。共性 25 实际上就是说,一种语言中如果代词宾语和名词宾语的位置不同,那么必然是代词宾语在前名词宾语在后。这里不过把宾语改为主语而言,"一种格式中如果代词主语和名词主语位置不同,必然是代词主语在前而名词宾语在后"。

15.3.6　功能—形式共变律

这条一致性指功能变化跟形式变化间的一致性。

(20) a. 来了　**客人**。
　　 b. **客人**　来了。

显然,最好的分析就是说"客人"在移动位置时语用表达功能也一起变了,把变化因素集中在一个成分上,才可凸显不同变化之间的一致关系(陆丙甫 1993:5—6)。

进一步看如何移动的,较好的处理就是从后置位置前移到前置位置,因为这个过程中,"客人"的指别性是增加了。

又如:

(21) a. 那只　**白的**　狗
　　 b. **白的**　那只　狗
　　 c. 那只　**白的**　狗

若以例(21a)为基本语序,则(21b)中"白的"前移的结果是意义也同时变了,增加了指称性和对比性。同样的效果也可以如例(21c)那样通过重读获得。不论是移位和重读,都是编码形式的变化,总之都反映了"功能－形式共变律"。

15.4　小结

本章首先分析了蕴含关系的最简单解释就是功能较差的编码形式的存在蕴含着功能较好的形式的存在。因此可以说,蕴含关系的发掘为功能解释提供了一种相关性最大的描写形式。

本章进一步介绍了功能解释的一些主要方面,这些解释之间存在种种关系。如15.2.2节(5)中"希望什么"和"对什么失望"的对比,既反映了时序像似性,同时也反映了可别度领先这一像似性,因为先发生的事情往往也就是更旧的信息,其所指的可别度也会较高。

不仅不同的像似性次范畴之间可以共存,而且像似性和经济性也可以共存,前面15.2.1节中已经说过"语义投影连续性"有经济性和像似性的两重性。进一步来看,像似性的本质是交际功能和编码形式之间的"一致性",而一致性实际上也是经济性的表现:"一致性"是种简单性,简单性就是经济性。这是两个元动因在战略层面的统一。因此,在语言机制的深处,像似性和经济性是一致的。这正如深入到原子内部结构这个微观世界的层面,物理学和化学就完全汇合了。

某个语言现象,可能是某个像似性的结果。但也可能跟多个像似性有关。其中不同像似性的结果通常是一致的,但是也有互相冲突的情况。如类型学的基本描写之一"蕴含共性",或者是某个可能性等级的结果,也可能是不同像似性动因的互动结果(陆丙甫、金立鑫 2010)。例如定语都前置的名词短语中,各定语间的语序很稳定、一致,而定语都后置的名词短语中,定语间的语序相当自由、不一致。定语前置时语序的稳定和后置时语序的不稳定,都可以通过语义靠近动因和可别度领先这两条一致性的互动去解释(陆丙甫 2005)。这正如万物的运动在力学中都可以根据基本的几种"力"互动的"合力"去解释。

跟形式语法不同的是,功能解释在接纳多种解释方面没有问题。一个现象有多个动因,一个结果有多个原因,这没有什么可奇怪的。通常的情况是,符合动因越多的现象,出现率越高。

跟物理世界不同,语言原本就是人类认知的直接产物(虽然此后也对人类认知的发展有反作用),其原理必然服从人类认知的最基本规则。并且,语言功能和形式的发展、延伸,也都是自然而然发生的。从这个角度看,语言原理应该比先于人类认知的物理世界更加容易为人类认知所理解和掌握。

最后,需要说明一下:大量所谓蕴含共性,都难免有例外,只是明显的倾向而已。但是,根据"倾向是受到干扰的共性,共性是理想化的倾向"这一理念,那么,倾向跟共性并无本质的区分。只要发现导致例外的干扰因素,就可以排除它们而使倾向朝着共性不断逼近。

参考文献

Aissen, J. 2003. Differential object marking: iconicity vs. economy. *Natural*

Language & Linguistic Theory 21, pp. 435—448.

Croft, W. 1990. *Typology and Language Universals*. Cambridge: Cambridge University Press.

Croft, W. 2003. *Typology and Universals* (Second Edition). Cambridge: Cambridge Press.

Faltz, L. M. 1985. *Reflexivization: A Study in Universal Syntax*. Doctoral dissertation, University of California, Berkley.

Givón, T. 1976. Topic, pronoun and grammatical agreement. In Charles Li (ed.) *Subject and Topic*. New York: Academic Press, pp. 149—189.

Greenberg, J. H. 1963. Some universals of grammar with particular reference to the order of meaningful elements. In Greenberg J. H. (ed.) *Universal of Language* (Second Edition). Cambridge: MIT Press, pp. 73—113.

Grice, H. P. 1967/1989. Logic and conversation. *Studies in the Way of Words*. Cambridge: Harvard University Press, pp. 1—143.

Haspelmath, M. 2015. The Serial Verb Construction: Comparative Concept and Cross-Linguistic Generalizations, manuscript.

Hawkins, J. A. 1983. *Word Order Universals*. New York: Academic Press.

Hawkins, J. A. 1994. *A Performance Theory of Order and Constituency*. Cambridge: Cambridge University Press.

Itkonen, E. 1998. Concerning the status of implicational universals. *Sprachtypol. Univ. Forsch.(STUF)*, Vol. 51(2), pp. 157—163.

Keenan, E. and Comrie, B. 1977. Noun phrase accessibility and universal grammar. *Linguistic Inquire* 8, pp. 63—99.

Kuno, Susumu. 1974. The position of relative clauses and conjunctions. *Linguistic Inquiry* 5, pp. 117—136.

Langacker, R. W. 1991. *Foundation of Cognitive Grammar*, Vol. 2. Stanford, CA: Stanford University Press.

Lehmann, Winfred P. ed. 1978. *Syntactic Typology*, Austin: University of Texas Press.

Plank, F. et al. (eds.) 2000. The Universals Archive. http://typo.uni-konstanz.de/archive/intro/, accessed on 2024—01—04.

Shibatani, Masayoshi and Theodora Bynon (eds.) 1995. *Approaches to Language Typology*. Oxford: Clarendon Press.

Siewierska, A. 2004. *Person*, Cambridge: Cambridge University Press.

Tai, J. 1985. Temporal sequence and chinese word order. In Haiman, John. (ed.) 1985. *Iconicity in Syntax*. Amsterdam: John Benjamins, pp. 49－72.

Ultan, R. 1978. Toward a typology of substantival possession. In Greenberg (ed.) 1978, Vol. 4, pp. 11－50.

Zipf, G. 1935. *The Psychology of Language: An Introduction to Dynamic Philology*. Cambridge: MIT Press.

金立鑫(2007)《语言研究方法导论》,上海:上海外语教育出版社。

李亚非(2014)形式句法、象似性理论与汉语研究,《中国语文》,第6期。

陆丙甫(1993)《核心推导语法》,上海:上海教育出版社。

陆丙甫(2005)语序优势的认知解释:论可别度对语序的普遍影响(上、下),《当代语言学》,第1期,第2期。

陆丙甫(2006)"形式描写、功能解释"的当代语言类型学,《东方语言学》(创刊号),上海:上海教育出版社。

陆丙甫(2012)汉、英主要事件名词语义特征,《当代语言学》,第1期。

陆丙甫、陈 平(2020)距离象似性:句法结构最基本的性质,《中国语文》,第6期。

陆丙甫、金立鑫(2010)蕴含关系的两种解释模式:描写和解释对应关系的个案分析,《中国语文》,第4期。

陆丙甫、罗天华(2009)中国境内语言的双及物结构语序,《汉藏语学报》,第3期,北京:商务印书馆。

屈承熹(2005)《汉语认知功能语法》,哈尔滨:黑龙江人民出版社。

屈正林(2011)民族语言定语助词分布的考察,《民族语文》,第3期。

(编写者:陆丙甫)

北京大学出版社语言学教材方阵

博雅21世纪汉语言专业规划教材：专业基础教材系列

现代汉语（上）　黄伯荣、李炜主编

现代汉语（下）　黄伯荣、李炜主编

现代汉语学习参考　黄伯荣、李炜主编

语言学纲要（修订版）　叶蜚声、徐通锵著，王洪君、李娟修订

语言学纲要（修订版）学习指导书　王洪君等编著

语言学概论　陈保亚、杜兆金 著

古代汉语（上）　张联荣、刘子瑜、赵彤编著

古代汉语（下）　张联荣、刘子瑜、赵彤编著

古代汉语　邵永海主编（即出）

古代汉语阅读文选　邵永海主编（即出）

古代汉语常识　邵永海主编（即出）

博雅21世纪汉语言专业规划教材：专业方向基础教材系列

语音学教程（增订版）　林焘、王理嘉著，王韫佳、王理嘉增订

实验语音学基础教程　孔江平编著

现代汉语词汇学教程　周荐著

简明实用汉语语法教程（第二版）　马真著

当代语法学教程　熊仲儒著

修辞学教程（修订版）　陈汝东著

汉语方言学基础教程　李小凡、项梦冰编著，项梦冰修订

语义学教程　叶文曦著

新编语义学概要(修订版)　伍谦光编著
语用学教程(第二版)　索振羽编著
语言类型学教程(第二版)　金立鑫、陆丙甫主编
新编社会语言学概论　祝畹瑾主编
计算语言学教程　詹卫东编著(即出)
音韵学教程(第五版)　唐作藩著
音韵学教程学习指导书　唐作藩、邱克威编著
训诂学教程(第三版)　许威汉著
校勘学教程　管锡华著
文字学教程　喻遂生著
汉字学教程　罗卫东编著(即出)
文化语言学教程　戴昭铭著(即出)
历史句法学教程　董秀芳著(即出)
汉语韵律语法教程　冯胜利、王丽娟著(即出)

博雅 21 世纪汉语言专业规划教材：专题研究教材系列

现代汉语语法研究教程(第五版)　陆俭明著
汉语语法专题研究(增订版)　邵敬敏等著
现代汉语词汇(重排本)　符淮青著
新编语用学概论　何自然、冉永平编著
现代实用汉语修辞(修订版)　李庆荣编著
汉语语音史教程　唐作藩著
近代汉语研究概要　蒋绍愚著
汉语白话史　徐时仪著
说文解字通论　黄天树著
实验语音学概要(增订版)　鲍怀翘、林茂灿主编
语法分布描写方法与案例　金立鑫编著
外国语言学简史　李娟编著(即出)

甲骨文选读　喻遂生编著（即出）
商周金文选读　喻遂生编著（即出）
汉语语音史教程（第二版）　唐作藩著
音韵学讲义　丁邦新著
音韵学答问　丁邦新著

博雅西方语言学教材名著系列
语言引论（第八版中译本）　弗罗姆·金等著，沈家煊等译
语音学教程（第七版中译本）
　　　　　　　　　　彼得·赖福吉等著，张维佳、田飞洋译
语音学教程（第七版影印本）　彼得·赖福吉等著
方言学教程（第二版中译本）　J. K. 钱伯斯等著，吴可颖译
构式语法教程（影印本）　马丁·休伯特著
构式语法教程（中译本）　马丁·休伯特著，张国华译